广州市卫生统计年鉴

GUANGZHOUSHI WEISHENG TONGJI NIANJIAN

(2007年)

广州市卫生局　编

廣東省出版集團
广东科技出版社
·广　州·

图书在版编目（CIP）数据

广州市卫生统计年鉴．2007 年/广州市卫生局编．—广州：广东科技出版社，2010.8

ISBN 978-7-5359-5266-0

Ⅰ．①广…　Ⅱ．①广…　Ⅲ．①卫生统计—广州市—2007—年鉴　Ⅳ．R195－54

中国版本图书馆 CIP 数据核字（2010）第 061225 号

责任编辑：杨柳青
责任校对：C.X
封面设计：陈维德
责任技编：严建伟
出版发行：广东科技出版社
（广州市环市东路水荫路 11 号　邮码：510075）
E-mail：gdkjzbb@21cn.com
http：//www.gdstp.com.cn
经　销：广东新华发行集团股份有限公司
印　刷：广州市岭美彩印有限公司
（广州市花地大道南海南工商贸易区 A 幢　邮码：510385）
规　格：889mm×1 194mm　1/16　印张 26　字数 630 千
版　次：2010 年 8 月第 1 版
2010 年 8 月第 1 次印刷
定　价：280.00 元

《广州卫生统计年鉴》编辑委员会

编 者 说 明

《广州市卫生统计年鉴》是一部综合反映广州地区卫生事业发展、医疗业务开展、农村卫生、疾病预防、卫生监督、妇幼保健、中医工作以及居民健康状况的资料性年鉴。本书收录了2007年广州地区上述有关统计数据；同时也收录了历史重要年份的统计资料以及全市县级以上综合医院通讯录。收编内容截止为2007年底。

全书分为五大部分：第一部分：2003～2007年广州市卫生事业发展情况；第二部分：2007年广州市卫生资源与利用情况（包括：总体情况、医疗卫生资源与利用、农村基层卫生工作、疾病预防与控制、妇幼保健、卫生监督、中医工作）；第三部分：居民健康状况；第四部分：广州地区各区（县级市）卫生资源情况；第五部分：2007年定期报表公布数据。

本书资料大部分来自常规卫生统计报表，2007年执行新的《国家卫生统计调查制度》，2007年以前执行《2002年中国卫生统计调查制度》，人口指标来自市统计局及市公安局相关统计资料。

编 者

2003～2007 年卫生机构情况

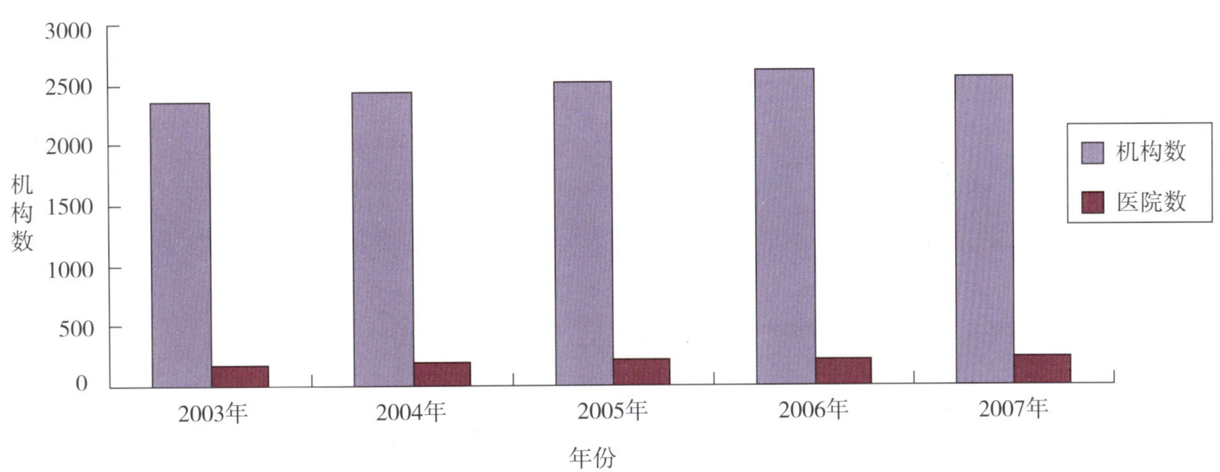

2003～2007 年专业卫生人员发展情况

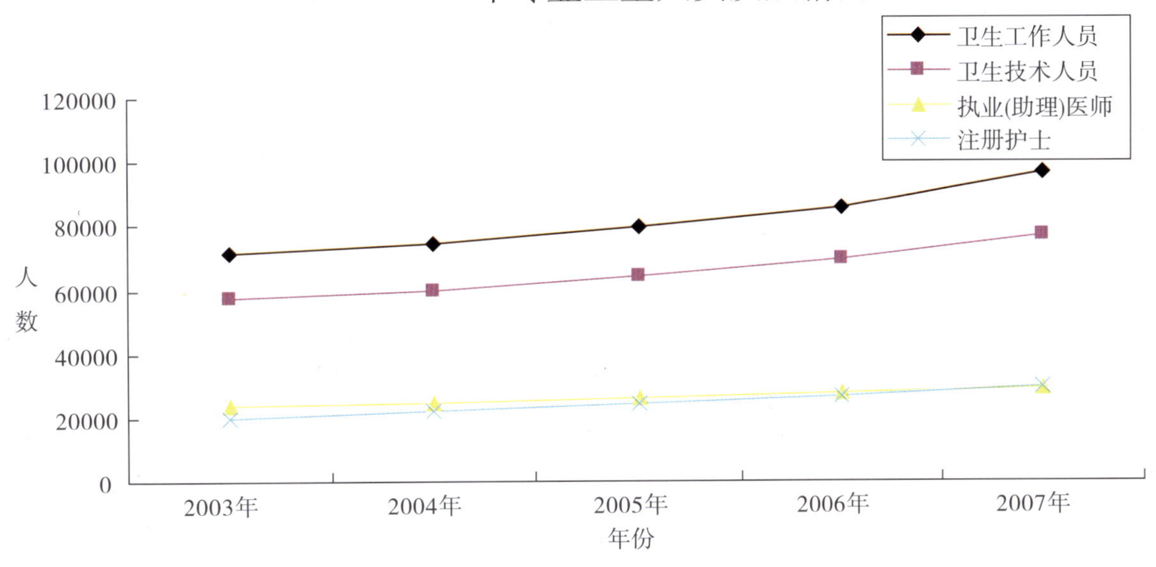

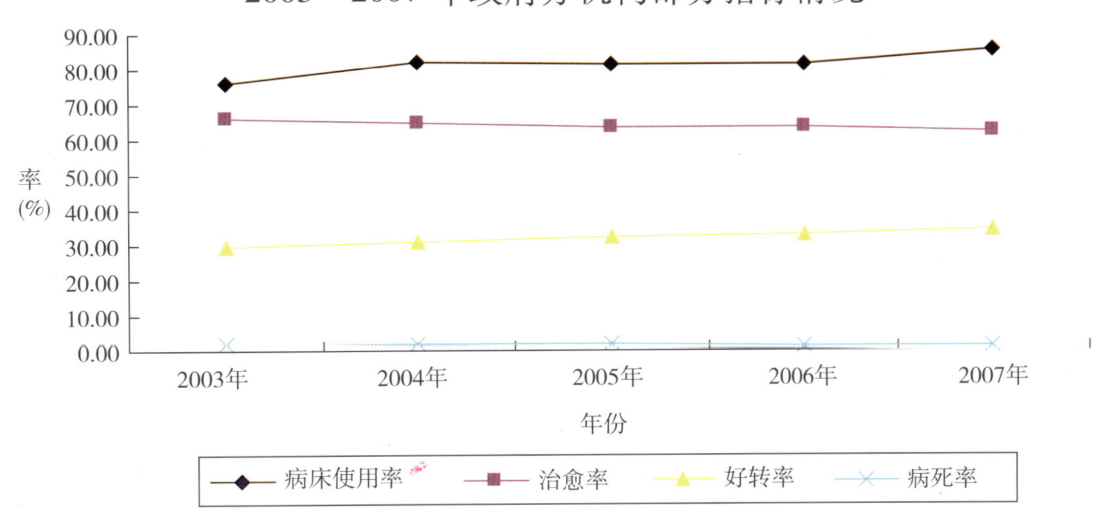

2003～2007 年每千人口卫生人员情况

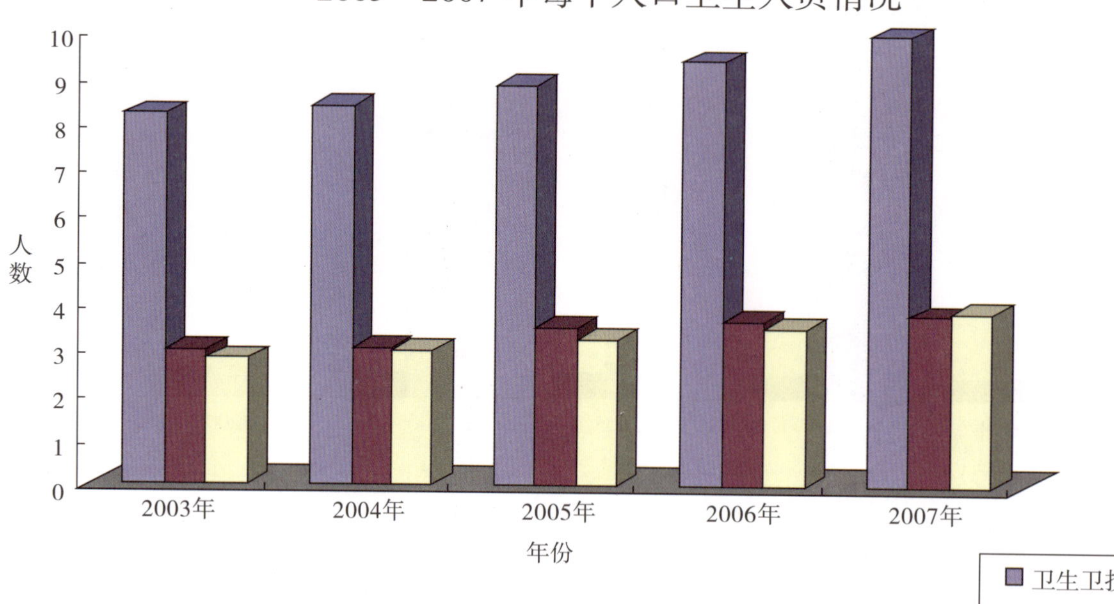
人数
0
1
2
3
4
5
6
7
8
9
10
2003年
2004年
2005年
2006年
2007年
年份

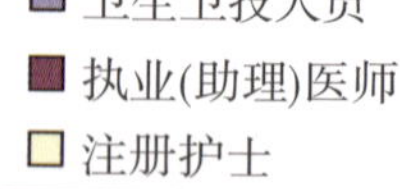
卫生卫技人员
执业(助理)医师
注册护士

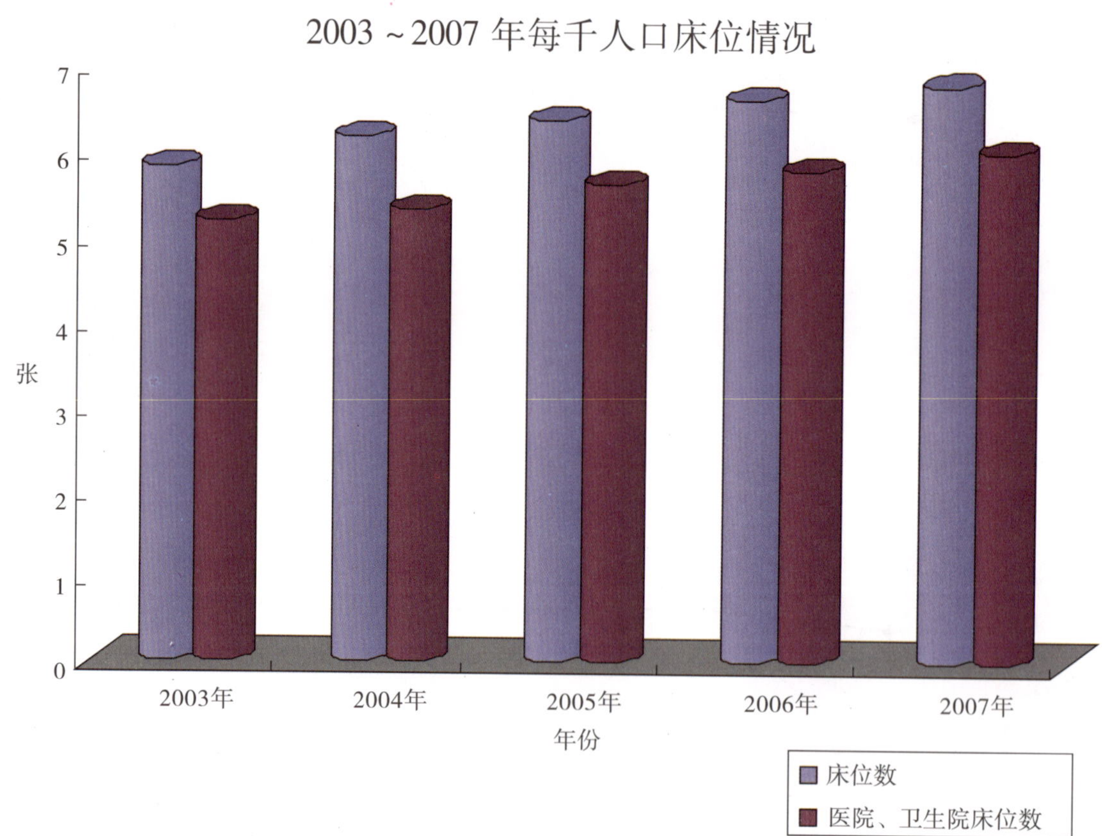
2003～2007 年每千人口床位情况
张
0
1
2
3
4
5
6
7
2003年
2004年
2005年
2006年
2007年
年份
床位数
医院、卫生院床位数

2007 年广州市各类卫生人员构成

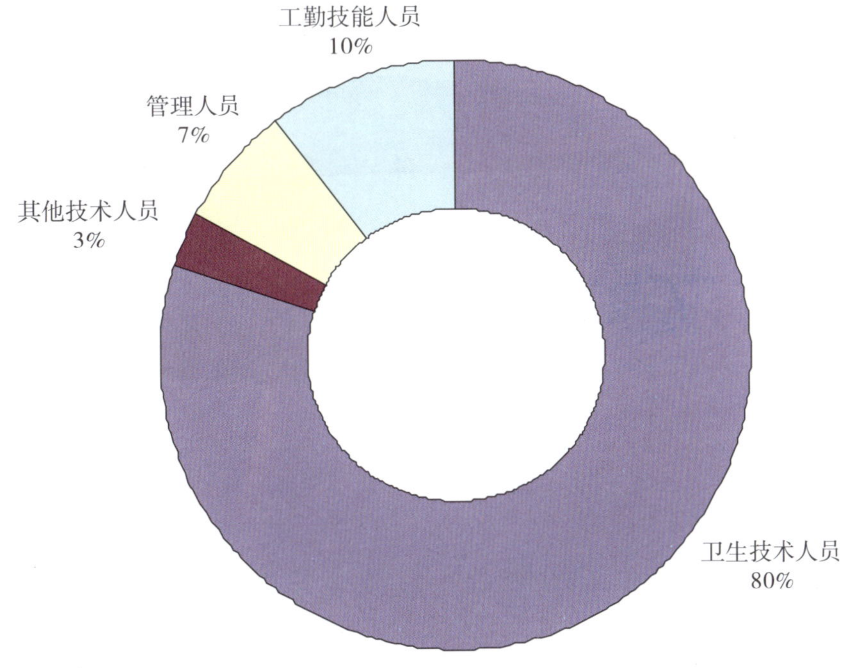

2007 年广州市卫生技术人员构成

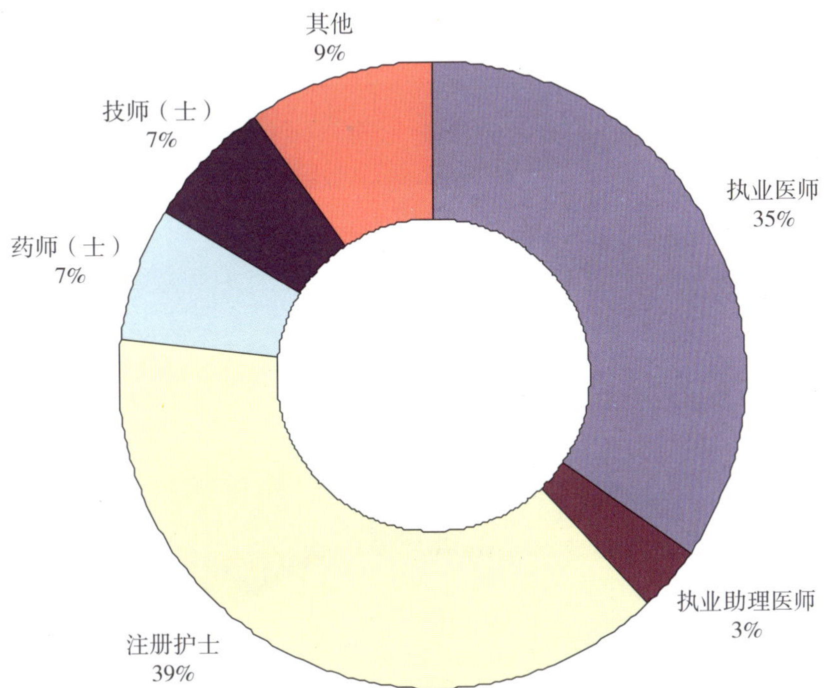

2007 年广州市六区主要死因构成

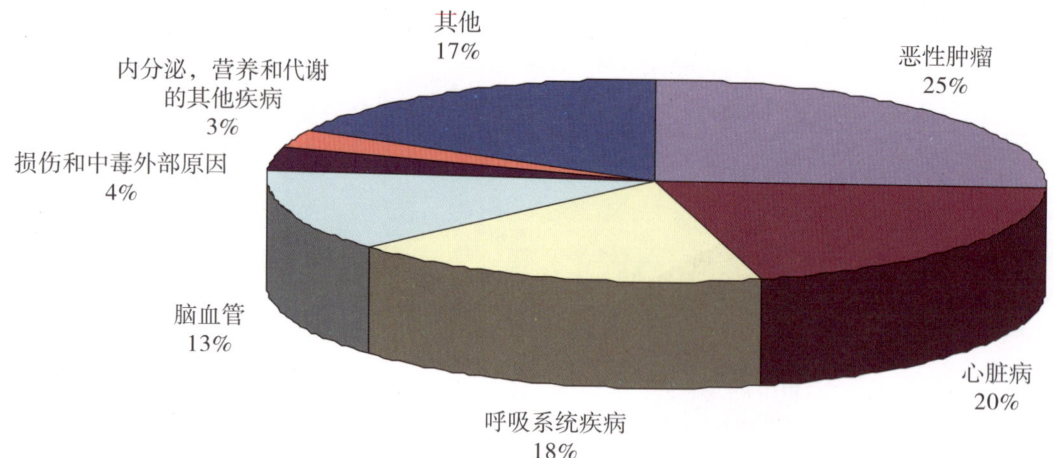

2007 年广州市六区男性主要死因构成

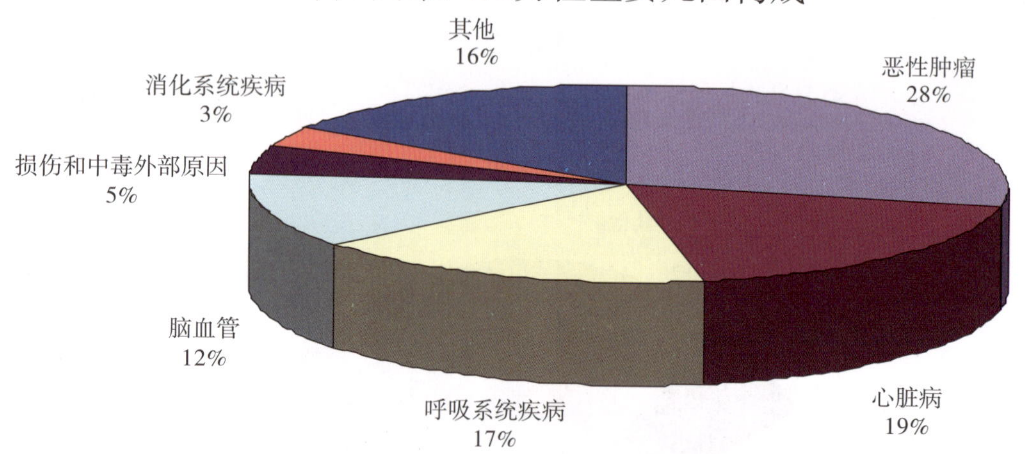

2007 年广州市六区女性主要死因构成

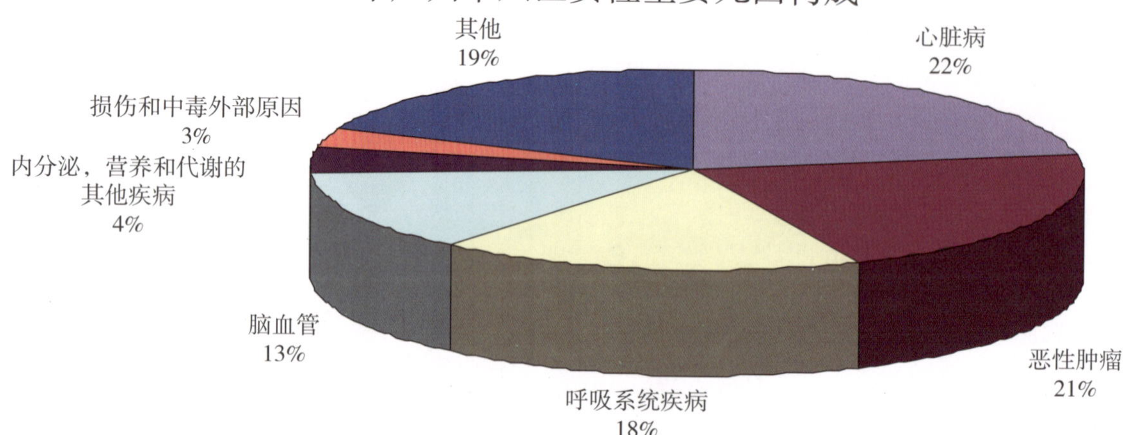

目　　录

第一部分　2003～2007 年广州市卫生事业发展情况

第二部分　2007 年广州市卫生资源与利用情况

（一）总体情况

（二）医疗卫生资源与利用

（三）农村基层卫生工作

（四）疾病预防与控制

（五）妇幼保健

（六）卫生监督

（七）中医工作

第三部分　居民健康状况

（一）广州市居民期望寿命

（二）居民死亡原因疾病分类情况

（三）住院病人疾病分类及年龄分布情况

第四部分　广州地区各区（县级市）卫生资源情况

（一）荔湾区

（二）越秀区

（三）海珠区

（四）天河区

（五）白云区

（六）黄埔区

（七）番禺区

（十一）增城市

（十二）从化市

第五部分　2007 年定期报表公布数据

附　　录

2007年广州市卫生事业发展情况统计报告

2007年是我市推进现代化大都市建设的重要一年。我市卫生工作在市委、市政府的领导和省卫生厅的指导下，求真务实、扎实工作，全面落实科学发展观，坚持公共医疗卫生的公益性质，着力推进城市社区卫生服务和农村卫生工作，进一步完善公共卫生体系建设，推动中医药强市建设，坚持体制改革和制度创新，提高医院管理水平，努力构建和谐医患关系，为维护全市人民群众健康、促进和谐广州作出新贡献。

一、卫生资源

1. **卫生机构分类**。2007年末，广州市共有各类卫生机构2 543间，其中医院225间、妇幼保健院13间、专科疾病防治院（所、站）19间、社区卫生服务中心93间、卫生院40间、门诊部541间、诊所705间、卫生所（医务室）710间、社区卫生服务站125间、急救中心1间、采供血机构5间、疾病预防控制中心（保健中心）19间、卫生监督所15间、医学科学研究机构6间、健康教育所（站、中心）5间、其他卫生机构10间。与2006年相比，卫生机构总数减少60所。增加的机构主要是26所门诊部和66所社区卫生服务中心（站）。减少的机构主要是54所诊所和24所卫生院（医务室）。

2007年广州市卫生机构、床位、人员情况

	机构（个）	实有病床（张）	卫生工作人员（人）	卫生技术人员（人）	执业（助理）医师（人）	注册护士（人）
各类卫生机构	2 543	52 640	96 091	76 791	29 056	29 724
其　中：私营机构	1 108	2 467	10 021	8 022	4 019	2 421
农村卫生室	1 009	-	-	-	343	96

2. **卫生人员总数**。2007年末，全市卫生人员96 091人，其中卫生技术人员76 791人、其他技术人员2 917人、管理人员6 563人、工勤技能人员9 820人，分别占卫生工作人员总数的80%、3%、7%、10%。卫生技术人员中：执业（助理）医师29 056人、注册护士29 724人、药师（士）5 783人、检验师（士）3 660人、其他卫生技术人员7 217人，分别占卫生技术人员的38%、39%、8%、5%、9%。与2006年相比，卫生人员增加10 850人（增长12.73%），其中卫生技术人员增加4 239（增长11.14%）。

3. **医院病床数情况**。2007年广州市各类卫生机构实有病床52 640张，其中：医院实有病床45 209张、妇幼保健院实有病床1 923张、专科疾病防治院（所、站）实有病床735张、社区卫生服务中心（站）实有病床901张、卫生院1 306张、门诊部48张。与2006年相比，卫生机构床位增加2 140张（增长4.24%），增加部分主要为医院和社区卫生服务中心（站）床位，分别增加2 388张（增长5.58%）和177张（增长24.45%）。

4. **万元以上医疗设备拥有情况**。2007年末全市卫生机构万元以上设备61 583台，其中50万～100万元设备1 844台，100万元以上设备1 212台。医院拥有万元以上设备的82.57%（50 850台），50万～100万元设备的82.16%（1515台），100万元以上设备的89.85%（1 089台）。

5. **村卫生室基本情况**。2007年末，全市共有村卫生室1 009间，执业（助理）医师343人，乡村医生1 892人，卫生员265人。乡村医生中大专及以上学历165人、中专学历及中专水平824人、在职培训合格者549人，分别占乡村医生的10%、51%、34%。与2006年相比，村卫生室减少0.79%，村卫生室人员减少1.2%，乡村医生中专及以上学历的比例提高到60.78%，乡村医生整体学历水平提高。

6. **私营医疗机构、床位、人员情况**。2007年末，共有私营医疗机构1 108间，其中：医院38所、门诊部390所、诊所643间、卫生所（医务室）16间、社区卫生服务中心（站）18间；实有病床2 467张，其中医院病床2 461张，占全市医院病床5.4%；卫生工作人员10 021人，占全市卫生工作人员总数的10%，其中执业（助理）医师4 019人，占全市执业（助理）医师总数的13.8%，注册护士2 421人，占全市注册护士总数的8%。

7. **医疗机构年收入与支出情况**。2007年各类医疗机构年收入243亿元，其中财政补助21亿元，占

8.83%，上级补助2.1亿元，占0.85%；总支出242亿元，其中人员经费支出64亿元，占26.30%。

2007年各经济类型医疗机构年收入与支出情况 （单位：千元）

项目	总收入金额	构成（%）	其中：财政补助		其中：上级补助		总支出金额	其中：人员经费支出	
			金额	占（%）	金额	占（%）		金额	占（%）
总计	24 247 836	100	2 140 546	8.83	205 993	0.85	24 206 297	6 366 984	26.30
非营利	22 831 991	94.16	2 140 260	9.37	204 047	0.89	22 799 728	6 043 229	26.51
营利性	1 415 845	5.84	286	0.02	1 946	0.14	1 406 569	323 755	23.02

8. **常住人口拥有卫生资源情况**。2007年每千人口床位数5.24张；每千人口卫生技术人员数7.64人，其中每千人口执业（助理）医师数2.89人，每千人口注册护士数2.96人。

2007年常住人口拥有卫生资源情况

区划名称	人口数（万人）	每千人口机构数据（间）	每千人口床位数（张）	每千人口医院、卫生院床位数（张）	每千人口卫生工作人员数（人）	每千人口卫生技术人员数（人）	每千人口执业（助理）医师数（人）	每千人口执业医师数（人）	每千人口注册护士数（人）
合计	10 045 800	0.25	5.24	4.63	9.57	7.64	2.89	2.64	2.96
市区	8 747 300	0.27	5.60	5.00	10.22	8.15	3.08	2.85	3.18
两县	1 298 500	0.14	2.81	2.13	5.13	4.21	1.64	1.29	1.49
荔湾	728 400	0.32	5.30	5.23	10.00	7.94	3.07	2.70	3.10
越秀	1 026 300	0.37	15.72	14.81	31.19	24.63	8.61	7.91	10.27
海珠	1 321 600	0.22	4.71	4.07	8.26	6.66	2.54	2.22	2.60
天河	1 118 500	0.32	3.65	3.40	8.53	6.81	2.83	2.53	2.55
白云	1 622 900	0.28	5.12	4.87	7.53	5.94	2.29	1.71	2.21
黄埔	300 300	0.44	4.41	2.58	8.19	6.38	2.75	1.90	2.30
番禺	1 495 800	0.19	3.02	2.56	5.60	4.59	1.78	1.58	1.65
花都	728 600	0.18	4.04	2.55	5.58	4.56	1.78	1.39	1.67
南沙	192 400	0.23	2.62	2.62	5.44	4.42	1.70	1.14	1.41
萝岗	212 500	0.27	5.21	3.25	7.11	5.82	2.35	1.63	2.14
增城	790 000	0.14	2.15	1.82	4.95	4.10	1.64	1.20	1.50
从化	508 500	0.15	3.85	2.62	5.41	4.38	1.64	1.30	1.49

2007年户籍人口拥有卫生资源情况

区划名称	人口数（万人）	每千人口机构数据（间）	每千人口床位数（张）	每千人口医院、卫生院床位数（张）	每千人口卫生工作人员数（人）	每千人口卫生技术人员数（人）	每千人口执业（助理）医师数（人）	每千人口执业医师数（人）	每千人口注册护士数（人）
合计	7 734 787	0.33	6.81	6.01	12.42	9.93	3.76	3.43	3.84
市区	6 367 621	0.37	7.69	6.87	14.04	11.2	4.23	3.91	4.36

续表

区划名称	人口数（万人）	每千人口机构数据（间）	每千人口床位数（张）	每千人口医院、卫生院床位数（张）	每千人口卫生工作人员数（人）	每千人口卫生技术人员数（人）	每千人口执业（助理）医师数（人）	每千人口执业医师数（人）	每千人口注册护士数（人）
两县	1 367 166	0. 14	2. 67	2. 02	4. 87	4. 00	1. 56	1. 22	1. 42
荔湾	704 750	0. 33	5. 48	5. 41	10. 33	8. 21	3. 17	3. 00	3. 21
越秀	1 158 383	0. 33	13. 92	13. 12	27. 63	21. 82	7. 63	7. 39	9. 10
海珠	907 902	0. 32	6. 85	5. 93	12. 03	9. 70	3. 70	3. 46	3. 78
天河	690 014	0. 51	5. 91	5. 51	13. 82	11. 03	4. 58	4. 21	4. 14
白云	776 459	0. 59	10. 7	10. 17	15. 74	12. 43	4. 79	4. 27	4. 62
黄埔	195 488	0. 68	6. 78	3. 96	12. 58	9. 80	4. 23	3. 73	3. 53
番禺	975 124	0. 29	4. 63	3. 92	8. 59	7. 04	2. 73	2. 41	2. 53
花都	639 317	0. 20	4. 60	2. 91	6. 36	5. 20	2. 03	1. 73	1. 90
南沙	148 598	0. 30	3. 40	3. 40	7. 04	5. 72	2. 21	1. 74	1. 82
萝岗	171 586	0. 33	6. 46	4. 02	8. 81	7. 20	2. 91	2. 43	2. 65
增城	818 030	0. 13	2. 07	1. 76	4. 78	3. 96	1. 59	1. 23	1. 45
从化	549 136	0. 14	3. 56	2. 42	5. 01	4. 05	1. 52	1. 21	1. 38

二、医疗卫生服务利用情况

1. 门诊和住院利用情况。2007 年，广州市各类医疗卫生机构共完成总诊疗人次 8 713 万、观察室留观病例数 119 万、健康检查人数 492 万人次、住院病人 128 万人次。其中非营利性医疗机构共完成总诊疗人次 7 874 万、观察室病人数 116 万、健康检查人数 475 万人次、住院病人 124 万人次，分别占全市医疗机构收治总量的 90%、98%、97%、96%；营利性医疗机构共完成总诊疗人次 840 万、观察室病人数 2 万、健康检查人数 17 万人次、住院病人 4 万人次，分别占全市医疗机构收治总量的 10%、2%、3%、4%。

2007 年广州市各医疗机构提供医疗服务情况

分组名称	诊疗人次数	构成（%）	观察室人数	构成（%）	健康检查人数	构成（%）	入院人数	构成（%）
合　计	87 133 998	100. 00	1 187 500	100. 00	4 922 903	100. 00	1 280 831	100. 00
非营利性机构	78 735 731	90. 36	1 164 593	98. 07	4 753 855	96. 57	1 235 852	96. 49
其中：政府办机构	65 987 336	83. 80	1 121 448	96. 30	3 979 293	83. 71	1 192 982	96. 53
营利性机构	8 398 267	9. 64	22 907	1. 93	169 048	3. 43	44 979	3. 51

2. 病床利用情况。2007 年各类医疗机构病床使用率为 82. 39%、病床周转次数为 25. 4 次/年、出院者平均住院日为 11. 1 天。其中非营利性医疗机构病床使用率、病床周转次数、出院者平均住院日分别为 83. 47%、26. 18 次/年、11. 11 天，营利性医疗机构病床使用率、病床周转次数、出院者平均住院日分别为 66. 95%、13. 68 次/年、12. 1 天。

不同类别医疗机构病床利用情况不同，病床使用率由高到低依次为妇幼保健院（95. 43%）、医院（88. 88%）、社区卫生服务中心（站）（71. 01%）、卫生院（69. 98%）、疗养院（38. 86%）、专科疾病防治院（11. 07%）。医院病床使用率依次为专科医院（96. 85%）、中医院（92. 48%）、综合医院（86. 23%）。专科医院中病床使用率较高的是儿童医院（127. 87%）、整形外科医院（103. 17%）、精神病院（99. 7%）、肿瘤医院（98.53%）和妇产（科）医院（88%）。

2007 年广州市各类别医院病床使用情况

分组名称	平均开放病床（张）	构成（%）	病床使用率（%）	病床周转次数（次）	出院者平均住院日（天）
合　计	50 493	100.00	82.39	25	11.15
非营利性机构	47 206	93.49	83.47	26	11.11
其　中：政府办机构	43 277	91.68	85.51	28	10.91
营利性机构	3 287	6.51	66.95	14	12.11

3. 门诊和住院病人人均医疗费用情况。2007 年 88 家医院门诊平均每诊疗人次医疗费用为 153 元，其中药费占 51.06%；平均每一住院病人医疗费用 10 420 元，其中药费占 38.74%。与 2006 年相比，门诊医疗费用增加 9 元，增长 5.97%（其中药费所占下降约 0.09%）；住院医疗费用增加 285 元，增长 2.81%（其中药费所占比重与去年上升约 0.31%）。门诊和住院病人人均医疗费用由高到低依次为部属、省属、市属、区属医院、县级市医院，即医院级别越高，病人医疗费用越高。集体所有制医院和厂矿企业医院接近区属医院。

2007 年广州地区 88 所医院平均每一诊疗人次费用与 2006 年同期对比

医院名称	平均每一诊疗人次医疗费用（元）				平均每一诊疗人次费用增减（%）	药费比重增减（%）
	2007 年	药费占%	2006 年	药费占%		
合　计	153	51.06	144	51.15	5.97	-0.09
部属医院合计	208	50.87	201	49.28	3.49	1.59
省属医院合计	168	50.47	153	52.11	9.59	-1.65
市属医院合计	154	54.38	150	53.92	2.82	0.45
区属医院合计	117	48.93	109	49.30	7.96	-0.37
县级市医院合计	96	49.64	99	46.40	-3.08	3.24
集体所有制医院合计	105	52.92	102	53.05	2.68	-0.13
厂矿企业医院合计	125	51.57	113	51.27	10.59	0.30

2007 年广州地区 88 所医院平均每一住院人次费用与 2006 年同期对比

医院名称	平均每一诊疗人次医疗费用（元）				平均每一出院人次费用增减（%）	药费比重增减（%）
	2007 年	药费占%	2006 年	药费占%		
合　计	10 420	38.74	10 135	38.43	2.81	0.31
部属医院合计	14 201	41.74	13 867	40.84	2.41	0.89
省属医院合计	13 800	37.69	13 333	37.84	3.50	-0.15
市属医院合计	11 101	40.23	10 554	39.35	5.19	0.88
区属医院合计	5 094	33.42	4 994	33.39	2.00	0.03
县级市医院合计	4 148	35.30	3 775	36.40	9.88	-1.10
集体所有制医院合计	5 252	33.51	5 099	34.37	3.01	-0.86
厂矿企业医院合计	4 886	36.33	4 717	36.90	3.60	-0.57

三、居民健康状况

1. 居民主要健康指标。2007 年广州市期望寿命为 77.98 岁，男性期望寿命为 75.25 岁、女性期望寿命为

80.94岁；2007年全市孕产妇死亡率为14.27/10万；婴儿死亡率为4.76‰，5岁以下儿童死亡率为6.48‰。

主要健康指标与其他城市比较

指　标	单　位	北　京	天　津	上　海	重　庆	广　州
出生率	‰	6.45	9.26	7.34	13.9	9.30
死亡率	‰	5.51	4.83	7.44	5.10	5.55
自然增长率	‰	0.94	4.43	-0.10	8.70	3.75
婴儿死亡率	‰	3.49	5.33	3.00	8.89	4.76
孕产妇死亡率	(1/10万)	13.03	8.61	6.68	50.17	14.27
期望寿命	(岁)	80.24	79.31	81.08	76.05	77.98
男性	(岁)	78.47	77.99	78.87	74.00	75.25
女性	(岁)	82.07	80.66	83.29	78.37	80.94

2. 病人住院主要疾病与死因顺位。2007年我市80家医疗机构住院病人疾病分类显示，前五位系统疾病依次为妊娠、分娩和产褥期（16.34%）、呼吸系统疾病（10.93%）、肿瘤（9.65%）、循环系统疾病（9.31%）、影响健康状态和与保健机构接触的因素（8.31%）。住院死亡病人前五位死因构成为：肿瘤（30.90%）、循环系统疾病（23.89%）、呼吸系统疾病（15.46%）、损伤和中毒（6.29%）、消化系统疾病（4.76%）。不同年龄住院病人住院疾病构成如下表。

2007年广州市医疗机构不同年龄住院病人住院疾病构成

疾病排位	5岁以下		5~14岁		15~44岁		45~59岁		60岁以上	
	疾病分类	构成(%)	疾病分类	构成(%)	疾病分类	构成(%)	疾病分类	构成(%)	疾病分类	构成(%)
1	呼吸系统	34.20	呼吸系统	19.32	妊娠分娩和产褥期	39.22	肿瘤	18.61	循环系统	24.39
2	起源于围生期情况	27.63	消化系统	9.61	损伤和中毒	9.52	影响健康状态和与保健机构接触的因素	17.56	呼吸系统	12.44
3	消化系统	9.25	先天异常	9.58	肿瘤	8.02	循环系统	11.78	肿瘤	11.30
4	先天异常	7.13	影响健康状态和与保健机构接触的因素	9.15	泌尿生殖系统	7.90	消化系统	9.48	眼和附器	9.06
5	传染病和寄生虫病	4.48	损伤和中毒	9.13	影响健康状态和与保健机构接触的因素	6.99	泌尿生殖系统	7.83	消化系统	8.52

3. 居民病伤死亡原因及顺位。广州城区前十位死因顺位为：循环系统（233.37/10万）、肿瘤（160.55/10万）、呼吸系病（111.59/10万）、损伤和中毒（24.39/10万）、内营代免（20.09/10万）、消化系病（18.37/10万）、泌尿和生殖系病（11.58/10万）、传染病和寄生虫病（5.22/10万）、神经系统疾病（5.2/10万）、精神病（2.39/10万）。前十位死因合计占死因总数的93.2%。

4. 恶性肿瘤死亡率。广州城区恶性肿瘤死亡率为160.55/10万，其中：男性为198.89/10万，女性为120.68/10万。城区恶性肿瘤前五位死因顺位：肺癌（49.61/10万）、肝癌（25.24/10万）、肠癌（16.06/10万）、胃癌（8.80/10万）、鼻咽癌（7.28/10万）。

四、妇幼保健

2007年广州市孕产妇保健管理覆盖率91.48%，孕产妇系统保健管理率85.63%，高危产妇管理率

99.97%，住院分娩率99.26%，婚前医学检查率12.86%；7岁以下儿童保健管理覆盖率95.87%，其中眼、口腔、听力保健管理率分别为88.42%、92.03%、91.36%，3岁以下儿童保健系统管理率89.39%，对全市出生的新生儿进行先天性甲状腺功能低下（甲低）、苯丙酮尿症（PKU）、葡萄糖－6－磷酸脱氢酶缺乏症（G6PD缺乏症）等疾病筛查，筛查率达95.99%。妇幼保健管理各项指标比去年有不同程度增加。2006年底全市开展了新生儿听力筛查，2007年筛查率为69.32%。

2007年婚前医学检查疾病检出率19.33%，5岁以下儿童中重度营养不良患病率0.93%，出生低体重发生率4.21%，出生缺陷发生率126.25/万，前三位出生缺陷类型依次为先天性心脏病、多指（趾）、总唇腭裂，妇女病检出率29.24%。

五、农村基层卫生工作

2007年，新型农村合作医疗行政村覆盖率达到100%，228.9万农民参加了合作医疗，参合率为94.7%，其中五保户参合率为99.5%；贫困人口参合率为91.7%，贫困人口中的特困人口参合率为99.1%。

全年农村合作医疗基金人均筹资标准达到70元以上，实际人均筹资额97.2元，年筹资总额22 258万元，其中市、区（县级市）、镇三级财政对农村合作医疗基金的补助资金14 394万元，农民个人缴交7 467万元。

各区（县级市）合作医疗基金对参合农民住院医疗费用补偿的最高限额达到1万元以上，最高地区达到3万元。

参合农民得到医疗费用补偿141 553人次，其中住院补偿132 219人次，住院补偿金额共22 815万元，平均每住院人次补偿1 726元，占农民住院总费用的34.2%；门诊及大额门诊补偿1 965人次，门诊及大额门诊补偿金额共42.3万元。农村合作医疗保障救助基金提供住院医疗救助3 147人，救助金共633万元，资助参合个人缴费补助4 1335人，补助金额74.5万元。

2007年64所农村基层医院（卫生院）提供门诊服务1 095万人次，观察室救治病人63.24万人次、健康检查85.77万人次。提供住院服务19.44万人次。病床使用率69.08%，出院者平均住院医疗费2 395.18元，其中药费占31.15%。1 009所村卫生室诊疗人次数为517.45万人次。

六、疾病控制

经2004年实行传染病网络直报后，2007年全市传染病网络直报更加完善，网络直报覆盖全市所有乡镇以上卫生机构，达310家，全市甲乙类传染病报告发病率395.16/10万，比2006年上升了4.18%，死亡率为1.30/10万，比2006年上升11.11%；医疗机构传染病漏报率降至1.51%。儿童常规免疫接种率持续保持高水平，2007年卡介苗、脊髓灰质炎、百白破、麻疹、乙肝、乙脑疫苗接种率保持99%以上，乙脑纳入儿童计划免疫管理，当年接种率达99.09%。

七、监督与执法

食品卫生：2007年进行卫生设计审查17 474宗，竣工验收16 078宗；监督食品生产经营单位87 321间，监督覆盖率为100%，持健康证人数614 380人，对6 585间进行了行政处罚，罚没金额341.22万元，责令停业整顿224间，没收和销毁食品及工具400千克。抽检食品39 371宗，合格率88.26%；餐具消毒监测305 924宗，合格率80.73%。

公共场所卫生：2007年共监督经营单位19 067间，监督覆盖率100%，行政处罚460间，罚款7.22万元。检测公共场所84 707宗数，合格率为92.03%。持健康证人数122 333人，体检率为88.78%。

生活饮用水：2007年共监督集中式供水单位139个，监督覆盖率100%，抽检样品数5 845宗，合格率88.09%。持健康证人数1 196人，体检率为54.8%。

学校卫生：2007年共监督学校1 503间，对1 412 057名学生进行体检。

职业卫生：2007年进行职业卫生监督1 136间，监督覆盖率100%。职业病危害因素接触总人数131 395人，进行有害作业工人健康检查人数82 323人，检出疑似职业病100人，体检率63.67%。

第一部分　2003～2007年广州市卫生事业发展情况

2003～2007年广州市卫生工作主要数据

指标名称	2007年	2006年	2005年	2004年	2003年
一、人口情况					
年末总人口（人）	7 734 787	7 607 720	7 505 322	7 376 720	7 251 888
年平均人口（人）	7 671 004	7 556 271	7 441 021	7 314 304	7 229 059
出生率（‰）	9.30	8.95	8.85	9.56	7.92
死亡率（‰）	5.55	5.42	5.64	5.74	5.68
自然增长率（‰）	3.75	3.54	3.21	3.82	2.24
二、卫生资源情况					
（一）机构					
全市卫生机构数（个）	2 543	2 603	2 517	2 443	2 349
其中：医院	225	223	211	188	183
综合医院	146	146	133	123	120
（二）床位					
全市床位数（张）	52 640	50 500	47 888	45 687	42 210
其中：医院	45 209	42 821	39 359	35 979	34 140
综合医院	30 267	28 557	25 879	23 090	22 053
（三）人员					
全市卫生工作人员数（人）	96 091	85 241	79 414	74 471	71 136
卫生技术人员数（人）	76 791	69 091	64 182	59 943	57 274
其中：执业（助理）医师	29 056	27 338	25 852	24 493	23 464
执业医师	26 566	24 735	23 583	22 268	21 415
注册护士	29 724	26 448	24 083	21 927	20 136
药师（士）	5 783	5 589	5 265	5 234	5 066
技师（士）	5 011				
检验技师（士）	3 660	3 437	3 406	3 197	2942
其他	7 217	6 279	5 576	5 092	5 666
其他技术人员（人）	2 917	3 706	3 452	3 119	2 171
管理人员（人）	6 563	4 802	4 447	4 357	5 134
工勤技能人员（人）	9 820	7 642	7 333	7 052	6 557
三、卫生服务提供与卫生资源利用					
全年诊疗人次数（万人）	8 713.40	8 098.65	7 855.16	7 488.92	7 123.63
全年出院人数（万人）	128.08	116.95	102.30	88.47	75.65
其中：医院					
全年诊疗人次（万人）	5 874.93	5 414.26	4 673.25	4 171.43	3 956.11
年入院人数（万人）	106.45	95.55	81.77	68.08	58.28
年出院人数（万人）	106.05	95.29	81.61	68.54	58.07

续表

指标名称	2007 年	2006 年	2005 年	2004 年	2003 年
年床位使用率（%）	85.34	81.19	81.43	82.33	76.29
年床位周转次数（次）	24.50	23.07	21.77	20.56	18.25
出院者平均住院日（天）	12.00	12.18	13.19	14.02	14.15
治愈率（%）	62.13	63.26	63.65	64.92	65.81
病死率（%）	1.57	1.63	1.83	2.05	2.20
四、居民医疗保障程度					
平均每千人口床位数（张）	5.24	6.64	6.38	6.19	5.82
平均每千人口医院、卫生院床位数(张)	4.50	5.80	5.63	5.34	5.20
平均每千人口卫生技术人员数（人）	7.64	9.37	8.82	8.36	8.17
平均每千人口执业医师数（人）	2.89	3.29	3.18	3.01	2.95
平均每千人口注册护士数（人）	2.96	3.48	3.21	2.96	2.78
五、居民健康状况					
平均期望寿命（岁）	77.98	77.88	77.21	77.06	76.83
其中：男性	75.25	75.04	74.73	74.61	74.42
女性	80.94	80.98	79.90	79.71	79.41
孕产妇死亡率（1/10 万）	14.27	3.95	20.91	13.93	21.24
5 岁以下儿童死亡率（‰）	6.48	7.05	9.26	9.07	9.19
婴儿死亡率（‰）	4.76	5.24	6.84	6.58	6.48
六、疾病控制					
甲、乙类传染病发病率（1/10 万）	395.16	379.32	365.13	347.39	166.19
甲、乙类传染病死亡率（1/10 万）	1.30	1.17	1.87	1.30	1.08
儿童计划免疫接种率（%）					
卡介苗接种率	99.90	99.64	99.9	99.85	99.85
脊髓灰质炎接种率	99.58	99.63	99.58	99.76	99.42
百白破接种率	99.50	99.58	99.53	99.69	99.44
麻疹接种率	99.38	99.23	99.24	99.36	98.75
乙肝基础免疫	99.45	99.20	99.49	99.46	99.07
七、妇幼保健					
孕产妇保健系统管理率（%）	85.63	82.48	80.73	77.71	82.21
孕产妇保健管理覆盖率（%）	91.48	90.62	89.54	87.07	88.48
3 岁以下儿童保健系统管理率（%）	89.39	87.96	86.48	86.76	88.30
7 岁以下儿童保健管理覆盖率（%）	95.87	95.66	94.30	94.32	93.38
出生缺陷发生率（1/万）	126.25	123.07	119.36	124.03	131.27
出生低体重儿发生率（%）	4.21	4.35	4.08	4.03	4.12
5 岁以下儿童中、重度营养不良患病率（%）	0.93	0.97	1.00	0.92	0.99

注：2007 年每千人口指标采用常住人口数计算；

2005 年起甲乙类传染病发病率、病死率用常住人口计算；

2007 年起技师（士）包含了检验技师（士）和影像技师（士）。

2003～2007年广州市各区卫生机构数

地　区	2007年	2006年	2005年	2004年	2003年
广州市	2 543	2 603	2 517	2 443	2 349
东山区			217	203	213
荔湾区	231	249	131	128	142
越秀区	379	389	139	139	143
海珠区	292	297	293	302	312
天河区	353	408	413	430	368
芳村区			120	110	108
白云区	458	436	458	413	374
黄埔区	132	121	133	151	129
番禺区	282	272	291	238	226
花都区	130	130	135	135	132
南沙区	44	41			
萝岗区	57	61			
增城市	107	106	99	92	95
从化市	78	93	88	102	107

2003～2007年广州市各区医院数

地　区	2007年	2006年	2005年	2004年	2003年
广州市	225	223	211	188	183
东山区			29	26	24
荔湾区	25	24	13	10	11
越秀区	46	48	18	18	17
海珠区	20	19	21	20	25
天河区	28	27	32	29	27
芳村区			10	11	10
白云区	43	43	46	40	35
黄埔区	6	6	9	10	10
番禺区	22	21	11	9	8
花都区	12	12	12	7	7
南沙区	9	9			
萝岗区	5	5			
增城市	5	5	6	4	5
从化市	4	4	4	4	4

2003～2007 年广州市各区医院床位数

地　区	2007 年	2006 年	2005 年	2004 年	2003 年
广州市	45 209	42 821	39 359	35 979	34 140
东山区			7 083	6 760	6 567
荔湾区	3 812	3 831	1 780	1 663	1 660
越秀区	15 203	14 761	5 835	5 656	5 039
海珠区	5 381	4 699	4 722	4 628	3 864
天河区	3 801	3 526	5 112	4 821	4 623
芳村区			1 860	1 747	1 741
白云区	7 897	7 630	6 596	5 542	5 352
黄埔区	775	721	1 109	1 050	1 119
番禺区	3 825	3 383	2 163	1 917	2 180
花都区	1 694	1 430	1 367	849	751
南沙区	505	623			
萝岗区	690	699			
增城市	788	796	1 024	678	676
从化市	838	722	708	668	568

2007 年广州市及各区、县级市人口数、死亡率、自然增长率

地　区	年末总人口（人）	年平均人口（人）	出生率（‰）	死亡率（‰）	自然增长率（‰）
全　市	7 734 787	7 671 004	9. 30	5. 55	3. 75
市　区	6 367 621	6 310 455	9. 39	5. 66	3. 73
荔湾区	704 750	705 006	6. 53	8. 00	－1. 46
越秀区	1 158 383	1 154 932	7. 10	6. 45	0. 65
海珠区	907 902	899 207	8. 29	6. 40	1. 89
天河区	690 014	667 734	10. 65	3. 36	7. 29
白云区	776 459	772 074	9. 90	5. 43	4. 47
黄埔区	195 488	194 565	10. 23	4. 70	5. 53
番禺区	975 124	961 366	12. 41	4. 53	7. 88
花都区	639 317	638 012	10. 65	5. 34	5. 32
南沙区	148 598	148 089	9. 87	6. 37	3. 49
萝岗区	171 586	169 473	12. 11	4. 80	7. 31
县级市	1 367 166	1 360 549	8. 88	5. 03	3. 86
增城市	818 030	814 292	9. 94	4. 52	5. 42
从化市	549 136	546 257	7. 32	5. 78	1. 53

注：本表按市公安局户籍统计口径计算。

第二部分　2007年广州市卫生资源与利用情况

（一）总体情况

2007年广州市卫生机构、床位、人员数按经济类型和设置单位分类情况（不含村卫生室）

分类	机构个数	床位数	人员数（人）										
			合计	卫生技术人员	其中						其他技术人员	管理人员	工勤技能人员
					执业（助理）医师	执业医师	注册护士	药师（士）	技师（士）	检验师（士）			
总　计	2 543	52 640	96 091	76 791	29 056	26 566	29 724	5 783	5 011	3 660	2 917	6 563	9 820
一、按经济类型分													
国　有	1 056	47 875	78 820	63 133	22 724	21 389	25 491	4 550	4 141	3 007	2 378	5 359	7 950
集　体	217	1 046	3 735	3 048	1 316	1 066	910	372	158	111	108	220	359
联　营	19	417	1 174	843	261	244	273	71	149	142	35	166	130
私　营	1 108	2 467	10 021	8 022	4 019	3 240	2 421	661	430	302	266	661	1 072
其　他	143	835	2 341	1 745	736	627	629	129	133	98	130	157	309
二、按设置主办单位分													
政府办	475	45 105	75 079	60 068	21 381	20 122	24 293	4 494	3 981	2 869	2 247	5 158	7 606
其　中：卫生部门	422	41 931	73 069	58 835	20 860	19 658	23 896	4 399	3 898	2 799	2 119	4 923	7 192
社会办	990	5 460	10 853	8 558	3 629	3 161	2 995	591	590	478	370	658	1 267
个人办	1 078	2 075	10 159	8 165	4 046	3 283	2 436	698	440	313	300	747	947

2007年广州市卫生机构、床位、人员数按经济类型和设置单位分类情况（不含诊所、卫生所、医务室及村卫生室）

分类	机构个数	床位数	人员数（人）										
			合计	卫生技术人员	其中						其他技术人员	管理人员	工勤技能人员
					执业（助理）医师	执业医师	注册护士	药师（士）	技师（士）	检验师（士）			
总　计	1 128	52 640	91 331	72 344	26 423	24 436	28 493	5 559	4 934	3 583	2 917	6 563	9 507
一、按经济类型分													
国　有	499	47 875	77 234	61 601	21 833	20 587	25 019	4 494	4 113	2 979	2 378	5 359	7 896
集　体	125	1 046	3 375	2 724	1 146	942	826	351	150	103	108	220	323
联　营	8	417	1 151	821	248	235	268	70	149	142	35	166	129

续表

分类	机构个数	床位数	人员数（人）									
			合计	卫生技术人员	其中					其他技术人员	管理人员	工勤技能人员
					执业（助理）医师	执业医师	注册护士	药师（士）	技师（士）	检验师（士）			
私　营	449	2 467	7 493	5 701	2 605	2 176	1 816	528	405	277	266	661	865
其　他	47	835	2 078	1 497	591	496	564	116	117	82	130	157	294
二、按设置主办单位分													
政府办	386	45 105	74 731	59 757	21 202	19 970	24 223	4 481	3 967	2 855	2 247	5 158	7 569
其中：卫生部门	367	41 931	72 864	58 653	20 754	19 564	23 850	4 391	3 893	2 794	2 119	4 923	7 169
社会办	308	5 460	8 875	6 657	2 532	2 212	2 415	508	551	439	370	658	1 190
个人办	434	2 075	7 725	5 930	2 689	2 254	1 855	570	416	289	300	747	748

2007 年广州市诊所、医务室、卫生所机构、人员情况（按经济类型、设置主办单位分类）

分类	机构个数	人员数（人）							
		合计	卫生技术人员	其中					
				执业（助理）医师	执业医师	注册护士	药师（士）	技师（士）	检验师（士）
总　计	1 415	4 760	4 447	2 633	2 130	1 231	224	77	77
一、按经济类型分									
国　有	557	1 586	1 532	891	802	472	56	28	28
集　体	92	360	324	170	124	84	21	8	8
联　营	11	23	22	13	9	5	1		
私　营	659	2 528	2 321	1 414	1 064	605	133	25	25
其　他	96	263	248	145	131	65	13	16	16
二、按设置主办单位分									
政府办	89	348	311	179	152	70	13	14	14
其中：卫生部门	55	205	182	106	94	46	8	5	5
社会办	682	1 978	1 901	1 097	949	580	83	39	39
个人办	644	2 434	2 235	1 357	1 029	581	128	24	24

2007年广州市卫生机构、床位、人员数按机构类别分类情况（不含村卫生室）

机构分类	机构个数	床位数	人员数（人）										
			合计	其中							其他技术人员	管理人员	工勤技能人员
				卫生技术人员	执业（助理）医师	执业医师	注册护士	药师（士）	技师（士）	检验师（士）			
总　计	2 543	52 640	96 091	76 791	29 056	26 566	29 724	5 783	5 011	3 660	2 917	6 563	9 820
一、医院	225	45 209	69 638	55 597	19 523	18 582	23 583	4 097	3 350	2 265	2 118	4 844	7 079
综合医院	146	30 267	49 371	40 034	14 030	13 317	17 025	2 665	2 393	1 691	1 414	3 272	4 651
中医医院	25	6 016	9 512	7 691	2 824	2 724	3 053	987	409	268	241	730	850
中西医结合医院	2	50	114	95	58	56	15	13	8	6	3	5	11
专科医院	51	8 783	10 471	7 698	2 596	2 470	3 438	427	536	298	456	800	1 517
口腔医院	5	105	841	616	289	279	226	16	16	4	59	68	98
眼科医院	3	357	669	479	159	157	223	33	12	7	20	87	83
肿瘤医院	4	1 632	2 162	1 681	484	484	764	69	177	46	70	150	261
心血管病医院	1	90	174	112	45	40	49	5	9	5	3	50	9
胸科医院	1	482	806	622	182	182	316	44	76	48	58	20	106
妇产（科）医院	1	44	123	87	25	24	45	5	8	6	3	13	20
儿童医院	2	433	1 082	900	388	386	349	72	75	57	13	77	92
精神病医院	3	2 736	1 759	1 208	279	256	718	60	33	29	59	115	377
传染病医院	1	350	418	308	114	112	132	23	36	33	30	34	46
骨科医院	1												
康复医院	12	1 407	1 094	688	241	210	202	52	35	21	71	90	245
整形外科医院	1	46	58	39	11	8	15	1	2	1	7	6	6
美容医院	3	65	164	114	40	36	56	8	4	3	6	25	19
其他专科医院	13	1 036	1121	844	339	296	343	39	53	38	57	65	155
护理院	1	93	170	79	15	15	52	5	4	2	4	37	50
二、疗养院	11	2 518	1 055	601	196	179	239	39	42	35	54	124	276
三、社区卫生服务中心（站）	218	901	3 538	2 831	1 184	972	830	397	173	122	105	244	358
社区卫生服务中心	93	851	2 846	2 280	938	793	679	334	136	95	72	199	295
社区卫生服务站	125	50	692	551	246	179	151	63	37	27	33	45	63
四、卫生院	40	1 306	2 845	2 372	924	631	829	208	148	96	86	173	214
街道卫生院	2		19	17	7	7	4	4	1	1		1	1
乡镇卫生院	38	1 306	2 826	2 355	917	624	825	204	147	95	86	172	213
中心卫生院	8	425	877	689	287	223	240	57	50	38	6	77	105

续表

机构分类	机构个数	床位数	人员数（人）										
					其中								
			合计	卫生技术人员	执业（助理）医师	执业医师	注册护士	药师（士）	技师（士）	检验师（士）	其他技术人员	管理人员	工勤技能人员
乡卫生院	30	881	1 949	1 666	630	401	585	147	97	57	80	95	108
五、门诊部	541	48	5 528	4 451	2 236	1 901	1 170	504	326	229	200	429	448
综合门诊部	354	16	3 473	2 868	1 463	1 253	752	333	210	149	102	252	251
中医门诊部	47		595	456	239	202	84	62	27	20	23	58	58
中西医结合门诊部	9		236	173	74	65	47	21	23	13	9	23	31
专科门诊部	131	32	1 224	954	460	381	287	88	66	47	66	96	108
六、诊所、卫生所、医务室	1 415		4 760	4 447	2 633	2 130	1 231	224	77	77			313
七、急救中心（站）	1		26	12	2	2	10				3	8	3
八、采供血机构	5		338	268	41	39	121	8	56	56	6	33	31
九、妇幼保健院（所、站）	13	1 923	4 486	3 496	1 348	1 258	1 397	236	212	183	81	321	588
省　属	2	366	862	568	204	203	187	29	30	29	7	77	210
省辖市（地区）属	1	258	714	543	184	182	254	35	32	29	26	54	91
地辖市属	10	1 299	2 910	2 385	960	873	956	172	150	125	48	190	287
妇幼保健院	12	1 923	4 479	3 490	1 343	1 253	1 396	236	212	183	81	321	587
妇幼保健所	1		7	6	5	5	1						1
十、专科疾病防治院（所、站）	19	735	911	608	254	224	155	53	54	48	45	117	141
专科疾病防治院	2	106	270	205	97	97	28	9	19	19	16	32	17
结核病防治院	1		10	6	4	4	1	1				4	
职业病防治院	1	106	260	199	93	93	27	8	19	19	16	28	17
专科疾病防治所（站、中心）	17	629	641	403	157	127	127	44	35	29	29	85	124
口腔病防治所（站、中心）	5		85	63	37	19	18	1			5	9	8
皮肤病与性病防治所（中心）	3		256	176	63	60	54	26	20	17	16	28	36
结核病防治所（站、中心）	2												
药物戒毒所（中心）	1	603	101	11	5	4	3	1	1			25	65
其　他	6	26	199	153	52	44	52	16	14	12	8	23	15
十一、疾病预防控制中心	19		1 627	1 244	619	561	75	14	413	395	98	101	184

续表

机构分类	机构个数	床位数	人员数（人）合计	卫生技术人员	其中：执业（助理）医师	执业医师	注册护士	药师（士）	技师（士）	检验师（士）	其他技术人员	管理人员	工勤技能人员
省属	1		322	257	122	120	3	2	122	122	21	11	33
省辖市（地区）属	1		309	244	113	106	4		101	100	23	8	34
地辖市属	13		882	658	344	297	59	11	173	158	48	70	106
其他	4		114	85	40	38	9	1	17	15	6	12	11
十二、卫生监督所（中心）	15		595	465							18	78	34
省属	1		72	56								10	6
省辖市（地区）属	1		106	100									6
地辖市属	12		404	300							18	64	22
其他	1		13	9								4	
十三、医学科学研究机构	6		114	17	3	3	1		13	13	77	14	6
十四、健康教育所（站、中心）	5		70	37	15	14					21	7	5
十五、其他卫生机构	10		560	345	78	70	83	3	147	141	5	70	140
临床检验中心（所、站）	6		456	269	55	52	52		143	138	3	58	126
其他	4		104	76	23	18	31	3	4	3	2	12	14

2007 年广州市卫生机构房屋建筑面积、万元以上设备数（不含村卫生室）

机构分类	房屋建筑面积（m^2）			租房面积（m^2）		万元以上设备总价值（万元）	万元以上设备台数			
	合计	业务用房面积	危房面积	合计	业务用房面积		合计	50 万元以下	50 万～100 万元	100 万元以上
总计	6 506 404	4 693 324	11 423	553 386	459 835	854 233	61 583	58 527	1 844	1 212
一、医院	510 1541	3 994 619	2 600	262 032	210 202	737 524	50 850	48 246	1 515	1 089
综合医院	3 583 507	2 766 579	2 160	122 361	93 309	495 773	36 180	34 483	968	729
中医医院	882 275	737 675	440	45 090	41 195	118 566	7 236	6 762	277	197
中西医结合医院				4 240	4 210	222	39	39		
专科医院	618 050	484 277		90 341	71 488	122 502	7 318	6 885	270	163
口腔医院	27 612	27 108		1 620	1 420	9 185	733	721	10	2
眼科医院	34 617	34 617		2 740	2 740	13 147	1 184	1 126	47	11

续表

机构分类	房屋建筑面积（m^2）			租房面积（m^2）		万元以上设备总价值（万元）	万元以上设备台数			
	合　计	业务用房面积	危房面积	合　计	业务用房面积		合　计	50万元以下	50万～100万元	100万元以上
肿瘤医院	129 351	113 446		16 526	11 600	40 962	1 648	1 511	56	81
心血管病医院	25 000	20 000				310	30	25	3	2
胸科医院	71 194	56 188				8 330	594	552	30	12
妇产（科）医院				7 270	7 270	890	96	93	2	1
儿童医院	36 342	30 734				12 832	1 016	974	26	16
精神病医院	99 295	79 726				7 641	496	476	13	7
传染病医院	23 757	20 799		4 273	4 273	10 659	537	500	28	9
康复医院	46 650	31 345		40 612	27 918	6 466	560	532	23	5
整形外科医院	9 370	1 278				125	12	12		
美容医院	2 183	1 097		5 969	5 586	305	52	48	4	
其他专科医院	112 679	67 939		11 331	10 681	11 650	360	315	28	17
护理院	17 709	6 088				461	77	77		
二、疗养院	554 300	170 035		702	702	6 076	294	266	15	13
三、社区卫生服务中心（站）	74 041	65 806		49 831	47 008	4 841	817	807	10	
社区卫生服务中心	57 518	52 420		37 519	35 062	4 512	721	711	10	
社区卫生服务站	16 523	13 386		12 312	11 946	329	96	96		
四、卫生院	222 325	119 340	8 623	6 386	3 418	10 362	1 001	971	21	9
街道卫生院				1 380	1 380					
乡镇卫生院	222 325	119 340	8 623	5 006	2 038	10 362	1 001	971	21	9
中心卫生院	59 685	28 147	4 359	2 978	510	6 176	516	495	15	6
乡卫生院	162 640	91 193	4 264	2 028	1 528	4 186	485	476	6	3
五、门诊部	74 259	58 702		181 032	155 198	4 217	811	800	8	3
综合门诊部	52 793	41 225		103 594	87 754	2 720	426	419	5	2
中医门诊部	4 579	4 042		24 814	22 579	457	74	74		
中西医结合门诊部	6 000	6 000		4 817	4 617	347	112	109	2	1
专科门诊部	10 887	7 435		47 807	40 248	693	199	198	1	
六、诊所、卫生所、医务室	158 912									
七、急救中心（站）				800	500	310	42	42		
八、采供血机构	13 710	10 105		1 124	907	9 556	730	675	43	12
九、妇幼保健院（所、站）	130 213	115 140		17 427	17 327	35 183	2 755	2 626	77	52
省　属	19 970	16 322				8 969	668	631	23	14

续表

机构分类	房屋建筑面积（m^2）			租房面积（m^2）		万元以上设备总价值（万元）	万元以上设备台数			
	合　计	业务用房面积	危房面积	合　计	业务用房面积		合　计	50万元以下	50万～100万元	100万元以上
省辖市（地区）属	14 081	12 401		1 287	1 287	8 404	572	536	20	16
地辖市属	96 162	86 417		16 140	16 040	17 810	1 515	1 459	34	22
妇幼保健院	130 213	115 140		17 127	17 127	35 182	2 754	2 625	77	52
妇幼保健所				300	200	1	1	1		
十、专科疾病防治院（所、站）	41 402	35 390		9 547	8 699	6 378	526	493	29	4
专科疾病防治院	20 000	18 795		540	400	3 426	277	262	12	3
结核病防治院				540	400	99	8	8		
职业病防治院	20 000	18 795				3 327	269	254	12	3
专科疾病防治所（站、中心）	21 402	16 595		9 007	8 299	2 952	249	231	17	1
口腔病防治所（站、中心）	58	58		1 879	1 839	314	55	55		
皮肤病与性病防治所（中心）	2 267	2 267		1 500	1 500	1 625	83	69	14	
药物戒毒所（中心）	15 285	10 753				60	2	2		
其　他	3 792	3 517		5 628	4 960	953	109	105	3	1
十一、疾病预防控制中心	99 307	89 842		10 004	2 103	31 641	2 689	2 561	104	24
省　属	25 280	22 911		6 363		12 945	1 180	1 123	42	15
省辖市（地区）属	11 674	10 431				5 805	372	341	24	7
地辖市属	54 136	49 183		3 641	2 103	10 225	946	920	26	
其　他	8 217	7 317				2 666	191	177	12	2
十二、卫生监督所（中心）	12 703	12 413	200	8 343	7 843	2 938	494	494		
省　属				1 500	1 000	158	70	70		
省辖市（地区）属				1 900	1 900	919	214	214		
地辖市属	12 353	12 063	200	4 943	4 943	1 819	206	206		
其　他	350	350				42	4	4		
十三、医学科学研究机构	2 346	2 346		990	990	988	47	43	2	2
十四、健康教育所（站、中心）	1 840	1 540		1 968	1 968	547	98	98		
十五、其他卫生机构	19 505	18 046		3 200	2 970	3 672	429	405	20	4
临床检验中心（所、站）	3 085	3 085		3 200	2 970	3 207	385	362	19	4
其　他	16 420	14 961				465	44	43	1	

（二）医疗卫生资源与利用

1. 医疗卫生资源情况

（1）医疗机构基本情况（不含村卫生室）

2007 年广州市医疗机构、床位、人员情况

机构分类	机构个数	床位数	人员数（人）									
			合计	卫生技术人员	其中					其他技术人员	管理人员	工勤技能人员
					执业（助理）医师	执业医师	注册护士	药师（士）	技师（士）			
总　计	2 489	52 640	93 243	74 684	28 355	25 931	29 496	5 758	4 525	2 695	6 318	9 546
一、医院	225	45 209	69 638	55 597	19 523	18 582	23 583	4 097	3 350	2 118	4 844	7 079
综合医院	146	30 267	49 371	40 034	14 030	13 317	17 025	2 665	2 393	1 414	3 272	4 651
中医医院	25	6 016	9 512	7 691	2 824	2 724	3 053	987	409	241	730	850
中西医结合医院	2	50	114	95	58	56	15	13	8	3	5	11
专科医院	51	8 783	10 471	7 698	2 596	2 470	3 438	427	536	456	800	1 517
护理院	1	93	170	79	15	15	52	5	4	4	37	50
二、疗养院	11	2 518	1 055	601	196	179	239	39	42	54	124	276
三、社区卫生服务中心（站）	218	901	3 538	2 831	1 184	972	830	397	173	105	244	358
社区卫生服务中心	93	851	2 846	2 280	938	793	679	334	136	72	199	295
社区卫生服务站	125	50	692	551	246	179	151	63	37	33	45	63
四、卫生院	40	1 306	2 845	2 372	924	631	829	208	148	86	173	214
街道卫生院	2		19	17	7	7	4	4	1		1	1
乡镇卫生院	38	1 306	2 826	2 355	917	624	825	204	147	86	172	213
五、门诊部	541	48	5 528	4 451	2 236	1 901	1 170	504	326	200	429	448
六、诊所、卫生所、医务室	1 415		4 760	4 447	2 633	2 130	1 231	224	77			313
七、急救中心（站）	1		26	12	2	2	10			3	8	3
八、妇幼保健院（所、站）	13	1 923	4 486	3 496	1 348	1 258	1 397	236	212	81	321	588
妇幼保健院	12	1 923	4 479	3 490	1 343	1 253	1 396	236	212	81	321	587
妇幼保健所	1		7	6	5	5	1					1
九、专科疾病防治院（所、站）	19	735	911	608	254	224	155	53	54	45	117	141
专科疾病防治院	2	106	270	205	97	97	28	9	19	16	32	17
专科疾病防治所（站、中心）	17	629	641	403	157	127	127	44	35	29	85	124
十、临床检验中心（所、站）	6		456	269	55	52	52		143	3	58	126

2007 年广州市医疗机构、床位、人员情况（非营利性）

卫生机构分类	机构个数	床位数	人员数（人）									
			合计	其中								
				卫生技术人员	执业（助理）医师	执业医师	注册护士	药师（士）	技师（士）	其他技术人员	管理人员	工勤技能人员
总　计	1 325	49 166	80 589	64 755	23 698	22 112	26 336	4 960	3 844	2 295	5 431	8 108
一、医院	174	41 790	64 715	52 089	18 252	17 475	22 093	3 856	3 120	1 880	4 386	6 360
综合医院	122	29 100	47 104	38 359	13 414	12 801	16 327	2 548	2 277	1 310	3 078	4 357
中医医院	22	5 552	8 592	7 043	2 601	2 513	2 798	927	369	204	607	738
中西医结合医院	2	50	114	95	58	56	15	13	8	3	5	11
专科医院	27	6 995	8 735	6 513	2 164	2 090	2 901	363	462	359	659	1 204
护理院	1	93	170	79	15	15	52	5	4	4	37	50
二、疗养院	11	2 518	1 055	601	196	179	239	39	42	54	124	276
三、社区卫生服务中心（站）	211	901	3 461	2 771	1 156	952	816	393	165	103	240	347
社区卫生服务中心	92	851	2 846	2 280	938	793	679	334	136	72	199	295
社区卫生服务站	119	50	615	491	218	159	137	59	29	31	41	52
四、卫生院	38	1 283	2 793	2 326	902	617	815	201	147	86	169	212
街道卫生院	1											
乡镇卫生院	37	1 283	2 793	2 326	902	617	815	201	147	86	169	212
五、门诊部	127	16	1 023	821	404	377	216	98	68	43	66	93
六、诊所、卫生所、医务室	730		2 119	2 031	1 184	1 028	595	84	36			88
诊　所	51		147	136	81	69	28	11	5			11
卫生所、医务室	679		1 972	1 895	1 103	959	567	73	31			77
七、急救中心（站）	1		26	12	2	2	10			3	8	3
八、妇幼保健院（所、站）	13	1 923	4 486	3 496	1 348	1 258	1 397	236	212	81	321	588
妇幼保健院	12	1 923	4 479	3 490	1 343	1 253	1 396	236	212	81	321	587
妇幼保健所	1		7	6	5	5	1					1
九、专科疾病防治院（所、站）	19	735	911	608	254	224	155	53	54	45	117	141
专科疾病防治院	2	106	270	205	97	97	28	9	19	16	32	17
专科疾病防治所（站、中心）	17	629	641	403	157	127	127	44	35	29	85	124
十、临床检验中心（所、站）	1											

2007年广州市医疗机构、床位、人员情况（营利性）

机构分类	机构个数	床位数	人员数（人）									
			合计	卫生技术人员	其中					其他技术人员	管理人员	工勤技能人员
					执业（助理）医师	执业医师	注册护士	药师（士）	技师（士）			
总　计	1 164	3 474	12 654	9 929	4 657	3 819	3 160	798	681	400	887	1 438
一、医院	51	3 419	4 923	3 508	1 271	1 107	1 490	241	230	238	458	719
综合医院	24	1 167	2 267	1 675	616	516	698	117	116	104	194	294
中医医院	3	464	920	648	223	211	255	60	40	37	123	112
中西医结合医院												
专科医院	24	1 788	1 736	1 185	432	380	537	64	74	97	141	313
护理院												
二、疗养院												
三、社区卫生服务中心（站）	7		77	60	28	20	14	4	8	2	4	11
社区卫生服务中心	1											
社区卫生服务站	6		77	60	28	20	14	4	8	2	4	11
四、卫生院	2	23	52	46	22	14	14	7	1		4	2
街道卫生院	1		19	17	7	7	4	4	1		1	1
乡镇卫生院	1	23	33	29	15	7	10	3			3	1
五、门诊部	414	32	4 505	3 630	1 832	1 524	954	406	258	157	363	355
六、诊所、卫生所、医务室	685		2 641	2 416	1 449	1 102	636	140	41			225
七、急救中心（站）												
八、妇幼保健院（所、站）												
九、专科疾病防治院（所、站）												
十、临床检验中心（所、站）	5		456	269	55	52	52		143	3	58	126

2007 年广州市医疗机构按床位分组情况

机构分类	总　计	0～49 张	50～99 张	100～199 张	200～299 张	300～399 张	400～499 张	500～799 张	800 张 及以上
医　院	223	79	43	49	16	9	6	7	14
综合医院	146	48	27	39	10	6	1	6	9
中医医院	27	9	5	5	3	1	2		2
中西医结合医院	2	1	1						
专科医院	47	21	9	5	3	2	3	1	3
口腔医院	4	2	2						
眼科医院	3	2				1			
肿瘤医院	4		1	1			1		1
心血管病医院	1		1						
胸科医院	1								
儿童医院	2	1					1		
精神病医院	3				1				2
传染病医院	1					1			
骨科医院	1	1							
康复医院	11	6	1	2	1			1	
整形外科医院	1	1							
美容医院	3	3							
其他专科医院	12	5	4	2	1				
护理院	1		1						
妇幼保健院	12	2	5	2	1	1		1	
专科疾病防治院	1			1					

2007年广州市医疗机构分科床位、门急诊人次及出院人数（合计）

分　科	实有床位（张）		门急诊人次（人次）		出院人数（人）	
	小计	构成（%）	小计	构成（%）	小计	构成（%）
总　计	52 640	100.00	74 553 746	100.00	1 280 831	100.00
预防保健科	2		1 835 989	2.46		
全科医疗科	1 103	2.10	3 476 681	4.66	29 199	2.28
内　科	13 054	24.80	21 650 416	29.04	306 844	23.96
外　科	10 631	20.20	4 734 006	6.35	239 258	18.68
儿　科	2 756	5.24	6 850 212	9.19	123 616	9.65
妇产科	5 767	10.96	7 975 955	10.70	265 092	20.70
眼　科	771	1.46	1 559 727	2.09	37 169	2.90
耳鼻咽喉科	776	1.47	1 802 969	2.42	23 529	1.84
口腔科	327	0.62	2 807 454	3.77	5 884	0.46
皮肤科	179	0.34	2 131 262	2.86	3 693	0.29
医疗美容科	197	0.37	148 077	0.20	2 592	0.20
精神科	4 259	8.09	465 608	0.62	9 307	0.73
传染科	1 038	1.97	589 401	0.79	13 353	1.04
结核病科	493	0.94	291 172	0.39	6 326	0.49
地方病科						
肿瘤科	3 156	6.00	586 069	0.79	64 574	5.04
急诊医学科	76	0.14	2 410 091	3.23	990	0.08
康复医学科	2 187	4.15	630 766	0.85	37 675	2.94
运动医学科	20	0.04	25 863	0.03	97	0.01
职业病科	95	0.18	69 092	0.09	781	0.06
中医科	401	0.76	4 717 539	6.33	6 606	0.52
骨伤科	1 652	3.14	1 649 283	2.21	33 281	2.60
肛肠科	106	0.20	107 056	0.14	2 847	0.22
针灸科	234	0.44	343 926	0.46	3 393	0.26
推拿科	2	0.00	324 248	0.43	1 175	0.09
民族医学科						
中西医结合科	207	0.39	177 700	0.24	4 104	0.32
负压病房						
ICU 病房	290	0.55	3 864	0.01	3 992	0.31
其　他	2 861	5.44	7 189 320	9.64	55 454	4.33

2007年广州市医疗机构分科床位、门急诊人次及出院人数（医院）

分科	实有床位（张）		门急诊人次（人次）		出院人数（人）	
	小计	构成（%）	小计	构成（%）	小计	构成（%）
总计	45 209	100.00	58 026 082	100.00	1 060 473	100.00
预防保健科	2		1 352 657	2.33		
全科医疗科	896	1.98	1 842 766	3.18	19 716	1.86
内科	11 289	24.97	15 644 740	26.96	257 998	24.33
外科	9 908	21.92	4 160 654	7.17	220 516	20.79
儿科	2 161	4.78	5 270 882	9.08	91 214	8.60
妇产科	4 377	9.68	5 966 675	10.28	191 769	18.08
眼科	755	1.67	1 467 330	2.53	36 295	3.42
耳鼻咽喉科	762	1.69	1 673 178	2.88	23 098	2.18
口腔科	326	0.72	2 378 678	4.10	5 868	0.55
皮肤科	179	0.40	1 634 520	2.82	3 693	0.35
医疗美容科	164	0.36	55 233	0.10	2 390	0.23
精神科	3 679	8.14	457 615	0.79	9 073	0.86
传染科	995	2.20	552 643	0.95	13 197	1.24
结核病科	493	1.09	200 409	0.35	6 326	0.60
地方病科						
肿瘤科	3 135	6.93	575 120	0.99	64 148	6.05
急诊医学科	68	0.15	1 935 437	3.34	990	0.09
康复医学科	1 216	2.69	506 670	0.87	7 406	0.70
运动医学科	20	0.04	24 713	0.04	97	0.01
职业病科	35	0.08	4 598	0.01	494	0.05
中医科	323	0.71	3 358 519	5.79	5 368	0.51
骨伤科	1 652	3.65	1 607 322	2.77	33 281	3.14
肛肠科	106	0.23	105 966	0.18	2 847	0.27
针灸科	234	0.52	322 147	0.56	3 393	0.32
推拿科	2		288 529	0.50	1 175	0.11
民族医学科						
中西医结合科	207	0.46	167 259	0.29	4 104	0.39
负压病房						
ICU病房	280	0.62	3 864	0.01	3 915	0.37
其他	1 945	4.30	6 467 958	11.15	52 102	4.91

2007 年广州市医疗机构分科床位、门急诊人次及出院人数（综合医院）

分　科	实有床位（张）		门急诊人次（人次）		出院人数（人）	
	小计	构成（%）	小计	构成（%）	小计	构成（%）
总　计	30 247	100.00	41 119 611	100.00	793 111	100.00
预防保健科	2	0.01	1 174 365	2.86		
全科医疗科	613	2.03	1 589 374	3.87	12 960	1.63
内　科	8 996	29.74	11 821 534	28.75	215 298	27.15
外　科	8 636	28.55	3 607 788	8.77	193 124	24.35
儿　科	1 579	5.22	2 798 404	6.81	58 343	7.36
妇产科	3 804	12.58	4 717 601	11.47	171 325	21.60
眼　科	312	1.03	746 810	1.82	10 884	1.37
耳鼻咽喉科	696	2.30	1 354 175	3.29	20 845	2.63
口腔科	216	0.71	1 098 041	2.67	4 140	0.52
皮肤科	145	0.48	1 270 300	3.09	2 935	0.37
医疗美容科	90	0.30	44 014	0.11	961	0.12
精神科	226	0.75	177 905	0.43	3 326	0.42
传染科	645	2.13	282 533	0.69	8 891	1.12
结核病科	11	0.04	13 956	0.03	20	
地方病科						
肿瘤科	1 108	3.66	111 130	0.27	22 642	2.85
急诊医学科	68	0.22	1 719 964	4.18	990	0.12
康复医学科	519	1.72	33 8247	0.82	3 687	0.46
运动医学科						
职业病科	35	0.12	4 598	0.01	494	0.06
中医科	298	0.99	3 155 874	7.67	5 367	0.68
骨伤科	180	0.60	323 045	0.79	4 111	0.52
肛肠科	3	0.01	33 642	0.08	7	0.00
针灸科			86 479	0.21		
推拿科			38 588	0.09		
民族医学科						
中西医结合科	207	0.68	28 483	0.07	4 104	0.52
负压病房						
ICU 病房	200	0.66	3 864	0.01	2 748	0.35
其　他	1 658	5.48	4 578 897	11.14	45 909	5.79

2007年广州市医疗机构分科床位、门急诊人次及出院人数（乡镇卫生院）

分　科	实有床位（张）		门急诊人次（人次）		出院人数（人）	
	小计	构成（%）	小计	构成（%）	小计	构成（%）
总　计	1 306	100.00	2 345 354	100.00	52 256	100.00
预防保健科			2 796	0.12		
全科医疗科	165	12.63	494 677	21.09	8 681	16.61
内　科	362	27.72	612 300	26.11	13 460	25.76
外　科	370	28.33	182 797	7.79	11 780	22.54
儿　科	72	5.51	240 024	10.23	3 058	5.85
妇产科	303	23.20	257 080	10.96	14 005	26.80
眼　科	10	0.77	36 695	1.56	714	1.37
耳鼻咽喉科	8	0.61	4 916	0.21	250	0.48
口腔科			13 717	0.58	2	
皮肤科						
医疗美容科						
精神科						
传染科	2	0.15	3 297	0.14		
结核病科						
地方病科						
肿瘤科						
急诊医学科	2	0.15	175 781	7.49		
康复医学科	2	0.15	2 552	0.11		
运动医学科						
职业病科						
中医科	7	0.54	148 386	6.33	221	0.42
骨伤科						
肛肠科						
针灸科						
推拿科						
民族医学科						
中西医结合科						
负压病房						
ICU 病房						
其　他	3	0.23	170 336	7.26	85	0.16

2007年广州市医疗机构分科床位、门急诊人次及出院人数（社区卫生服务中心）

分　科	实有床位（张）		门急诊人次（人次）		出院人数（人）	
	小计	构成（%）	小计	构成（%）	小计	构成（%）
总　计	851	100.00	3 080 970	100.00	11 385	100.00
预防保健科			56 289	1.83		
全科医疗科	42	4.94	362 238	11.76	802	7.04
内　科	521	61.22	1 466 485	47.60	5 949	52.25
外　科	113	13.28	125 871	4.09	1 789	15.71
儿　科	14	1.65	108 795	3.53	130	1.14
妇产科	54	6.35	145 251	4.71	1 692	14.86
眼　科			8 955	0.29		
耳鼻咽喉科			34 325	1.11		
口腔科			37 701	1.22		
皮肤科						
医疗美容科						
精神科						
传染科	60.71	16 0340.52		60.05		
结核病科						
地方病科						
肿瘤科						
急诊医学科			78 933	2.56		
康复医学科			14 739	0.48		
运动医学科						
职业病科						
中医科	71	8.34	566 606	18.39	1 017	8.93
骨伤科						
肛肠科						
针灸科						
推拿科						
民族医学科						
中西医结合科						
负压病房						
ICU病房						
其　他	30	3.53	58 748	1.91		

2007年广州市医疗机构分科床位、门急诊人次及出院人数（妇幼保健院）

分 科	实有 床位（张）		门急诊人次（人次）		出院人数（人）	
	小计	构成（%）	小计	构成（%）	小计	构成（%）
总 计	1 923	100.00	4 342 522	100.00	97 626	100.00
预防保健科			318 512	7.33		
全科医疗科			110 950	2.55		
内 科	162	8.42	267 477	6.16	4 906	5.03
外 科	165	8.58	122 421	2.82	4 932	5.05
儿 科	509	26.47	1 057 594	24.35	29 214	29.92
妇产科	1 033	53.72	1 424 462	32.80	57 564	58.96
眼 科	6	0.31	44 027	1.01	160	0.16
耳鼻咽喉科	6	0.31	57 534	1.32	181	0.19
口腔科	1	0.05	120 810	2.78	14	0.01
皮肤科			28 099	0.65		
医疗美容科	1	0.05	10 171	0.23	2	
精神科						
传染科	9	0.47	15 910	0.37	150	0.15
结核病科						
地方病科						
肿瘤科	21	1.09	8 647	0.20	426	0.44
急诊医学科			172 954	3.98		
康复医学科			31 876	0.73		
运动医学科						
职业病科						
中医科			332 582	7.66		
骨伤科			21 526	0.50		
肛肠科						
针灸科			5 758	0.13		
推拿科						
民族医学科						
中西医结合科						
负压病房						
ICU 病房	10	0.52			77	0.08
其 他			191 212	4.40		

2007年广州市医疗机构分科床位、门急诊人次及出院人数（专科疾病防治院）

分　科	实有床位（张）		门急诊人次（人次）		出院人数（人）	
	小计	构成（%）	小计	构成（%）	小计	构成（%）
总　计	735	100.00	804 548	100.00	1 452	100.00
预防保健科						
全科医疗科			52 126	6.48		
内　科	46	6.26	26 607	3.31	7	0.48
外　科						
儿　科						
妇产科			6 961	0.87		
眼　科			256	0.03		
耳鼻咽喉科			330	0.04		
口腔科			78 389	9.74		
皮肤科			415 877	51.69		
医疗美容科			40 364	5.02		
精神科			6 735	0.84		
传染科	26	3.54				
结核病科			90 763	11.28		
地方病科						
肿瘤科						
急诊医学科						
康复医学科			1 262	0.16		
运动医学科						
职业病科	60	8.16	64 494	8.02	287	19.77
中医科			1 998	0.25		
骨伤科						
肛肠科						
针灸科			5 692	0.71		
推拿科			12 694	1.58		
民族医学科						
中西医结合科						
负压病房						
ICU 病房						
其　他	603	82.04			1 158	79.75

2007 年广州市医疗机构分级情况

等　级	医　院						妇幼保健院	专科疾病防治院
	合　计	其　中						
		综合医院	中医医院	中西医结合医院	民族医院	专科医院		
总　计	225	146	25	2		51	13	19
三　级	30	16	5			9	2	
三级甲等	24	15	4			5	2	
三级乙等								
三级丙等								
未评等次	6	1	1			4		
二　级	43	30	10			3	8	
二级甲等	29	22	6			1	8	
二级乙等	1		1					
二级丙等								
未评等次	13	8	3			2		
一　级	54	48	3	1		2		
一级甲等	44	41	2	1				
一级乙等								
一级丙等								
未评等次	10	7	1			2		
其　他	98	52	7	1		37	3	19

（2）诊所、卫生所、医务室基本情况

2007 年广州市诊所、卫生所、医务室基本情况（1）

指标名称	合　计	按管理类别分		按经济类型分				
		非营利性	营利性	国有	集体办	联营	私营	其他
机构总数（个）	1 415	730	685	557	92	11	659	96
总人员数（人）	4 760	2 119	2 641	1 586	360	23	2 528	263
卫生技术人员	4 447	2 031	2 416	1 532	324	22	2 321	248
执业医师	2 130	1 028	1 102	802	124	9	1 064	131
内：中医	243	107	136	76	14	1	133	19
执业助理医师	503	156	347	89	46	4	350	14
内：中医	43	13	30	10	2		31	
注册护士	1 231	595	636	472	84	5	605	65
药剂师（士）	224	84	140	56	21	1	133	13

续表

指标名称	合　计	按管理类别分		按经济类型分				
		非营利性	营利性	国有	集体办	联营	私营	其他
技师（士）	77	36	41	28	8		25	16
内：检验师（士）	77	36	41	28	8		25	16
其　他	282	132	150	85	41	3	144	9
工勤技能人员	313	88	225	54	36	1	207	15
房屋建筑面积（m^2）	158 912	77 520	81 392	58 523	12 961	857	77 680	8 891
总收入（万元）	355 419	155 456	199 963	118 955	34 035	530	176 140	25 759
其中：上级补助收入	68 872	67 899	973	58 979	5 575	144	682	3 492
医疗收入	71 413	14 339	57 074	9 649	4 506	137	55 141	1 980
药品收入	66 348	20 953	45 395	11 662	6 506	221	44 681	3 278
总支出（万元）	321 534	157 213	164 321	122 795	25 899	524	149 059	23 257
其中：人员经费	74 166	29 738	44 428	21 868	5 242	218	42 556	4 282
医疗支出	27 307	10 072	17 235	7 404	1 826	88	16 814	1 175
药品支出	99 086	64 216	34 870	50 970	8 995	205	34 332	4 584
诊疗人次数	6 028 691	3 162 668	2 866 023	2 226 006	495 289	16 907	2 758 939	531 550
其中：出诊人次数								

2007 年广州市诊所、卫生所、医务室基本情况（2）

指标名称	合　计	按设置/主办单位分		
		政府办	社会办	私人办
机构总数（个）	1 415	89	682	644
总人员数（人）	4 760	348	1 978	2 434
卫生技术人员	4 447	311	1 901	2 235
执业医师	2 130	152	949	1 029
内：中医	243	6	109	128
执业助理医师	503	27	148	328
内：中医	43	1	14	28
注册护士	1 231	70	580	581
药剂师（士）	224	13	83	128
技师（士）	77	14	39	24
内：检验师（士）	77	14	39	24
其　他	282	35	102	145
工勤技能人员	313	37	77	199
房屋建筑面积（㎡）	158 912	11 980	71 782	75 150
总收入（万元）	355 419	26 235	161 877	167 307

续表

指标名称	合　计	按设置/主办单位分		
		政府办	社会办	私人办
其中：上级补助收入	68 872	5 398	62 427	1 047
医疗收入	71 413	5 996	12 577	52 840
药品收入	66 348	1 749	22 441	42 158
总支出（万元）	321 534	21 440	158 973	141 121
其中：人员经费	74 166	3 976	30 121	40 069
医疗支出	27 307	1 133	10 045	16 129
药品支出	99 086	3 680	61 958	33 448
诊疗人次数	6 028 691	637 206	2 701 885	2 689 600
其中：出诊人次数				

2007 年广州市诊所基本情况（1）

指标名称	合　计	按管理类别分		按经济类型分				
		非营利性	营利性	国有	集体办	联营	私营	其他
机构总数（个）	705	51	654	38	16	2	643	6
总人员数（人）	2 658	147	2 511	84	100	6	2 429	39
卫生技术人员	2 435	136	2 299	78	89	6	2 227	35
执业医师	1 117	69	1 048	44	34	2	1 024	13
内：中医	144	10	134	3	6		132	3
执业助理医师	348	12	336	6	9	1	331	1
内：中医	31	1	30	1			30	
注册护士	630	28	602	14	23	2	587	4
药剂师（士）	144	11	133	4	9	1	127	3
技师（士）	43	5	38	4	2		23	14
内：检验师（士）	43	5	38	4	2		23	14
其　他	153	11	142	6	12		135	
工勤技能人员	223	11	212	6	11		202	4
房屋建筑面积（m^2）	78 923	4 137	74 786	1 745	3 517	90	72 336	1 235
总收入（万元）	190 090	5 579	184 511	3 407	8 437	152	172 155	5 939

续表

指标名称	合　计	按管理类别分		按经济类型分				
		非营利性	营利性	国有	集体办	联营	私营	其他
其中：上级补助收入	2 165	1 790	375	1 470	320		375	
医疗收入	57 477	976	56 501	558	1 504	41	54 763	611
药品收入	46 383	2 400	43 983	1 299	933	83	43 465	603
总支出（万元）	157 426	6 064	151 362	3 636	2 542	182	145 190	5 876
其中：人员经费	44 364	2 154	42 210	1 349	1 430	89	40 921	575
医疗支出	17 327	352	16 975	123	259	20	16 609	316
药品支出	36 233	3 110	33 123	1 812	845	66	32 627	883
诊疗人次数	2 840 452	136 439	2 704 013	52 174	90 264	3 106	2 614 993	79 915
其中：出诊人次数								

2007 年广州市诊所基本情况（2）

指标名称	合计	按设置/主办单位分			按诊所类别分				
		政府办	社会办	私人办	普通	中医	中西医结合	口腔	其他
机构总数（个）	705	23	57	625	440	59	13	155	38
总人员数（人）	2 658	70	251	2 337	1 786	188	82	453	149
卫生技术人员	2 435	67	222	2 146	1 651	176	76	405	127
执业医师	1 117	28	103	986	776	75	32	181	53
内：中医	144	2	18	124	88	43	6	1	6
执业助理医师	348	10	20	318	173	30	10	118	17
内：中医	31	1	3	27	13	17	1		
注册护士	630	11	56	563	498	25	21	68	18
药剂师（士）	144	4	18	122	100	30	10	1	3
技师（士）	43	5	17	21	27	1	1		14
内：检验师（士）	43	5	17	21	27	1	1		14
其　他	153	9	8	136	77	15	2	37	22
工勤技能人员	223	3	29	191	135	12	6	48	22
房屋建筑面积（㎡）	78 923	1 436	7 733	69 754	52 496	7 046	2 768	12 040	4573
总收入（万元）	190 090	1 580	25 561	162 949	134 011	17 308	3 572	20 146	15 053
其中：上级补助收入	2 165	10	1 780	375	1 737			298	130
医疗收入	57 477	584	4 235	52 658	32 867	3 976	1 800	15 635	3 199
药品收入	46 383	986	4 344	41 053	36 314	4 928	1 762	2 066	1 313
总支出（万元）	157 426	1 434	18 957	137 035	112 864	15 769	3 189	16 392	9 212
其中：人员经费	44 364	537	5 375	38 452	27 205	4 010	2 295	8 354	2 500
医疗支出	17 327	202	1 182	15 943	10 484	847	231	4 711	1 054
药品支出	36 233	695	3 950	31 588	28 290	3 786	662	2 206	1 289
诊疗人次数	2 840 452	34 066	268 970	2 537 416	2 170 916	225 668	43 293	327 317	73 258
其中：出诊人次数									

2007 年广州市卫生所基本情况

指标名称	合　计	按管理类别分		按经济类型分					按设置/主办单位分		
		非营利性	营利性	国有	集体办	联营	私营	其他	政府办	社会办	私人办
机构总数（个）	218	209	9	177	19	1	6	15	29	182	7
总人员数（人）	754	702	52	578	67	3	49	57	135	573	46
卫生技术人员	723	681	42	560	64	3	45	51	133	550	40
执业医师	326	310	16	271	15		13	27	64	247	15
内：中医	32	31	1	23	2		1	6	3	28	1
执业助理医师	73	69	4	36	21	2	14		10	56	7
内：中医	2	2		2						2	
注册护士	224	212	12	189	14	1	5	15	33	185	6
药剂师（士）	41	35	6	28	3		5	5	8	29	4
技师（士）	18	16	2	15	1		2		7	9	2
内：检验师（士）	18	16	2	15	1		2		7	9	2
其　他	41	39	2	21	10		6	4	11	24	6
工勤技能人员	31	21	10	18	3		4	6	2	23	6
房屋建筑面积（m^2）	33 674	29 795	3 879	25 722	1 999	360	3 769	1 824	7 483	22 392	3 799
总收入（万元）	48 756	39 480	9 276	32 759	5 081		2 117	8 799	8 588	37 754	2 414
其中：上级补助收入	17 977	17 958	19	17 224	229		119	405	2 479	15 344	154
医疗收入	3 308	3 188	120	2 739	499			70	1 723	1 585	
药品收入	8 842	8 752	90	6 842	1 820		34	146	261	8 581	
总支出（万元）	48 442	41 208	7 234	34 811	4 979		1 674	6 978	7 004	39 615	1 823
其中：人员经费	9 009	8 371	638	7 401	674		454	480	728	7 635	646
医疗支出	3 684	3 536	148	3 331	201		113	39	871	2 700	113
药品支出	20 621	19 852	769	17 541	1 469		887	724	2 067	17 657	897
诊疗人次数	1 029 853	996 508	33 345	747 379	151 826		55 486	75 162	201 460	797 506	30 887
其中：出诊人次数											

2007年广州市医务室基本情况

指标名称	合计	按管理类别分		按经济类型分					按设置/主办单位分		
		非营利性	营利性	国有	集体办	联营	私营	其他	政府办	社会办	私人办
机构总数（个）	465	443	22	318	55	8	10	74	35	418	12
总人员数（人）	1 271	1 193	78	865	177	14	50	165	112	1 108	51
卫生技术人员	1 223	1 148	75	846	155	13	49	160	91	1 083	49
执业医师	642	604	38	451	67	7	27	90	45	569	28
内：中医	65	64	1	48	6	1		10		62	3
执业助理医师	81	74	7	46	16	1	5	13	7	71	3
内：中医	10	10		7	2		1			9	1
注册护士	364	342	22	262	42	2	13	45	25	327	12
药剂师（士）	38	37	1	24	8		1	5	1	35	2
技师（士）	13	12	1	7	4			2		12	1
内：检验师（士）	13	12	1	7	4			2		12	1
其　他	85	79	6	56	18	3	3	5	13	69	3
工勤技能人员	48	45	3	19	22	1	1	5	21	25	2
房屋建筑面积（m^2）	43 785	41 058	2 727	29 199	6 772	407	1 575	5 832	3 017	39 171	1 597
总收入（万元）	109 275	103 099	6 176	76 070	20 072	378	1 868	10 887	10 870	96 461	1 944
其中：上级补助收入	45 697	45 118	579	37 297	4 981	144	188	3 087	1 436	43 743	518
医疗收入	7 002	6 549	453	2 739	2 503	96	378	1 286	83	6 737	182
药品收入	11 061	9 739	1 322	3 521	3 753	138	1 182	2 467	502	9 454	1 105
总支出（万元）	109 706	103 981	5 725	78 962	17 938	342	2 195	10 269	9 132	98 311	2 263
其中：人员经费	18 254	16 674	1 580	10 933	2 820	129	1 181	3 191	885	16 398	971
医疗支出	6 263	6 151	112	3 929	1 366	68	92	808	60	6 130	73
药品支出	40 931	39 953	978	30 497	6 559	139	818	2 918	918	39 050	963
诊疗人次数	1 818 187	1 689 522	128 665	1 102 094	242 573	13 801	88 460	371 259	121 326	1 575 564	121 297
其中：出诊人次数											

2007 年广州市村卫生室基本情况

指标名称	合 计	按主办单位分					按行医方式分		
		村 办	乡医院设点	联合办	私人办	其 他	中 医	西 医	中西医结合
机构数（个）	1 009	958	10	30	10	1	4	330	675
执业（助理）医师（人）	343	318	8	9	4	4		107	236
注册护士（人）	96	92	4					44	52
乡村医生和卫生员（人）	1 892	1 780	23	65	20	4	4	635	1 253
乡村医生	1 627	1 534	23	46	20	4	4	495	1 128
其中：大专及以上学历	165	156	3	2	3	1		56	109
中专学历（水平）	824	778	19	9	15	3	1	294	529
在职培训合格者	549	510	5	32	2		3	140	406
卫生员	265	246		19				140	125
总收入（万元）	6 668	6 224	152	138	144	9	5	2 072	4 592
其中：上级补助收入	156	156						16	140
村或集体补助收入	399	399						195	204
医疗及药品收入	5 442	5 086	107	106	142		4	1 448	3 990
总支出（万元）	5 905	5 500	145	124	128	9	4	1 773	4 127
其中：人员支出	2 235	2 043	80	49	59	4	2	672	1 561
药品支出	3 290	3 094	64	68	60	5	2	943	2 346
诊疗人次数	5 174 495	4 944 047	55 959	126 974	39 850	7 665	4 458	1 636 138	3 533 899
其中：出诊人次数	71 484	69 335	1 238	184	655	72	166	18 458	52 860

2. 医疗服务利用情况

2007 年广州市医疗机构门诊服务情况

机构分类	总诊疗人次数	门、急诊人次				观察室留观病例数	健康检查人数	急诊病死率（%）
		小 计	门诊人次	急诊人次				
				小 计	内：死亡人数			
总 计	81 959 503	74 553 746	68 003 819	6 549 927	2 269	1 187 500	4 922 903	0. 03
一、医院	58 749 298	58 026 082	52 619 446	5 406 636	1 967	995 452	3 573 923	0. 04
综合医院	41 545 131	41 130 491	36 568 029	4 562 462	1 674	864 843	3 147 465	0. 04
中医医院	11 641 735	11 417 509	10 777 569	639 940	203	86 922	358 813	0. 03
中西医结合医院	193 195	154 433	151 293	3 140			31 476	
专科医院	5 342 583	5 318 399	5 117 305	201 094	90	43 687	36 169	0. 04
口腔医院	969 185	968 437	964 642	3 795		116		
眼科医院	476 852	476 852	447 270	29 582				
肿瘤医院	353 410	353 410	352 940	470	3	415	1 243	0. 64

续表

机构分类	总诊疗人次数	门、急诊人次				观察室留观病例数	健康检查人数	急诊病死率（%）
		小计	门诊人次	急诊人次				
				小计	内：死亡人数			
心血管病医院	78 000	78 000	76 000	2 000				
胸科医院	186 364	186 364	184 015	2 349	17	1 060	865	0.72
妇产（科）医院	56 721	53 587	53 578	9		9	2 367	
儿童医院	1 791 679	1 790 396	1 680 450	109 946	1	34 965	959	
精神病医院	325 065	325 065	285 524	39 541	14	6 907	5 572	0.04
传染病医院	256 304	256 304	256 304				411	
康复医院	523 271	515 770	507 117	8 653	55	84	14 024	0.64
整形外科医院	3 728	3 728	3 420	308				
美容医院	8 784	7 361	7 361					
其他专科医院	313 220	303 125	298 684	4 441		131	10 728	
护理院	26 654	5 250	5 250					
二、疗养院	203 416	148 629	142 428	6 201	12	3 825	166 907	0.19
三、社区卫生服务中心（站）	4 341 113	4 192 477	4 006 954	185 523	43	28 412	219 073	0.02
社区卫生服务中心	3 173 927	3 080 970	2 923 305	157 665	42	18 557	176 594	0.03
社区卫生服务站	1 167 186	1 111 507	1 083 649	27 858	1	9 855	42 479	
四、卫生院	2 368 046	2 347 854	1 982 236	365 618	227	153 182	84 785	0.06
街道卫生院	2 500	2 500	2 500					
乡镇卫生院	2 365 546	2 345 354	1 979 736	365 618	227	153 182	84 785	0.06
中心卫生院	916 639	911 766	771 640	140 126	119	55 131	5 279	0.08
乡卫生院	1 448 907	1 433 588	1 208 096	225 492	108	98 051	79 506	0.05
五、门诊部	4 934 009	4 691 634	4 602 787	88 847		6 007	222 686	
六、诊所、卫生所、医务室	6 028 691							
七、急救中心（站）								
八、妇幼保健院（所）	4 530 359	4 342 522	3 845 697	496 825	20	622	655 529	
九、专科疾病防治院（所、站）	804 571	804 548	804 271	277				
专科疾病防治院	89 586	89 586	89 586					
专科疾病防治所（站、中心）	714 985	714 962	714 685	277				

2007年广州市医疗机构住院服务情况

机构分类	入院人数	出院人数	住院病人手术人次数	住院危重病人抢救人次数	治愈率（%）	好转率（%）	死亡率（%）	每百门急诊的入院人数（%）
总　计	1 285 266	1 280 831	566 971	66 725	64. 41	31. 93	1. 42	1. 72
一、医院	1 064 530	1 060 473	506 231	61 559	62. 13	34. 00	1. 57	1. 83
综合医院	795 506	793 121	391 438	47 758	64. 46	31. 77	1. 56	1. 93
中医医院	147 430	146 858	55 884	10 063	51. 80	43. 97	1. 89	1. 29
中西医结合医院	668	660	56	111	10. 45	72. 88	7. 42	0. 43
专科医院	120 344	119 260	58 853	3 551	59. 82	36. 21	1. 16	2. 26
口腔医院	1 831	1 714	1 419		90. 55	7. 99	0. 06	0. 19
眼科医院	22 397	22 399	24 621		96. 67	3. 03		4. 70
肿瘤医院	34 407	34 236	11 239	282	37. 90	55. 27	0. 93	9. 74
心血管病医院								
胸科医院	6 348	6 306	2 590	200	9. 77	86. 12	3. 43	3. 41
妇产（科）医院	762	754	590		97. 75	2. 25		1. 42
儿童医院	25 190	25 074	8 383	1 718	75. 83	21. 94	0. 62	1. 41
精神病医院	5 205	5 094	499	215	47. 82	46. 80	3. 34	1. 60
传染病医院	4 350	4 306	1 550	301	15. 98	71. 64	3. 81	1. 70
康复医院	3 414	3 213	269	365	19. 42	72. 95	5. 45	0. 66
整形外科医院	1 233	1 245	1 424	6	97. 83	2. 17		33. 07
美容医院	1 423	1 423	863		100. 00			19. 33
其他专科医院	13 784	13 496	5 406	464	62. 26	34. 51	1. 34	4. 55
护理院	582	574		76	31. 01	57. 49	10. 63	11. 09
二、疗养院	57 341	57 257	95	178	94. 73	5. 02	0. 09	38. 58
三、社区卫生服务中心（站）	11 623	11 567			30. 56	57. 19	7. 88	0. 28
社区卫生服务中心	11 435	11 385			30. 84	56. 88	7. 94	0. 37
社区卫生服务站	188	182			13. 19	76. 37	4. 40	0. 02
四、卫生院	52 288	52 256			57. 83	36. 84	0. 62	2. 23
街道卫生院								
乡镇卫生院	52 288	52 256			57. 83	36. 84	0. 62	2. 23
中心卫生院	21 798	21 769			58. 41	35. 11	0. 79	2. 39
乡卫生院	30 490	30 487			57. 41	38. 07	0. 50	2. 13
五、门诊部	200	200	200		100. 00			

续表

机构分类	入院人数	出院人数	住院病人手术人次数	住院危重病人抢救人次数	治愈率（%）	好转率（%）	死亡率（%）	每百门急诊的入院人数（%）
六、诊所、卫生所、医务室								
七、急救中心（站）								
八、妇幼保健院（所）	97 818	97 626	60 409	4 981	79. 66	18. 76	0. 25	2. 25
九、专科疾病防治院（所、站）	1 466	1 452	36	7	8. 75	90. 56	0. 28	0. 18
专科疾病防治院	308	294	36	7	43. 20	53. 40	1. 36	0. 34
专科疾病防治所（站、中心）	1 158	1 158				100. 00		0. 16

2007 年广州市医疗机构床位利用情况

机构分类	实有床位（张）	实际开放总床位（床日）	平均开放病床数（张）	实际占用总床日数（床日）	出院者占用总床日数	病床周转次数	病床工作日（日）	病床使用率（%）	出院者平均住院日
总　计	52 614	18 429 922	50 493	15 185 269	14 277 046	25. 4	300. 7	82. 39	11. 1
一、医院	45 209	15 796 383	43 278	13 480 540	12 763 477	24. 5	311. 5	85. 34	12. 0
综合医院	30 267	10 508 323	28 790	8 703 909	8 568 689	27. 5	302. 3	82. 83	10. 8
中医医院	6 016	2 100 594	5 755	1 885 113	1 875 918	25. 5	327. 6	89. 74	12. 8
中西医结合医院	50	18 250	50	15 099	14 724	13. 2	302. 0	82. 73	22. 3
专科医院	8 783	3 135 271	8 590	2 842 474	2 270 201	13. 9	330. 9	90. 66	19. 0
口腔医院	105	38 325	105	24 207	23 690	16. 3	230. 5	63. 16	13. 8
眼科医院	357	130 205	357	107 692	108 675	62. 8	301. 9	82. 71	4. 9
肿瘤医院	1 632	595 310	1 631	586 570	570 665	21. 0	359. 6	98. 53	16. 7
心血管病医院	90	32 850	90	16 344	14 004		181. 6	49. 75	∞
胸科医院	482	175 930	482	146 773	144 364	13. 1	304. 5	83. 43	22. 9
妇产（科）医院	44	9 400	26	8 272	1 691	29. 3	321. 2	88. 00	2. 2
儿童医院	433	154 415	423	197 446	204 333	59. 3	466. 7	127. 87	8. 1
精神病医院	2 736	998 340	2 735	995 327	673 942	1. 9	363. 9	99. 70	132. 3
传染病医院	350	127 750	350	100 612	98 318	12. 3	287. 5	78. 76	22. 8
康复医院	1 407	488 334	1 338	412 328	192 674	2. 4	308. 2	84. 44	60. 0
整形外科医院	46	16 790	46	17 323	16 893	27. 1	376. 6	103. 17	13. 6

续表

机构分类	实有床位（张）	实际开放总床位（床日）	平均开放病床数（张）	实际占用总床日数（床日）	出院者占用总床日数	病床周转次数	病床工作日（日）	病床使用率（%）	出院者平均住院日
美容医院	65	23 725	65	4 625	4 625	21.9	71.2	19.49	3.3
其他专科医院	1 036	343 897	942	224 955	216 327	14.3	238.8	65.41	16.0
护理院	93	33 945	93	33 945	33 945	6.2	365.0	100.00	59.1
二、疗养院	2 518	910 770	2 495	459 894	297 631	22.9	184.3	50.50	5.2
三、社区卫生服务中心（站）	901	323 653	887	252 031	240 217	13.0	284.2	77.87	20.8
社区卫生服务中心	851	305 403	837	246 541	234 910	13.6	294.7	80.73	20.6
社区卫生服务站	50	18 250	50	5 490	5 307	3.6	109.8	30.08	29.2
四、卫生院	1 306	432 032	1 184	300 767	290 476	44.1	254.1	69.62	5.6
街道卫生院									
乡镇卫生院	1 306	432 032	1 184	300 767	290 476	44.1	254.1	69.62	5.6
中心卫生院	425	151 966	416	125 030	118 860	52.3	300.3	82.27	5.5
乡卫生院	881	280 066	767	175 737	171 616	39.7	229.0	62.75	5.6
五、门诊部	48	17 720	49	4 375	4 007	4.1	90.1	24.69	20.0
六、诊所、卫生所、医务室									
七、急救中心（站）									
八、妇幼保健院（所）	1 923	690 579	1 892	659 020	647 793	51.6	348.3	95.43	6.6
九、专科疾病防治院（所、站）	709	258 785	709	28 642	33 445	2.0	40.4	11.07	23.0
专科疾病防治院	106	38 690	106	20 536	25 339	2.8	193.7	53.08	86.2
专科疾病防治所（站、中心）	603	220 095	603	8 106	8 106	1.9	13.4	3.68	7.0

2007 年广州市采供血情况（包括四区）

指标名称	数量（U）	构成（%）
一、血液来源		
血液总量	404 670	
采集全血总量	372 061	91.94
无偿献全血	372 061	91.94
其中：自愿	372 061	91.94
计划		
有偿献全血		
采集成分血总量	32 609	8.06
无偿献成分血	32 609	8.06

续表

指标名称	数量（U）	构成（%）
其中：自愿	32 609	8.06
计划		
有偿献成分血		
调　入	2 712	0.67
二、供血情况		
临床用血	775 873	
全　血	9 363	1.21
血　浆	318 994	41.11
成分血	447 516	57.68
红细胞	342 108	44.09
血小板	47 686	6.15
粒细胞	26	0.003
冷沉淀	57 696	7.44
其　他		
调　出	7 817	1.01

注：每200 ml全血统计为1 U，手工分离成分血按每袋200 ml全血制备分离统计为1 U，机采成分血每1人份统计为1 U（采集双人份计2 U，不足1人份根据实际采量按小数计，合计量有小数的四舍五入），血浆按每100 ml为1 U统计。冷沉淀凝血因子：指从200 ml新鲜冰冻血浆中分离出来，计数为1U，含Ⅷ≥80I U。

2007年广州血液中心采供血情况

指标名称	数量（U）	构成（%）
一、血液来源		
血液总量	324 785	
采集全血总量	293 589	90.39
无偿献全血	293 589	90.39
其中：自愿	293 589	90.39
计划		
有偿献全血		
采集成分血总量	31 196	9.61
无偿献成分血	31 196	9.61
其中：自愿	31 196	9.61
计划		
有偿献成分血		
调　入	587	0.18
二、供血情况		
临床用血	645 573	

续表

指标名称	数量（U）	构成（%）
全　血	9 079	1.41
血　浆	268 905	41.65
成分血	367 589	56.94
红细胞	272 005	42.13
血小板	43 631	6.76
粒细胞	26	0.004
冷沉淀	51 927	8.04
其　他		0.00
调　出	339	0.05

注：每 200 ml 全血统计为 1 U，手工分离成分血按每袋 200 ml 全血制备分离统计为 1 U，机采成分血每 1 人份统计为 1 U（采集双人份计 2 U，不足 1 人份根据实际采量按小数计，合计量有小数的四舍五入），血浆按每 100 ml 为 1 U 统计。冷沉淀凝血因子：指从 200 ml 新鲜冰冻血浆中分离出来，计数为 1U，含Ⅷ≥801 U。

2007 年广州市 120 急救工作情况

指标名称	全年合计	1 月	2 月	3 月	4 月	5 月	6 月	7 月	8 月	9 月	10 月	11 月	12 月
120 接话数	997 586	76 430	67 212	89 940	84 913	85 921	85 516	93 363	92 440	84 210	84 425	77 052	76 164
出车总次数	99 790	9 009	6 779	8 582	8 130	8 242	8 368	8 064	8 458	8 527	8 419	8 060	9 152
其中：120 派车次数	88 253	7 895	5 979	7 551	7 220	7 342	7 503	7 169	7 505	7 533	7 459	7 137	7 960
医院自出车次数	11 537	1 114	800	1 031	910	900	865	895	953	994	960	923	1 192
医院平均每日出车数	273	290.6	233.8	276.8	271	265.9	278.9	260.1	272.8	284.2	271.6	268.7	295.2
120 接呼救次数/医院接呼救次数	1∶0.13	1∶0.14	1∶0.13	1∶0.14	1∶0.13	1∶0.12	1∶0.12	1∶0.12	1∶0.13	1∶0.13	1∶0.13	1∶0.13	1∶0.15
本期医院借车率（%）	12.00	12.65	11.37	12.69	12.14	12.38	12.53	12.86	12.83	11.65	10.83	10.62	11.45
本期 120 空车率（%）	14.00	13.41	13.44	14.10	14.63	15.36	15.12	14.78	14.28	12.28	13.17	13.09	14.34
突发事件（宗）	900	72	59	63	78	73	75	74	87	87	80	75	77
其中：普通突发事件（宗）	139	16	10	9	11	15	14	9	11	13	9	12	10
大型突发事件（宗）	730	54	50	49	64	54	60	59	71	73	66	64	66
重大突发事件（宗）	31	3	1	4	3	4	1	4	1	2	4	1	3
突发事件总受伤人数	3 201	168	111	246	384	325	149	248	208	253	537	357	215
突发事件总死亡人数	90	11	12	18	4	2	7	9	5	6	7	5	4

3. 医疗机构业务收支与资产负债情况

2007 年广州市医疗机构年收入（合计）

机构分类	总收入（万元）					
	合计	财政补助收入	上级补助收入	医疗收入	药品收入	其他收入
总　计	2 424 784	214 055	20 599	1 184 785	921 603	68 839
一、医院	2 088 392	178 665	10 636	1 042 249	815 205	41 638
综合医院	1 456 009	111 136	9 147	720 248	585 773	29 705
中医医院	311 434	22 372	139	165 029	121 208	2 687
中西医结合医院	1 991	325		775	846	45
专科医院	314 492	40 959	1 347	156 000	106 986	9 200
口腔医院	24 813	1 609		21 597	855	751
眼科医院	29 922	1 391		20 813	6 142	1 576
肿瘤医院	114 431	4 810		50 724	55 836	3 061
心血管病医院	2 184			1 511	673	
胸科医院	20 929	6 550	6	5 889	7 901	582
妇产（科）医院	727			627	100	
儿童医院	41 037	4 563		20 601	14 713	1 160
精神病医院	28 670	11 124	746	10 243	5 275	1 283
传染病医院	14 615	3 644		4 097	6 570	303
康复医院	15 792	5 296	103	7 045	3 232	116
整形外科医院	722			590	129	3
美容医院	1 299			1 249	43	7
其他专科医院	19 353	1 972	492	11 016	5 515	358
护理院	4 466	3 873	4	196	393	
二、疗养院	21 757	5 155	1 851	8 313	1 698	4 740
三、社区卫生服务中心（站）	43 786	5 900	295	17 673	19 254	664
社区卫生服务中心	37 309	5 765	75	15 309	15 701	459
社区卫生服务站	6 477	136	220	2 364	3 553	205
四、卫生院	35 496	3 848	210	17 342	12 934	1 163
街道卫生院	19			7	13	
乡镇卫生院	35 477	3 848	210	17 335	12 921	1 163
中心卫生院	15 524	1 040	43	8 065	6 167	209
乡卫生院	19 953	2 808	167	9 270	6 754	954
五、门诊部	56 662	3 904	428	22 775	28 834	721
六、诊所、卫生所、医务室	35 542		6 887	7 141	6 635	

续表

机构分类	总收入（万元）					
	合计	财政补助收入	上级补助收入	医疗收入	药品收入	其他收入
七、急救中心（站）	873	848				
八、妇幼保健院（所、站）	106 049	9 367	156	63 337	31 418	1 771
妇幼保健院	105 900	9 218	156	63 337	31 418	1 771
妇幼保健所	149	149				
九、专科疾病防治院（所、站）	19 695	6 368	118	5 955	5 626	1 628
专科疾病防治院	5 730	1 995	13	1 475	739	1 507
专科疾病防治所（站、中心）	13 965	4 373	104	4 480	4 887	121
十、临床检验中心（所、站）	16 533		18			16 515

2007 年广州市医疗机构年支出（合计）

机构分类	总支出（万元）					总支出中：人员支出（万元）
	合计	财政专项支出	医疗支出	药品支出	其他支出	
总　计	2 420 630	84 926	1 309 876	907 375	98 531	636 698
一、医院	2 095 867	69 791	1 164 431	803 619	58 026	543 929
综合医院	1 468 770	38 846	829 860	572 863	27 201	384 020
中医医院	316 301	12 751	171 741	125 650	6 160	70 333
中西医结合医院	2 027	109	942	966	9	672
专科医院	305 483	17 458	161 874	103 792	22 359	86 308
口腔医院	22 092	778	20 009	1 024	281	9 802
眼科医院	28 488	137	22 006	5 986	359	7 576
肿瘤医院	109 968	2 529	49 972	53 606	3 862	24 713
心血管病医院	1 747		47	1 500	200	348
胸科医院	21 061	1 075	11 479	8 212	295	5 463
妇产（科）医院	1 236		290	57	888	367
儿童医院	43 419	6 538	21 774	14 421	686	12 415
精神病医院	29 226	2 571	13 497	5 143	8 015	10 698
传染病医院	14 511	2 054	6 115	6 080	261	3 170
康复医院	15 033	1 375	9 368	3 373	917	6 313
整形外科医院	612		391	135	86	183
美容医院	1 125		529	102	494	441
其他专科医院	16 966	400	6 398	4 152	6 016	4 819

续表

机构分类	总支出（万元）					总支出中：人员支出（万元）
	合计	财政专项支出	医疗支出	药品支出	其他支出	
护理院	3 288	628	14	349	2 297	2 595
二、疗养院	18 740	4 207	7 948	1 793	4 793	4 802
三、社区卫生服务中心（站）	44 035	2 310	19 753	19 467	2 505	13 328
社区卫生服务中心	37 914	2 257	18 290	15 694	1 673	11 496
社区卫生服务站	6 121	53	1 463	3 773	833	1 832
四、卫生院	35 403	1 499	20 170	13 535	198	10 863
街道卫生院	12		3	9		2
乡镇卫生院	35 391	1 499	20 167	13 526	198	10 861
中心卫生院	15 700	383	8 996	6 260	61	4 152
乡卫生院	19 690	1 116	11 171	7 266	137	6 708
五、门诊部	58 496	1 847	18 165	22 129	16 324	18 270
六、诊所、卫生所、医务室	31 455		2 601	9 438		7 318
七、急救中心（站）	577	102				191
八、妇幼保健院（所、站）	101 315	3 545	65 104	31 819	847	29 425
妇幼保健院	101 166	3 505	65 104	31 819	738	29 347
妇幼保健所	149	40			109	78
九、专科疾病防治院（所、站）	19 163	1 625	11 046	5 574	919	6 066
专科疾病防治院	5 462	92	4 290	789	291	2 482
专科疾病防治所（站、中心）	13 701	1 533	6 756	4 785	628	3 583
十、临床检验中心（所、站）	15 578		658		14 920	2 509

2007 年广州市医疗机构年收入（非营利性）

机构分类	总收入（万元）					
	合计	财政补助收入	上级补助收入	医疗收入	药品收入	其他收入
总　计	2 283 199	214 026	20 405	1 118 896	873 500	51 120
一、医院	2 023 912	178 663	10 557	999 714	794 133	40 845
综合医院	1 432 591	111 135	9 067	706 229	577 002	29 158
中医医院	291 097	22 372	139	151 191	114 902	2 493
中西医结合医院	1 991	325		775	846	45
专科医院	293 766	40 959	1 347	141 323	100 990	9 148
口腔医院	24 583	1 609		21 427	795	751
眼科医院	29 309	1 391		20 365	5 985	1 567

续表

机构分类	总收入（万元）					
	合计	财政补助收入	上级补助收入	医疗收入	药品收入	其他收入
肿瘤医院	110 120	4 810		47 744	54 504	3 061
心血管病医院	2 184			1 511	673	
胸科医院	20 929	6 550	6	5 889	7 901	582
妇产（科）医院						
儿童医院	41 037	4 563		20 601	14 713	1 160
精神病医院	28 670	11 124	746	10 243	5 275	1 283
传染病医院	14 615	3 644		4 097	6 570	303
康复医院	12 839	5 296	103	4 523	2 822	96
整形外科医院						
美容医院						
其他专科医院	9 482	1 972	492	4 922	1 751	345
护理院	4 466	3 873	4	196	393	
二、疗养院	21 757	5 155	1 851	8 313	1 698	4 740
三、社区卫生服务中心（站）	43 315	5 900	295	17 501	18 966	652
社区卫生服务中心	37 309	5 765	75	15 309	15 701	459
社区卫生服务站	6 006	136	220	2 192	3 265	193
四、卫生院	35 194	3 821	210	17 204	12 805	1 155
街道卫生院						
乡镇卫生院	35 194	3 821	210	17 204	12 805	1 155
中心卫生院	15 524	1 040	43	8 065	6 167	209
乡卫生院	19 671	2 781	167	9 139	6 638	946
五、门诊部	16 860	3 904	428	5 438	6 760	330
六、诊所、卫生所、医务室	15 546		6 790	1 434	2 095	
七、急救中心（站）	873	848				
八、妇幼保健院（所、站）	106 049	9 367	156	63 337	31 418	1 771
妇幼保健院	105 900	9 218	156	63 337	31 418	1 771
妇幼保健所	149	149				
九、专科疾病防治院（所、站）	19 695	6 368	118	5 955	5 626	1 628
专科疾病防治院	5 730	1 995	13	1 475	739	1 507
专科疾病防治所（站、中心）	13 965	4 373	104	4 480	4 887	121
十、临床检验中心（所、站）						

2007年广州市医疗机构年支出（非营利性）

机构分类	总支出（万元）					总支出中：人员支出（万元）
	合计	财政专项支出	医疗支出	药品支出	其他支出	
总　计	2 279 973	84 684	1 264 425	872 630	49 528	604 323
一、医院	2 028 294	69 705	1 132 576	788 414	37 599	533 500
综合医院	1 442 987	38 843	818 947	567 008	18 189	378 644
中医医院	293 524	12 751	159 019	120 632	1 123	70 102
中西医结合医院	2 027	109	942	966	9	672
专科医院	286 468	17 375	153 654	99 460	15 980	81 486
口腔医院	21 847	778	19 856	964	249	9 773
眼科医院	27 732	137	21 634	5 902	59	7 391
肿瘤医院	105 763	2 528	48 996	52 640	1 599	24 054
心血管病医院	1 747		47	1 500	200	348
胸科医院	21 061	1 075	11 479	8 212	295	5 463
妇产（科）医院						
儿童医院	43 419	6 538	21 774	14 421	686	12 415
精神病医院	29 226	2 571	13 497	5 143	8 015	10 698
传染病医院	14 511	2 054	6 115	6 080	261	3 170
康复医院	12 543	1 293	7 647	3 107	496	5 425
整形外科医院						
美容医院						
其他专科医院	8 620	400	2 610	1 491	4 120	2 750
护理院	3 288	628	14	349	2 297	2 595
二、疗养院	18 740	4 207	7 948	1 793	4 793	4 802
三、社区卫生服务中心（站）	43 573	2 283	19 707	19 161	2 422	13 154
社区卫生服务中心	37 914	2 257	18 290	15 694	1 673	11 496
社区卫生服务站	5 659	26	1 417	3 467	750	1 658
四、卫生院	35 035	1 499	19 960	13 377	198	10 708
街道卫生院						
乡镇卫生院	35 035	1 499	19 960	13 377	198	10 708
中心卫生院	15 700	383	8 996	6 260	61	4 152
乡卫生院	19 335	1 116	10 964	7 117	137	6 556
五、门诊部	18 244	1 718	7 206	6 540	2 749	3 597
六、诊所．卫生所．医务室	15 031		878	5 952		2 882
七、急救中心（站）	577	102				191
八、妇幼保健院（所、站）	101 315	3 545	65 104	31 819	847	29 425
妇幼保健院	101 166	3 505	65 104	31 819	738	29 347

续表

机构分类	总支出（万元）					总支出中：人员支出（万元）
	合计	财政专项支出	医疗支出	药品支出	其他支出	
妇幼保健所	149	40			109	78
九、专科疾病防治院（所、站）	19 163	1 625	11 046	5 574	919	6 066
专科疾病防治院	5 462	92	4 290	789	291	2 482
专科疾病防治所（站、中心）	13 701	1 533	6 756	4 785	628	3 583
十、临床检验中心（所、站）						

2007年广州市医疗机构年收入（营利性）

机构分类	总收入（万元）					
	合计	财政补助收入	上级补助收入	医疗收入	药品收入	其他收入
总　计	141 585	29	195	65 888	48 102	17 719
一、医院	64 480	2	79	42 534	21 072	793
综合医院	23 418	2	79	14 020	8 770	547
中医医院	20 337			13 838	6 305	194
中西医结合医院						
专科医院	20 725			14 677	5 996	52
口腔医院	230			170	60	
眼科医院	613			448	157	9
肿瘤医院	4 312			2 979	1 332	
心血管病医院						
胸科医院						
妇产（科）医院	727			627	100	
儿童医院						
精神病医院						
传染病医院						
康复医院	2 953			2 522	411	20
整形外科医院	722			590	129	3
美容医院	1 299			1 249	43	7
其他专科医院	9 870			6 093	3 764	13
护理院						
二、疗养院						
三、社区卫生服务中心（站）	471			172	287	12
社区卫生服务中心						
社区卫生服务站	471			172	287	12
四、卫生院	302	27		138	129	8

续表

机构分类	总收入（万元）					
	合计	财政补助收入	上级补助收入	医疗收入	药品收入	其他收入
街道卫生院	19			7	13	
乡镇卫生院	283	27		131	116	8
中心卫生院						
乡卫生院	283	27		131	116	8
五、门诊部	39 802			17 337	22 074	391
六、诊所、卫生所、医务室	19 996		97	5 707	4 540	
七、急救中心（站）						
八、妇幼保健院（所）						
九、专科疾病防治院（所、站）						
十、临床检验中心（所、站）	16 533		18			16 515

2007 年广州市医疗机构年支出（营利性）

机构分类	总支出（万元）					总支出中：人员支出（万元）
	合计	财政专项支出	医疗支出	药品支出	其他支出	
总　计	140657	242	45 451	34 745	49 004	32 376
一、医院	67 573	86	31 856	15 205	20 427	10 429
综合医院	25 783	3	10 913	5 855	9 011	5 377
中医医院	22 776		12 722	5 018	5 037	231
中西医结合医院						
专科医院	19 014	83	8 221	4 332	6 379	4 822
口腔医院	245		153	60	32	29
眼科医院	756		372	85	300	185
肿瘤医院	4 205		976	966	2 262	660
心血管病医院						
胸科医院						
妇产（科）医院	1 236		290	57	888	367
儿童医院						
精神病医院						
传染病医院						
康复医院	2 490	83	1 721	266	420	888
整形外科医院	612		391	135	86	183
美容医院	1 125		529	102	494	441
其他专科医院	8 346		3 788	2 662	1 896	2 070
护理院						

续表

机构分类	总支出（万元）					总支出中：人员支出（万元）
	合计	财政专项支出	医疗支出	药品支出	其他支出	
二、疗养院						
三、社区卫生服务中心（站）	462	27	46	306	83	174
社区卫生服务中心						
社区卫生服务站	462	27	46	306	83	174
四、卫生院	368		210	158		154
街道卫生院	12		3	9		2
乡镇卫生院	356		207	149		152
中心卫生院						
乡卫生院	356		207	149		152
五、门诊部	4 0252	129	10 959	15 590	13 574	14 673
六、诊所．卫生所．医务室	16 424		1 723	3 486		4 437
七、急救中心（站）						
八、妇幼保健院（所）						
九、专科疾病防治院（所、站）						
十、临床检验中心（所、站）	15 578		658		14 920	2 509

2007年广州市医疗机构资产与负债（合计）

机构分类	总资产（万元）					负债与净资产（万元）	
	合 计	流动资产	对外投资	固定资产	无形资产与开办费	负 债	净资产
总 计	3 581 190	1 227 181	10 549	2 322 132	21 329	788 725	2 792 301
一、医院	3 218 522	1 093 354	8 893	2 097 996	18 280	716 845	2 501 678
综合医院	2 195 315	656 964	6 177	1 525 852	6 321	529 463	1 665 852
中医医院	476 850	176 503	1 399	293 742	5 205	109 255	367 595
中西医结合医院	2 230	1 327		903		818	1 412
专科医院	541 039	258 023	1 316	274 947	6 754	77 135	463 904
护理院	3 089	537		2 552		173	2 916
二、疗养院	41 356	11 713		29 568	75	4 373	36 984
三、社区卫生服务中心（站）	33 199	18 392	140	14 204	464	11 580	21 619
社区卫生服务中心	28 998	15 956	110	12 587	345	10 111	18 887
社区卫生服务站	4 201	2 436	30	1 617	119	1 469	2 732
四、卫生院	41 644	8 241	1	33 371	30	9 003	32 641

续表

机构分类	总资产（万元）					负债与净资产（万元）	
	合　计	流动资产	对外投资	固定资产	无形资产与开办费	负　债	净资产
街道卫生院	90	50		15	25		90
乡镇卫生院	41 554	8 191	1	33 356	5	9 003	32 551
五、门诊部	72 305	21 861	170	48 743	1 531	13 140	59 002
六、急救中心（站）	2 196	1 819		378		337	1 860
七、妇幼保健院（所、站）	132 144	57 436	1 250	73 371	87	24 411	107 733
八、专科疾病防治院（所、站）	28 436	8 068	8	20 321	39	1 809	26 627
专科疾病防治院	12 769	2 299	8	10 462		380	12 389
专科疾病防治所（站、中心）	15 667	5 769		9 859	39	1 429	14 238
九、临床检验中心（所、站）	11 387	6 296	86	4 181	824	7 229	4 159

2007年广州市医疗机构资产与负债（非营利性）

机构分类	总资产（万元）					负债与净资产（万元）	
	合　计	流动资产	对外投资	固定资产	无形资产与开办费	负　债	净资产
总　计	3 408 764	1 184 527	9 551	2 206 028	8 658	700 457	2 708 144
一、医院	3 107 698	1 066 970	8 171	2 024 734	7 823	642 435	2 465 263
综合医院	2 151 821	648 166	5 455	1 494 450	3 751	512 066	1 639 755
中医医院	452 599	170 996	1 399	276 266	3 938	76 781	375 818
中西医结合医院	2 230	1 327		903		818	1 412
专科医院	497 959	245 944	1 316	250 564	135	52 596	445 363
护理院	3 089	537		2 552		173	2 916
二、疗养院	41 356	11 713		29 568	75	4 373	36 984
三、社区卫生服务中心（站）	32 834	18 227	120	14 025	463	11 527	21 308
社区卫生服务中心	28 998	15 956	110	12 587	345	10 111	18 887
社区卫生服务站	3 837	2 270	10	1 439	118	1 416	2 421
四、卫生院	41 117	8 122	1	32 989	5	8 774	32 343
街道卫生院							
乡镇卫生院	41 117	8 122	1	32 989	5	8 774	32 343
五、门诊部	22 982	12 172		10 643	167	6 792	16 027
六、急救中心（站）	2 196	1 819		378		337	1 860

续表

机构分类	总资产（万元）					负债与净资产（万元）	
	合　计	流动资产	对外投资	固定资产	无形资产与开办费	负　债	净资产
七、妇幼保健院（所、站）	132 144	57 436	1 250	73 371	87	24 411	107 733
八、专科疾病防治院（所、站）	28 436	8 068	8	20 321	39	1 809	26 627
专科疾病防治院	12 769	2 299	8	10 462	380	12 389	10 462
专科疾病防治所（站、中心）	15 667	5 769		9 859	39	1 429	14 238
九、临床检验中心（所、站）							

2007 年广州市医疗机构资产与负债（营利性）

机构分类	总资产（万元）					负债与净资产（万元）	
	合　计	流动资产	对外投资	固定资产	无形资产与开办费	负　债	净资产
总　计	172 426	42 654	998	116 104	12 670	88 269	84 157
一、医院	110 825	26 384	722	73 262	10 457	74 410	36 415
综合医院	43 494	8 799	722	31 403	2 571	17 397	26 097
中医医院	24 251	5 507		17 477	1 268	32 474	－822 3
中西医结合医院							
专科医院	43 080	12 078		24 383	6 619	24 539	18 541
护理院							
二、疗养院							
三、社区卫生服务中心（站）	365	165	20	178	1	53	312
社区卫生服务中心							
社区卫生服务站	365	165	20	178	1	53	
四、卫生院	527	119		382	25	229	297
街道卫生院	90	50		15	25		90
乡镇卫生院	437	69		367		229	207
五、门诊部	49 323	9 689	170	38 100	1 364	6 348	42 975
六、急救中心（站）							
七、妇幼保健院（所）							
八、专科疾病防治院（所、站）							
九、临床检验中心（所、站）	11 387	6 296	86	4 181	824	7 229	4 159

2007年广州市政府办医院、社区卫生服务中心、乡镇卫生院、妇幼保健院业务收、支情况

指标名称	医院			社区卫生服务中心	乡镇卫生院	妇幼保健院
	合计	综合医院	中医医院			
机构数（个）	124	85	19	27	29	11
总收入（万元）	1 971 177. 1	1 391 762. 5	291 097. 0	31 015. 8	34 943. 1	105 899. 5
财政补助收入	174 078. 2	109 035. 5	22 372. 1	5 693. 3	3 820. 7	9 217. 6
上级补助收入	6 729. 7	5 835. 0	138. 6	12. 5	187. 7	156. 2
业务收入	1 790 369. 2	1 276 892. 0	268 586. 3	25 310. 0	30 934. 7	96 525. 7
医疗收入	973 181. 9	686 169. 3	151 190. 8	12 250. 7	17 123. 6	63 336. 5
门诊收入	378 373. 9	246 447. 1	69 945. 2	10 542. 2	9 635. 7	35 302. 1
内：挂号费	9 634. 3	7 024. 5	1 433. 9			661. 4
诊察收入	20 892. 2	14 499. 9	4 509. 4			1 477. 4
检查收入	116 084. 6	80 828. 6	20 635. 3			9 978. 7
治疗收入	124 949. 1	68 272. 0	28 642. 0			7 022. 3
手术收入	14 041. 2	9 525. 0	2 099. 2			1 968. 4
化验收入	66 607. 9	47 874. 6	10 620. 0			11 897. 1
住院收入	594 808. 0	439 722. 2	81 245. 6	1 708. 5	7 487. 9	28 034. 4
内：床位收入	56 543. 6	39 979. 0	8 754. 0			3 333. 1
诊察收入	18 459. 1	17 330. 9	574. 8			256. 3
检查收入	68 686. 3	48 315. 0	9 661. 1			2 622. 5
治疗收入	206 681. 7	147 458. 8	35 326. 5			7 358. 7
手术收入	124 835. 9	93 521. 9	14 604. 2			6 685. 7
化验收入	79 051. 6	59 794. 1	9 757. 7			4 142. 0
护理收入	16 322. 3	12 583. 5	1 331. 2			2 238. 6
药品收入	778 349. 0	563 210. 7	114 902. 2	12 746. 3	12 661. 8	31 418. 2
门诊收入	399 101. 5	278 253. 2	75 258. 2	11 726. 7	8 902. 5	22 400. 5
西药收入	317 991. 1	244 137. 3	33 006. 8			19 742. 3
中药收入	81 110. 4	34 115. 9	42 251. 4			2 658. 2
住院收入	379 247. 5	284 957. 5	39 644. 0	1 019. 6	3 759. 3	9 017. 7
西药收入	364 691. 0	281 320. 0	30 056. 3			8 936. 5
中药收入	14 556. 5	3 637. 5	9 587. 7			81. 2
其他收入	38 838. 3	27 512. 0	2 493. 3	313. 0	1 149. 3	1 771. 0
总支出（万元）	1 972 911. 6	1 398 290. 6	293 524，3	30 992. 5	34 793. 3	101 165. 6
财政专项支出	67 324. 2	37 570. 4	12 750. 5	2 256. 1	1 499. 4	3 504. 9
业务支出	1 905 587. 4	1 360 720. 2	280 773. 8	28 736. 4	33 293. 9	97 660. 7

续表

指标名称	医院		社区卫生服务中心	乡镇卫生院	妇幼保健院
	合计	综合医院	中医医院			
医疗支出	1 104 076，6	794 603.6	159 019.1	14 699.2	19 852.2	65 103.9
药品支出	772 022.9	553 334.6	120 631.7	13 621.0	13 258.7	31 819.2
内：药品费	698 765.0	503 147.3	105 193.0	10 589.7	9 915.0	26 606.8
西药费	620 398.8	476 553.6	58 606.4			2 4990.1
中药费	78 366.2	26 593.7	46 586.6			1 616.7
其他支出	29 487.9	12 782.0	1 123.0	416.2	183.0	737.6
总支出中：人员支出（万元）	513 974.0	362 765.9	70 102.2	9 363.0	10 617.5	29 347.0
离退休费（万元）	58 324.7	40 765.9	5 303.4	1 759.1	939.9	3 547.5
病人累计欠费总额（万元）	31 362.3	27 622.7	1 947.2	1 212.6	13 853.1	1 165.3
内：年内病人欠费（万元）	15 293.5	14 203.6	464.8	945.2	2 297.6	176.8
病人欠费率（%）	0.9	1.1	0.2	3.7	7.4	0.2
职工人均年业务收入（元）	293 989.9	289 282.3	312 600.4	115 994.5	112 163.5	215 507.3
医师人均年业务收入（元）	1 045 471.1	589 788.5	1 032 627.1	346 238.0	347 190.8	718 731.9
平均每诊疗人次医疗费（元）	142.8	136.9	130.1	88.3	79.6	127.4
内：挂号费	1.8	1.8	1.3			1.5
药　费	73.3	72.6	67.4	46.5	38.2	49.4
检查费	21.3	21.1	18.5			22.0
治疗费	22.9	17.8	25.7			15.5
出院者人均医疗费（元）	9 927.5	9 729.0	8 933.1	2 905.3	2 180.5	3 795.3
内：床位费	576.3	536.7	646.9			341.4
药　费	3 865.3	3 825.6	2 929.5	1 085.8	728.8	923.7
检查费	700.0	648.6	713.9			268.6
治疗费	2 106.5	1 979.7	2 610.4			753.8
手术费	1 272.3	1 255.6	1 079.2			684.8
出院者平均每天住院医疗费（元）	831.0	900.4	677.7	193.0	399.4	572.0
医师人均全年担负						
诊疗人次	3 179.8	3 065.5	4 292.1	3 448.7	2 613.2	3 373.3
住院床日	709.9	651.6	686.1	195.4	327.6	490.7
医师人均每日担负						
诊疗人次	12.7	12.2	17.1	13.7	10.4	13.4
住院床日	1.9	1.8	1.9	0.5	0.9	1.3

（三）农村基层卫生工作

2007 年广州市农村合作医疗基本情况

地区	农业人口总数（人）	其中			参加合作医疗人数（人）	其中			参加合作医疗人口覆盖率（%）	镇总数（个）	行政村总数（个）	区（县级市）统筹模式数（个）	合作医疗覆盖	
		五保户人口数（人）	贫困人口数（人）	其中：特困人口数（人）		五保户人口数（人）	贫困人口数（人）	其中：特困人口数（人）					镇数（个）	行政村数（个）
合　计	2 416 132	4 037	85 795	70 102	2 289 097	4 017	78 630	69 432	94.7	52	1 167	7	52	1 167
白云区	318 736	248	13 359	5 639	296 077	248	6 863	5 639	92.9	4	118	1	4	118
番禺区	531 312	592	11 198	9 430	512 152	572	10 529	8 761	96.4	16	247	1	16	247
花都区	412 905	962	6 585	5 754	388 440	962	6 585	5 753	94.1	8	194	1	8	194
南沙区	107 057	326	3 858	2 509	104 811	326	3 858	2 509	97.9	4	62	1	4	62
萝岗区	69 421		4 037	3 449	64 718		4 037	3 449	93.2	2	32	1	2	32
从化市	405 575	1 170	24 608	23 072	385 299	1 170	24 608	23 072	95.0	9	228	1	9	228
增城市	571 126	739	22 150	20 249	537 600	739	22 150	20 249	94.1	9	286	1	9	286

2007 年广州市农村合作医疗住院受益情况

地区	住院补偿人次数累计	其中			住院总费用累计（万元）	其中			住院补偿总费用累计（万元）	其中		
		市以上医院（人次）	区县级医院（人次）	镇卫生院（人次）		市以上医院（人次）	区县级医院（人次）	镇卫生院（人次）		市以上医院（人次）	区县级医院（人次）	镇卫生院（人次）
合　计	132 219	22 192	46 646	63 381	66 676	24 439	25 616	16 621	22 815	4 904	8 691	9 220
白云区	13 168	5 110	819	7 239	7 434	5 039	331	2 064	2 155	787	182	1 186
番禺区	33 877	3 679	14 563	15 635	21 287	4 929	11 366	4 992	8 437	1 244	4 081	3 112
花都区	27 614	2 378	13 244	11 992	12 154	3 201	5 997	2 956	3 078	379	1 544	1 155
南沙区	7 985	2 603	226	5 156	3 785	2 307	161	1 317	1 445	639	56	750
萝岗区	3 462	922	1 078	1 462	1 778	963	467	348	629	244	178	207
从化市	19 196	2 269	9 061	7 866	8 021	2 244	4 274	1 503	2 722	631	1 332	759
增城市	26 917	5 231	7 655	14 031	12 217	5 756	3 020	3 441	4 349	980	1 318	2 051

2007年广州市农村基层医院机构、床位、人员一览表

机构名称	机构个数	床位数	人员数（人）										
			合计	其中							其他技术人员	管理人员	工勤技能人员
				卫生技术人员	执业（助理）医师	执业医师	注册护士	药师（士）	技师（士）	检验师（士）			
总　计	64	5 286	8 536	7 203	2 810	2 204	2 594	653	439	286	273	400	660
白云区	7	576	752	621	252	222	232	69	38	34	19	41	71
广州市白云区中医医院（原广州市白云区人和华侨医院）	1	100	134	113	53	49	39	12	6	6	3	6	12
广州市白云区龙归华侨医院	1	38	60	47	15	14	16	5	4	4		6	7
广州市白云区神山医院	1	50	53	44	17	15	16	7	4	2		5	4
广州市白云区太和镇医院	1	60	70	56	25	20	20	7	4	3		6	8
广州市白云区钟落潭镇医院	1	42	65	52	24	21	15	3	2	2	7	3	3
广州市白云区红十字会医院	1	106	106	96	43	37	32	15	6	5	2	2	6
广州市白云区第二人民医院	1	180	264	213	75	66	94	20	12	12	7	13	31
番禺区	14	2 072	2 795	2 447	1 009	853	857	227	130	85	67	94	187
广州市番禺区鱼窝头镇医院	1	129	72	61	32	8	20	4	5	3	8	3	
广州市番禺区榄核医院	1	91	186	174	90	68	48	16	16	6	2	3	7
广州市番禺区钟村医院	1	137	193	174	75	70	55	16	7	5	8	3	8
广州市番禺区新造医院	1	73	70	62	25	22	26	6	2	2	5	3	
广州市番禺区大岗人民医院	1	214	363	279	115	101	110	25	12	11	3	28	53
广州市番禺区化龙医院	1	100	140	130	37	31	53	10	8	5	3	2	5
广州市番禺区沙湾人民医院	1	150	144	126	65	61	43	13	5	4	2	8	8
广州市番禺区石楼人民医院	1	190	256	232	101	97	76	28	20	10		3	21
广州市番禺区石基人民医院	1	250	364	330	126	111	113	35	11	9	14	3	17
广州市番禺区市桥医院	1	110	262	233	101	83	84	24	13	8	11	14	4
广州市番禺区灵山医院	1	80	94	79	34	25	29	8	6	3		8	7
广州市番禺区南村医院	1	167	193	171	61	47	50	13	7	4		9	13
广州市番禺区大石人民医院	1	273	321	288	113	104	107	23	11	11	6	5	22
广州市番禺区东涌医院	1	108	137	108	34	25	43	6	7	4	5	2	22
花都区	11	756	1 188	1 000	359	293	394	84	67	40	19	90	79
广州市花都区雅瑶医院	1	45	79	66	19	17	21	6	8	4	1	5	7
广州市花都区芙蓉卫生院	1	22	84	65	22	15	19	4	4	2		8	11
广州市花都区华侨医院	1	50	55	36	13	8	13	6	3	2	1	9	9

续表

机构名称	机构个数	床位数	人员数（人）										
			合计	其中							其他技术人员	管理人员	工勤技能人员
				卫生技术人员	执业（助理）医师	执业医师	注册护士	药师（士）	技师（士）	检验师（士）			
广州市花都区北兴卫生院	1	35	47	44	15	12	19	4	3	2		2	1
广州市花都区梯面卫生院	1	12	11	10	5	3	3	2					1
广州市花都区炭步医院	1	56	102	72	24	19	28	5	5	2		22	8
广州市花都区新华医院	1	170	253	223	76	66	99	19	7	7	1	17	12
广州市花都区花东医院	1	48	102	87	28	23	37	7	8	5	1	8	6
广州市花都区狮岭医院	1	131	180	163	76	70	54	13	15	10	10	4	3
广州市花都区花山医院	1	110	136	117	41	30	52	10	6	2	3	12	4
广州市花都区赤坭医院	1	77	139	117	40	30	49	8	8	4	2	3	17
南沙区	4	385	695	561	199	153	176	53	48	23	68	12	54
广州市南沙区万顷沙人民医院	1	146	225	195	67	50	65	12	13	7	11	3	16
广州市南沙区横沥医院	1	59	107	87	35	21	26	6	8	5	5	2	13
广州南沙经济技术开发区医院	1	100	188	166	58	45	50	15	15	6	4	5	13
广州市南沙区黄阁医院	1	80	175	113	39	37	35	20	12	5	48	2	12
萝岗区	2	303	305	245	72	44	105	17	12	9	10	4	46
广州市萝岗区康宁医院	1	258	181	145	40	22	65	13	8	5	5	4	27
广州市萝岗区九佛医院	1	45	124	100	32	22	40	4	4	4	5		19
增城市	14	720	1741	1421	580	416	524	133	87	54	65	101	154
增城市永和医院	1	52	114	100	47	33	35	7	2	1	12	2	
增城市中新医院	1	75	153	114	48	31	51	10	5	3		12	27
增城市派潭医院	1	60	71	65	29	19	18	7	3	2		4	2
增城市福和卫生院	1	30	52	44	14	10	27	2	1	1		2	6
增城市朱村卫生院	1	30	69	62	28	16	27	4	1	1	3	2	2
增城市仙村医院	1	49	155	120	51	31	42	9	8	5	15	2	18
增城市宁西卫生院	1	12	42	32	12	6	10	5	4	2		5	5
增城市三江黄加乐夫人医院（镇卫生院）	1	32	97	89	28	15	33	7	3	3		5	3
增城市小楼卫生院	1	36	75	70	21	10	18	5	3	1	1	4	
增城市沙埔卫生院	1	33	113	89	34	13	31	10	10	4	22	2	
增城市石滩医院	1	51	116	105	41	31	38	12	4	2	3	3	5

续表

机构名称	机构个数	床位数	人员数（人）										
			合计	其中							其他技术人员	管理人员	工勤技能人员
				卫生技术人员	执业（助理）医师	执业医师	注册护士	药师（士）	技师（士）	检验师（士）			
增城市正果卫生院	1	40	50	43	18	9	15	5	4	2		5	2
增城市新塘医院	1	150	348	264	122	115	92	25	23	16	3	38	43
增城市社区卫生服务中心（荔城医院）	1	70	286	224	87	77	87	25	16	11	6	15	41
从化市	12	474	1060	908	339	223	306	70	57	41	25	58	69
从化市吕田镇医院	1	53	98	80	22	14	26	4	7	5		5	13
从化明珠医院	1	23	33	29	15	7	10	3				3	1
从化市鳌头镇医院	1	58	146	119	47	29	38	9	9	9		8	19
从化市温泉镇医院	1	23	62	55	21	14	13	5	7	5	2	5	
从化市温泉镇灌村医院	1	23	47	38	12	4	12	3	3	2		2	7
从化市太平镇神岗医院	1	20	96	74	29	15	25	6	5	3	7	6	9
从化市街口街医院	1	55	154	133	38	23	43	12	3	1	7	5	9
从化市太平镇医院	1	40	111	98	42	32	38	7	6	4	2	4	7
从化市城郊街医院	1	30	90	87	36	29	33	5	5	3		3	
从化市江埔街医院	1	60	106	96	38	28	38	8	6	4	4	3	3
从化市良口镇医院	1	29	61	47	19	15	15	2	3	3	3	10	1
从化市鳌头镇龙潭医院	1	60	56	52	20	13	15	6	3	2		4	

2007 年广州市农村基层医院运营情况一览表（1）

机构名称	总计	总诊疗人次数				家庭卫生服务人次数	观察室留观病例数	健康检查人数
		门、急诊人次						
		合计	门诊人次	急诊人次				
				小计	死亡人数			
总　计	10 954 381	10 783 803	9 035 858	1 747 945	552	54 566	632 445	857 731
白云区	1 180 291	1 137 545	967 761	169 784	115		953	123 027
广州市白云区中医医院（原广州市白云区人和华侨医院）	321 831	320 083	298 900	21 183	19			21 897
广州市白云区龙归华侨医院	94 700	94 700	61 627	33 073	4			3 291
广州市白云区神山医院	81 704	78 779	68 160	10 619	8		68	13 737
广州市白云区太和镇医院	146 510	145 983	117 051	28 932	17			3 886
广州市白云区钟落潭镇医院	83 313	83 313	70 710	12 603	1			

续表

机构名称	总诊疗人次数						观察室留观病例数	健康检查人数
	总计	门、急诊人次				家庭卫生服务人次数		
		合计	门诊人次	急诊人次				
				小计	死亡人数			
广州市白云区红十字会医院	186 860	186 860	148 581	38 279	45		609	6 562
广州市白云区第二人民医院	265 373	227 827	202 732	25 095	21		276	73 654
番禺区	4 738 953	4 721 573	4 018 351	703 222	87	1 178	116 155	400 460
广州市番禺区鱼窝头镇医院	222 074	221 227	207 863	13 364				90 592
广州市番禺区榄核医院	333 956	332 695	296 498	36 197	9			45 829
广州市番禺区钟村医院	337 870	336 265	256 552	79 713	16			8 594
广州市番禺区新造医院	207 078	199 267	176 837	22 430			59 404	6 769
广州市番禺区大岗人民医院	420 237	420 237	345 631	74 606	8			21 624
广州市番禺区化龙医院	172 032	172 032	141 976	30 056				13 075
广州市番禺区沙湾人民医院	417 430	416 550	379 293	37 257				21 864
广州市番禺区石楼人民医院	407 777	407 777	332 037	75 740	7			26 796
广州市番禺区石基人民医院	542 658	542 658	434 480	108 178	43		3 203	54 249
广州市番禺区市桥医院	417 356	416 178	368 353	47 825	4	1 178	53 548	24 874
广州市番禺区灵山医院	145 237	145 237	128 272	16 965				5 114
广州市番禺区南村医院	427 512	427 512	381 011	46 501				5 073
广州市番禺区大石人民医院	534 803	531 762	465 108	66 654				54 880
广州市番禺区东涌医院	152 933	152 176	104 440	47 736				21 127
花都区	1 506 281	1 430 256	1 033 010	397 246	99	52 835	381 446	178 524
广州市花都区炭步医院	114 475	102 682	81 223	21 459	8	11 352	35 408	16 433
广州市花都区新华医院	280 529	275 897	175 210	100 687	13	3 349	65 128	27 486
广州市花都区花东医院	68 065	65 747	49 606	16 141	13		28 016	48 393
广州市花都区狮岭医院	562 403	551 765	389 157	162 608	33		111 619	23 815
广州市花都区花山医院	181 625	143 491	121 004	22 487	4	38 134	59 193	32 109
广州市花都区赤坭医院	73 041	73 041	55 205	17 836	10		30 650	12 027
广州市花都区雅瑶医院	49 229	40 969	33 996	6 973	4			6 513
广州市花都区芙蓉卫生院	72 802	72 802	50 717	22 085			24 062	6 710
广州市花都区华侨医院	33 483	33 417	29 487	3 930	1		5 844	3 034
广州市花都区北兴卫生院	61 333	61 333	39 880	21 453	13		18 804	1 800

续表

机构名称	总诊疗人次数						观察室留观病例数	健康检查人数
	总计	门、急诊人次				家庭卫生服务人次数		
		合计	门诊人次	急诊人次				
				小计	死亡人数			
广州市花都区梯面卫生院	9 296	9 112	7 525	1 587			2 722	204
南沙区	1 027 380	1 016 240	922 792	93 448	21		28 765	60 949
广州市南沙区万顷沙人民医院	309 653	309 653	287 375	22 278	13		4	11 454
广州市南沙区横沥医院	119 312	118 161	108 476	9 685				20 525
广州南沙经济技术开发区医院	303 063	303 063	249 258	53 805	8			20 067
广州市南沙区黄阁医院	295 352	285 363	277 683	7 680			28 761	8 903
萝岗区	141 652	141 652	119 461	22 191	20		3 231	17 847
广州市萝岗区康宁医院	64 888	64 888	49 816	15 072	14		3 004	5 499
广州市萝岗区九佛医院	76 764	76 764	69 645	7 119	6		227	12 348
增城市	1 682 553	1 662 262	1 371 007	291 255	195	553	75 925	51 867
增城市永和医院	87 630	87 282	73 566	13 716		348	8 544	569
增城市中新医院	72 740	71 371	70 353	1 018	25		26 892	1 600
增城市派潭医院	93 616	93 616	84 084	9 532	16			244
增城市福和卫生院	60 705	60 705	54 236	6 469	6		9 495	3 406
增城市朱村卫生院	47 759	47 759	38 572	9 187	18		18 304	9 999
增城市仙村医院	114 553	109 329	99 171	10 158	19		366	1 782
增城市宁西卫生院	22 681	22 681	16 239	6 442	2		7 306	1 069
增城市三江黄加乐夫人医院（镇卫生院）	85 368	85 368	75 097	10 271	16			2 483
增城市小楼卫生院	39 157	39 157	32 929	6 228			2 138	
增城市沙埔卫生院	71 580	71 580	43 220	28 360	15		258	4 198
增城市石滩医院	156 457	156 457	148 323	8 134				10 555
增城市正果卫生院	50 748	50 748	43 473	7 275	4			3 553
增城市新塘医院	540 306	538 561	418 813	119 748	73		2 477	2 009
增城市社区卫生服务中心（荔城医院）	239 253	227 648	172 931	54 717	1	205	145	10 400
从化市	677 271	674 275	603 476	70 799	15		25 970	25 057
从化市吕田镇医院	49 021	49 021	46 747	2 274	5			
从化明珠医院	18 356	18 356	13 373	4 983				
从化市鳌头镇医院	112 365	110 606	103 541	7 065			25 762	1 031
从化市温泉镇医院	50 109	50 109	48 144	1 965			172	
从化市温泉镇灌村医院	18 207	18 199	17 082	1 117	3		14	360
从化市太平镇神岗医院	47 836	47 836	41 628	6 208				

续表

机构名称	总诊疗人次数							
	总计	门、急诊人次				家庭卫生服务人次数	观察室留观病例数	健康检查人数
		合计	门诊人次	急诊人次				
				小计	死亡人数			
从化市街口街医院	92 107	91 053	86 531	4 522				15 000
从化市太平镇医院	108 597	108 597	81 176	27 421				5 699
从化市城郊街医院	21 516	21 516	19 844	1 672				
从化市江埔街医院	86 631	86 631	78 346	8 285	4		22	1 450
从化市良口镇医院	48 591	48 591	48 102	489				395
从化市鳌头镇龙潭医院	23 935	23 760	18 962	4 798	3			1 122

2007 年广州市农村基层医院运营情况一览表（2）

机构名称	入院人数	出院人数	治愈率（%）	好转率（%）	死亡率（%）	每百门急诊的入院人数
总　计	194 819	194 360	44. 97	32. 48	0. 47	1. 81
白云区	31 311	31 262	32. 20	35. 33	0. 41	2. 75
广州市白云区中医医院（原广州市白云区人和华侨医院）	5 191	5 175	64. 08	30. 86	0. 44	1. 62
广州市白云区龙归华侨医院	3 201	3 211	71. 75	25. 54	0. 25	3. 38
广州市白云区神山医院	1 573	1 568	53. 25	41. 84	0. 19	2. 00
广州市白云区太和镇医院	4 803	4 809	58. 49	38. 12	0. 23	3. 29
广州市白云区钟落潭镇医院	2 098	2 102	65. 79	29. 83	0. 52	2. 52
广州市白云区红十字会医院	9 780	9 742	57. 23	39. 90	0. 31	5. 23
广州市白云区第二人民医院	4 665	4 655	57. 27	34. 91	0. 92	2. 05
番禺区	61 843	61 646	52. 35	27. 97	0. 48	1. 31
广州市番禺区鱼窝头镇医院	3 396	3 470	55. 94	40. 84	0. 23	1. 54
广州市番禺区榄核医院	2 484	2 459	59. 58	35. 66	0. 20	0. 75
广州市番禺区钟村医院	4 486	4 504	55. 77	40. 56	0. 49	1. 33
广州市番禺区新造医院	1 776	1 792	59. 10	32. 70	1. 34	0. 89
广州市番禺区大岗人民医院	6 302	6 246	70. 30	25. 55	0. 21	1. 50
广州市番禺区化龙医院	1 881	1 848	68. 40	29. 71	0. 54	1. 09
广州市番禺区沙湾人民医院	4 501	4 479	69. 86	25. 03	0. 54	1. 08
广州市番禺区石楼人民医院	6 283	6 254	66. 34	31. 05	0. 27	1. 54
广州市番禺区石基人民医院	9 224	9 200	78. 84	18. 46	0. 40	1. 70
广州市番禺区市桥医院	4 854	4 820	83. 61	15. 83	0. 25	1. 17
广州市番禺区灵山医院	1 553	1 552	56. 83	34. 79		1. 07

续表

机构名称	入院人数	出院人数	治愈率（%）	好转率（%）	死亡率（%）	每百门急诊的入院人数
广州市番禺区南村医院	5 916	5 847	78. 98	17. 68	0. 39	1. 38
广州市番禺区大石人民医院	6 957	6 934	64. 41	33. 88	1. 17	1. 31
广州市番禺区东涌医院	2 230	2 241	53. 37	41. 99	0. 76	1. 47
花都区	37 580	37 774	52. 20	29. 52	0. 25	2. 63
广州市花都区炭步医院	2 084	2 078	40. 62	47. 11	0. 24	2. 03
广州市花都区新华医院	7 906	7 921	56. 43	39. 69	0. 20	2. 87
广州市花都区花东医院	3 781	3 784	68. 45	28. 75	0. 26	5. 75
广州市花都区狮岭医院	12 298	12 292	85. 64	12. 92	0. 12	2. 23
广州市花都区花山医院	4 114	4 123	45. 99	43. 97	0. 70	2. 87
广州市花都区赤坭医院	2 081	2 089	36. 72	53. 85	0. 38	2. 85
广州市花都区雅瑶医院	1 226	1 228	50. 24	44. 38		2. 99
广州市花都区芙蓉卫生院	1 187	1 174	100. 00			1. 63
广州市花都区华侨医院	984	983	38. 96	59. 10	0. 41	2. 94
广州市花都区北兴卫生院	1 837	2 017	85. 28	12. 79	0. 30	3. 00
广州市花都区梯面卫生院	82	85	60. 00	34. 12	1. 18	0. 90
南沙区	11 768	11 683	61. 01	29. 57	0. 33	1. 16
广州市南沙区万顷沙人民医院	4 645	4 625	59. 37	36. 54	0. 26	1. 50
广州市南沙区横沥医院	1 319	1 319	82. 03	17. 36		1. 12
广州市南沙经济技术开发区医院	2 151	2 127	44. 90	51. 06	0. 89	0. 71
广州市南沙区黄阁医院	3 653	3 612	82. 83	12. 46	0. 22	1. 28
萝岗区	2 564	2 510	35. 18	36. 93	0. 56	1. 81
广州市萝岗区康宁医院	1 117	1 080	64. 17	34. 81	0. 74	1. 72
广州市萝岗区九佛医院	1 447	1 430	56. 22	38. 53	0. 42	1. 88
增城市	32 980	32 846	35. 20	39. 10	0. 89	1. 98
增城市社区卫生服务中心（荔城医院）	3 086	3 021	46. 11	49. 62	1. 09	1. 36
增城市永和医院	1 204	1 197	61. 99	35. 09	1. 00	1. 38
增城市中新医院	2 194	2 165	60. 32	32. 98	1. 15	3. 07
增城市派潭医院	2 974	2 960	59. 46	33. 61	0. 84	3. 18
增城市福和卫生院	1 792	1 777	34. 78	57. 51	1. 41	2. 95
增城市朱村卫生院	885	887	76. 89	22. 21	0. 45	1. 85
增城市仙村医院	1 757	1 744	31. 36	59. 12	0. 92	1. 61
增城市宁西卫生院	298	295	33. 22	65. 42	0. 68	1. 31

续表

机构名称	入院人数	出院人数	治愈率（%）	好转率（%）	死亡率（%）	每百门急诊的入院人数
增城市三江黄加乐夫人医院（镇卫生院）	983	981	43.12	36.80	0.92	1.15
增城市小楼卫生院	723	718	75.63	24.37		1.85
增城市沙埔卫生院	1 123	1 120	69.02	24.29	0.36	1.57
增城市石滩医院	2 848	2 846	50.91	44.17	0.53	1.82
增城市正果卫生院	1 466	1 469	36.08	61.67	0.95	2.89
增城市新塘医院	11 647	11 666	61.95	32.57	0.92	2.16
从化市	16 773	16 639	34.73	38.87	0.30	2.49
从化市吕田镇医院	1 014	1 007	54.42	40.42	0.50	2.07
从化明珠医院	383	369	67.48	29.00	1.08	2.09
从化市鳌头镇医院	3 154	3 159	47.96	41.50	0.22	2.85
从化市温泉镇医院	889	868	48.04	50.46		1.77
从化市温泉镇灌村医院	453	451	72.28	25.06	0.22	2.49
从化市太平镇神岗医院	1 166	1 168	59.93	34.67	0.17	2.44
从化市街口街医院	974	878	38.95	56.04	0.91	1.07
从化市太平镇医院	2 874	2 880	52.05	45.49	0.45	2.65
从化市城郊街医院	1 754	1 760	64.26	31.02	0.06	8.15
从化市江埔街医院	1 605	1 605	83.24	12.21		1.85
从化市良口镇医院	815	812	44.21	51.35	0.37	1.68
从化市鳌头镇龙潭医院	1 692	1 682	52.73	43.10	0.36	7.12

2007 年广州市农村基层医院运营情况一览表（3）

机构名称	编制床位（张）	实有床位（张）	实际开放总床位（床日）	平均开放病床数（张）	实际占用总床日数（床日）	出院者占用总床日数	病床周转次数	病床工作日（日）	病床使用率（%）	出院者平均住院日
总　计	4 284	5 286	1 836 653	5 032	1 268 745	1 175 522	41.7	252	69.08	6.0
白云区	656	576	210 240	576	181 032	177 778	55.3	314	86.11	5.7
广州市白云区中医医院（原广州市白云区人和华侨医院）	180	100	36 500	100	33 411	33 484	51.8	334	91.54	6.5
广州市白云区龙归华侨医院	38	38	13 870	38	13 826	13 880	84.5	364	99.68	4.3
广州市白云区神山医院	50	50	18 250	50	12 593	12 442	31.4	252	69.00	7.9
广州市白云区太和镇医院	60	60	21 900	60	20 881	19 941	80.2	348	95.35	4.1
广州市白云区钟落潭镇医院	42	42	15 330	42	11 484	11 102	50.0	273	74.91	5.3

续表

机构名称	编制床位（张）	实有床位（张）	实际开放总床位（床日）	平均开放病床数（张）	实际占用总床日数（床日）	出院者占用总床日数	病床周转次数	病床工作日（日）	病床使用率（%）	出院者平均住院日
广州市白云区红十字会医院	106	106	38 690	106	55 039	53 117	91.9	519	142.26	5.5
广州市白云区第二人民医院	180	180	65 700	180	33 798	33 812	25.9	188	51.44	7.3
番禺区	1 261	2 072	722 097	1 978	434 559	417 884	32.4	220	60.18	6.8
广州市番禺区鱼窝头镇医院	129	129	47 085	129	26 621	25 530	26.9	206	56.54	7.4
广州市番禺区榄核医院	70	91	25 304	69	18 208	17 303	35.5	263	71.96	7.0
广州市番禺区钟村医院	110	137	50 005	137	32 284	28 593	32.9	236	64.56	6.3
广州市番禺区新造医院	60	73	22 410	61	14 609	13 194	29.2	238	65.19	7.4
广州市番禺区大岗人民医院	145	214	78 110	214	40 646	38 641	29.2	190	52.04	6.2
广州市番禺区化龙医院	70	100	25 550	70	14 560	14 168	26.4	208	56.99	7.7
广州市番禺区沙湾人民医院	80	150	54 750	150	34 175	33 705	29.9	228	62.42	7.5
广州市番禺区石楼人民医院	110	190	69 350	190	42 922	42 229	32.9	226	61.89	6.8
广州市番禺区石基人民医院	150	250	82 150	225	66 635	65 971	40.9	296	81.11	7.2
广州市番禺区市桥医院	60	110	38 330	105	33 527	30 088	45.9	319	87.47	6.2
广州市番禺区灵山医院	42	80	29 200	80	10 937	10 484	19.4	137	37.46	6.8
广州市番禺区南村医院	45	167	60 788	167	32 315	32 128	35.1	194	53.16	5.5
广州市番禺区大石人民医院	150	273	99 645	273	50 763	50 414	25.4	186	50.94	7.3
广州市番禺区东涌医院	40	108	39 420	108	16 357	15 436	22.0	151	41.49	6.9
花都区	602	756	254 076	696	203 285	200 806	47.0	292	80.01	6.2
广州市花都区炭步医院	43	56	20 440	56	14 200	13 702	37.1	254	69.47	6.6
广州市花都区新华医院	160	170	62 050	170	49 954	49 249	46.6	294	80.51	6.2
广州市花都区花东医院	48	48	17 520	48	17 056	17 388	78.8	355	97.35	4.6
广州市花都区狮岭医院	59	131	47 815	131	54 051	53 491	93.8	413	113.04	4.4
广州市花都区花山医院	74	110	27 010	74	25 193	25 249	55.7	340	93.27	6.1
广州市花都区赤坭医院	90	77	28 028	77	11 216	10 715	27.2	146	40.02	5.1
广州市花都区雅瑶医院	24	45	8 760	24	8 083	7 865	51.2	337	92.27	6.4
广州市花都区芙蓉卫生院	22	22	8 052	22	6 429	6 429	53.2	291	79.84	5.5
广州市花都区华侨医院	50	50	18 350	50	7 475	7 090	19.6	149	40.74	7.2
广州市花都区北兴卫生院	20	35	12 775	35	9 459	9 459	57.6	270	74.04	4.7
广州市花都区梯面卫生院	12	12	3 276	9	169	169	9.5	19	5.16	2.0
南沙区	479	385	139 976	383	84 155	80 352	31.9	219	60.12	6.9
广州市南沙区横沥医院	80	59	21 240	58	10 281	9 747	22.7	177	48.40	7.4

续表

机构名称	编制床位（张）	实有床位（张）	实际开放总床位（床日）	平均开放病床数（张）	实际占用总床日数（床日）	出院者占用总床日数	病床周转次数	病床工作日（日）	病床使用率（%）	出院者平均住院日
广州南沙经济技术开发区医院	120	100	36 500	100	11 977	11 136	21. 3	120	32. 81	5. 2
广州市南沙区黄阁医院	120	80	28 800	79	28 800	26 892	45. 8	365	100. 00	7. 4
萝岗区	241	303	110 325	302	85 085	27 956	25. 3	281	77. 12	11. 1
广州市萝岗区康宁医院	176	258	94 170	258	75 196	18 660	4. 2	291	79. 85	17. 3
广州市萝岗区九佛医院	65	45	16 155	44	9 889	9 296	32. 3	223	61. 21	6. 5
增城市	700	720	250 275	686	185 126	172 292	51. 5	270	73. 97	5. 2
增城市永和医院	52	52	18 980	52	8 733	6 935	23. 0	168	46. 01	5. 8
增城市中新医院	75	75	25 467	70	13 166	12 519	31. 0	189	51. 70	5. 8
增城市派潭医院	60	60	20 820	57	15 356	15 213	51. 9	269	73. 76	5. 1
增城市福和卫生院	30	30	10 670	29	10 530	10 530	60. 8	360	98. 69	5. 9
增城市朱村卫生院	30	30	10 950	30	5 528	5 270	29. 6	184	50. 48	5. 9
增城市仙村医院	49	49	17 885	49	8 728	7 780	35. 6	178	48. 80	4. 5
增城市宁西卫生院	12	12	4 380	12	2 378	1 967	24. 6	198	54. 29	6. 7
增城市三江黄加乐夫人医院（镇卫生院）	25	32	10 470	29	4 520	4 520	34. 2	158	43. 17	4. 6
增城市小楼卫生院	25	36	6 800	19	4 292	4 280	38. 5	230	63. 12	6. 0
增城市沙埔卫生院	31	33	11 621	32	5 621	5 621	35. 2	177	48. 37	5. 0
增城市石滩医院	51	51	17 192	47	15 945	12 968	60. 4	339	92. 75	4. 6
增城市正果卫生院	40	40	14 600	40	6 913	6 781	36. 7	173	47. 35	4. 6
增城市新塘医院	150	150	54 750	150	65 369	60 056	77. 8	436	119. 40	5. 1
增城市社区卫生服务中心（荔城医院）	70	70	25 690	70	18 047	17 852	42. 9	256	70	5. 9
从化市	345	474	149 664	410	95 503	98 454	39. 4	233	63. 81	5. 9
从化市吕田镇医院	45	53	19 345	53	6 228	5 928	19. 0	118	32. 19	5. 9
从化明珠医院	23	23	8 395	23	2 319	2 319	16. 0	101	27. 62	6. 3
从化市鳌头镇医院	58	58	21 170	58	18 503	17 742	54. 5	319	87. 40	5. 6
从化市温泉镇医院	23	23	8 395	23	4 813	4 288	37. 7	209	57. 33	4. 9
从化市温泉镇灌村医院	16	23	8 395	23	2 632	2 575	19. 6	114	31. 35	5. 7
从化市太平镇神岗医院	20	20	7 540	21	6 133	5 817	56. 5	297	81. 34	5. 0
从化市街口街医院	15	55	15 480	42	8 305	7 971	20. 7	196	53. 65	9. 1
从化市太平镇医院	40	40	14 600	40	17 749	17 437	72. 0	444	121. 57	6. 1
从化市城郊街医院	30	30	10 950	30	7 315	13 317	58. 7	244	66. 80	7. 6
从化市江埔街医院	40	60	14 600	40	9 772	9 772	40. 1	244	66. 93	6. 1
从化市良口镇医院	20	29	10 414	29	6 408	7 402	28. 5	225	61. 53	9. 1
从化市鳌头镇龙潭医院	15	60	10 380	28	5 326	3 886	59. 1	187	51. 31	2. 3

2007 年广州市农村基层医院病人人均医疗费用一览表

机构名称	平均每诊疗人次医疗费（元）		平均每出院者住院医疗费（元）		出院者平均每日住院医疗费（元）
	合　计	药　费	合　计	药　费	
总　计	76.65	34.29	2 395.18	746.03	400.04
白云区	107.88	43.01	2 535.19	819.21	445.81
广州市白云区中医医院（原广州市白云区人和华侨医院）	91.64	37.48	2 697.58	840.19	416.92
广州市白云区龙归华侨医院	126.94	55.33	1 918.09	607.29	443.73
广州市白云区神山医院	91.59	36.40	2 457.27	1 001.91	309.68
广州市白云区太和镇医院	105.94	42.22	1 711.17	510.50	412.67
广州市白云区钟落潭镇医院	98.18	29.61	2 029.02	481.92	384.17
广州市白云区红十字会医院	119.51	37.45	2 488.91	687.74	456.48
广州市白云区第二人民医院	121.74	55.93	3 983.24	1 626.85	548.39
番禺区	74.64	33.91	2 603.92	750.02	395.31
广州市番禺区鱼窝头镇医院	50.03	21.43	2 306.92	796.83	313.55
广州市番禺区榄核医院	56.50	25.28	2 246.44	768.61	319.25
广州市番禺区钟村医院	68.30	30.54	2 220.69	610.12	349.81
广州市番禺区新造医院	59.73	31.00	2 977.12	1 195.87	404.35
广州市番禺区大岗人民医院	86.86	41.10	3 603.59	827.09	582.49
广州市番禺区化龙医院	75.18	38.16	2 824.68	1 012.45	368.44
广州市番禺区沙湾人民医院	64.90	31.96	2 698.82	875.20	358.64
广州市番禺区石楼人民医院	79.24	39.46	2 886.47	798.37	427.48
广州市番禺区石基人民医院	89.84	37.82	2 799.67	735.22	390.43
广州市番禺区市桥医院	79.47	28.93	2 008.51	383.82	321.76
广州市番禺区灵山医院	54.17	26.71	2 141.11	633.38	316.96
广州市番禺区南村医院	63.16	23.80	1 826.06	511.89	332.33
广州市番禺区大石人民医院	99.38	51.12	2 916.21	1 050.04	401.10
广州市番禺区东涌医院	62.24	22.93	1 842.03	387.77	1 141.91
花都区	70.83	27.23	2 176.18	649.31	409.37
广州市花都区雅瑶医院	74.20	29.70	1 818.40	608.31	283.92
广州市花都区芙蓉卫生院	88.78	33.67	1 783.65	284.50	325.71
广州市花都区华侨医院	79.95	30.61	3 049.85	1 020.35	422.85
广州市花都区北兴卫生院	55.06	21.34	1 886.47	556.27	402.26
广州市花都区梯面卫生院	62.93	19.69	1 611.76	376.47	810.65
广州市花都区炭步医院	71.08	30.95	2 601.06	850.82	394.47
广州市花都区新华医院	75.40	36.65	2 659.13	982.45	427.68
广州市花都区花东医院	124.44	35.05	1 756.34	437.10	382.22

续表

机构名称	平均每诊疗人次医疗费（元）		平均每出院者住院医疗费（元）		出院者平均每日住院医疗费（元）
	合　计	药　费	合　计	药　费	
广州市花都区狮岭医院	54.43	15.23	1 745.04	414.99	401.00
广州市花都区花山医院	86.74	40.63	2 927.24	980.35	478.00
广州市花都区赤坭医院	79.50	33.24	2 059.84	450.93	401.59
南沙区	51.73	24.44	2 272.96	790.89	330.48
广州市南沙区万顷沙人民医院	59.63	23.91	2 736.00	828.32	388.43
广州市南沙区横沥医院	40.85	18.95	2 179.68	1 059.89	294.96
广州南沙经济技术开发区医院	55.46	27.53	1 810.53	592.38	345.82
广州市南沙区黄阁医院	44.01	24.03	1 986.43	761.63	266.81
萝岗区	82.35	41.66	2 543.43	531.08	228.36
广州市萝岗区康宁医院	96.37	51.50	2 991.67	643.52	173.15
广州市萝岗区九佛医院	70.50	33.34	2 204.90	446.15	339.18
增城市	88.34	44.23	2 348.99	818.36	447.82
增城市社区卫生服务中心（荔城医院）	73.25	37.47	2 619.66	1 013.57	443.31
增城市永和医院	103.78	61.50	2 141.19	703.43	369.57
增城市中新医院	79.87	35.14	2 161.20	861.43	373.75
增城市派潭医院	43.17	21.11	1 668.58	581.42	324.66
增城市福和卫生院	67.47	35.01	2 003.94	868.32	338.18
增城市朱村卫生院	74.29	39.57	2 375.42	669.67	399.81
增城市仙村医院	77.68	39.17	1 788.99	498.85	401.03
增城市宁西卫生院	67.10	32.89	1 477.97	715.25	221.66
增城市三江黄加乐夫人医院（镇卫生院）	51.13	23.49	1 389.40	387.36	301.55
增城市小楼卫生院	47.65	26.56	1 806.41	857.94	303.04
增城市沙埔卫生院	95.95	53.59	2 080.36	637.50	414.52
增城市石滩医院	66.68	30.00	1 888.97	713.63	414.56
增城市正果卫生院	47.21	21.85	1 632.40	652.83	353.64
增城市新塘医院	126.17	62.21	3 006.34	983.37	583.99
从化市	56.85	26.08	2 010.58	671.43	339.79
从化市吕田镇医院	57.36	33.41	1 550.15	512.41	263.33
从化明珠医院	53.72	28.82	4 037.94	1 720.87	642.52
从化市鳌头镇医院	42.08	20.38	1 855.65	651.79	330.40
从化市温泉镇医院	35.52	18.42	1 629.03	695.85	329.76
从化市温泉镇灌村医院	44.16	19.50	1 842.57	618.63	322.72
从化市太平镇神岗医院	50.67	20.05	2 256.85	900.68	453.15

续表

机构名称	平均每诊疗人次医疗费（元）		平均每出院者住院医疗费（元）		出院者平均每日住院医疗费（元）
	合　计	药　费	合　计	药　费	
从化市街口街医院	66. 11	32. 46	2 780. 18	853. 08	306. 24
从化市太平镇医院	75. 74	27. 05	1 803. 82	578. 13	297. 93
从化市城郊街医院	85. 42	41. 74	1 850. 00	488. 64	244. 50
从化市江埔街医院	51. 53	26. 41	1 832. 40	522. 12	300. 96
从化市良口镇医院	52. 42	24. 02	2 581. 28	983. 99	283. 17
从化市鳌头镇龙潭医院	75. 45	28. 66	2 218. 19	663. 50	960. 11

2007 年广州市村卫生室基本情况（白云区）

指标名称	合　计	按主办单位分					按行医方式分		
		村办	乡医院设点	联合办	私人办	其他	中医	西医	中西医结合
机构数（个）	54. 0	43. 0	5. 0	1. 0	4. 0	1. 0		42. 0	12. 0
执业（助理）医师（人）	39. 0	26. 0	7. 0		2. 0	4. 0		31. 0	8. 0
注册护士（人）	15. 0	11. 0	4. 0					11. 0	4. 0
乡村医生和卫生员（人）	144. 0	107. 0	18. 0	2. 0	13. 0	4. 0		108. 0	36. 0
乡村医生	134. 0	97. 0	18. 0	2. 0	13. 0	4. 0		99. 0	35. 0
其中：大专及以上学历	33. 0	27. 0	3. 0		2. 0	1. 0		24. 0	9. 0
中专学历（水平）	91. 0	58. 0	17. 0	2. 0	11. 0	3. 0		71. 0	20. 0
在职培训合格者	21. 0	19. 0	2. 0					17. 0	4. 0
卫生员	10. 0	10. 0						9. 0	1. 0
总收入（万元）	668. 4	379. 0	135. 0	12. 0	133. 3	9. 1		477. 0	191. 4
其中：上级补助收入	2. 5	2. 5						2. 5	
村或集体补助收入	27. 3	27. 3						27. 2	0. 1
医疗及药品收入	562. 9	327. 4	90. 2	12. 0	133. 3			397. 3	165. 6
总支出（万元）	610. 7	346. 2	127. 5	11. 4	116. 5	9. 1		438. 9	171. 8
其中：人员支出	249. 5	113. 1	71. 8	2. 4	57. 9	4. 3		163. 9	85. 6
药品支出	312. 6	185. 5	54. 7	9. 0	58. 6	4. 8		226. 4	86. 2
诊疗人次数	500 521	405 996	45 410	12 000	29 450	7 665		406 940	93 581
其中：出诊人次数	7 791	5 924	1 020	130	645	72		6 396	1 395

2007 年广州市村卫生室基本情况（番禺区）

指标名称	合　计	按主办单位分					按行医方式分		
		村办	乡医院设点	联合办	私人办	其他	中医	西医	中西医结合
机构数（个）	224.0	224.0						18.0	206.0
执业（助理）医师（人）	64.0	64.0						4.0	60.0
注册护士（人）	20.0	20.0						1.0	19.0
乡村医生和卫生员（人）	422.0	422.0						25.0	397.0
乡村医生	354.0	354.0						20.0	334.0
其中：大专及以上学历	27.0	27.0						4.0	23.0
中专学历（水平）	116.0	116.0						7.0	109.0
在职培训合格者	209.0	209.0						10.0	199.0
卫生员	68.0	68.0						5.0	63.0
总收入（万元）	2 681.8	2 681.8						366.8	2 315.0
其中：上级补助收入	25.0	25.0							25.0
村或集体补助收入	24.2	24.2						4.3	19.9
医疗及药品收入	2 308.4	2 308.4						110.2	2 198.2
总支出（万元）	2 231.1	2 231.1						112.0	2 119.1
其中：人员支出	749.4	749.4						39.0	710.4
药品支出	1 379.6	1 379.6						64.2	1 315.4
诊疗人次数	1 682 411	1 682 411						110 252	1 572 159
其中：出诊人次数	19 015	19 015						1 674	17 341

2007 年广州市村卫生室基本情况（花都区）

指标名称	合　计	按主办单位分					按行医方式分		
		村办	乡医院设点	联合办	私人办	其他	中医	西医	中西医结合
机构数（个）	189.0	189.0					2.0	74.0	113.0
执业（助理）医师（人）	55.0	55.0						24.0	31.0
注册护士（人）	16.0	16.0						11.0	5.0
乡村医生和卫生员（人）	295.0	295.0					2.0	121.0	172.0
乡村医生	271.0	271.0					2.0	107.0	162.0
其中：大专及以上学历	44.0	44.0						9.0	35.0
中专学历（水平）	205.0	205.0					1.0	90.0	114.0
在职培训合格者	21.0	21.0					1.0	7.0	13.0
卫生员	24.0	24.0						14.0	10.0
总收入（万元）	1 097.7	1 097.7					3.5	473.4	620.8
其中：上级补助收入	2.8	2.8					0.1	1.8	0.9

续表

指标名称	合　计	按主办单位分					按行医方式分		
		村办	乡医院设点	联合办	私人办	其他	中医	西医	中西医结合
村或集体补助收入	81.0	81.0						76.4	4.6
医疗及药品收入	1 010.7	1 010.7					3.4	392.2	615.1
总支出（万元）	1 059.2	1 059.2					3.4	462.8	593.0
其中：人员支出	441.9	441.9					2.1	186.0	253.8
药品支出	570.6	570.6					1.3	267.6	301.7
诊疗人次数	1 159 747	1 159 747					3 502	567 349	588 896
其中：出诊人次数	18 125	18 125					166	6 104	11 855

2007 年广州市村卫生室基本情况（南沙区）

指标名称	合　计	按主办单位分					按行医方式分		
		村办	乡医院设点	联合办	私人办	其他	中医	西医	中西医结合
机构数（个）	38	34	1		3			38	
执业（助理）医师（人）									
注册护士（人）									
乡村医生和卫生员（人）									
乡村医生									
其中：大专及以上学历									
中专学历（水平）									
在职培训合格者									
卫生员									
总收入（万元）									
其中：上级补助收入									
村或集体补助收入									
医疗及药品收入									
总支出（万元）									
其中：人员支出									
药品支出									
诊疗人次数									
其中：出诊人次数									

2007 年广州市村卫生室基本情况（萝岗区）

指标名称	合　计	按主办单位分					按行医方式分		
		村办	乡医院设点	联合办	私人办	其他	中医	西医	中西医结合
机构数（个）	36.0	33.0		3.0				25.0	11.0
执业（助理）医师（人）	6.0	3.0		3.0				6.0	
注册护士（人）	1.0	1.0							1.0
乡村医生和卫生员（人）	102.0	96.0		6.0				60.0	42.0
乡村医生	86.0	81.0		5.0				46.0	40.0
其中：大专及以上学历	6.0	6.0						5.0	1.0
中专学历（水平）	63.0	60.0		3.0				32.0	31.0
在职培训合格者	17.0	15.0		2.0				9.0	8.0
卫生员	16.0	15.0		1.0				14.0	2.0
总收入（万元）	362.7	313.7		49.0				275.1	87.6
其中：上级补助收入	20.9	20.9						10.7	10.2
村或集体补助收入	87.4	87.4						87.4	
医疗及药品收入	217.5	198.5		19.0				142.7	74.8
总支出（万元）	333.0	287.0		46.0				252.0	81.0
其中：人员支出	164.8	148.3		16.5				126.7	38.1
药品支出	163.9	135.9		28.0				121.0	42.9
诊疗人次数	328 453	287 453		41 000				184 369	144 084
其中：出诊人次数	3 659	3 659						293	3 366

2007 年广州市村卫生室基本情况（增城市）

指标名称	合　计	按主办单位分					按行医方式分		
		村办	乡医院设点	联合办	私人办	其他	中医	西医	中西医结合
机构数（个）	269.0	238.0	2.0	26.0	3.0		1.0	99.0	169.0
执业（助理）医师（人）	85.0	77.0		6.0	2.0			29.0	56.0
注册护士（人）	33.0	33.0						18.0	15.0
乡村医生和卫生员（人）	579.0	513.0	2.0	57.0	7.0		1.0	276.0	302.0
乡村医生	441.0	393.0	2.0	39.0	7.0		1.0	178.0	262.0
其中：大专及以上学历	34.0	31.0		2.0	1.0			11.0	23.0
中专学历（水平）	186.0	178.0		4.0	4.0			72.0	114.0
在职培训合格者	124.0	90.0	2.0	30.0	2.0		1.0	77.0	46.0
卫生员	138.0	120.0		18.0				98.0	40.0
总收入（万元）	796.0	699.8	7.8	77.3	11.1		0.5	314.2	481.3
其中：上级补助收入	2.7	2.7							2.7

续表

指标名称	合　计	按主办单位分					按行医方式分		
		村办	乡医院设点	联合办	私人办	其他	中医	西医	中西医结合
村或集体补助收入	0.1	0.1							0.1
医疗及药品收入	621.5	529.8	7.8	75.3	8.6		0.5	250.0	371.0
总支出（万元）	718.3	633.3	7.8	66.1	11.1		0.5	286.8	431.0
其中：人员支出	258.7	224.5	3.4	29.9	0.9		0.2	93.3	165.2
药品支出	293.9	257.4	4.4	30.5	1.6		0.3	105.7	187.9
诊疗人次数	870 032	779 348	6 310	73 974	10 400		503	295 924	573 605
其中：出诊人次数	10 562	10 338	160	54	10			2 362	8 200

2007 年广州市村卫生室基本情况（从化市）

指标名称	合　计	按主办单位分					按行医方式分		
		村办	乡医院设点	联合办	私人办	其他	中医	西医	中西医结合
机构数（个）	191.0	189.0	2.0				1.0	33.0	157.0
执业（助理）医师（人）	31.0	30.0	1.0					7.0	24.0
注册护士（人）									
乡村医生和卫生员（人）	301.0	298.0	3.0				1.0	39.0	261.0
乡村医生	301.0	298.0	3.0				1.0	39.0	261.0
其中：大专及以上学历	9.0	9.0						1.0	8.0
中专学历（水平）	150.0	148.0	2.0					20.0	130.0
在职培训合格者	142.0	141.0	1.0				1.0	18.0	123.0
卫生员									
总收入（万元）	461.5	452.1	9.4				0.5	48.0	413.0
其中：上级补助收入	1.9	1.9						0.9	1.0
村或集体补助收入									
医疗及药品收入	399.9	390.5	9.4					38.3	361.6
总支出（万元）	438.0	428.6	9.4				0.3	45.1	392.6
其中：人员支出	200.4	195.5	4.9					21.1	179.3
药品支出	224.7	220.2	4.5					23.8	200.9
诊疗人次数	419 051	414 812	4 239				453	43 458	375 140
其中：出诊人次数	10 975	10 917	58					1 590	9 385

（四）疾病预防与控制

2007年广州市甲、乙类传染病发病、死亡情况

病　名	发病数	死亡数	发病率（1/10万）	死亡率（1/10万）	病死率（%）	发病构成比（%）	与去年相比较发病率升降（%）	与去年相比较死亡率升降（%）
合　计	39 697	131	395.16	1.30	0.33	100.00	4.18	11.58
鼠　疫					*		*	*
霍　乱	7		0.07			0.02	*	*
传染性非典					*		*	*
艾滋病	102	16	1.02	0.16	15.69	0.26	-4.77	-32.45
HIV	342	9	3.40	0.09	2.63	0.86	-37.22	773.91
肝　炎	9 796	12	97.51	0.12	0.12	24.68	6.07	-41.74
脊　灰					*		*	*
人禽流感					*		-100.00	-100.00
麻　疹	3 458		34.42			8.71	-15.21	*
出血热	91		0.91			0.23	-16.64	*
狂犬病	14	14	0.14	0.14	100.00	0.04	13.28	13.28
乙　脑	3		0.03			0.01	-41.74	-100.00
登革热	30		0.30			0.08	-96.19	*
炭　疽					*		*	*
痢　疾	958	2	9.54	0.02	0.21	2.41	-18.76	*
肺结核	16 819	81	167.42	0.81	0.48	42.37	15.99	67.34
伤寒+副伤寒	153		1.52			0.39	-10.50	
流　脑	1	1	0.01	0.01	100.00		-75.72	*
百日咳					*		*	*
白　喉					*		*	*
新生儿破伤风	51	3	0.51	0.03	5.88	0.13	-22.62	-51.45
猩红热	161		1.60			0.41	51.78	*
布　病	4		0.04			0.01	288.41	*
淋　病	2 772		27.59			6.98	-12.84	*
梅　毒	5 245	2	52.21	0.02	0.04	13.21	15.67	94.20
钩体病	15		0.15			0.04	61.84	-100.00
血吸虫病					*		*	*
疟　疾	17		0.17			0.04	-2.90	-100.00

注：1. 2007年发病率、死亡率使用2007年广州市常住人口数（1 004.58万人）计算；2. 2006年发病率、死亡率使用2006年广州市常住人口数（975.46万人）计算；3. 发病数、死亡数合计总数不包括HIV；4. *指该病无发病或死亡，无法计算病死率或发病率、死亡率升降。

2007 年广州市甲、乙类主要传染病职业分布情况

职业分类＼病种	合计	霍乱	艾滋病	HIV	肝炎	麻疹	出血热	狂犬病	乙脑	登革热	痢疾
总　计	39 697	7	102	342	9 796	3 458	91	14	3	30	958
幼托儿童	253		1	1	14	121					27
散居儿童	2 897			1	138	2 172			3		189
学　生	1 570	1	1	1	381	255	1	1		4	79
教　师	346				145	18				1	18
保育员及保姆	23	1			3	2	1				
餐饮食品业	441		2	5	76	29	5			2	14
公共场所服务员	53		2	1	8	7				1	2
商业服务	2 130		9	23	475	99	14			4	49
医务人员	127				49	11					5
工　人	4 767	1	8	25	1 381	179	12			2	122
民　工	5 644		2	13	1 328	145	8	3			108
农　民	4 596		4	13	1 167	31	6	7		1	43
牧　民	10				4						
渔（船）民	28			1	10					1	2
海员及长途驾驶员	50		1	2	7	1	2	1			
干部职员	1 352		4	9	449	67	6			3	81
离退休人员	2 516	1	2	2	798		2			4	66
家务及待业	5 207	2	35	101	1 762	169	22			4	85
不　详	2 006	1	16	33	607	27	2				14
其　他	5 681		15	111	994	125	10	2		3	54

职业分类＼病种	肺结核	伤寒＋副伤寒	流脑	新生儿破伤风	猩红热	布病	淋病	梅毒	钩体病	血吸虫病	疟疾
总　计	16 819	153	1	51	161	4	2 772	5 245	15		17
幼托儿童	9	8			59		2	12			
散居儿童	30	46	1	44	52		12	210			
学　生	726	19			44		34	23			1
教　师	108	5					11	40			
保育员及保姆	5						1	10			
餐饮食品业	150						65	98			
公共场所服务员	8						9	15			1
商业服务	579	7					429	461			4
医务人员	45						5	12			
工　人	1 979	9			1		527	543	1		2

续表

职业分类＼病种	肺结核	伤寒+副伤寒	流脑	新生儿破伤风	猩红热	布病	淋病	梅毒	钩体病	血吸虫病	疟疾
民　工	3 437	9			1		289	310	2		2
农　民	2 657	14					209	449	6		2
牧　民	4						1	1			
渔（船）民	6						6	3			
海员及长途驾驶员	19						12	7			
干部职员	377	6					140	218			1
离退休人员	1 159	7			1	1	50	425			
家务及待业	1 736	11				2	280	1 094	3		2
不　详	618	3					259	459			
其　他	3 167	9		7	3	1	431	855	3		2

2007 年广州市甲、乙类主要传染病月份分布情况

病　名		合计	一月	二月	三月	四月	五月	六月	七月	八月	九月	十月	十一月	十二月
合　计	发病数	39 697	3 507	2 464	3 528	3 800	4 080	3 740	3 755	3 513	3 141	2 977	2 960	2 232
	死亡数	131	14	8	11	6	13	10	15	13	17	4	9	11
鼠　疫	发病数													
	死亡数													
霍　乱	发病数	7						4	1	1	1			
	死亡数													
传染性非典	发病数													
	死亡数													
艾滋病	发病数	102	6	10	4	9	7	6	10	16	6	12	10	6
	死亡数	16	3				3		1	1	4	1	1	2
HIV	发病数	342	29	12	20	29	17	49	25	29	45	27	32	28
	死亡数	9		2	1	1				3			2	
肝　炎	发病数	9 796	747	561	1 008	922	917	786	932	892	796	751	849	635
	死亡数	12		1	1		1	2	3	1		2	1	
脊　灰	发病数													
	死亡数													
人禽流感	发病数													
	死亡数													
麻　疹	发病数	3 458	388	322	206	451	679	407	435	258	110	68	59	75
	死亡数													

续表

病名		合计	一月	二月	三月	四月	五月	六月	七月	八月	九月	十月	十一月	十二月
出血热	发病数	91	5	14	10	15	8	11	6	5	2	4	3	8
	死亡数													
狂犬病	发病数	14	2	1	1	3	1		2		1		1	2
	死亡数	14	2	1	1	2	2		2		1		1	2
乙脑	发病数	3						3						
	死亡数													
登革热	发病数	30				1		1	1	6	12	7	2	
	死亡数													
炭疽	发病数													
	死亡数													
痢疾	发病数	958	87	43	69	69	78	116	115	89	88	91	53	60
	死亡数	2		1										1
肺结核	发病数	16 819	1 597	1 034	1 512	1 664	1 577	1 619	1 492	1 504	1 364	1 327	1 242	887
	死亡数	81	9	5	8	3	7	8	9	10	12	1	5	4
伤寒+副伤寒	发病数	153	11	4	15	14	15	18	22	11	15	12	6	10
	死亡数													
流脑	发病数	1			1									
	死亡数	1			1									
百日咳	发病数													
	死亡数													
白喉	发病数													
	死亡数													
新生儿破伤风	发病数	51	3	8	3	2	4	2	6	7	4	6	2	4
	死亡数	3								1				2
猩红热	发病数	161	28	8	17	9	31	8	4	3	10	10	12	21
	死亡数													
布病	发病数	4				1			3					
	死亡数													
淋病	发病数	2 772	234	175	258	224	271	238	225	233	240	215	249	210
	死亡数													
梅毒	发病数	5 245	395	281	423	415	489	516	499	485	490	470	469	313
	死亡数	2				1							1	
钩体病	发病数	15	2			1		3	1	2	2	3	1	
	死亡数													
血吸虫病	发病数													
	死亡数													
疟疾	发病数	17	2	3	1		3	2	1	1		1	2	1
	死亡数													

2007年广州市甲、乙类主要传染病年龄分布情况

年龄（岁）＼病名	合计	鼠疫	霍乱	传染性非典	艾滋病	HIV	肝炎	脊灰	人禽流感	麻疹	出血热	狂犬病	乙脑	登革热
全　部	39 697		7		102	342	9 796		1	3 458	91	14	3	30
0～	1 875						55			1 330				
1～	269						13			209			1	
2～	346				1	1	19			267			1	
3～	275					1	22			184			1	
4～	174						20			122				
5～	150						14			100				
6～	148						15			82				
7～	95						8			52				
8～	82						9			48				1
9～	62						8			36		1		
10～	229						70			64	1			
15～	1 914		1		1	3	552			145	3			4
20～	5 269		2		1	28	1 307			242	5			3
25～	5 952		1		19	76	1 489			238	11			4
30～	5 262		1		21	70	1 487		1	185	19	1		6
35～	4 299				27	62	1 190			112	13	5		4
40～	2 973				15	45	845			34	15	2		1
45～	1 857		1		6	28	504			5	5			2
50～	1 949				3	11	552			1	11	1		2
55～	1 479				1	4	402				3	2		1
60～	1 100				3	7	294			1				
65～	1 101				1	2	290				1	1		
70～	1 094					1	254			1	2	1		2
75～	881		1			3	208				2			
80～	552						113							
85及以上	307						56							
不　详	3				3									

续表

年龄（岁）\病名	炭疽	痢疾	肺结核	伤寒＋副伤寒	流脑	百日咳	白喉	新生儿破伤风	猩红热	布病	淋病	梅毒	钩体病	血吸虫病	疟疾
全　部		958	16 819	153	1			51	161	4	2 772	5 245	15		17
0～		103	12	21	1			51	7		8	287			
1～		23	8	8					5			2			
2～		34	6	2					9		2	5			
3～		21	4	17					22		1	3			
4～		7	3	2					17		2	1			
5～		8	1						25		1	1			
6～		15	6	3					25		1	1			
7～		7	4	3					21						
8～		4	4	2					11		1	2			
9～		4	7	1					5						
10～		19	50	6					10		2	7			
15～		55	962	4					1		108	76			2
20～		103	2 542	13					1		517	532	1		
25～		108	2 463	10							591	1 014			4
30～		88	2 049	14							543	843	1		4
35～		93	1 831	14							387	620	1		2
40～		66	1 391	7					1	1	223	365	5		2
45～		37	907	2						2	135	250	1		
50～		40	961	8							98	267	3		2
55～		28	779	5						1	70	185	2		
60～		22	564	3							45	166	1		1
65～		22	585	4							17	180			
70～		19	662	1					1		16	135			
75～		18	525	2							1	124			
80～		7	319	1							2	110			
85及以上		7	174								1	69			
不　详															

2007年广州市甲、乙类传染病发病、死亡年分类情况（按病种归类）

疾病名称	2007年					2006年					2007年与2006年比较		
	发病数	死亡数	发病率 1/10万	死亡率 1/10万	病死率（%）	发病数	死亡数	发病率 1/10万	死亡率 1/10万	病死率（%）	发病率增减（%）	死亡率增减（%）	病死率增减（%）
合　计	39 697	131	395. 16	1. 30	0. 33	37 001	114	379. 32	1. 17	0. 31	4. 18	11. 58	7. 11
肠道传染病	2 735	5	27. 23	0. 05	0. 18	2 795	6	28. 65	0. 06	0. 21	-4. 98	-19. 08	-14. 86
呼吸道传染病	20 439	82	203. 46	0. 82	0. 40	18 147	47	186. 04	0. 48	0. 26	9. 37	69. 41	54. 90
自然疫源及虫媒传染病	174	14	1. 73	0. 14	8. 05	916	17	9. 39	0. 17	1. 86	-81. 55	-20. 03	333. 54
血源及性传播传染病	16 298	27	162. 24	0. 27	0. 17	15 079	38	154. 58	0. 39	0. 25	4. 95	-31. 01	-34. 25
新生儿破伤风	51	3	0. 51	0. 03	5. 88	64	6	0. 66	0. 06	9. 38	-22. 62	-51. 45	-37. 25

注：1. 2007年发病率、死亡率使用2007年广州市常住人口数（1 004. 58万人）计算；2. 2006年发病率、死亡率使用2006年广州市常住人口数（975. 46万人）计算。

2007年广州市丙类传染病发病、死亡情况

病　名	2007年					2006年					2007年与2006年比较		
	发病数	死亡数	发病率 1/10万	死亡率 1/10万	病死率（%）	发病数	死亡数	发病率 1/10万	死亡率 1/10万	病死率（%）	发病率增减（%）	死亡率增减（%）	病死率增减（%）
合　计	23 579		234. 72			25 667	1	263. 13	0. 01		-10. 80	-100. 00	-100. 00
流行性感冒	1 316		13. 10			4 714		48. 33			-72. 89	*	*
流行性腮腺炎	3 443		34. 27			6 469	1	66. 32	0. 01	0. 02	-48. 32	-100. 00	-100. 00
风疹	237		2. 36			99		1. 01			132. 45	*	*
急性出血性结膜炎	3 557		35. 41			158		1. 62			2 086. 01	*	*
麻风病	10		0. 10			7		0. 07			38. 72	*	*
斑疹伤寒	23		0. 23			23		0. 24			-2. 90	*	*
黑热病					*					*	*	*	*
包虫病					*					*	*	*	*
丝虫病					*					*	*	*	*
其他感染性腹泻病	14 993		149. 25			14 197		145. 54			2. 55	*	*

注：1. 2007年发病率、死亡率使用2007年广州市常住人口数（1 004. 58万人）计算；2. 2006年发病率、死亡率使用2006年广州市常住人口数（975. 46万人）计算；3. *指该病无发病或死亡，无法计算病死率、发病率或死亡率升降。

2007 年广州市丙类传染病发病、死亡分地区情况

地区	合计		流行性感冒		流行性腮腺炎		风　疹		急性出血性结膜炎		麻风病		斑疹伤寒		其他感染性腹泻病	
	发病	死亡	发病	死亡	发病	死亡	发病	死亡	发病	死亡	发病	死亡	发病	死亡	发病	死亡
广州市	23 579		1 316		3 443	1	237		3 557		10		23		14 993	
荔湾区	1 339		50		290	1	11		82		1		3		902	
越秀区	2 718		143		305		17		144				2		2 107	
海珠区	2 277		98		491		17		304		2		3		1 362	
天河区	2 490		71		461		35		483		2		3		1 435	
白云区	3 409		105		434		26		168		1		1		2 674	
黄埔区	1 339		16		159		6		188				2		968	
番禺区	4 756		789		698		26		1 066		1				2 176	
花都区	2 506		11		309		76		423		1				1 686	
南沙区	851		1		58		1		420		1		1		369	
萝岗区	564		3		62		12		195				1		291	
增城市	1 031		25		55		5		23		1		1		921	
从化市	231		1		114		5		60				6		45	
不详县	68		3		7				1						57	

2007 年广州市丙类传染病发病、死亡分月情况

病　名		合计	一月	二月	三月	四月	五月	六月	七月	八月	九月	十月	十一月	十二月
合　计	发病数	23 579	1 841	1 043	754	898	945	2 017	1 525	1 869	4 311	2 567	3 538	2 271
	死亡数													
流行性感冒	发病数	1 316	8	8	11	111	37	950	118	30	20	7	4	12
	死亡数													
流行性腮腺炎	发病数	3 443	294	192	228	263	284	371	438	317	241	261	263	291
	死亡数													
风　疹	发病数	237	4	7	39	63	31	22	11	15	9	8	6	22
	死亡数													
急性出血性结膜炎	发病数	3 557	6	5	4	10	13	21	26	402	2 785	242	25	18
	死亡数													
麻风病	发病数	10	1		1	1		1		4			2	
	死亡数													
斑疹伤寒	发病数	23	1	1	2	1	5	2	1	2	3	2	1	2
	死亡数													

续表

病 名		合计	一月	二月	三月	四月	五月	六月	七月	八月	九月	十月	十一月	十二月
黑热病	发病数													
	死亡数													
包虫病	发病数													
	死亡数													
丝虫病	发病数													
	死亡数													
其他感染性腹泻病	发病数	14 993	1 527	830	469	449	575	650	931	1 099	1 253	2 047	3 237	1 926
	死亡数													

2007 年广州市艾滋病监测哨点血清学监测结果（按性别分布）

哨点类别	哨点名称	合计			男			女		
		监测人数	HIV 抗体阳性数	HIV 抗体阳性率（%）	监测人数	HIV 抗体阳性数	HIV 抗体阳性率（%）	监测人数	HIV 抗体阳性数	HIV 抗体阳性率（%）
Ⅰ类	广州市强制戒毒所△	2 760	194	7. 03	2 428	172	7. 08	332	22	6. 63
Ⅰ类	白云区强制戒毒所＊	1 466	56	3. 82	1 307	49	3. 75	159	7	4. 40
Ⅰ类	天河区强制戒毒所	49	5	10. 20	45	5	11. 11	4		
Ⅰ类	黄埔区强制戒毒所	117			117					
Ⅰ类	从化市强制戒毒所△	101			92			9		
Ⅰ类	增城市强制戒毒所	187	14	7. 49	176	13	7. 39	11	1	9. 09
Ⅰ类	番禺区强制戒毒所	711	18	2. 53	638	15	2. 35	73	3	4. 11
Ⅰ类	花都区强制戒毒所	934	8	0. 86	854	8	0. 94	80		
Ⅰ类	广州市收容教育所＊	409			146			263		
Ⅰ类	市皮防所＊	259			178			81		
Ⅰ类	市妇婴医院△	542						542		
Ⅱ类	省戒毒劳教所	672	22	3. 27	672	22	3. 27			
Ⅱ类	市戒毒劳教所	545	15	2. 75	545	15	2. 75			
Ⅱ类	市第一劳教所	82	1	1. 22	82	1	1. 22			
Ⅱ类	市第二劳教所	1 216	52	4. 28	1 216	52	4. 28			
Ⅱ类	市第三劳教所	687	17	2. 47	687	17	2. 47			
Ⅱ类	增城劳教所	644	4	0. 62	644	4	0. 62			
Ⅱ类	岑村劳教所	29			29					

续表

哨点类别	哨点名称	合计			男			女		
		监测人数	HIV抗体阳性数	HIV抗体阳性率（%）	监测人数	HIV抗体阳性数	HIV抗体阳性率（%）	监测人数	HIV抗体阳性数	HIV抗体阳性率（%）
Ⅱ类	东坑劳教所	601	24	3.99	601	24	3.99			
Ⅱ类	潭岗劳教所	637	13	2.04	637	13	2.04			
Ⅱ类	槎头劳教所	224	10	4.46				224	10	4.46
Ⅱ类	市少教所	167			167					
Ⅱ类	市第一看守所	1 890	17	0.90	1 570	12	0.76	320	5	1.56
Ⅱ类	市第二看守所	282			282					
Ⅱ类	市第三看守所	1 214	14	1.15	1 214	14	1.15			
Ⅱ类	广铁看守所	495	18	3.64	453	16	3.53	42	2	4.76
Ⅱ类	机场看守所	49			47			2		
Ⅱ类	越秀第一看守所	697	3	0.43	591	3	0.51	106		
Ⅱ类	越秀第二看守所	401	3	0.75	349	3	0.86	52		
Ⅱ类	天河看守所	1 128	7	0.62	1 065	6	0.56	63	1	1.59
Ⅱ类	海珠看守所	1 341	4	0.30	1 341	4	0.30			
Ⅱ类	白云区看守所	4 065	13	0.32	3 788	12	0.32	277	1	0.36
Ⅱ类	黄埔区看守所	750	4	0.53	683	2	0.29	67	2	2.99
Ⅱ类	广州港看守所	29	1	3.45	29	1	3.45			
Ⅱ类	番禺看守所	2 383	8	0.34	2 223	8	0.36	160		
Ⅱ类	花都区看守所	1 331	4	0.30	1 250	3	0.24	81	1	1.23
Ⅱ类	增城看守所	1 208	5	0.41	1 166	5	0.43	42		
Ⅱ类	从化看守所	775	3	0.39	710	3	0.42	65		
Ⅱ类	番禺羁押医院	288	6	2.08	269	4	1.49	19	2	10.53
Ⅱ类	番禺拘留所	55			24			31		
总　计		31 420	563	1.79	28 315	506	1.79	3 105	57	1.84

注：标＊号单位为国家级哨点，标△号单位为省级哨点，其余为市级哨点。

2007年广州市艾滋病监测哨点血清学监测结果（按户籍分布）

哨点类别	哨点名称	省内			省外		
		监测人数	HIV抗体阳性数	HIV抗体阳性率（%）	监测人数	HIV抗体阳性数	HIV抗体阳性率（%）
Ⅰ类	广州市强制戒毒所△	1 949	102	5.23	808	92	11.39
Ⅰ类	白云区强制戒毒所*	714	19	2.66	581	28	4.82
Ⅰ类	天河区强制戒毒所	21	1	4.76	27	4	14.81
Ⅰ类	黄埔区强制戒毒所	85			32		
Ⅰ类	从化市强制戒毒所△	90			11		
Ⅰ类	增城市强制戒毒所	115	1	0.87	72	13	18.06
Ⅰ类	番禺区强制戒毒所	327	4	1.22	384	14	3.65
Ⅰ类	花都区强制戒毒所	656	3	0.46	278	5	1.80
Ⅰ类	广州市收容教育所*	59			350		
Ⅰ类	市皮防所*	231			28		
Ⅰ类	市妇婴医院△	426			116		
Ⅱ类	省戒毒劳教所	584	18	3.08	88	4	4.55
Ⅱ类	市戒毒劳教所	500	9	1.80	45	6	13.33
Ⅱ类	市第一劳教所	35			47	1	2.13
Ⅱ类	市第二劳教所	671	20	2.98	545	32	5.87
Ⅱ类	市第三劳教所	430	8	1.86	257	9	3.50
Ⅱ类	增城劳教所	588	4	0.68	56		
Ⅱ类	岑村劳教所	25			4		
Ⅱ类	东坑劳教所	340	12	3.53	261	12	4.60
Ⅱ类	潭岗劳教所	464	10	2.16	160	1	0.63
Ⅱ类	槎头劳教所	128	5	3.90	96	5	5.21
Ⅱ类	市少教所	54			111		
Ⅱ类	市第一看守所	604	3	0.50	1 097	11	1.00
Ⅱ类	市第二看守所	81			195		
Ⅱ类	市第三看守所	348	1	0.29	799	11	1.38
Ⅱ类	广铁看守所	68	1	1.47	421	17	4.04
Ⅱ类	机场看守所	8			39		
Ⅱ类	越秀第一看守所	242	1	0.41	455	2	0.44
Ⅱ类	越秀第二看守所	175	1	0.57	218	2	0.92
Ⅱ类	天河看守所	86			188	5	2.66
Ⅱ类	海珠看守所	430	1	0.23	886	3	0.34
Ⅱ类	白云区看守所	955	2	0.21	1 916	6	0.31
Ⅱ类	黄埔区看守所	187			563	4	0.71

续表

哨点类别	哨点名称	省内			省外		
		监测人数	HIV 抗体阳性数	HIV 抗体阳性率（%）	监测人数	HIV 抗体阳性数	HIV 抗体阳性率（%）
Ⅱ类	广州港看守所	10	1	10.00	15		
Ⅱ类	番禺看守所	477	1	0.21	1 901	7	0.37
Ⅱ类	花都区看守所	535			791	4	0.51
Ⅱ类	增城看守所	390			818	5	0.61
Ⅱ类	从化看守所	508	1	0.20	267	2	0.75
Ⅱ类	番禺羁押医院	137	1	0.73	151	5	3.31
Ⅱ类	番禺拘留所	5			50		
总　计		13 738	230	1.67	15 127	310	2.05

哨点类别	哨点名称	港澳台			外籍			不详		
		监测人数	HIV 抗体阳性数	HIV 抗体阳性率（%）	监测人数	HIV 抗体阳性数	HIV 抗体阳性率（%）	监测人数	HIV 抗体阳性数	HIV 抗体阳性率（%）
Ⅰ类	广州市强制戒毒所△	1						2		
Ⅰ类	白云区强制戒毒所 *							1		
Ⅰ类	天河区强制戒毒所							1		
Ⅰ类	黄埔区强制戒毒所									
Ⅰ类	从化市强制戒毒所△									
Ⅰ类	增城市强制戒毒所									
Ⅰ类	番禺区强制戒毒所									
Ⅰ类	花都区强制戒毒所									
Ⅰ类	广州市收容教育所 *									
Ⅰ类	市皮防所 *									
Ⅰ类	市妇婴医院△									
Ⅱ类	省戒毒劳教所									
Ⅱ类	市戒毒劳教所									
Ⅱ类	市第一劳教所									
Ⅱ类	市第二劳教所									
Ⅱ类	市第三劳教所									
Ⅱ类	增城劳教所									
Ⅱ类	岑村劳教所									
Ⅱ类	东坑劳教所									
Ⅱ类	潭岗劳教所							13	2	15.38
Ⅱ类	槎头劳教所									
Ⅱ类	市少教所							2		
Ⅱ类	市第一看守所	18			104	3	2.88	67		

续表

哨点类别	哨点名称	港澳台			外籍			不详		
		监测人数	HIV 抗体阳性数	HIV 抗体阳性率（%）	监测人数	HIV 抗体阳性数	HIV 抗体阳性率（%）	监测人数	HIV 抗体阳性数	HIV 抗体阳性率（%）
Ⅱ类	市第二看守所	6								
Ⅱ类	市第三看守所	8			32	1	3.13	27	1	3.70
Ⅱ类	广铁看守所							6		
Ⅱ类	机场看守所	2								
Ⅱ类	越秀第一看守所									
Ⅱ类	越秀第二看守所	8								
Ⅱ类	天河看守所	1						853	2	0.23
Ⅱ类	海珠看守所	1						24		
Ⅱ类	白云区看守所	2						1 192	5	0.42
Ⅱ类	黄埔区看守所									
Ⅱ类	广州港看守所	3			1					
Ⅱ类	番禺看守所	1						4		
Ⅱ类	花都区看守所	5								
Ⅱ类	增城看守所									
Ⅱ类	从化看守所									
Ⅱ类	番禺羁押医院									
Ⅱ类	番禺拘留所									
总　计		56			137	4	2.92	2 192	10	0.46

注：标＊号单位为国家级哨点，标△号单位为省级哨点，其余为市级哨点。

2007 年广州市成蚊密度监测情况

月份	捕蚊总数	时间（分）	只/人工小时	致倦库蚊		三带喙库蚊		白纹伊蚊	
				捕获数	构成比（%）	捕获数	构成比（%）	捕获数	构成比（%）
一月	27	780	2.08	26	96.30				
二月	25	780	1.92	15	60.00			2	8.00
三月	234	840	16.71	210	89.74	5	2.14	6	2.56
四月	298	840	21.29	251	84.23			21	7.05
五月	301	840	21.50	253	84.05			24	7.97
六月	124	855	8.70	67	54.03			29	23.39
七月	107	900	7.13	56	52.34	5	4.67	23	21.50
八月	73	915	4.79	39	53.42			20	27.40
九月	56	915	3.67	26	46.43			20	35.71
十月	39	900	2.60	19	48.72			11	28.21
十一月	37	900	2.47	29	78.38			3	8.11
十二月	31	900	2.07	22	70.97	1	3.23	3	9.68
合　计	1 352	10 365	7.91	1 013	74.93	11	0.81	162	11.98

续表

月份	埃及伊蚊		中华按蚊		嗜人按蚊		大劣按蚊		微小按蚊		其他	
	捕获数	构成比（%）	捕获数	构成比（%）	捕获数	构成比（%）	捕获数	构成比（%）	捕获数	构成比（%）	捕获数	构成比（%）
一月			1	3.70								
二月			8	32.00								
三月			8	3.42	5	2.14						
四月			26	8.72								
五月			24	7.97								
六月			28	22.58								
七月			23	21.50								
八月			14	19.18								
九月			10	17.86								
十月			9	23.08								
十一月			5	13.51								
十二月			5	16.13								
合　计			161	11.91	5	0.37						

2007 年广州市蝇密度监测情况

月份	布笼数	捕蝇数	蝇密度（只/笼）	家蝇		市蝇		丝光绿蝇		铜绿蝇		亮绿蝇		大头金蝇		伏蝇	
				捕获数	构成比（%）	捕获数	构成比（%）	捕获数	构成比（%）	捕获数	构成比（%）	捕获数	构成比（%）	捕获数	构成比（%）	捕获数	构成比（%）
一月	19	9	0.47	7	77.78	1	11.11			1	11.11						
二月	19	13	0.68	8	61.54	3	23.08	1	7.69			1	7.69				
三月	19	21	1.11	12	57.14	4	19.05	1	4.76					2	9.52		
四月	19	33	1.74	19	57.58	7	21.21	3	9.09	1	3.03			3	9.09		
五月	18	35	1.94	20	57.14	8	22.86	3	8.57	1	2.86			3	8.57		
六月	19	35	1.84	18	51.43	12	34.29	1	2.86	2	5.71			2	5.71		
七月	19	32	1.68	18	56.25	10	31.25	1	3.13			1	3.13	2	6.25		
八月	19	15	0.79	8	53.33	7	46.67										
九月	18	16	0.94	9	56.25	3	18.75			1	6.25	1	6.25	2	12.50		
十月	19	19	1.00	7	36.84	8	42.11	1	5.26			1	5.26	2	10.53		
十一月	19	12	0.63	7	58.33	4	33.33			1	8.33						
十二月	18	7	0.39	6	85.71	1	14.29										
合　计	225	247	1.10	139	56.28	68	27.53	11	4.45	7	2.83	4	1.62	16	6.48		

续表

月份	新陆原伏蝇		巨尾阿丽蝇		红头丽蝇		厩腐蝇		夏厕蝇		元厕蝇		棕尾别麻蝇		其他	
	捕获数	构成比（%）	捕获数	构成比（%）	捕获数	构成比（%）	捕获数	构成比（%）	捕获数	构成比（%）	捕获数	构成比（%）	捕获数	构成比（%）	捕获数	构成比（%）
一月																
二月																
三月													2	9.52		
四月																
五月																
六月																
七月																
八月																
九月																
十月																
十一月																
十二月																
合　计													2	0.81		

2007年广州市蟑螂密度监测情况

月份	回收张数	阳性张数	粘蟑数	蟑密度（只/张）	侵害率（%）	德国小蠊		美洲大蠊	
						粘获数	构成比（%）	粘获数	构成比（%）
一月	174	29	90	0.52	16.67	72	80.00	15	16.67
二月	174	23	60	0.33	13.22	35	58.33	23	38.33
三月	180	23	183	1.02	12.78	176	96.17	5	2.73
四月	180	17	78	0.43	9.44	71	91.03	4	5.13
五月	180	23	318	1.77	12.78	286	89.94	26	8.18
六月	180	25	785	4.35	13.89	770	98.09	11	1.40
七月	180	32	719	3.99	17.78	707	98.33	10	1.39
八月	180	20	83	0.46	11.11	72	86.75	5	6.02
九月	180	13	68	0.38	7.22	58	85.29	4	5.88
十月	170	25	320	1.88	14.71	314	98.13	2	0.63
十一月	170	26	315	1.85	15.29	301	95.56	7	2.22
十二月	170	21	269	1.58	12.35	265	98.51	4	1.49
合　计	2 118	277	3 288	1.55	13.08	3 127	95.10	116	3.53

续表

月份	澳洲大蠊		黑胸大蠊		褐斑大蠊		日本大蠊		其他	
	粘获数	构成比（%）	粘获数	构成比（%）	粘获数	构成比（%）	粘获数	构成比（%）	粘获数	构成比（%）
一月	3	3.33								
二月	2	3.33								
三月	2	1.09								
四月	3	3.85								
五月	6	1.89								
六月	4	0.51								
七月	2	0.28								
八月	5	6.02							1	1.20
九月	5	7.35							1	1.47
十月			3	0.94					1	0.31
十一月			6	1.90					1	0.32
十二月										
合　计	32	0.97	9	0.27					4	0.12

2007年广州市鼠密度监测情况

月份	有效夹数	捕鼠数	捕获率（%）	褐家鼠		黄胸鼠		小家鼠		黑线姬鼠		黄毛鼠		其他	
				捕获数	构成比（%）	捕获数	构成比（%）	捕获数	构成比（%）	捕获数	构成比（%）	捕获数	构成比（%）	捕获数	构成比（%）
一月	601	19	3.00	12	63.16			6	31.58					1	5.26
二月	545	20	3.30	11	55.00	3	15.00	5	25.00					1	5.00
三月	1 165	47	4.03	31	65.96	8	17.02	8	17.02						
四月	855	23	2.69	18	78.26	3	13.04	2	8.70						
五月	856	30	3.50	26	86.67	1	3.33	3	10.00						
六月	687	37	5.39	25	67.57	3	8.11	9	24.32						
七月	673	35	5.20	28	80.00	3	8.57	4	11.43						
八月	621	17	2.74	12	70.59	3	17.65	2	11.76						
九月	669	20	2.99	14	70.00	4	20.00	2	10.00						
十月	616	15	2.44	12	80.00	1	6.67	2	13.33						
十一月	591	16	2.71	9	56.25	1	6.25	6	37.50						
十二月	566	14	2.47	8	57.14	1	7.14	5	35.71						
合　计	8 445	293	3.47	206	70.31	31	10.58	54	18.43					2	0.68

2007 年广州市儿童免疫基础资料

地　区	行政区域数				人口总数	<15 岁儿童数	≤7 岁儿童数	≤7 岁流动儿童数	本年度出生		建卡人数	建证人数	四苗接种率达到 95% 乡镇数
	县级	街道级	乡镇级	村级					人数	率（‰）			
荔湾区	1	22		192	704 652	77 500	39 574	21 541	3 552	5. 04	4 216	4 216	22
越秀区	1	22		276	1 182 819	191 755	55 144	23 111	7 983	6. 75	14 423	12 882	22
海珠区	1	18		257	907 566	103 823	48 280	43 486	7 137	7. 86	7 150	6 137	18
天河区	1	21		185	644 890	89 071	46 637	68 354	5 725	8. 88	10 653	10 667	21
白云区	1	15	7	287	849 641	148 465	60 013	84 397	8 414	9. 90	8 482	8 482	22
黄埔区	1	9		55	207 413	37 539	19 046	18 602	1 952	9. 41	1 690	1 690	9
南沙区	1	1	4	72	149 917	25 794	9 136	2 091	1 414	9. 43	1 348	1 346	5
萝岗区	1	5	1	57	172 180	32 512	9 070	8 249	1 664	9. 66	1 551	1 551	6
番禺区	1	7	10	272	948 641	147 691	56 055	95 335	9 790	10. 32	9 078	9 078	17
花都区	1	1	10	233	640 197	107 314	44 153	30 736	6 663	10. 41	9 206	9 206	11
增城市	1	3	6	288	810 554	227 234	67 990	14 008	7 641	9. 43	8 862	8 862	9
从化市	1	3	10	238	553 299	113 946	39 542	4 465	4 797	8. 67	4 255	4 255	13
合　计	12	127	48	2 412	7 771 769	1 302 644	494 640	414 375	66 732	8. 59	80 914	78 372	175

注：1. "≤7 岁流动儿童数" 指非本县户口的≤7 岁儿童数；2. "四苗接种率达到 95% 乡镇数" 由县级及以上填写；3. "建卡（证）人数" 指当年累计建卡（证）儿童数；4. 本表乡镇级填至村级。

2007 年广州市儿童基础免疫接种情况（合计）（1）

地　区	卡介苗			口服脊髓灰质炎疫苗								
				第一针			第二针			第三针		
	应种（人次）	实种（人次）	接种率（%）	应种（人次）	实种（人次）	接种率（%）	应种（人次）	实种（人次）	接种率（%）	应种（人次）	实种（人次）	接种率（%）
荔湾区	6 534	6 532	99. 97	7 894	7 890	99. 95	7 945	7 940	99. 94	7 899	7 890	99. 89
越秀区	8 750	8 726	99. 73	8 764	8 760	99. 95	8 754	8 747	99. 92	8 750	8 741	99. 90
海珠区	18 878	18 792	99. 54	19 476	19 421	99. 72	19 457	19 380	99. 60	19 424	19 330	99. 52
天河区	18 756	18 719	99. 80	20 117	19 972	99. 28	19 743	19 550	99. 02	19 534	19 232	98. 45
白云区	40 271	39 488	98. 06	40 548	39 838	98. 25	40 443	39 621	97. 97	40 362	39 372	97. 55
黄埔区	4 317	4 316	99. 98	4 317	4 316	99. 98	4 316	4 314	99. 95	4 314	4 312	99. 95
南沙区	2 203	2 180	98. 96	2 186	2 179	99. 68	2 220	2 207	99. 41	2 271	2 237	98. 50
萝岗区	3 107	3 105	99. 94	3 120	3 120	100. 00	3 118	3 116	99. 94	3 114	3 111	99. 90
番禺区	23 482	23 064	98. 22	23 482	23 377	99. 55	23 482	23 275	99. 12	23 482	23 167	98. 66
花都区	16 763	16 736	99. 84	16 763	16 693	99. 58	16 763	16 645	99. 30	16 763	16 635	99. 24
增城市	13 724	13 713	99. 92	16 209	16 191	99. 89	16 524	16 515	99. 95	16 569	16 554	99. 91
从化市	6 572	6 563	99. 86	6 572	6 565	99. 89	6 570	6 556	99. 79	6 561	6 524	99. 44
合　计	163 357	161 934	99. 13	169 448	168 322	99. 34	169 335	167 866	99. 13	169 043	167 105	98. 85

续表

地　区	百白破混合制剂								
	第一针			第二针			第三针		
	应种（人次）	实种（人次）	接种率（%）	应种（人次）	实种（人次）	接种率（%）	应种（人次）	实种（人次）	接种率（%）
荔湾区	8 036	8 031	99.94	7 947	7 940	99.91	7 767	7 751	99.79
越秀区	8 758	8 752	99.93	8 749	8 740	99.90	8 740	8 719	99.76
海珠区	19 096	19 042	99.72	19 084	18 995	99.53	19 035	18 925	99.42
天河区	19 866	19 679	99.06	19 442	19 184	98.67	19 312	19 004	98.41
白云区	40 471	39 699	98.09	40 393	39 461	97.69	40 399	39 316	97.32
黄埔区	4 317	4 315	99.95	4 315	4 314	99.98	4 314	4 311	99.93
南沙区	2 218	2 209	99.59	2 232	2 220	99.46	2 281	2 253	98.77
萝岗区	3 117	3 116	99.97	3 115	3 112	99.90	3 109	3 104	99.84
番禺区	23 482	23 342	99.40	23 482	23 217	98.87	23 482	23 125	98.48
花都区	16 763	16 687	99.55	16 763	16 664	99.41	16 763	16 610	99.09
增城市	16 864	16 852	99.93	16 353	16 346	99.96	16 502	16 485	99.90
从化市	6 570	6 558	99.82	6 563	6 548	99.77	6 560	6 522	99.42
合　计	169 558	168 282	99.25	168 438	166 741	98.99	168 264	166 125	98.73

2007 年广州市儿童基础免疫接种情况（合计）（2）

地　区	麻疹疫苗			乙肝疫苗								
				第一针			第二针			第三针		
	应种（人次）	实种（人次）	接种率（%）	应种（人次）	实种（人次）	接种率（%）	应种（人次）	实种（人次）	接种率（%）	应种（人次）	实种（人次）	接种率（%）
荔湾区	7 739	7 728	99.86	7 114	7 111	99.96	7 790	7 783	99.91	8 066	8 051	99.81
越秀区	8 681	8 628	99.39	8 764	8 756	99.91	8 764	8 752	99.86	8 749	8 700	99.44
海珠区	19 147	19 069	99.59	19 036	18 991	99.76	18 995	18 907	99.54	18 871	18 760	99.41
天河区	19 464	19 188	98.58	19 988	19 938	99.75	20 081	19 979	99.49	19 361	19 071	98.50
白云区	40 320	39 268	97.39	40 371	39 705	98.35	40 369	39 581	98.05	40 281	39 269	97.49
黄埔区	4 317	4 317	100.00	4 317	4 317	100.00	4 317	4 315	99.95	4 315	4 312	99.93
南沙区	2 251	2 214	98.36	2 219	2 209	99.55	2 145	2 131	99.35	2 190	2 155	98.40
萝岗区	3 110	3 103	99.77	3 119	3 119	100.00	3 119	3 117	99.94	3 112	3 089	99.26
番禺区	23 482	23 016	98.02	23 482	23 330	99.35	23 482	23 235	98.95	23 480	22 965	97.81
花都区	16 763	16 612	99.10	16 763	16 732	99.82	16 763	16 698	99.61	16 763	16 655	99.36
增城市	15 040	15 021	99.87	15 222	15 216	99.96	14 587	14 576	99.92	14 500	14 489	99.92
从化市	6 563	6 523	99.39	6 572	6 566	99.91	6 572	6 565	99.89	6 564	6 548	99.76
合　计	166 877	164 687	98.69	166 967	165 990	99.41	166 984	165 639	99.19	166 252	164 064	98.68

续表

地区	乙脑疫苗			风疹疫苗			甲肝疫苗		
	应种（人次）	实种（人次）	接种率（%）	应种（人次）	实种（人次）	接种率（%）	应种（人次）	实种（人次）	接种率（%）
荔湾区	7 454	7 431	99.69	5 825	5 814	99.81	4 809	4 787	99.543
越秀区	8 855	8 765	98.98	6 758	6 616	97.90	6 484	5 981	92.242
海珠区	18 682	18 535	99.21	11 099	10 853	97.78	11 083	10 772	97.194
天河区	19 108	18 735	98.05	14 741	13 393	90.86	14 069	12 019	85.429
白云区	38 025	36 813	96.81	19 073	15 350	80.48	24 359	20 473	84.047
黄埔区	4 317	4 309	99.81	3 363	3 279	97.50	3 363	2 989	88.879
南沙区	2 247	2 175	96.80	1 549	1 489	96.13	1 679	1 521	90.59
萝岗区	3 117	3 086	99.01	1 798	1 726	96.00	2 066	1 732	83.833
番禺区	23 482	22 848	97.30	17 832	14 369	80.58	18 967	14 761	77.825
花都区	16 803	16 661	99.15	13 357	13 103	98.10	11 440	11 196	97.867
增城市	14 380	14 367	99.91	10 025	5 200	51.87	9 928	5 056	50.927
从化市	6 561	6 518	99.34	5 989	5 865	97.93	5 989	5 436	90.766
合计	163 031	160 243	98.29	111 409	97 057	87.12	114 236	96 723	84.669

2007 年广州市本地儿童基础免疫接种情况（1）

地区	卡介苗			口服脊髓灰质炎疫苗								
				第一针			第二针			第三针		
	应种（人次）	实种（人次）	接种率（%）	应种（人次）	实种（人次）	接种率（%）	应种（人次）	实种（人次）	接种率（%）	应种（人次）	实种（人次）	接种率（%）
荔湾区	3 041	3 041	100.00	3 203	3 202	99.97	3 204	3 203	99.97	3 145	3 144	99.97
越秀区	4 885	4 883	99.96	4 886	4 885	99.98	4 886	4 885	99.98	4 886	4 885	99.98
海珠区	5 919	5 915	99.93	5 912	5 909	99.95	5 907	5 906	99.98	5 902	5 901	99.98
天河区	5 930	5 928	99.97	5 970	5 948	99.63	5 970	5 928	99.30	5 961	5 899	98.96
白云区	7 596	7 576	99.74	7 596	7 573	99.70	7 596	7 547	99.35	7 595	7 532	99.17
黄埔区	1 751	1 751	100.00	1 751	1 751	100.00	1 751	1 751	100.00	1 751	1 751	100.00
南沙区	1 152	1 150	99.83	1 153	1 152	99.91	1 156	1 152	99.65	1 167	1 151	98.63
萝岗区	1 515	1 513	99.87	1 519	1 519	100.00	1 519	1 517	99.87	1 519	1 517	99.87
番禺区	8 242	8 228	99.83	8 242	8 234	99.90	8 242	8 219	99.72	8 242	8 203	99.53
花都区	5 930	5 926	99.93	5 930	5 906	99.60	5 930	5 898	99.46	5 930	5 900	99.49
增城市	6 213	6 211	99.97	6 818	6 810	99.88	7 090	7 087	99.96	7 179	7 172	99.90
从化市	5 349	5 342	99.87	5 349	5 344	99.91	5 349	5 338	99.79	5 346	5 319	99.49
合计	57 523	57 464	99.90	58 329	58 233	99.84	58 600	58 431	99.71	58 623	58 374	99.58

续表

地区	百白破混合制剂								
	第一针			第二针			第三针		
	应种（人次）	实种（人次）	接种率（%）	应种（人次）	实种（人次）	接种率（%）	应种（人次）	实种（人次）	接种率（%）
荔湾区	3 182	3 180	99. 94	3 160	3 158	99. 94	3 141	3 139	99. 94
越秀区	4 883	4 882	99. 98	4 883	4 882	99. 98	4 882	4 879	99. 94
海珠区	5 905	5 903	99. 97	5 902	5 900	99. 97	5 892	5 887	99. 92
天河区	5 968	5 929	99. 35	5 967	5 903	98. 93	5 960	5 894	98. 89
白云区	7 595	7 563	99. 58	7 594	7 539	99. 28	7 594	7 517	98. 99
黄埔区	1 751	1 751	100. 00	1 751	1 751	100. 00	1 751	1 751	100. 00
南沙区	1 153	1 151	99. 83	1 153	1 150	99. 74	1 161	1 148	98. 88
萝岗区	1 517	1 516	99. 93	1 517	1 514	99. 80	1 517	1 514	99. 80
番禺区	8 242	8 224	99. 78	8 242	8 208	99. 59	8 242	8 191	99. 38
花都区	5 930	5 908	99. 63	5 930	5 907	99. 61	5 930	5 889	99. 31
增城市	7 108	7 105	99. 96	6 877	6 875	99. 97	6 943	6 937	99. 91
从化市	5 349	5 340	99. 83	5 348	5 336	99. 78	5 346	5 319	99. 49
合　计	58 583	58 452	99. 78	58 324	58 123	99. 66	58 359	58 065	99. 50

2007 年广州市本地儿童基础免疫接种情况（2）

地区	麻疹疫苗			乙肝疫苗								
	应种（人次）	实种（人次）	接种率（%）	第一针			第二针			第三针		
				应种（人次）	实种（人次）	接种率（%）	应种（人次）	实种（人次）	接种率（%）	应种（人次）	实种（人次）	接种率（%）
荔湾区	3 146	3 144	99. 94	3 168	3 168	100. 00	3 304	3 299	99. 85	3 280	3 275	99. 85
越秀区	4 859	4 847	99. 75	4 886	4 884	99. 96	4 886	4 885	99. 98	4 887	4 882	99. 90
海珠区	5 881	5 865	99. 73	5 924	5 918	99. 90	5 916	5 914	99. 97	5 885	5 879	99. 90
天河区	5 926	5 877	99. 17	6 010	6 002	99. 87	6 010	6 000	99. 83	5 954	5 869	98. 57
白云区	7 578	7 475	98. 64	7 593	7 580	99. 83	7 593	7 554	99. 49	7 588	7 515	99. 04
黄埔区	1 751	1 751	100. 00	1 751	1 751	100. 00	1 751	1 751	100. 00	1 751	1 751	100. 00
南沙区	1 153	1 146	99. 39	1 153	1 153	100. 00	1 155	1 152	99. 74	1 159	1 147	98. 96
萝岗区	1 514	1 511	99. 80	1 519	1 519	100. 00	1 519	1 519	100. 00	1 518	1 515	99. 80
番禺区	8 242	8 166	99. 08	8 242	8 237	99. 94	8 242	8 221	99. 75	8 242	8 152	98. 91
花都区	5 930	5 878	99. 12	5 930	5 929	99. 98	5 930	5 922	99. 87	5 930	5 903	99. 54
增城市	7 094	7 084	99. 86	6 756	6 755	99. 99	6 519	6 515	99. 94	6 689	6 684	99. 93
从化市	5 349	5 319	99. 44	5 349	5 344	99. 91	5 349	5 344	99. 91	5 349	5 339	99. 81
合　计	58 423	58 063	99. 38	58 281	58 240	99. 93	58 174	58 076	99. 83	58 232	57 911	99. 45

续表

地区	乙脑疫苗			风疹疫苗			甲肝疫苗		
	应种（人次）	实种（人次）	接种率（%）	应种（人次）	实种（人次）	接种率（%）	应种（人次）	实种（人次）	接种率（%）
荔湾区	3 115	3 107	99.74	2 795	2 794	99.96	2 458	2 447	99.552
越秀区	5 025	4 991	99.32	4 142	4 079	98.48	3 997	3 734	93.42
海珠区	5 883	5 868	99.75	5 147	5 056	98.23	5 055	4 924	97.409
天河区	5 848	5 756	98.43	5 643	5 190	91.97	5 432	4 700	86.524
白云区	7 586	7 453	98.25	5 709	4 989	87.39	7 692	7 023	91.303
黄埔区	1 751	1 751	100.00	1 791	1 786	99.72	1 791	1 695	94.64
南沙区	1 152	1 129	98.00	1 204	1 162	96.51	1 382	1 255	90.81
萝岗区	1 518	1 511	99.54	942	896	95.12	1 257	1 029	81.862
番禺区	8 242	8 126	98.59	8 650	7 479	86.46	8 985	7 804	86.856
花都区	5 934	5 870	98.92	5 015	4 924	98.19	5 335	5 244	98.294
增城市	6 899	6 894	99.93	4 847	3 401	70.17	5 337	3 314	62.095
从化市	5 349	5 318	99.42	5 018	4 923	98.11	5 018	4 630	92.268
合计	58 302	57 774	99.09	50 903	46 679	91.70	53 739	47 799	88.947

2007 年广州市外地儿童基础免疫接种情况（1）

地区	卡介苗			口服脊髓灰质炎疫苗								
				第一针			第二针			第三针		
	应种（人次）	实种（人次）	接种率（%）	应种（人次）	实种（人次）	接种率（%）	应种（人次）	实种（人次）	接种率（%）	应种（人次）	实种（人次）	接种率（%）
荔湾区	3 493	3 491	99.94	4 691	4 688	99.94	4 741	4 737	99.92	4 754	4 746	99.83
越秀区	3 865	3 843	99.43	3 878	3 875	99.92	3 868	3 862	99.84	3 864	3 856	99.79
海珠区	12 959	12 877	99.37	13 564	13 512	99.62	13 550	13 474	99.44	13 522	13 429	99.31
天河区	12 826	12 791	99.73	14 147	14 024	99.13	13 773	13 622	98.90	13 573	13 333	98.23
白云区	32 675	31 912	97.66	32 952	32 265	97.92	32 847	32 074	97.65	32 767	31 840	97.17
黄埔区	2 566	2 565	99.96	2 566	2 565	99.96	2 565	2 563	99.92	2 563	2 561	99.92
南沙区	1 051	1 030	98.00	1 033	1 027	99.42	1 064	1 055	99.15	1 104	1 086	98.37
萝岗区	1 592	1 592	100.00	1 601	1 601	100.00	1 599	1 599	100.00	1 595	1 594	99.94
番禺区	15 240	14 836	97.35	15 240	15 143	99.36	15 240	15 056	98.79	15 240	14 964	98.19
花都区	10 833	10 810	99.79	10 833	10 787	99.58	10 833	10 747	99.21	10 833	10 735	99.10
增城市	7 511	7 502	99.88	9 391	9 381	99.89	9 434	9 428	99.94	9 390	9 382	99.91
从化市	1 223	1 221	99.84	1 223	1 221	99.84	1 221	1 218	99.75	1 215	1 205	99.18
合计	105 834	104 470	98.71	111 119	110 089	99.07	110 735	109 435	98.83	110 420	108 731	98.47

续表

地 区	百白破混合制剂								
	第一针			第二针			第三针		
	应种（人次）	实种（人次）	接种率（%）	应种（人次）	实种（人次）	接种率（%）	应种（人次）	实种（人次）	接种率（%）
荔湾区	4 854	4 851	99. 94	4 787	4 782	99. 90	4 626	4 612	99. 70
越秀区	3 875	3 870	99. 87	3 866	3 858	99. 79	3 858	3 840	99. 53
海珠区	13 191	13 139	99. 61	13 182	13 095	99. 34	13 143	13 038	99. 20
天河区	13 898	13 750	98. 94	13 475	13 281	98. 56	13 352	13 110	98. 19
白云区	32 876	32 136	97. 75	32 799	31 922	97. 33	32 805	31 799	96. 93
黄埔区	2 566	2 564	99. 92	2 564	2 563	99. 96	2 563	2 560	99. 88
南沙区	1 065	1 058	99. 34	1 079	1 070	99. 17	1 120	1 105	98. 66
萝岗区	1 600	1 600	100. 00	1 598	1 598	100. 00	1 592	1 590	99. 87
番禺区	15 240	15 118	99. 20	15 240	15 009	98. 48	15 240	14 934	97. 99
花都区	10 833	10 779	99. 50	10 833	10 757	99. 30	10 833	10 721	98. 97
增城市	9 756	9 747	99. 91	9 476	9 471	99. 95	9 559	9 548	99. 88
从化市	1 221	1 218	99. 75	1 215	1 212	99. 75	1 214	1 203	99. 09
合 计	110 975	109 830	98. 97	110 114	108 618	98. 64	109 905	108 060	98. 32

2007 年广州市外地儿童基础免疫接种情况（2）

地 区	麻疹疫苗			乙肝疫苗								
				第一针			第二针			第三针		
	应种（人次）	实种（人次）	接种率（%）	应种（人次）	实种（人次）	接种率（%）	应种（人次）	实种（人次）	接种率（%）	应种（人次）	实种（人次）	接种率（%）
荔湾区	4 593	4 584	99. 80	3 946	3 943	99. 92	4 486	4 484	99. 96	4 786	4 776	99. 79
越秀区	3 822	3 781	98. 93	3 878	3 872	99. 85	3 878	3 867	99. 72	3 862	3 818	98. 86
海珠区	13 266	13 204	99. 53	13 112	13 073	99. 70	13 079	12 993	99. 34	12 986	12 881	99. 19
天河区	13 538	13 311	98. 32	13 978	13 936	99. 70	14 071	13 979	99. 35	13 407	13 202	98. 47
白云区	32 742	31 793	97. 10	32 778	32 125	98. 01	32 776	32 027	97. 71	32 693	31 754	97. 13
黄埔区	2 566	2 566	100. 00	2 566	2 566	100. 00	2 566	2 564	99. 92	2 564	2 561	99. 88
南沙区	1 098	1 068	97. 27	1 066	1 056	99. 06	990	979	98. 89	1 031	1 008	97. 77
萝岗区	1 596	1 592	99. 75	1 600	1 600	100. 00	1 600	1 598	99. 88	1 594	1 574	98. 75
番禺区	15 240	14 850	97. 44	15 240	15 093	99. 04	15 240	15 014	98. 52	15 238	14 813	97. 21
花都区	10 833	10 734	99. 09	10 833	10 803	99. 72	10 833	10 776	99. 47	10 833	10 752	99. 25
增城市	7 946	7 937	99. 89	8 466	8 461	99. 94	8 068	8 061	99. 91	7 811	7 805	99. 92
从化市	1 214	1 204	99. 18	1 223	1 222	99. 92	1 223	1 221	99. 84	1 215	1 209	99. 51
合 计	108 454	106 624	98. 31	108 686	107 750	99. 14	108 810	107 563	98. 85	108 020	106 153	98. 27

续表

地　区	乙脑疫苗			风疹疫苗			甲肝疫苗		
	应种（人次）	实种（人次）	接种率（%）	应种（人次）	实种（人次）	接种率（%）	应种（人次）	实种（人次）	接种率（%）
荔湾区	4 339	4 324	99.65	3 030	3 020	99.67	2 351	2 340	99.53
越秀区	3 830	3 774	98.54	2 616	2 537	96.98	2 487	2 247	90.35
海珠区	12 799	12 667	98.97	5 952	5 797	97.40	6 028	5 848	97.01
天河区	13 260	12 979	97.88	9 098	8 203	90.16	8 637	7 319	84.74
白云区	30 439	29 360	96.46	13 364	10 361	77.53	16 667	13 450	80.70
黄埔区	2 566	2 558	99.69	1 572	1 493	94.97	1 572	1 294	82.32
南沙区	1 095	1 046	95.53	345	327	94.78	297	266	89.56
萝岗区	1 599	1 575	98.50	856	830	96.96	809	703	86.90
番禺区	15 240	14 722	96.60	9 182	6 890	75.04	9 982	6 957	69.70
花都区	10 869	10 791	99.28	8 342	8 179	98.05	6 105	5 952	97.49
增城市	7 481	7 473	99.89	5 178	1 799	34.74	4 591	1 742	37.94
从化市	1 212	1 200	99.01	971	942	97.01	971	806	83.01
合　计	104 729	102 469	97.84	60 506	50 378	83.26	60 497	48 924	80.87

2007 年广州市儿童加强免疫接种情况（合计）

地　区	口服脊髓灰质炎疫苗		百白破混合制剂		麻疹疫苗		白百破疫苗		乙脑疫苗			
									第一针		第二针	
	应种（人次）	实种（人次）	应种（人次）	实种（人次）	应种（人次）	实种（人次）	应种（人次）	实种（人次）	应种（人次）	实种（人次）	应种（人次）	实种（人次）
荔湾区	4 740	4 729	5 858	5 826	7 593	7 552	5 604	5 597	5 962	5 934	5 398	5 380
越秀区	7 599	7 507	7 360	7 275	9 190	9 131	8 316	8 241	7 583	7 447	7 500	7 355
海珠区	11 880	11 790	14 744	14 615	15 780	15 662	12 333	12 242	14 375	14 243	10 908	10 830
天河区	8 323	7 888	12 754	12 421	15 833	15 603	8 959	8 694	12 700	12 359	7 641	7 328
白云区	15 000	14 683	17 508	17 050	17 006	16 639	12 448	12 119	15 967	15 553	11 467	11 114
黄埔区	3 526	3 523	3 262	3 242	3 262	3 262	4 376	4 143	3 262	3 236	4 197	3 713
南沙区	1 214	901	1 739	1 679	2 444	2 304	1 533	1 503	1 746	1 635	1 496	1 371
萝岗区	1 320	1 213	2 421	2 376	2 016	1 981	536	475	2 178	2 126	555	486
番禺区	12 344	11 863	15 737	15 218	15 737	15 250	15 514	15 022	15 737	15 120	15 514	14 942
花都区	16 120	15 821	17 349	17 101	29 825	29 545	19 128	19 047	14 253	13 987	10 319	10 103
增城市	10 094	10 079	13 947	13 916	12 596	12 576	529	528	13 014	12 991	6 949	6 928
从化市	4 933	4 864	5 877	5 793	5 894	5 813	7 008	6 962	5 909	5 826	6 693	6 651
合　计	97 093	94 861	118 556	116 512	137 176	135 318	96 284	94 573	112 686	110 457	88 637	86 201

2007年广州市本地儿童加强免疫接种情况

地区	口服脊髓灰质炎疫苗		百白破混合制剂		麻疹疫苗		白百破疫苗		乙脑疫苗			
									第一针		第二针	
	应种（人次）	实种（人次）	应种（人次）	实种（人次）	应种（人次）	实种（人次）	应种（人次）	实种（人次）	应种（人次）	实种（人次）	应种（人次）	实种（人次）
荔湾区	2 997	2 993	2 883	2 866	3 543	3 526	3 717	3 711	2 937	2 925	3 457	3 445
越秀区	7 042	6 987	4 725	4 673	6 325	6 287	7 916	7 862	5 123	5 072	7 203	7 084
海珠区	8 389	8 337	7 110	7 059	7 555	7 497	9 993	9 909	7 156	7 095	8 660	8 592
天河区	3 311	3 164	4 925	4 832	5 362	5 258	4 448	4 287	4 901	4 832	3 734	3 571
白云区	3 581	3 548	3 068	3 016	3 065	3 028	2 989	2 939	2 796	2 751	2 759	2 701
黄埔区	2 000	1 998	1 715	1 713	1 715	1 715	2 519	2 516	1 715	1 710	2 190	2 185
南沙区	987	745	1 198	1 172	2 057	1 947	1 262	1 242	1 271	1 193	1253	1 151
萝岗区	960	889	1 376	1 366	1 377	1 366	505	458	1 366	1 343	482	432
番禺区	6 984	6 709	6 717	6 534	6 717	6 529	11 000	10 694	6 717	6 448	11 000	10 640
花都区	7 990	7 848	10 357	10 224	10 886	10 763	10 191	10 176	8 290	8 172	6 984	6 859
增城市	5 484	5 475	7 173	7 157	7 254	7 242	403	403	6 742	6 732	4 430	4 417
从化市	4 228	4 170	4 883	4 814	4 883	4 816	6 371	6 330	4 880	4 811	6 055	6 019
合　计	53 953	52 863	56 130	55 426	60 739	59 974	61 314	60 527	53 894	53 084	58 207	57 096

2007年广州市外地儿童加强免疫接种情况

地区	口服脊髓灰质炎疫苗		百白破混合制剂		麻疹疫苗		白百破疫苗		乙脑疫苗			
									第一针		第二针	
	应种（人次）	实种（人次）	应种（人次）	实种（人次）	应种（人次）	实种（人次）	应种（人次）	实种（人次）	应种（人次）	实种（人次）	应种（人次）	实种（人次）
荔湾区	1 743	1 736	2 975	2 960	4 050	4 026	1 887	1 886	3 025	3 009	1 941	1 935
越秀区	557	520	2 635	2 602	2 865	2 844	400	379	2 460	2 375	297	271
海珠区	3 491	3 453	7 634	7 556	8 225	8 165	2 340	2 333	7 219	7 148	2 248	2 238
天河区	5 012	4 724	7 829	7 589	10 471	10 345	4 511	4 407	7 799	7 527	3 907	3 757
白云区	11 419	11 135	14 440	14 034	13 941	13 611	9 459	9 180	13 171	12 802	8 708	8 413
黄埔区	1 526	1 525	1 547	1 529	1 547	1 547	1 857	1 627	1 547	1 526	2 007	1 528
南沙区	227	156	541	507	387	357	271	261	475	442	243	220
萝岗区	360	324	1 045	1 010	639	615	31	17	812	783	73	54
番禺区	5 360	5 154	9 020	8 684	9 020	8 721	4 514	4 328	9 020	8 672	4 514	4 302
花都区	8 130	7 973	6 992	6 877	18 939	18 782	8 937	8 871	5 963	5 815	3 335	3 244
增城市	4 610	4 604	6 774	6 759	5 342	5 334	126	125	6 272	6 259	2 519	2 511
从化市	705	694	994	979	1 011	997	637	632	1 029	1 015	638	632
合　计	43 140	41 998	62 426	61 086	76 437	75 344	34 970	34 046	58 792	57 373	30 430	29 105

2007年广州市各区、县（市）肺结核病人（新发和复发）新登记率

地 区	新登记		涂阳新登记		菌阳新登记		菌阴新登记		空洞新登记	
	例 数	率（1/10万）	例 数	率（1/10万）	例 数	率（1/10万）	例 数	率（1/10万）	例 数	率（1/10万）
合 计	7 283	95.35	2 931	38.37	3 116	40.80	4 167	54.55	1 756	23.00
荔湾区	805	114.20	292	41.42	310	43.98	495	70.22	191	27.10
越秀区	1 026	88.89	375	32.49	435	37.69	591	51.20	273	23.74
海珠区	928	103.23	280	31.15	352	39.16	576	64.07	219	24.36
天河区	602	90.22	252	37.77	260	38.97	342	51.25	130	19.48
白云区	716	93.52	273	35.66	292	38.14	424	55.38	171	22.33
黄埔区	182	93.65	80	41.16	82	42.19	100	51.46	42	21.61
萝岗区	185	109.81	66	39.18	66	39.18	119	70.63	33	19.59
番禺区	782	82.32	377	39.69	380	40.00	402	42.32	141	14.84
花都区	629	98.68	263	41.26	264	41.42	365	57.26	215	33.73
增城市	779	96.13	372	45.91	373	46.03	406	50.10	143	17.65
从化市	491	91.13	231	42.87	232	43.06	259	48.07	156	28.95
南沙区	158	106.99	70	47.40	70	47.40	88	59.59	42	28.44

注：新登记是指当年1月1日到12月31日期间登记的户籍肺结核病人。新登记率指平均每十万人口中一年新登记的病人，用以替代发病率的指标，反映发病的频率。涂阳是指痰涂片阳性的病人；菌阳是指痰涂片阳性或培养阳性；菌阴是指痰涂片或培养均没有阳性。空洞是指肺野内至少有一个空洞以上的病人，反映疾病的严重程度指标。

2007年广州市各区、县（市）肺结核病人登记率

地 区	年末人口数	登记数	登记率 1/10万	涂 阳		菌 阳		涂 阴	
				登记数	率（1/10万）	登记数	率（1/10万）	登记数	率（1/10万）
合 计	7 701 732	4 068	52.82	793	10.30	853	11.08	3 215	41.74
荔湾区	704 651	444	63.01	82	11.64	88	12.49	356	50.52
越秀区	1 157 703	556	48.03	142	12.27	162	13.99	394	34.03
海珠区	907 566	510	56.19	79	8.70	99	10.91	411	45.29
天河区	689 573	319	46.26	58	8.41	60	8.70	259	37.56
白云区	770 327	358	46.47	63	8.18	70	9.09	288	37.39
黄埔区	195 263	86	44.04	23	11.78	25	12.80	61	31.24
萝岗区	170 508	99	58.06	19	11.14	19	11.14	80	46.92
番禺区	964 174	456	47.29	100	10.37	101	10.48	355	36.82
花都区	638 379	356	55.77	53	8.30	54	8.46	302	47.31
增城市	814 033	459	56.39	56	6.88	57	7.00	402	49.38
从化市	541 409	321	59.29	99	18.29	99	18.29	222	41.00
南沙区	148 146	104	70.20	19	12.83	19	12.83	85	57.38

注：登记数是指当年12月31日仍登记在册，未治愈的户籍病人数，属横断面的登记数。登记率是指12月31日每十万人口中仍登记在册的肺结核数，反映当日的肺结核的患病密度，替代患病率指标。

2007年广州市各区、县（市）肺结核病人死亡新登记率

地　区	平均人口数	死亡人数	死亡率（1/10万）	肺结核		肺外结核		非肺结核	
				死亡数	死亡率（1/10万）	死亡数	死亡率（1/10万）	死亡数	死亡率（1/10万）
合　计	7 637 935	230	3.01	62	0.81	2	0.03	166	2.17
荔湾区	704 897	24	3.40	4	0.57	1	0.14	19	2.70
越秀区	1 154 249	42	3.64	7	0.61	1	0.09	34	2.95
海珠区	898 931	41	4.56	20	2.22			21	2.34
天河区	667 243	16	2.40	4	0.60			12	1.80
白云区	765 649	11	1.44	1	0.13			10	1.31
黄埔区	194 351	9	4.63	2	1.03			7	3.60
萝岗区	168 471	7	4.16	1	0.59			6	3.56
番禺区	949 940	14	1.47	3	0.32			11	1.16
花都区	637 420	18	2.82	3	0.47			15	2.35
增城市	810 332	23	2.84	8	0.99			15	1.85
从化市	538 781	19	3.53	9	1.67			10	1.86
南沙区	147 671	6	4.06					6	4.06

注：肺结核死亡新登记率是指户籍肺结核病人在治疗过程中在当年因各种原因死亡的率。

2007年广州市各区、县（市）肺结核新发涂阳病人性别年龄分布情况

年龄组（岁）	合计			荔湾区			越秀区			海珠区			天河区			白云区		
	合计	男性	女性	合计	男性	女性	合计	男性	女性	合计	男性	女性	合计	男性	女性	合计	男性	女性
合计	2 535	1 870	665	248	187	61	312	225	87	223	164	59	225	160	65	246	183	63
0 ~	7	3	4	1	1								1		1			
15 ~	442	257	185	28	17	11	44	25	19	34	18	16	64	42	22	48	36	12
25 ~	456	311	145	39	25	14	55	38	17	20	12	8	57	41	16	42	26	16
35 ~	422	318	104	35	28	7	39	29	10	38	30	8	37	26	11	36	23	13
45 ~	431	356	75	66	55	11	76	58	18	54	46	8	18	12	6	29	24	5
55 ~	325	268	57	28	25	3	26	21	5	33	26	7	23	18	5	42	33	9
65 ~	452	357	95	51	36	15	72	54	18	44	32	12	25	21	4	49	41	8

年龄组（岁）	黄埔区			萝岗区			番禺区			花都区			增城市			从化市			南沙区		
	合计	男性	女性	合计	男性	女性	合计	男性	女性	合计	男性	女性	合计	男性	女性	合计	男性	女性	合计	男性	女性
合计	70	51	19	51	41	10	358	261	97	217	163	54	333	250	83	194	143	51	58	42	16
0 ~							5	2	3												

续表

年龄组（岁）	黄埔区			萝岗区			番禺区			花都区			增城市			从化市			南沙区		
	合计	男性	女性	合计	男性	女性	合计	男性	女性	合计	男性	女性	合计	男性	女性	合计	男性	女性	合计	男性	女性
15 ~	10	4	6	11	5	6	79	46	33	32	16	16	59	35	24	27	13	14	6		6
25 ~	19	15	4	8	8		72	46	26	34	21	13	78	58	20	25	17	8	7	4	3
35 ~	20	16	4	8	8		67	54	13	44	31	13	64	45	19	27	22	5	7	6	1
45 ~	6	5	1	5	5		53	43	10	36	32	4	43	37	6	34	29	5	11	10	1
55 ~	11	8	3	4	4		50	43	7	28	25	3	37	31	6	32	25	7	11	9	2
65 ~	4	3	1	15	11	4	32	27	5	43	38	5	52	44	8	49	37	12	16	13	3

注：新发涂阳是指第一次诊断为肺结核的户籍病人，并痰涂片阳性。

2007 年广州市各区、县（市）登记的菌阳病人转归分析

地区	菌阳病人数	治愈		完成疗程		死亡		失败		丢失		迁出		未评价	
		例数	（%）	例数	（%）	例数	（%）	例数	（%）	例数	（%）	例数	（%）	例数	（%）
合　计	3 205	2 437	76.04	226	7.05	151	4.71	164	5.12	94	2.93	21	0.66	111	3.46
荔湾区	360	251	69.72	25	6.94	30	8.33	32	8.89	7	1.94	5	1.39	10	2.78
越秀区	448	339	75.67	11	2.46	33	7.37	47	10.49	2	0.45	4	0.89	11	2.46
海珠区	353	277	78.47	20	5.67	25	7.08	24	6.80	2	0.57			5	1.42
天河区	271	180	66.42	28	10.33	7	2.58	13	4.80	21	7.75	6	2.21	16	5.90
白云区	318	229	72.01	36	11.32	18	5.66	17	5.35	9	2.83	3	0.94	6	1.89
黄埔区	78	57	73.08	9	11.54	5	6.41	1	1.28	3	3.85	1	1.28	2	2.56
萝岗区	71	58		4		5		2		2					
番禺区	438	357	81.51	35	7.99	6	1.37	10	2.28	9	2.05	1	0.23	20	4.57
花都区	248	164	66.13	16	6.45	12	4.84	11	4.44	18	7.26	1	0.40	26	10.48
增城市	376	322	85.64	31	8.24	5	1.33	3	0.80	11	2.93			4	1.06
从化市	244	203	83.20	11	4.51	5	2.05	4	1.64	10	4.10			11	4.51
南沙区															

注：菌阳病人指 2006 年期间登记的所有户籍病人、其初诊时痰涂片或培养有一个阳性，登记满一年后的结局情况。未评价是指确诊后因各种原因不接受抗结核药物治疗的病人。因南沙区 2006 年的病人已纳入到番禺区，所以本年转归为零。

2007 年广州市各区、县（市）登记的涂阴病人转归分析

地区	涂阴病人数	治愈		完成疗程		死亡		失败		丢失		迁出		未评价	
		例数	（%）	例数	（%）	例数	（%）	例数	（%）	例数	（%）	例数	（%）	例数	（%）
合　计	3 856			3 294	85.43	90	2.33	38	0.99	201	5.21	28	0.73	203	5.26
荔湾区	357			307	85.99	14	3.92	4	1.12	10	2.80	2	0.56	20	5.60
越秀区	558			472	84.59	23	4.12	7	1.25	21	3.76	6	1.08	28	5.02
海珠区	517			458	88.59	16	3.09	12	2.32	14	2.71	5	0.97	11	2.13

续表

地区	涂阴病人数	治愈		完成疗程		死亡		失败		丢失		迁出		未评价	
		例数	(%)	例数	(%)	例数	(%)	例数	(%)	例数	(%)	例数	(%)	例数	(%)
天河区	304			230	75.66	3	0.99	2	0.66	26	8.55	8	2.63	35	11.51
白云区	500			429	85.80	9	1.80	9	1.80	26	5.20	4	0.80	23	4.60
黄埔区	90			65	72.22	2	2.22	2	2.22	5	5.56			16	17.78
萝岗区	87			78	89.66	3	3.45	1	1.15			1	1.15	4	4.60
番禺区	510			460	90.20	4	0.78	1	0.20	25	4.90			20	3.92
花都区	247			187	75.71	4	1.62			35	14.17			21	8.50
增城市	404			357	88.37	9	2.23			23	5.69			15	3.71
从化市	282			251	89.01	3	1.06			16	5.67	2	0.71	10	3.55
南沙区															

注：涂阴病人指2006年期间登记的所有户籍病人、其初诊时痰涂片或培养均没有一个阳性，登记满一年后的结局情况。未评价是指确诊后因各种原因不接受抗结核药物治疗的病人。因南沙区2006年的病人已纳入到番禺区，所以本年转归为零。

（五）妇幼保健

2003～2007年广州市妇幼卫生工作主要数据

指标名称	计量单位	2003年	2004年	2005年	2006年	2007年
婴儿死亡率	‰	6.5	6.6	6.8	5.2	4.8
城　市	‰	6.0	6.4	6.7	5.2	4.0
农　村	‰	8.2	7.0	7.2	5.4	7.0
5岁以下儿童死亡率	‰	9.2	9.1	9.3	7.1	6.5
城　市	‰	8.2	8.7	9.1	7.1	5.6
农　村	‰	12.6	10.0	9.6	6.8	9.4
孕产妇死亡率	1/10万	21.2	13.9	20.9	4.0	14.3
城　市	1/10万	27.6	10.6	20.3	5.3	14.2
农　村	1/10万		23.3	22.9		14.6
新生儿破伤风发病率高于1‰的县数	个					
5岁以下儿童中、重度营养不良患病率	%	1.0	0.9	1.0	1.0	0.9
住院分娩率	%	98.7	99.0	99.2	99.0	99.3
农村孕产妇住院分娩率	%	96.0	97.7	98.4	98.1	99.2
农村高危孕产妇住院分娩率	%	99.9	99.8	99.8	99.9	100.0
非住院分娩中消毒接生（新法接生）率	%	94.6	95.9	97.5	91.4	88.4
孕妇产前医学检查率（保健管理率）	%	88.5	87.1	89.5	90.6	91.5
孕产妇系统管理率	%	82.2	77.7	80.7	82.5	85.6
城　市	%	84.5	79.7	82.4	83.1	86.6
农　村	%	74.6	71.7	75.7	80.7	82.6
7岁以下儿童保健管理率	%	93.4	94.3	94.3	95.7	95.9
婚前医学检查率	%	97.1	4.9	6.2	7.3	12.9
城　市	%	98.0	5.4	7.0	8.0	14.2
农　村	%	93.0	2.3	2.5	3.8	6.7
出生缺陷发生率	1/万	131.3	124.0	119.4	123.1	126.3
低出生体重发生率	%	4.1	4.0	4.1	4.4	4.2
0～4个月婴儿母乳喂养率	%	94.4	94.6	94.7	94.6	94.8
妇科病普查率	%	45.2	43.8	52.9	51.9	55.9

2007年广州地区婚前医学检查情况

地区	婚检率(%)	疾病检出率(%)	疾病检出率(%)					
			指定传染病		严重遗传病	有关精神病	生殖系统疾病	内科系统疾病
			传染病	其中性病				
合　计	12.86	19.33	1.89	0.29	4.10	0.01	11.97	1.35
荔湾区	12.49	20.36	1.46	0.23	0.70	0.06	15.39	2.75
越秀区	12.86	6.37	2.44	0.25			3.94	
海珠区	20.23	18.15	1.21	0.32	3.46		13.05	0.43
天河区	15.95	17.98	0.87	0.11	5.71	0.04	10.01	1.35
白云区	5.34	13.38	0.62	0.14	3.79		8.00	0.97
黄埔区	43.90	18.95	3.66	0.37	6.77		7.83	0.70
番禺区	11.37	24.23	1.92	0.28	4.92		15.28	2.11
花都区	9.29	20.23	1.75	0.38	6.16		11.79	0.53
南沙区	11.55	22.32	5.36	0.89	5.36		9.82	1.79
萝岗区	0.40	18.75			6.25		12.50	
增城市	5.72	32.79	1.54	0.27	6.14		20.96	4.16
从化市	8.26	21.67	2.64	0.55	3.52		13.42	2.09

2007年广州地区妇女病查治情况

地区	受检率(%)	妇科病检出率(%)	滴虫性阴道炎检出率(%)	宫颈炎症检出率(%)	淋病检出率(1/10万)	尖锐湿疣检出率(1/10万)	宫颈癌检出率(1/10万)	乳腺癌检出率(1/10万)	卵巢癌检出率(1/10万)
合　计	55.91	29.24	0.47	12.80	6.21	13.80	6.90	12.65	0.92
荔湾区	90.08	25.95	0.36	7.43		13.09	2.62		
越秀区	94.55	35.16	0.36	14.43		7.57	6.31	34.05	5.04
海珠区	81.42	34.59	0.49	13.39	9.81	3.27	16.35	39.24	
天河区	74.80	45.80	0.25	21.04			10.38	10.38	
白云区	47.94	25.84	0.45	14.13	23.00	19.94	3.07	1.53	
黄埔区	82.22	40.73	0.38	18.05		4.22		4.22	
番禺区	55.16	21.43	0.42	7.94	6.54	6.54	11.77	14.38	
花都区	24.72	22.13	0.81	12.12	31.89	79.73	15.95		
南沙区	29.18	24.28	0.10	11.33		9.62			
萝岗区	73.72	51.11	0.36	21.95		5.81			
增城市	39.58	23.70	0.62	13.12		24.28	5.20		
从化市	32.74	26.47	1.42	11.96		21.92	14.61	14.61	

2007年广州地区妇女孕产妇保健情况（本地）

地区	活产数	孕产妇管理				接生情况		高危情况		围产儿情况
		建卡率（%）	产检率（%）	产后访视率（%）	系统管理率（%）	住院分娩率（%）	非住院分娩新法接生率（%）	高危产妇检出率（%）	高危住院分娩率（%）	出生低体重发生率（%）
合计	56 051	92.07	91.48	89.91	85.63	99.26	88.39	28.05	99.91	4.21
荔湾区	2 642	98.58	97.54	96.97	96.52	98.90	100.00	43.34	99.91	5.00
越秀区	5 604	97.23	96.32	95.45	95.29	99.09		32.05	100.00	4.64
海珠区	4 480	97.91	97.30	96.92	96.65	99.24	100.00	37.99	99.29	4.15
天河区	4 216	96.76	95.40	95.37	95.19	98.89		27.20	100.00	3.91
白云区	6 800	93.16	93.65	92.65	92.10	99.34	100.00	26.24	100.00	3.84
黄埔区	1 001	96.20	99.30	95.10	91.21	99.70	100.00	37.84	100.00	3.70
番禺区	7 970	98.18	97.54	97.04	91.89	99.35	71.43	32.45	100.00	4.52
花都区	6 825	67.42	67.25	60.23	53.98	99.53	40.00	20.02	100.00	3.77
南沙区	1 227	86.94	84.43	82.56	77.34	99.84		26.37	100.00	3.50
萝岗区	1 613	99.81	90.33	87.35	83.01	99.13	33.33	26.22	100.00	3.10
增城市	8 329	92.24	92.00	90.89	85.51	99.74	100.00	18.45	100.00	3.78
从化市	5 344	93.72	94.24	94.20	78.03	98.47	93.26	28.76	99.94	5.54

2007年广州地区7岁以下儿童保健工作情况（本地）

地区	7岁以下儿童保健管理率（%）	3岁以下儿童系统管理率（%）	5岁以下儿童中重度营养不良发生率（%）	4个月内婴儿母乳喂养率（%）	7岁以下儿童眼保健管理率（%）	7岁以下儿童口腔保健管理率（%）	7岁以下儿童听力保健管理率（%）
合计	95.87	89.39	0.93	89.28	88.42	92.03	91.36
荔湾区	99.82	98.51	0.81	93.53	93.99	96.76	94.01
越秀区	99.47	97.61	0.42	88.14	96.75	97.99	97.90
海珠区	99.73	97.52	0.40	75.34	89.71	94.63	97.35
天河区	99.95	98.19	0.26	90.45	91.64	97.09	95.44
白云区	94.72	87.02	0.91	93.99	85.90	89.17	90.98
黄埔区	99.80	97.10	0.48	87.26	97.58	97.99	86.99
番禺区	98.50	88.59	1.70	76.43	86.74	96.81	93.95
花都区	85.64	75.95	1.25	97.21	83.58	83.45	82.99
南沙区	90.99	72.48	1.63	85.27	89.55	89.75	85.61
萝岗区	94.30	78.23	0.66	89.39	78.59	85.40	82.77
增城市	98.82	93.77	0.44	96.70	91.54	91.69	92.24
从化市	83.05	76.11	2.07	93.84	77.58	78.02	78.49

2007 年广州市孕产妇死亡构成比和位次

顺　位	死亡原因	例　数	构成比（%）
1	羊水栓塞	2	25.00
2	肺栓塞	2	25.00
3	产后出血	1	12.50
4	妊娠期高血压疾病	1	12.50
5	颅内出血	1	12.50
6	死因不明	1	12.50

注：2007 年广州市户籍孕产妇死亡 8 例。

2007 年广州市产科质量工作情况

地　区	产妇数	广州市户籍产妇比例（%）	剖宫产率（%）	羊水栓塞发生率（‰）	产后出血率（%）	早产儿发生率（%）	出生缺陷发生率（1/万）	新生儿窒息发生率（%）	母婴同室率（%）	母乳喂养率（%）
合　计	142 073	37.10	41.75	0.06	3.23	6.38	126.25	2.09	95.17	98.66
荔湾区	5 676	39.90	46.79	0.18	1.73	9.76	172.71	0.82	94.14	99.21
越秀区	21 271	49.57	51.28	0.05	3.76	8.60	287.17	1.38	92.21	97.82
海珠区	11 193	30.28	38.12	0.09	2.08	6.91	81.49	1.21	95.79	98.77
天河区	15 555	23.61	41.51		1.98	5.69	89.17	2.19	92.37	99.49
白云区	22 062	19.98	32.62	0.09	4.75	5.33	55.29	2.75	96.12	98.90
黄埔区	4 518	24.83	40.46	0.22	3.61	4.89	98.90	1.75	98.85	99.05
番禺区	24 360	31.33	43.79	0.04	3.56	6.15	115.99	1.80	95.25	97.27
花都区	14 444	42.33	39.32		1.90	6.68	148.13	1.91	97.73	99.35
南沙区	2 085	33.33	40.71		2.11	3.16	47.78	1.39	98.90	99.19
萝岗区	2 891	32.27	42.25		3.08	2.73	68.75	1.49	97.44	98.86
增城市	11 965	61.13	45.08	0.08	3.13	5.64	88.69	4.34	97.25	99.56
从化市	6 053	76.33	35.89		4.77	5.70	86.90	2.78	93.52	99.50

2007年广州市新生儿疾病筛查工作情况

地区	产科医院单位数	采血单位数	检测单位数	检测单位送检例数	筛查率（%）	苯丙酮尿症数	甲状腺功能低下数	G6PD缺乏数
合计	148	148	2	136 421	95.99	6	61	2 393
荔湾区	6	6		5 421	94.96		1	53
越秀区	13	13	2	20 975	98.78	1	10	353
海珠区	12	12		10 929	97.69		1	182
天河区	15	15		14 623	93.77		11	173
白云区	17	17		20 868	94.54		7	154
黄埔区	7	7		4 471	99.03			71
番禺区	19	19		24 069	98.79	1	14	457
花都区	14	14		13 281	91.88	2	5	168
南沙区	7	7		2 037	97.46	2		29
萝岗区	5	5		2 844	98.41		4	58
增城市	18	18		11 277	94.24		7	369
从化市	15	15		5 626	93.10		1	326

2007年广州市出生缺陷监测情况

顺位	出生缺陷类型	发生率（/万）
1	先天性心脏病	67.03
2	多指（趾）	22.06
3	总唇腭裂	17.85
	唇裂并腭裂	7.24
	唇裂	5.39
	腭裂	5.22
4	水肿胎	13.30
5	外耳其他畸形（小耳、无耳除外）	12.63
6	马蹄内翻足	11.96
7	尿道下裂	10.61
8	肢体缩短［包括缺指（趾）、裂手（足）］	7.58
9	并指（趾）	6.06
10	神经管畸形	5.22

2007 年广州市妇幼保健机构、床位、人员数

地　区	机构个数	床位数	人员数（人）										
			合计	卫生技术人员	其中						其他技术人员	管理人员	工勤技能人员
					执业（助理）医师	执业医师	注册护士	药师（士）	技师（士）	检验师（士）			
合　计	13	1 923	4 486	3 496	1 348	1 258	1 397	236	212	183	81	321	588
荔湾区	1	50	175	143	62	58	37	14	12	11	3	20	9
越秀区	3	695	1 848	1 314	466	457	515	85	78	73	34	161	339
海珠区	2	100	314	259	107	92	87	22	24	16	15	18	22
天河区	1	77	290	213	97	87	84	12	20	15	14	9	54
白云区	1	80	110	91	46	44	31	7	7	7		14	5
黄埔区	1		51	41	21	18	11	2	6	6		8	2
番禺区	1	553	826	662	274	262	293	53	28	25	7	38	119
花都区	1	180	533	477	165	143	197	24	22	17	8	32	16
南沙区													
萝岗区	1		7	6	5	5	1						1
增城市	1	188	332	290	105	92	141	17	15	13		21	21
从化市													

2007 年广州市妇幼保健机构房屋建筑面积情况

地　区	房屋建筑面积（m^2）			租房面积（m^2）	
	小计	业务用房面积		小计	业务用房面积
		其　中	危房面积		
合　计	130 213	115 140		17 427	17 327
荔湾区	3 250	3 000		3 750	3 750
越秀区	39 673	34 345		1 287	1 287
海珠区	5 370	5 069		690	690
天河区	7 474	7 474			
白云区	6 464	6 464		2 800	2 800
黄埔区	3 635	2 653			
番禺区	32 102	29 615			
花都区	15 330	15 330		8 600	8 600
南沙区					
萝岗区				300	200
增城市	16 915	11 190			
从化市					

2007 年广州市妇幼保健机构万元以上设备情况

地　区	万元以上设备总价值（万元）	万元以上设备台数			
		合　计	50 万元以下	50 万～100 万元	100 万元以上
合　计	35 183	2 755	2 626	77	52
荔湾区	683	117	115	2	
越秀区	18 657	1 364	1 287	45	32
海珠区	1 792	110	105	4	1
天河区	1 352	90	82	7	1
白云区	1 059	140	137	1	2
黄埔区	299	39	38	1	
番禺区	7 226	474	456	7	11
花都区	3 736	398	386	8	4
南沙区					
萝岗区	1	1	1		
增城市	378	22	19	2	1
从化市					

2007 年广州市妇幼保健机构按床位数分组情况

地　区	总　计	0～49 张	50～99 张	100～199 张	200～299 张	300～399 张	400～499 张	500～799 张	800 张及以上
合　计	13	3	4	3	1	1		1	
荔湾区	1		1						
越秀区	3		1		1	1			
海珠区	2	1		1					
天河区	1		1						
白云区	1		1						
黄埔区	1	1							
番禺区	1							1	
花都区	1			1					
南沙区									
萝岗区	1	1							
增城市	1			1					
从化市									

2007 年广州市妇幼保健院分级情况

地　区	合计	三级					二级					一级					其他
		小计	甲等	乙等	丙等	未评	小计	甲等	乙等	丙等	未评	小计	甲等	乙等	丙等	未评	
合　计	13	2	2				8	8									3
荔湾区	1						1	1									
越秀区	3	2	2				1	1									
海珠区	2						1	1									1
天河区	1						1	1									
白云区	1						1	1									
黄埔区	1																1
番禺区	1						1	1									
花都区	1						1	1									
南沙区																	
萝岗区	1																1
增城市	1						1	1									
从化市																	

（六）卫生监督

2007 年广州市食品卫生被监督单位信息汇总

单位类别	单位数	职工总数（人）	从业人员数（人）	持健康证明人数（人）	卫生许可证发放情况（份）					量化分级管理等级评定情况				
					合计	新发	变更	延续	注销	合计	A 级	B 级	C 级	D 级
总　计	87 321	854 265	640 446	614 380	82 795	45 339	3 068	33 429	959	29 652	210	2 920	26 506	16
生产加工	3 610	86 110	76 283	75 743	3 205	776	302	2 031	96	2 518	65	346	2 107	
经营（销售）	53 626	151 013	145 985	145 351	50 389	31 790	1 293	16 808	498	7 730	12	304	7 414	
餐饮业和集体用餐配送单位	30 049	616 861	417 897	393 005	29 165	12 754	1 468	14 578	365	19 368	133	2 270	16 949	16
餐饮业														
餐馆	7 176	233 818	226 306	223 108	6 520	2 647	575	3 140	158	5 453	41	455	4 957	
小吃店	13 537	87 623	84 567	69 066	13 798	6 645	398	6 623	132	7 644		142	7 497	5
快餐店	4 233	49 486	49 188	46 815	4 173	2 412	227	1 485	49	2 082	1	131	1 944	6
食堂														
小计	5 071	244 996	56 928	53 111	4 643	1 043	267	3 307	26	4 164	91	1 538	2 530	5
学校	2 311	39 849	20 700	20 640	2 123	290	147	1 668	18	2 220	65	1 015	1 135	5
工地	177	1 890	909	876	171	110	2	59		100		2	98	
其他	2 583	203 257	35 319	31 595	2 349	643	118	1 580	8	1 844	26	521	1 297	
集体用餐配送单位	32	938	908	905	31	7	1	23		25		4	21	
其　他	36	281	281	281	36	19	5	12		36			36	

2007年广州市食品生产经营单位经常性监督监测信息汇总

单位类别	卫生监督			餐具消毒监测		
	监督户次数	合格户次数	合格率	监测件数	合格件数	合格率
总　计	322 175	301 727	93.65	305 924	246 970	80.73
生产加工	10 015	9 520	95.06			
经营（销售）	87 865	86 018	97.90			
餐饮业和集体用餐配送单位	224 272	206 166	91.93	305 924	246 970	80.73
餐饮业						
餐馆	66 706	59 865	89.74	118 651	97 769	82.40
小吃店	91 081	82 488	90.57	89 738	68 338	76.15
快餐店	45 587	43 760	95.99	40 331	31 002	76.87
食堂						
小计	20 712	19 876	95.96	56 960	49 641	87.15
学校	10 521	10 215	97.09	29 850	25 894	86.75
工地	1 408	1 337	94.96	230	156	67.83
其他	8 783	8 324	94.77	26 880	23 591	87.76
集体用餐配送单位	186	177	95.16	244	220	90.16
其　他	23	23	100.00			

2007年广州市食品抽样监测信息汇总

分　类	合计			生产加工业			经营和餐饮服务		
	监测件数	合格件数	合格率（%）	监测件数	合格件数	合格率（%）	监测件数	合格件数	合格率（%）
合　计	39 371	34 748	88.26	8 444	7 747	91.75	30 927	27 001	87.31
粮食及其制品	9 685	8 739	90.24	572	558	97.55	9 113	8 181	89.77
肉及肉制品	11 462	9 425	82.24	2 263	2 009	88.78	9 199	7 416	80.62
乳和乳制品	96	93	97.09	62	61	98.39	34	32	94.12
蛋及蛋制品	17	17	100.00	3	3	100.00	14	14	100.00
糖及糖果制品	452	435	96.27	276	266	96.38	176	169	96.02
冷冻饮品	312	297	95.24	83	75	90.36	229	222	96.94
（软）饮料	1 901	1 529	80.37	480	426	88.75	1 421	1 103	77.62
酒　类	549	540	98.36	80	75	93.75	469	465	99.15
焙烤食品	7 247	6 590	90.93	2 635	2 441	92.64	4 612	4 149	89.96
水产品	79	77	97.59	29	29	100.00	50	48	96.00
豆制品	208	175	83.78	174	144	82.76	34	31	91.18
调味品	1 843	1 500	81.52	293	261	89.08	1 550	1 239	79.94
果蔬制品	107	97	89.66	78	78	100.00	29	19	65.52
罐　头	2	2	100.00				2	2	100.00
茶　叶	836	821	98.21	14	14	100.00	822	807	98.18
食用油脂	1 976	1 953	98.80	199	197	98.99	1 777	1 756	98.82
酱腌菜	64	58	90.91	48	45	93.75	16	13	81.25
婴幼儿食品									
保健食品	75	73	97.33	64	63	98.44	11	10	90.91
新资源食品									
食品添加剂	44	39	88.64	35	31	88.57	9	8	88.89
其　他	2 416	2 288	94.70	1 056	971	91.95	1 360	1 317	96.84

2007年广州市公共场所卫生被监督单位信息汇总

单位类别	单位数	职工总数（人）	从业人员数（人）	持健康合格证明人数（人）	集中空调通风系统	饮用水					
						合计	集中式供水	二次供水	分质供水	分散式供水	其他
总　计	19 067	144 303	137 780	122 333	1 183	12 834	9 033	1 253	1 740		808
住宿场所	2 447	29 325	27 633	26 023	463	1 846	1 070	700	76		
沐浴场所	377	9 332	8 997	8 149	127	265	210	43	12		
游泳场所	307	2 195	2 108	1 949	17	185	109	3	4		69
美容美发场所	14 479	75 429	73 712	61 841	81	9 341	6 688	327	1 603		723
候车（机、船）场所	57	1 395	1 129	1 117	43	50	46		3		1
其　他	1 400	26 627	24 201	23 254	452	1 147	910	180	42		15

单位类别	有效卫生许可证（份）	卫生许可证发放情况（份）				
		合计	新发	变更	延续	注销
总　计	19 071	13 246	5 060	935	7 054	197
住宿场所	2 449	1 848	664	181	994	9
沐浴场所	378	280	73	42	161	4
游泳场所	307	195	46	35	113	1
美容美发场所	14 480	9 867	3 972	609	5 133	153
候车（机、船）场所	57	47	5		42	
其　他	1 400	1 009	300	68	611	30

2007年广州市公共场所经常性卫生监督监测信息汇总

单位类别	卫生监督			卫生监督		
	监督户次数	合格户次数	合格率（%）	监督样品数	合格样品数	合格率（%）
总　计	68 540	62 578	91. 30	84 707	77 931	92. 03
住宿场所	10 738	10 227	95. 24	38 977	36 094	92. 60
沐浴场所	2 878	2 802	97. 36	5 974	5 648	94. 49
游泳场所	1 997	1 909	95. 590	1 381	878	63. 58
美容美发场所	47 978	42 890	89. 40	26 145	24 510	93. 85
候车（机、船）场所	534	512	95. 88	688	466	67. 73
其　他	4 415	4 238	95. 99	11 542	10 335	89. 54

2007年广州市生活饮用水卫生（供水）被监督单位信息汇总

单位类别	单位数	职工总数（人）	从业人员数（人）	持健康合格证明人数（人）	日供水能力（万吨）	供水人口数（万人）	水源水类型		制水工艺			消毒方式				
							地面水	地下水	一般处理	深度处理	特殊处理	氯化消毒	二氧化氯消毒	臭氧消毒	紫外线消毒	其他
总　计	139	3 697	2 181	1 196	636.95	1 148.76	65	3	70	1	6	61	13	1		
集中式供水	66	3 538	2 023	1 063	636.85	1 148.56	63	3	65	1	6	52	13	1		
市　政	37	3 096	1 824	864	574.74	1 082.11	37		36	1	6	36		1		
乡　镇	24	364	149	149	51.91	64.10	22	2	24			12	12			
自　建	5	78	50	50	10.20	2.35	4	1	5			4	1			
二次供水	73	159	158	133	0.10	0.20			5			9				

单位类别	检验室数	有效卫生许可证（份）	卫生许可证发放情况（份）				
			合计	新发	变更	延续	注销
总　计	52	69	50	1	2	47	
集中式供水	52	66	48	1	2	45	
市　政	36	37	21		2	19	
乡　镇	13	24	24	1		23	
自　建	3	5	3			3	
二次供水		3	2			2	

2007年广州市生活饮用水经常性卫生监督监测信息汇总

单位类别	卫生监督			卫生监测											
				合计			水源水			出厂水			末梢水		
	监督户次数	合格户次数	合格率（%）	监测样品数	合格样品数	合格率（%）	监测样品数	合格样品数	合格率（%）	监测样品数	合格样品数	合格率（%）	监测样品数	合格样品数	合格率（%）
合　计	808	755	93.44	5 845	5 149	88.09	876	731	83.45	1 884	1 761	93.47	3 197	2 770	86.64
集中式供水	431	417	96.75	4 289	3 818	89.02	876	731	83.45	1 884	1 761	93.47	2 465	2 137	86.69
市　政	310	308	99.35	3 842	3 489	90.81	793	667	84.11	1 748	1 673	95.71	2 237	1 960	87.62
乡　镇	99	87	87.88	356	257	72.19	62	50	80.65	115	71	61.74	179	136	75.98
自　建	22	22	100.00	91	72	79.12	21	14	66.67	21	17	80.95	49	41	83.67
二次供水	377	338	89.66	1 556	1 331	85.54							732	633	86.48

2007年广州市学校卫生监督监测情况

单位类别	学校数	学生宿舍	学生健康档案	开设健康教育课	突发公共卫生事件应急预案	教职员工数（人）	学生总数（人）	学生体检数（人）
总　计	1 503	741	1 017	1 464	1 382	181 162	2 063 719	1 412 057
初等教育	792	310	428	785	730	45 190	687 031	479 940
中等教育	375	237	262	364	353	39 204	530 933	410 402
高等教育	137	137	129	120	107	86 931	693 418	373 278
其他教育	199	57	198	195	192	9 837	152 337	148 437

单位类别	学生常见病防治		校内辅助设施数（户）								饮用水					
	开展	部分开展	餐饮单位	食品店	住宿场所	沐浴场所	游泳场所	美容美发场所	校医院（室）	其他	合计	分质供水	集中式供水	二次供水	分散式供水	其他
总　计	1 211	112	1 367	738	158		301	198	1 061		1 503	142	1 128	146	15	72
初等教育	642	35	593	228	9		134	82	375		792	110	543	89	4	46
中等教育	287	41	340	187	70		62	40	356		375	11	289	45	5	25
高等教育	100	22	225	256	40		62	62	138		137	16	110	8	3	
其他教育	182	14	209	67	39		43	14	192		199	5	186	4	3	1

2007年广州市职业卫生监督情况

单位类别	单位数	职工总数（人）	职业病危害因素接触总人数（人）	职业病危害因素接触人数（人）							
				粉尘类	其　中矽尘	放射性物质类	化学物质类	其　中高毒	物理因素类	其　中噪声	生物因素类
总　计	1 136	296 545	131 395	23 215	944	30	43 004	13 757	66 281	40 857	815
煤　炭											
石油和天然气	2	364	21				18	9	3	3	
石　化	1	5 298	5 109	37			4 145		927	907	
电　力	8	3 364	669	259	202	7	10		393	393	
核工业											
金　属	34	5 455	2 135	780			173	15	1 639	1 242	
机　械	70	31 365	8 716	793			1 459	935	6 487	5 675	
电　子	89	24 206	4 925	916			2 607	572	1 597	1 207	

续表

单位类别	单位数	职工总数（人）	职业病危害因素接触总人数（人）	职业病危害因素接触人数（人）							
				粉尘类	其中矽尘	放射性物质类	化学物质类	其中高毒	物理因素类	其中噪声	生物因素类
化工	109	17 105	7 506	546	65		5 891	1 415	1 275	1 173	
医药	19	9 317	1 035	343			216	71	476	373	51
建材	47	6 805	4 090	2 284	267	1	282	80	1 649	982	
交通	16	5 248	1 221	228			439	30	585	562	
铁道											
水利											
农业											
轻工	435	91 222	50 756	7 928	410		22 312	9 686	20 854	13 531	
森林工业											
纺织	44	8 496	5 161	1 489			138	4	3 538	2 050	
其他	262	88 300	40 051	7 612		22	5 314	940	26 858	12 759	764

单位类别	职业健康监护档案		职业健康检查（人）				职业卫生培训		应急措施		
	全部建立	部分建立	应检人数	实检人数	检出疑似职业病	检出职业禁忌或健康损害	法定代表人接受培训	开展劳动者培训	有应急预案	应急装备完备	应急装备不完备
总计	388	160	129 293	82 323	100	1 302	558	3 742	563	486	327
煤炭											
石油和天然气			21	21			1	1	2	2	
石化	1		5 109	4 584		1	1	1	1	1	
电力	5	1	626	626		2	3	6	6	2	
核工业											
金属	9	3	2 081	1 039		27	8	18	12	9	17
机械	30	8	7 790	6 675		11	42	287	47	31	29
电子	17	10	4 925	3 175		123	57	214	56	40	18
化工	50	30	7 270	4 824	2	22	62	591	81	60	14
医药	14		1 035	1 029		13	7	16	17	13	
建材	7	7	3 981	1 018		22	12	20	8	18	19
交通	8	3	1 221	561		32	13	143	10	7	2
铁道											

续表

单位类别	职业健康监护档案		职业健康检查（人）				职业卫生培训		应急措施		
	全部建立	部分建立	应检人数	实检人数	检出疑似职业病	检出职业禁忌或健康损害	法定代表人接受培训	开展劳动者培训	有应急预案	应急装备完备	应急装备不完备
水　利											
农　业											
轻　工	115	40	50 337	25 700	41	468	199	186	150	135	147
森　林											
工　业											
纺　织	13	20	4 846	3 598		26	32	99	12	12	4
其　他	119	38	40 051	29 473	57	555	121	2 160	161	156	77

（七）中医工作

2007年广州地区中医医院卫生机构、床位、人员情况

分　类	机构个数	床位数	人员数（人）											
			合计	卫生技术人员								其他技术人员	管理人员	工勤技能人员
				小计	执业（助理）医师	执业医师	注册护士	药师（士）	技师（士）	检验师（士）	其他			
总　计	27	6 066	9 626	7 786	2 882	2 780	3 068	1 000	417	274	419	244	735	861
中医医院	25	6 016	9 512	7 691	2 824	2 724	3 053	987	409	268	418	241	730	850
非营利性	22	5 552	8 592	7 043	2 601	2 513	2 798	927	369	236	348	204	607	738
部、省	6	2 953	4 835	3 943	1 361	1 353	1 700	547	220	130	115	132	389	371
市	1	436	686	569	236	233	208	85	25	18	15	46	12	59
区	15	2 163	3 071	2 531	1 004	927	890	295	124	88	218	26	206	308
营利性	3	464	920	648	223	211	255	60	40	32	70	37	123	112
中西医结合医院	2	50	114	95	58	56	15	13	8	6	1	3	5	11

2007 年广州地区中医医院房屋建筑面积情况

分　类	房屋建筑面积（m^2）			租房面积（m^2）	
	小计	业务用房面积	危房面积	小计	业务用房面积
总　计	882 275	737 675	440	49 330	45 405
中医医院	882 275	737 675	440	45 090	41 195
非营利性	814 718	675 700	440	42 963	39 068
部	269 088	199 799		29 376	25 661
市	32 819	32 319		888	708
区	512 811	443 582	440	12 699	12 699
营利性	67 557	61 975		2 127	2 127
中西医结合医院				4 240	4 210

2007 年广州地区中医医院万元以上设备情况

分　类	万元以上设备总价值（万元）	万元以上设备台数		
		合计	50 万～100 万元设备	100 万元以上设备
总　计	118 788	7 275	277	197
中医医院	118 566	7 236	277	197
非营利性	106 643	6 600	256	150
省	82 257	4 513	212	124
市	7 935	485	14	9
区	16 451	1 602	30	17
营利性	11 923	636	21	47
中西医结合医院	222	39		

2007 年广州地区中医医院床位数分组情况

分　类	总计	0～49 张	50～99 张	100～199 张	200～299 张	300～399 张	400～499 张	500～799 张	800 张及以上
总　计	27	8	5	4	3	1	4		2
中医医院	25	7	4	4	3	1	4		2
中西医结合医院	2	1	1						

2007 年广州地区中医医院门诊服务情况

分 类	总诊疗人次数					观察室留观病例数	健康检查人数	急诊病死率（%）
	合计	门、急诊人次						
		小计	门诊人次	急诊人次				
				小计	死亡人数			
总 计	11 834 930	11 571 942	10 928 862	643 080	203	86 922	390 289	0.03
中医医院	11 641 735	11 417 509	10 777 569	639 940	203	86 922	358 813	0.03
非营利性	11 163 821	10 941 528	10 335 815	605 713	191	86 575	335 108	0.03
省	6 631 432	6 416 825	6 146 863	269 962	77	84 321	158 706	0.03
市	455 982	452 229	436 827	15 402	61	891	2 465	0.40
区	4 076 407	4 072 474	3 752 125	320 349	53	1 363	173 937	0.02
营利性	477 914	475 981	441 754	34 227	12	347	23 705	0.04
中西医结合医院	193 195	154 433	151 293	3 140			31 476	

2007 年广州地区中医医院住院服务情况

分 类	入院人数	出院人数	住院病人手术人次	住院危重病人抢救人次	治愈率（%）	好转率（%）	死亡率（%）	每百门急诊的入院人数
总 计	148 098	147 518	55 940		7.46	44.10	1.91	1.28
中医医院	147 430	146 858	55 884		51.80	43.97	1.89	1.29
非营利性	135 815	135 328	50 713		51.30	44.38	1.97	1.24
省	70 333	70 152	26 025	5 931	47.42	48.95	2.24	1.10
市	7 376	7 367	1 587	1 037	45.79	47.06	5.36	1.63
区	58 106	57 809	23 101	2 950	56.71	38.49	1.20	1.43
营利性	11 615	11 530	5 171	145	57.73	39.18	0.96	2.44
中西医结合医院	668	660	56	111	10.45	72.88	7.42	0.43

2007年广州地区中医医院床位利用情况

分　类	实有床位数（张）	实际开放总床日数	平均开放病床（张）	实际占用总床日数	出院者占用总床日数	病床周转次数	病床工作日	病床使用率（%）	出院者平均住院日
总　计	6 066	2 118 844	5 805	1 900 212	1 890 642	25	327	89. 68	
中医医院	6 016	2 100 594	5 755	1 885 113	1 875 918	26	328	89. 74	
非营利性	5 552	1 929 447	5 286	1 784 425	1 783 871	26	338	92. 48	
省	2 953	1 021 908	2 800	980 196	977 597	25	350	95. 92	13. 94
市	436	159 140	436	140 758	142 989	17	323	88. 45	19. 41
区	2 163	748 399	2 050	663 471	663 285	28	324	88. 65	11. 47
营利性	464	171 147	469	100 688	92 047	25	215	58. 83	7. 98
中西医结合医院	50	18 250	50	15 099	14 724	13	302	82. 73	22. 31

2007年广州地区中医医院年收入与支出

分　类	总收入（万元）				总支出（万元）			总支出中：人员支出（万元）
	合计	财政补助收入	上级补助收入	业务收入/事业收入	合计	业务支出/事业支出	财政专项支出	
总　计	3 134 255	226 969	1 386	2 905 900	3 183 276	3 054 677	128 599	710 055
中医医院	3 114 341	223 721	1 386	2 889 234	3 163 005	3 035 500	127 505	703 331
非营利性	2 910 970	223 721	1 386	2 685 863	2 935 243	2 807 738	127 505	701 022
省	1 884 472	119 292	226	1 764 954	1 909 091	1 821 484	87 607	415 599
市	184 781	50 449		134 332	194 089	172 717	21 372	51 024
区	841 717	53 980	1 160	786 577	832 063	813 537	18 526	234 399
营利性	203 371			203 371	227 762	227 762		2 309
中西医结合医院	19 914	3 248		16 666	20 271	19 177	1 094	6 724

2007年广州地区中医医院资产与负债

分　类	总资产（千元）					负债与净资（千元）	
	合计	流动资产	对外投资	固定资产	无形资产与开办费	负债	净资产
总　计	4 790 797	1 778 303	13 994	2 946 448	52 052	1 100 728	3 690 069
中医医院	4 768 500	1 765 031	13 994	2 937 423	52 052	1 092 550	3 675 950
非营利性	4 525 986	1 709 958	13 994	2 762 658	39 376	767 810	3 758 176

续表

分　类	总资产（千元）					负债与净资（千元）	
	合计	流动资产	对外投资	固定资产	无形资产与开办费	负债	净资产
省	3 437 947	1 364 902	13 988	2 022 049	37 008	543 670	2 894 277
市	280 505	66 289		214 009	207	37 564	242 941
区	807 534	278 767	6	526 600	2 161	186 576	620 958
营利性	242 514	55 073		174 765	12 676	324 740	－82 226
中西医结合医院	22 297	13 272		9 025		8 178	14 119

2007 年广州地区非营利性中医医院业务收、支情况

指标名称	合计	省属	市属	区属
机构数	22	6	1	15
总收入（千元）	2 910 970. 00	1 884 472. 00	184 781. 00	841 717. 00
财政补助收入	223 721. 00	119 292. 00	50 449. 00	53 980. 00
上级补助收入	1 386. 00	226. 00		1 160. 00
业务收入	2 685 863. 00	1 764 954. 00	134 332. 00	786 577. 00
医疗收入	1 511 908. 00	1 007 775. 00	60 573. 00	443 560. 00
门诊收入	699 452. 00	447 189. 00	19 731. 00	232 532. 00
内：挂号收入	14 339. 00	9 295. 00	334. 00	4 710. 00
诊察收入	45 094. 00	31 210. 00	2 394. 00	11 490. 00
检查收入	206 353. 00	149 685. 00	4 574. 00	52 094. 00
治疗收入	286 420. 00	156 639. 00	7 916. 00	121 865. 00
手术收入	20 992. 00	13 624. 00	796. 00	6 572. 00
化验收入	106 200. 00	81 299. 00	3 717. 00	21 184. 00
住院收入	812 456. 00	560 586. 00	40 842. 00	211 028. 00
内：床位收入	87 540. 00	57 519. 00	6 499. 00	23 522. 00
诊察收入	5 748. 00	3 025. 00	442. 00	2 281. 00
检查收入	96 611. 00	73 863. 00	5 867. 00	16 881. 00
治疗收入	353 265. 00	244 015. 00	17 610. 00	91 640. 00
手术收入	146 042. 00	94 314. 00	2 765. 00	48 963. 00
化验收入	97 577. 00	71 979. 00	6 344. 00	19 254. 00
护理收入	13 312. 00	6 324. 00	1 315. 00	5 673. 00
药品收入	1 149 022. 00	743 563. 00	70 579. 00	334 880. 00
门诊收入	752 582. 00	492 389. 00	32 302. 00	227 891. 00
西药收入	330 068. 00	184 548. 00	17 837. 00	127 683. 00
中药收入	422 514. 00	307 841. 00	14 465. 00	100 208. 00

续表

指标名称	合计	省属	市属	区属
住院收入	396 440. 00	251 174. 00	38 277. 00	106 989. 00
西药收入	300 563. 00	174 489. 00	35 652. 00	90 422. 00
中药收入	95 877. 00	76 685. 00	2 625. 00	16 567. 00
其他收入	24 933. 00	13 616. 00	3 180. 00	8 137. 00
总支出（千元）	2 935 243. 00	1 909 091. 00	194 089. 00	832 063. 00
财政专项支出	127 505. 00	87 607. 00	21 372. 00	18 526. 00
业务支出	2 807 738. 00	1 821 484. 00	172 717. 00	813 537. 00
医疗支出	1 590 191. 00	1 037 562. 00	99 316. 00	453 313. 00
药品支出	1 206 317. 00	777 875. 00	70 463. 00	357 979. 00
内：药品费	1 051 930. 00	704 252. 00	60 729. 00	286 949. 00
西药费	586 064. 00	347 155. 00	46 329. 00	192 580. 00
中药费	465 866. 00	357 097. 00	14 400. 00	94 369. 00
其他支出	11 230. 00	6 047. 00	2 938. 00	2 245. 00
总支出中：人员支出（千元）	701 022. 00	415 599. 00	51 024. 00	234 399. 00
离退休费（千元）	53 034. 00	20 415. 00	10 632. 00	21 987. 00
平均每所医院总收入（千元）	132 316. 82	314 078. 67	184 781. 00	56 114. 47
财政补助收入	10 169. 14	19 882. 00	50 449. 00	3 598. 67
上级补助收入	63. 00	37. 67		77. 33
业务收入	122 084. 68	294 159. 00	134 332. 00	52 438. 47
医疗收入	68 723. 09	167 962. 50	60 573. 00	29 570. 67
药品收入	52 228. 27	123 927. 17	70 579. 00	22 325. 33
其他收入	1 133. 32	2 269. 33	3 180. 00	542. 47
平均每所医院总支出（千元）	133 420. 14	318 181. 83	194 089. 00	55 470. 87
财政专项支出	5 795. 68	14 601. 17	21 372. 00	1 235. 07
业务支出	127 624. 45	303 580. 67	172 717. 00	54 235. 80
医疗支出	72 281. 41	172 927. 00	99 316. 00	30 220. 87
药品支出	54 832. 59	129 645. 83	70 463. 00	23 865. 27
其他支出	510. 45	1 007. 83	2 938. 00	149. 67
平均每所医院人员支出（千元）	31 864. 64	69 266. 50	51 024. 00	15 626. 60
病人累计欠费总额（千元）	19 472. 00	8 341. 00	670. 00	10 461. 00
内：年内病人欠费总额（千元）	4 648. 00	2 359. 00	4. 00	2 285. 00
欠费率（%）	0. 17	0. 13		0. 29
平均每诊疗人次医疗费（元）	130. 07	141. 69	114. 11	112. 95
内：挂号费	1. 28	1. 40	0. 73	1. 16
药　费	67. 41	74. 25	70. 84	55. 90
诊察费	4. 04	4. 71	5. 25	2. 82

续表

指标名称	合计	省属	市属	区属
检查费	18.48	22.57	10.03	12.78
治疗费	25.66	23.62	17.36	29.90
手术费	1.88	2.05	1.75	1.61
化验费	9.51	12.26	8.15	5.20
平均每出院者住院医疗费（元）	8 933.08	11 571.44	10 739.65	5 501.17
内：床位费	646.87	819.92	882.18	406.89
药　费	2 929.48	3 580.43	5 195.74	1 850.73
诊察费	42.47	43.12	60.00	39.46
检查费	713.90	1 052.90	796.39	292.01
治疗费	2 610.44	3 478.38	2 390.39	1 585.22
手术费	1 079.17	1 344.42	375.32	846.98
化验费	721.04	1 026.04	861.14	333.06
护理费	98.37	90.15	178.50	98.13
出院者平均每天住院医疗费	677.68	830.36	553.32	479.46
平均每一职工				
全年担负的诊疗人次	1 299.33	1 371.55	664.70	1 327.39
全年担负的住院床日数	207.62	202.19	208.44	215.98
年业务收入（元）	312 600	365 037	195 819	256 131
平均每一医师				
全年担负的诊疗人次	4 292.13	4 872.47	1 932.13	4 060.17
全年担负的住院床日数	685.84	718.29	605.89	660.64
年业务收入（元）	1 032 627	1 296 807	569 203	783 443

第三部分　居民健康状况

（一）广州市居民期望寿命

2007 年广州市居民期望寿命

地 区	人口数（人）	出生率（‰）	死亡率（‰）	自然增长率（‰）	平均期望寿命（岁）
总 计	4 856 622	9.03	6.00	3.04	78.49
荔湾区	705 006	6.53	8.00	-1.46	76.12
越秀区	1 154 932	7.10	6.45	0.65	80.55
海珠区	899 207	8.29	6.40	1.89	77.87
白云区	772 074	9.90	5.43	4.47	78.78
黄埔区	194 565	10.23	4.70	5.53	81.93
番禺区	961 366	12.41	4.53	7.88	81.30
萝岗区	169 473	12.11	4.80	7.31	81.44

（二）居民死亡原因疾病分类情况

2007 年广州市七个区前十位疾病死亡率、构成比和位次

性 别	顺 位	死亡原因	死亡率（1/10 万）	构成比（%）
合 计	1	恶性肿瘤	151.60	25.13
	2	心脏病	117.11	19.41
	3	呼吸系统疾病	109.83	18.21
	4	脑血管病	74.21	12.30
	5	损伤和中毒外部原因	23.59	3.91
	6	内分泌，营养和代谢的其他疾病	17.22	2.85
	7	消化系统疾病	17.22	2.85
	8	泌尿生殖系统疾病	10.59	1.75
	9	神经系统疾病	4.67	0.77
	10	呼吸道结核	2.75	0.46
男 性	1	恶性肿瘤	191.21	28.62
	2	心脏病	119.40	17.87
	3	呼吸系统疾病	115.82	17.33
	4	脑血管病	79.91	11.96
	5	损伤和中毒外部原因	31.68	4.74
	6	消化系统疾病	21.92	3.28
	7	内分泌，营养和代谢的其他疾病	14.19	2.12
	8	泌尿生殖系统疾病	11.02	1.65
	9	神经系统疾病	4.96	0.74
	10	呼吸道结核	4.51	0.68

续表

性　别	顺　位	死亡原因	死亡率（1/10万）	构成比（%）
女　性	1	心脏病计	114.74	21.40
	2	恶性肿瘤计	110.62	20.63
	3	呼吸系统疾病	103.64	19.33
	4	脑血管病	68.31	12.74
	5	内分泌，营养和代谢的其他疾病	20.36	3.80
	6	损伤和中毒外部原因	15.23	2.84
	7	消化系统疾病	12.37	2.31
	8	泌尿生殖系统疾病	10.14	1.89
	9	神经系统疾病	4.37	0.82
	10	精神障碍	2.69	0.50

2007年广州市七个区意外死亡外部原因、死亡率及构成比

死亡原因	合　计		男　性		女　性	
	死亡率（1/10万）	构成比（%）	死亡率（1/10万）	构成比（%）	死亡率（1/10万）	构成比（%）
损伤和中毒外部原因小计	23.59	3.91	31.68	4.74	15.23	2.84
其　中：机动车辆交通事故	3.68	0.61	5.65	0.85	1.64	0.31
机动车以外的运输事故	4.98	0.83	6.99	1.05	2.90	0.54
意外中毒	2.61	0.43	4.31	0.65	0.84	0.16
意外跌落	2.44	0.40	2.64	0.40	2.23	0.42
火　灾	0.27	0.04	0.28	0.04	0.25	0.05
由自然环境因素所致的意外事故	0.04	0.01			0.08	0.02
淹　死	1.57	0.26	2.07	0.31	1.05	0.20
意外的机械性窒息	0.14	0.02	0.20	0.03	0.08	0.02
砸　死	0.02				0.04	0.01
由机器切割和穿刺工具所致的意外的事故	0.06	0.01	0.04	0.01	0.08	0.02
触　电	0.17	0.03	0.20	0.03	0.13	0.02
其他意外事故和有害效应	2.32	0.38	2.93	0.44	1.68	0.31
自　杀	4.45	0.74	5.04	0.75	3.83	0.71
被　杀	0.85	0.14	1.30	0.19	0.38	0.07

2007年广州市婴儿死亡原因构成及排位

排　位	疾病名称	例　数	构成比（%）
1	早产或低出生体重	65	24. 34
2	先天性心脏病	43	16. 10
3	出生窒息	32	11. 99
4	诊断不明	26	9. 74
5	其他先天异常	24	8. 99
6	其他新生儿病	12	4. 49
7	肺　炎	11	4. 12
8	意外窒息	9	3. 37
9	其　他	6	2. 25
10	其他呼吸系统疾病	5	1. 87
10	其他消化系统疾病	5	1. 87
12	颅内出血	4	1. 50
12	循环系统疾病	4	1. 50

2007年广州市5岁以下儿童主要疾病死亡构成及排位

排　位	死亡原因	例　数	构成比（%）
1	早产或低出生体重	65	17. 81
2	先天性心脏病	52	14. 25
3	出生窒息	32	8. 77
4	诊断不明	30	8. 22
5	其他先天异常	27	7. 40
6	肺　炎	22	6. 03
7	溺　水	15	4. 11
8	其他新生儿病	12	3. 29
8	血液及造血器官疾病	12	3. 29
10	意外窒息	11	3. 01
11	其他肿瘤	10	2. 74
12	其　他	9	2. 47
13	白血病	8	2. 19

（三）住院病人疾病分类及年龄分布情况

2007 年广州市医院出院病人疾病分类及转归情况

疾病名称	出院人数（人）	治愈率（%）	好转率（%）	未愈率（%）	死亡率（%）	出院者平均住院日	疾病构成（%）
总　计	680 574	65.8	30.6	2.1	1.4	11.9	100.00
一、某些传染病和寄生虫病小计	20 815	37.0	57.1	3.9	2.1	16.7	3.06
其中：肠道传染病	1 889	82.7	16.3	0.6	0.4	6.3	0.28
内：霍乱	8	100.0				4.0	
伤寒和副伤寒	87	56.3	39.1	4.6		8.8	0.01
志贺菌病	46	60.9	34.8	4.3		31.4	0.01
结核病	7 031	14.1	80.0	4.1	1.8	20.5	1.03
内：肺结核	4 601	10.3	83.1	4.2	2.4	21.1	0.68
白　喉							
百日咳							
猩红热	22	68.2	31.8			4.8	
性传播模式的疾病	433	41.6	54.0	4.4		13.6	0.06
内：梅毒	321	31.5	63.2	5.3		15.9	0.05
淋球菌感染	7	42.9	57.1			5.3	
乙型脑炎	20	20.0	65.0	10.0	5.0	16.6	
斑疹伤寒	142	74.6	21.8	3.5		8.8	0.02
病毒性肝炎	5 174	22.5	68.5	6.3	2.7	21.2	0.76
人类免疫缺陷病毒病（HIV）	374	5.9	70.6	12.3	11.2	29.3	0.05
血吸虫病	5		80.0	20.0		12.4	
丝虫病	5	20.0	60.0	20.0		9.8	
钩虫病	8	87.5	12.5			14.1	
二、肿瘤小计	65 666	61.2	27.5	6.6	4.6	17.3	9.65
恶性肿瘤计	43 624	46.6	37.5	9.0	6.8	20.7	6.41
其中：鼻咽恶性肿瘤	2 206	42.6	47.7	5.5	4.3	37.2	0.32
食管恶性肿瘤	1 336	52.8	30.5	10.6	6.1	23.1	0.20
胃恶性肿瘤	2 078	52.4	27.9	11.7	8.0	20.7	0.31
小肠恶性肿瘤	182	60.4	23.6	8.2	7.7	28.2	0.03
结肠恶性肿瘤	2 081	60.7	24.8	5.9	8.6	24.6	0.31
直肠乙状结肠连接处、直肠、肛门和肛管恶性肿瘤	1 726	62.1	24.0	6.7	7.3	23.2	0.25
肝和肝内胆管恶性肿瘤	4 997	33.2	43.5	13.5	9.8	18.7	0.73
喉恶性肿瘤	497	76.9	14.7	6.2	2.2	22.2	0.07
气管、支气管、肺恶性肿瘤	7 145	32.0	45.5	11.6	11.0	17.8	1.05

续表

疾病名称	出院人数（人）	治愈率（%）	好转率（%）	未愈率（%）	死亡率（%）	出院者平均住院日	疾病构成（%）
骨、关节软骨恶性肿瘤	354	51.7	36.7	8.2	3.4	22.2	0.05
乳房恶性肿瘤	2 977	73.8	20.4	2.8	3.0	18.9	0.44
女性生殖器官恶性肿瘤	3 139	51.6	40.4	5.8	2.1	15.9	0.46
男性生殖器官恶性肿瘤	695	41.9	47.6	5.9	4.6	20.8	0.10
泌尿道恶性肿瘤	1 375	72.1	18.4	5.2	4.2	18.7	0.20
脑恶性肿瘤	754	61.0	25.6	7.4	6.0	26.5	0.11
白血病	1 823	29.8	50.1	9.8	10.3	28.6	0.27
原位癌计	819	90.1	5.9	2.8	1.2	10.5	0.12
其中：子宫颈原位癌	634	95.0	3.6	1.4		8.5	0.09
良性肿瘤计	19 872	92.4	6.0	1.5	0.1	9.9	2.92
其中：皮肤良性肿瘤	344	92.4	7.0	0.6		8.0	0.05
乳房良性肿瘤	2 348	98.3	1.4	0.3		4.3	0.35
子宫平滑肌瘤	6 118	97.0	1.8	1.2		9.5	0.90
卵巢良性肿瘤	1 976	98.8	0.7	0.6		8.6	0.29
前列腺良性肿瘤	2	50.0	50.0			9.0	
甲状腺良性肿瘤	1 014	97.7	1.1	1.2		7.8	0.15
交界恶性肿瘤计							
动态未知的肿瘤计	1 351	55.9	33.9	7.7	2.5	19.2	0.20
三、血液及造血器官疾病和某些涉及免疫机制的疾患小计	5 630	31.8	63.0	3.9	1.3	10.4	0.83
其中：贫血	2 990	21.2	73.3	4.1	1.4	9.1	0.44
四、内分泌、营养和代谢疾病小计	18 070	50.7	47.1	1.1	1.1	12.9	2.66
其中：甲状腺机能亢进	1 443	52.2	45.9	1.4	0.5	11.5	0.21
糖尿病	9 097	26.6	71.3	0.5	1.6	16.4	1.34
五、精神和行为障碍小计	8 764	45.1	52.9	1.8	0.2	54.7	1.29
其中：精神活性物质的精神和行为障碍计	1 061	68.7	28.7	2.5	0.1	10.1	0.16
精神分裂症、分裂型障碍和妄想性障碍	2 520	39.7	58.5	1.7	0.1	125.1	0.37
心境（情感）障碍	1 564	59.2	39.4	1.4		50.0	0.23
六、神经系统疾病小计	13 294	39.2	57.3	2.6	0.9	14.6	1.95
其中：中枢神经系统炎性疾病	646	31.7	54.6	7.7	5.9	21.0	0.09
帕金森病	670	16.6	81.6	1.5	0.3	20.0	0.10
癫　痫	1 895	35.5	62.0	2.2	0.4	8.4	0.28
七、眼和附器疾病小计	25 967	95.1	4.4	0.5		4.8	3.82
其中：白内障和晶状体的其他疾患	15 112	99.6	0.3	0.2		2.3	2.22
内：老年性白内障	13 035	99.6	0.2	0.2		2.1	1.92
视网膜脱离和断裂	2 317	98.4	1.3	0.4		7.4	0.34

续表

疾病名称	出院人数（人）	治愈率（%）	好转率（%）	未愈率（%）	死亡率（%）	出院者平均住院日	疾病构成（%）
青光眼	2 273	90.5	9.1	0.4		9.0	0.33
八、耳和乳突疾病小计	3 990	63.5	33.6	2.9		10.7	0.59
其中：中耳和乳突疾病	1 778	87.8	11.1	1.1		10.5	0.26
九、循环系统疾病小计	63 380	37.8	56.7	1.7	3.7	15.7	9.31
其中：急性风湿热	101	22.8	75.2	2.0		11.4	0.01
内：急性风湿性关节炎	77	24.7	72.7	2.6		11.8	0.01
慢性风湿性心脏病	1 880	61.4	33.4	1.9	3.4	17.8	0.28
高血压	11 329	17.8	80.6	0.4	1.2	13.5	1.66
内：高血压性心脏、肾脏病	1 576	7.2	89.5	0.8	2.6	13.5	0.23
缺血性心脏病	14 477	35.9	58.3	1.0	4.7	13.5	2.13
内：心绞痛	3 173	19.0	79.1	0.3	1.6	11.9	0.47
急性心肌梗死	2 713	41.5	42.5	2.4	13.6	15.7	0.40
其他缺血性心脏病	8 591	40.4	55.6	0.9	3.1	13.4	1.26
肺栓塞	172	36.6	41.3	6.4	15.7	17.2	0.03
心脏传导疾患和心律失常	3 207	63.0	35.4	1.0	0.6	8.3	0.47
心力衰竭	934	50.6	33.7	3.7	11.9	23.6	0.14
脑血管病	21 660	31.6	61.3	2.5	4.6	20.9	3.18
内：颅内出血	4 002	41.6	38.9	6.7	12.9	22.0	0.59
脑梗死	12 185	33.5	62.1	1.5	2.9	17.8	1.79
大脑动脉闭塞和狭窄	967	14.0	79.1	2.1	4.9	17.9	0.14
静脉炎和血栓性静脉炎、静脉栓塞和血栓形成	652	41.0	55.2	3.1	0.8	13.5	0.10
下肢静脉曲张	443	88.0	9.9	2.0		12.3	0.07
十、呼吸系统疾病小计	74 353	69.1	27.7	1.2	2.1	10.5	10.93
其中：急性上呼吸道感染	14 322	76.9	22.5	0.6		5.2	2.10
流行性感冒	173	85.5	13.9		0.6	8.9	0.03
肺　炎	21 107	71.4	25.0	1.3	2.3	10.3	3.10
慢性扁桃体和腺样体疾病	1 742	96.2	3.2	0.6		6.3	0.26
支气管炎、肺气肿和其他慢性阻塞性肺病	10 245	45.5	48.8	1.3	4.4	14.9	1.51
哮　喘	1 915	57.8	40.8	0.8	0.6	9.9	0.28
外部物质引起的肺病	363	33.6	52.9	1.7	11.8	38.0	0.05
十一、消化系统疾病小计	52 176	69.6	27.8	1.7	0.9	9.9	7.67
其中：口腔、涎腺和颌疾病	1 661	87.8	10.6	1.6	0.1	9.7	0.24
内：牙齿及牙周病	350	93.7	4.3	2.0		9.8	0.05
胃及十二指肠溃疡	4 256	55.7	42.6	0.8	1.0	10.3	0.63
阑尾疾病	6 324	90.5	8.9	0.5		6.7	0.93

续表

疾病名称	出院人数（人）	治愈率（%）	好转率（%）	未愈率（%）	死亡率（%）	出院者平均住院日	疾病构成（%）
疝　计	5 790	95. 9	2. 3	1. 7	0. 1	7. 3	0. 85
内：腹股沟疝	5 435	96. 8	1. 5	1. 6	0. 1	6. 9	0. 80
肠梗阻	2 163	76. 9	18. 6	3. 1	1. 5	10. 1	0. 32
肝疾病	4 860	27. 1	64. 5	4. 7	3. 6	17. 9	0. 71
胆石病和胆囊炎	6 178	76. 7	21. 5	1. 5	0. 3	12. 3	0. 91
急性胰腺炎	1 225	74. 0	22. 2	2. 0	1. 9	12. 8	0. 18
十二、皮肤和皮下组织疾病小计	5 059	70. 9	27. 0	1. 6	0. 6	14. 4	0. 74
其中：皮炎及湿疹	795	65. 0	33. 6	1. 0	0. 4	12. 1	0. 12
牛皮癣	232	33. 2	65. 5	1. 3		17. 6	0. 03
荨麻疹	262	79. 4	20. 6			5. 7	0. 04
十三、肌肉骨骼系统和结缔组织疾病小计	23 579	45. 8	52. 4	1. 5	0. 3	14. 2	3. 46
其中：类风湿性关节炎和其他炎性多关节病	2 296	35. 8	63. 0	0. 9	0. 3	13. 0	0. 34
关节病	1 135	43. 5	55. 5	0. 8	0. 2	17. 9	0. 17
系统性结缔组织病	3 399	27. 4	69. 3	1. 8	1. 5	15. 0	0. 50
内：系统性红斑狼疮	2 140	23. 3	74. 1	1. 4	1. 2	14. 6	0. 31
脊椎关节强硬	4 561	31. 8	67. 2	0. 9		13. 1	0. 67
椎间盘疾患	5 267	54. 6	43. 8	1. 7		13. 1	0. 77
骨病和软骨病	2 375	51. 8	45. 9	2. 1	0. 1	17. 1	0. 35
内：骨密度和结构的疾患	1 760	47. 6	50. 9	1. 4	0. 2	17. 0	0. 26
骨髓炎	228	66. 2	30. 3	3. 5		23. 0	0. 03
十四、泌尿生殖系统疾病小计	43 005	72. 2	25. 0	2. 3	0. 5	10. 3	6. 32
其中：肾小球疾病	4 209	27. 2	70. 1	2. 0	0. 7	13. 9	0. 62
肾小管 - 间质疾病	3 920	74. 4	23. 1	2. 1	0. 4	12. 4	0. 58
肾衰竭	2 355	24. 9	63. 8	4. 8	6. 5	18. 1	0. 35
尿石病	6 790	75. 8	21. 5	2. 7		9. 3	1. 00
膀胱炎	375	77. 6	21. 9	0. 5		11. 7	0. 06
尿道狭窄	227	71. 4	25. 1	3. 5		13. 1	0. 03
男性生殖器官疾病	5 198	84. 0	14. 3	1. 7	0. 1	10. 3	0. 76
内：前列腺增生	2 547	76. 4	22. 1	1. 4	0. 1	15. 4	0. 37
乳房疾患	2 033	89. 4	9. 0	1. 6		5. 7	0. 30
女性盆腔器官炎性疾病	4 552	77. 1	21. 5	1. 4		7. 2	0. 67
子宫内膜异位	2 776	93. 5	5. 7	0. 8		8. 6	0. 41
女性生殖器脱垂	840	91. 8	5. 8	2. 4		10. 9	0. 12
十五、妊娠、分娩和产褥期小计	111 234	93. 4	5. 8	0. 7		6. 1	16. 34
其中：异位妊娠	7 007	89. 7	8. 5	1. 8		7. 8	1. 03
医疗性流产	11 769	99. 6	0. 3	0. 1		4. 2	1. 73

续表

疾病名称	出院人数（人）	治愈率（%）	好转率（%）	未愈率（%）	死亡率（%）	出院者平均住院日	疾病构成（%）
妊娠、分娩和产褥期的水肿、蛋白尿和高血压疾患	2 045	76.4	21.6	2.0		7.6	0.30
前置胎盘、胎盘早剥和产前出血	1 160	85.1	12.2	2.8		9.9	0.17
梗阻性分娩	3 781	99.6	0.3	0.1		6.6	0.56
分娩时会阴、阴道裂伤	3 145	99.5	0.4	0.1		3.8	0.46
产后出血	2 449	97.3	2.4	0.1	0.1	6.5	0.36
顺　产	7 919	100.0				4.5	1.16
十六、起源于围生期的某些情况小计	24 722	73.3	24.5	1.3	0.9	7.5	3.63
其中：产伤	245	55.9	42.4	1.2	0.4	6.8	0.04
出生窒息	1 421	65.1	31.2	1.8	1.9	10.1	0.21
新生儿吸入综合征	1 561	72.0	26.1	1.2	0.7	6.6	0.23
特发于围生期的感染	423	70.4	22.7	2.1	4.7	8.5	0.06
胎儿和新生儿的溶血性疾病	413	86.4	13.1	0.5		6.2	0.06
新生儿硬化病	31	64.5	19.4	6.5	9.7	8.6	
十七、先天性畸形、变形和染色体异常小计	12 986	85.8	9.4	3.6	1.2	11.9	1.91
其中：脊柱裂	55	85.5	5.5	9.1		13.6	0.01
神经系统其他先天性畸形	190	39.5	51.1	9.5		16.5	0.03
循环系统先天性畸形	4 290	81.8	10.4	4.8	2.9	14.8	0.63
消化系统其他先天性畸形	1 146	79.5	14.9	4.6	1.0	14.9	0.17
泌尿系统其他先天性畸形	1 339	91.0	6.4	2.6		12.3	0.20
肌肉骨骼系统其他先天性畸形	711	87.6	6.8	4.4	1.3	10.3	0.10
十八、症状、体征和临床与实验异常所见，不可分类于他处者小计	5 206	51.5	36.3	7.1	5.0	12.6	0.76
十九、损伤、中毒和外因的某些其他后果小计	46 101	73.2	23.5	1.9	1.3	15.3	6.77
其中：骨折	16 187	69.6	27.0	3.1	0.3	18.4	2.38
内：颅骨和面骨骨折	1 082	68.9	28.7	2.2	0.3	11.5	0.16
股骨骨折	2 789	73.8	21.0	4.5	0.7	27.4	0.41
多部位骨折	414	64.5	30.4	3.4	1.7	28.2	0.06
颅内损伤	5 443	65.5	24.8	2.1	7.6	18.3	0.80
烧伤和腐蚀伤	2 959	69.7	28.7	1.2	0.5	16.9	0.43
药物、药剂和生物制品中毒	343	64.1	33.2	1.2	1.5	5.0	0.05
非药用物质的毒性效应	677	60.1	34.6	2.2	3.1	19.6	0.10
手术和医疗的并发症，不可归类在他处者计	2 754	79.0	19.5	1.2	0.3	12.2	0.40
内：操作并发症，不可归类在他处者	905	80.0	18.7	1.2	0.1	16.3	0.13
假体装置、植入物和移植物的并发症	979	93.2	5.8	0.7	0.3	10.6	0.14
二十、影响健康状态和与保健机构接触的因素小计	56 575	46.0	52.0	2.0	0.1	9.2	8.31
其中：无症状的人类免疫缺陷病毒感染状态	3	66.7		33.3		5.3	

2007年广州市医院出院病人疾病分类年龄组分布（合计）

疾病名称	出院人数（人）	构成（%）				
		5岁以下	5～14岁	15～44岁	45～59岁	60岁及以上
总　计	680 574	13.1	4.3	41.6	16.0	24.9
一、某些传染病和寄生虫病小计	20 815	19.2	4.4	45.1	14.8	16.4
其中：肠道传染病	1 889	88.0	2.7	5.3	1.7	2.3
内：霍乱	8			75.0	12.5	12.5
伤寒和副伤寒	87	29.9	6.9	44.8	12.6	5.7
志贺菌病	46	56.5	6.5	17.4	2.2	17.4
结核病	7 031	1.8	2.5	49.2	19.8	26.8
内：肺结核	4 601	0.4	0.9	41.8	22.3	34.6
白　喉						
百日咳						
猩红热	22	59.1	40.9			
性传播模式的疾病	433	24.2	0.7	49.4	17.3	8.3
内：梅毒	321	31.8	0.3	42.7	18.7	6.5
淋球菌感染	7	14.3		71.4		14.3
乙型脑炎	20	40.0	60.0			
斑疹伤寒	142	3.5	12.0	38.7	22.5	23.2
病毒性肝炎	5 174	0.5	1.5	72.7	16.8	8.4
人类免疫缺陷病毒病（HIV）	374	0.5	2.1	74.3	18.2	4.8
血吸虫病	5			60.0		40.0
丝虫病	5			40.0	20.0	40.0
钩虫病	8				50.0	50.0
二、肿瘤小计	65 666	3.1	2.3	34.6	30.8	29.2
恶性肿瘤计	43 624	1.3	1.7	24.0	33.8	39.2
其中：鼻咽恶性肿瘤	2 206		0.3	41.5	40.5	17.8
食管恶性肿瘤	1 336			7.5	44.8	47.8
胃恶性肿瘤	2 078			16.2	32.9	50.9
小肠恶性肿瘤	182			19.2	36.8	44.0
结肠恶性肿瘤	2 081			12.5	25.2	62.3
直肠乙状结肠连接处、直肠、肛门和肛管恶性肿瘤	1 726		0.1	15.8	31.8	52.4
肝和肝内胆管恶性肿瘤	4 997	0.5	0.3	28.6	38.2	32.4
喉恶性肿瘤	497	0.2	0.2	6.2	42.9	50.5
气管、支气管、肺恶性肿瘤	7 145			9.2	32.6	58.1
骨、关节软骨恶性肿瘤	354	1.4	21.5	53.7	12.4	11.0
乳房恶性肿瘤	2 977			35.6	45.1	19.3

续表

疾病名称	出院人数（人）	构成（%）				
		5岁以下	5~14岁	15~44岁	45~59岁	60岁及以上
女性生殖器官恶性肿瘤	3 139		0.4	39.4	44.9	15.2
男性生殖器官恶性肿瘤	695	1.7	0.4	12.1	9.4	76.4
泌尿道恶性肿瘤	1 375	1.6	0.9	13.5	27.8	56.3
脑恶性肿瘤	754	3.6	12.1	48.4	20.8	15.1
白血病	1 823	10.0	18.2	40.5	14.4	16.9
原位癌计	819		0.1	68.0	21.2	10.6
其中：子宫颈原位癌	634			81.1	17.4	1.6
良性肿瘤计	19 872	7.2	3.3	56.4	25.2	7.9
其中：皮肤良性肿瘤	344	24.7	15.7	38.7	9.0	11.9
乳房良性肿瘤	2 348		0.9	83.4	13.5	2.2
子宫平滑肌瘤	6 118			62.4	36.6	1.0
卵巢良性肿瘤	1 976	0.1	1.6	82.4	10.8	5.1
前列腺良性肿瘤	2					100.0
甲状腺良性肿瘤	1 014		1.1	61.3	30.1	7.5
交界恶性肿瘤计						
动态未知的肿瘤计	1 351	3.0	5.0	37.1	22.8	32.2
三、血液及造血器官疾病和某些涉及免疫机制的疾患小计	5 630	21.2	30.9	24.4	8.9	14.6
其中：贫血	2 990	18.6	30.4	25.3	8.2	17.6
四、内分泌、营养和代谢疾病小计	18 070	3.5	5.6	25.9	27.3	37.7
其中：甲状腺机能亢进	1 443	0.3	1.6	51.6	27.5	19.0
糖尿病	9 097	0.1	0.8	13.8	27.6	57.7
五、精神和行为障碍小计	8 764	6.0	2.7	61.4	16.5	13.4
其中：精神活性物质的精神和行为障碍计	1 061	0.1	0.3	93.0	6.3	0.3
精神分裂症、分裂型障碍和妄想性障碍	2 520		1.4	76.8	17.1	4.7
心境（情感）障碍	1 564		1.0	68.2	19.6	11.3
六、神经系统疾病小计	13 294	13.2	8.9	23.5	17.5	37.0
其中：中枢神经系统炎性疾病	646	20.6	13.8	38.2	17.0	10.4
帕金森病	670		0.1	4.2	15.1	80.6
癫　痫	1 895	23.5	23.3	28.2	8.7	16.3
七、眼和附器疾病小计	25 967	1.3	3.9	18.5	17.1	59.3
其中：白内障和晶状体的其他疾患	15 112	0.6	1.2	5.3	11.8	81.1
内：老年性白内障	13 035			0.5	9.4	90.1
视网膜脱离和断裂	2 317	0.2	3.8	45.9	30.3	19.9
青光眼	2 273	0.5	1.5	17.5	25.2	55.4
八、耳和乳突疾病小计	3 990	3.3	7.0	51.4	23.3	15.1
其中：中耳和乳突疾病	1 778	3.5	10.3	58.9	19.2	8.0

续表

疾病名称	出院人数（人）	构成（%）				
		5岁以下	5~14岁	15~44岁	45~59岁	60岁及以上
九、循环系统疾病小计	63 380	0.6	1.0	12.9	20.2	65.3
其中：急性风湿热	101		9.9	35.6	19.8	34.7
内：急性风湿性关节炎	77		11.7	31.2	19.5	37.7
慢性风湿性心脏病	1 880	0.1	0.6	31.0	39.7	28.6
高血压	11 329			7.3	20.1	72.6
内：高血压性心脏、肾脏病	1 576			5.1	15.7	79.1
缺血性心脏病	14 477			3.2	19.7	77.1
内：心绞痛	3 173			2.4	19.3	78.3
急性心肌梗死	2 713			5.9	25.5	68.6
其他缺血性心脏病	8 591			2.6	18.0	79.4
肺栓塞	172	0.6		23.3	20.9	55.2
心脏传导疾患和心律失常	3 207	2.4	5.0	26.6	25.8	40.3
心力衰竭	934	0.3	0.3	6.5	12.2	80.6
脑血管病	21 660	0.5	0.3	7.1	18.2	73.9
内：颅内出血	4 002	1.6	1.0	18.7	27.9	50.7
脑梗死	12 185	0.1		3.8	16.4	79.6
大脑动脉闭塞和狭窄	967			5.6	16.3	78.1
静脉炎和血栓性静脉炎、静脉栓塞和血栓形成	652	0.5	1.8	29.1	24.1	44.5
下肢静脉曲张	443	0.2		21.2	36.8	41.8
十、呼吸系统疾病小计	74 353	41.1	7.6	15.3	7.6	28.4
其中：急性上呼吸道感染	14 322	57.5	17.3	13.8	4.4	7.1
流行性感冒	173	78.0	19.7	2.3		
肺　炎	21 107	62.7	5.0	5.0	4.7	22.7
慢性扁桃体和腺样体疾病	1 742	10.2	41.1	42.0	5.6	1.1
支气管炎、肺气肿和其他慢性阻塞性肺病	10 245	7.8	0.8	3.8	5.6	82.0
哮　喘	1 915	23.7	6.7	14.0	15.5	40.1
外部物质引起的肺病	363	9.4		30.3	11.3	49.0
十一、消化系统疾病小计	52 176	15.9	5.4	31.3	19.8	27.7
其中：口腔、涎腺和颌疾病	1 661	15.9	12.3	38.2	18.3	15.4
内：牙齿及牙周病	350	2.9	14.3	50.6	16.9	15.4
胃及十二指肠溃疡	4 256	0.8	1.3	37.4	26.3	34.2
阑尾疾病	6 324	1.3	10.6	68.5	11.6	8.0
疝　计	5 790	31.7	13.7	13.2	10.9	30.4
内：腹股沟疝	5 435	33.5	14.5	13.3	10.1	28.7
肠梗阻	2 163	21.2	5.1	24.8	14.1	34.8
肝疾病	4 860	6.9	0.8	28.4	35.4	28.6

续表

疾病名称	出院人数（人）	构成（%）				
		5岁以下	5~14岁	15~44岁	45~59岁	60岁及以上
胆石病和胆囊炎	6 178		0.3	29.2	31.9	38.6
急性胰腺炎	1 225		1.9	35.3	26.0	36.9
十二、皮肤和皮下组织疾病小计	5 059	13.4	9.4	34.7	14.6	28.0
其中：皮炎及湿疹	795	7.2	3.1	25.3	16.6	47.8
牛皮癣	232	2.6	1.3	44.8	27.6	23.7
荨麻疹	262	21.8	24.4	30.2	15.6	8.0
十三、肌肉骨骼系统和结缔组织疾病小计	23 579	2.1	4.9	31.7	24.3	37.0
其中：类风湿性关节炎和其他炎性多关节病	2 296	3.4	8.5	19.1	21.5	47.6
关节病	1 135	0.2	0.5	8.8	23.7	66.8
系统性结缔组织病	3 399	7.7	13.8	54.1	16.0	8.3
内：系统性红斑狼疮	2 140		17.2	66.7	11.8	4.3
脊椎关节强硬	4 561		0.1	16.5	31.7	51.7
椎间盘疾患	5 267		0.2	41.9	31.1	26.8
骨病和软骨病	2 375	0.7	4.4	18.7	12.4	63.8
内：骨密度和结构的疾患	1 760	0.4	3.9	13.8	7.9	74.0
骨髓炎	228	8.3	11.8	45.2	18.9	15.8
十四、泌尿生殖系统疾病小计	43 005	4.0	4.8	52.1	19.8	19.4
其中：肾小球疾病	4 209	10.2	17.1	46.8	14.1	11.8
肾小管-间质疾病	3 920	1.4	1.9	41.4	33.4	21.9
肾衰竭	2 355	0.4	0.7	35.3	26.7	36.9
尿石病	6 790	0.7	0.8	42.3	33.7	22.5
膀胱炎	375		1.6	40.8	26.9	30.7
尿道狭窄	227	7.0	10.6	37.9	11.0	33.5
男性生殖器官疾病	5 198	17.8	16.2	10.9	7.1	48.0
内：前列腺增生	2 547			0.4	8.4	91.1
乳房疾患	2 033	0.2	0.4	63.8	31.0	4.5
女性盆腔器官炎性疾病	4 552	0.2	0.6	87.2	10.9	1.1
子宫内膜异位	2 776			85.3	14.4	0.3
女性生殖器脱垂	840		0.1	16.8	22.3	60.8
十五、妊娠、分娩和产褥期小计	111 234			99.9	0.1	
其中：异位妊娠	7 007			99.9	0.1	
医疗性流产	11 769		0.2	99.6	0.1	0.1
妊娠、分娩和产褥期的水肿、蛋白尿和高血压疾患	2 045			99.8	0.2	
前置胎盘、胎盘早剥和产前出血	1 160			99.8	0.2	
梗阻性分娩	3 781			99.9		

续表

疾病名称	出院人数（人）	构成（%）				
		5岁以下	5～14岁	15～44岁	45～59岁	60岁及以上
分娩时会阴、阴道裂伤	3 145		0.1	99.9		
产后出血	2 449			99.9	0.1	
顺　产	7 919			100.0		
十六、起源于围生期的某些情况小计	24 722	100.0				
其中：产伤	245	99.2	0.8			
出生窒息	1 421	100.0				
新生儿吸入综合征	1 561	100.0				
特发于围生期的感染	423	100.0				
胎儿和新生儿的溶血性疾病	413	100.0				
新生儿硬化病	31	100.0				
十七、先天性畸形、变形和染色体异常小计	12 986	49.1	21.6	22.9	4.3	2.1
其中：脊柱裂	55	78.2	5.5	10.9	5.5	
神经系统其他先天性畸形	190	53.2	19.5	23.7	3.2	0.5
循环系统先天性畸形	4 290	44.4	23.1	24.9	4.9	2.8
消化系统其他先天性畸形	1 146	82.7	6.5	5.0	3.1	2.7
泌尿系统其他先天性畸形	1 339	34.4	24.7	38.2	1.8	0.9
肌肉骨骼系统其他先天性畸形	711	52.9	27.0	17.4	2.1	0.6
十八、症状、体征和临床与实验异常所见，不可分类于他处者小计	5 206	21.1	9.1	28.8	15.4	25.6
十九、损伤、中毒和外因的某些其他后果小计	46 101	5.5	5.8	58.5	14.3	15.9
其中：骨折	16 187	2.3	6.2	51.2	14.5	25.9
内：颅骨和面骨骨折	1 082	5.9	5.5	75.4	11.0	2.2
股骨骨折	2 789	2.1	3.2	21.1	8.5	65.1
多部位骨折	414	1.0	3.1	63.5	17.4	15.0
颅内损伤	5 443	3.9	5.1	61.0	16.8	13.2
烧伤和腐蚀伤	2 959	29.6	6.8	49.0	8.7	5.8
药物、药剂和生物制品中毒	343	12.0	4.4	56.9	7.3	19.5
非药用物质的毒性效应	677	11.4	9.7	58.5	12.7	7.7
手术和医疗的并发症，不可归类在他处者计	2 754	2.8	4.2	47.9	23.7	21.4
内：操作并发症，不可归类在他处者	905	4.4	4.6	45.2	21.8	24.0
假体装置、植入物和移植物的并发症	979	2.0	5.9	46.1	21.2	24.7
二十、影响健康状态和与保健机构接触的因素小计	56 575	3.4	4.7	35.0	33.8	23.1
其中：无症状的人类免疫缺陷病毒感染状态	3					

2007年广州市医院出院病人疾病分类年龄组分布（男性）

疾病名称	出院人数（人）	构成（%）				
		5岁以下	5～14岁	15～44岁	45～59岁	60岁及以上
总　计	312 670	18. 3	6. 1	28. 2	17. 5	30. 0
一、某些传染病和寄生虫病小计	13 869	18. 5	4. 2	45. 7	15. 4	16. 3
其中：肠道传染病	1 225	90. 2	2. 7	3. 8	1. 5	1. 9
内：霍乱	4			75. 0	25. 0	
伤寒和副伤寒	51	35. 3	3. 9	45. 1	7. 8	7. 8
志贺菌病	26	76. 9	3. 8	11. 5		7. 7
结核病	4 634	1. 5	2. 4	45. 0	21. 0	30. 0
内：肺结核	3 296	0. 2	0. 7	38. 5	23. 6	37. 0
白　喉						
百日咳						
猩红热	17	58. 8	41. 2			
性传播模式的疾病	222	24. 8		41. 9	23. 4	9. 9
内：梅毒	179	29. 6		38. 0	26. 3	6. 1
淋球菌感染	5			100. 0		
乙型脑炎	15	40. 0	60. 0			
斑疹伤寒	72	4. 2	16. 7	37. 5	16. 7	25. 0
病毒性肝炎	4 052	0. 4	1. 4	74. 5	16. 7	7. 0
人类免疫缺陷病毒病（HIV）	298	0. 3	1. 7	73. 2	18. 8	6. 0
血吸虫病	5			60. 0		40. 0
丝虫病	4			25. 0	25. 0	50. 0
钩虫病	2					100. 0
二、肿瘤小计	30 246	3. 3	3. 0	22. 9	31. 1	39. 7
恶性肿瘤计	25 332	1. 3	2. 0	20. 4	32. 7	43. 7
其中：鼻咽恶性肿瘤	1 641		0. 3	41. 0	41. 4	17. 3
食管恶性肿瘤	1 086			7. 5	45. 9	46. 7
胃恶性肿瘤	1 380			13. 5	32. 6	53. 9
小肠恶性肿瘤	113			21. 2	32. 7	46. 0
结肠恶性肿瘤	1 205			12. 9	24. 4	62. 7
直肠乙状结肠连接处、直肠、肛门和肛管恶性肿瘤	1 037			13. 7	32. 6	53. 7
肝和肝内胆管恶性肿瘤	4 208	0. 4	0. 3	29. 4	40. 2	29. 6
喉恶性肿瘤	465	0. 2		5. 6	43. 7	50. 5
气管、支气管、肺恶性肿瘤	4 914	0. 1		7. 5	32. 4	60. 0
骨、关节软骨恶性肿瘤	215	2. 3	17. 7	55. 3	14. 9	9. 8
乳房恶性肿瘤	23			17. 4	21. 7	60. 9

续表

疾病名称	出院人数（人）	构成（%）				
		5岁以下	5~14岁	15~44岁	45~59岁	60岁及以上
女性生殖器官恶性肿瘤						
男性生殖器官恶性肿瘤	695	1.7	0.4	12.1	9.4	76.4
泌尿道恶性肿瘤	1 061	1.3	0.7	12.6	28.6	56.8
脑恶性肿瘤	480	4.2	12.9	48.1	18.5	16.3
白血病	1 089	10.1	20.8	38.3	13.4	17.4
原位癌计	65			9.2	29.2	61.5
其中：子宫颈原位癌						
良性肿瘤计	4 242	15.3	8.3	37.1	23.4	15.9
其中：皮肤良性肿瘤	145	24.1	14.5	35.9	11.0	14.5
乳房良性肿瘤	3			100.0		
子宫平滑肌瘤						
卵巢良性肿瘤						
前列腺良性肿瘤	2					100.0
甲状腺良性肿瘤	226		0.4	49.6	39.4	10.6
交界恶性肿瘤计						
动态未知的肿瘤计	607	3.3	7.6	29.0	22.6	37.6
三、血液及造血器官疾病和某些涉及免疫机制的疾患小计	2 976	26.2	34.0	20.4	6.7	12.7
其中：贫血	1 458	21.9	33.1	22.7	6.9	15.4
四、内分泌、营养和代谢疾病小计	7 293	5.1	6.4	22.6	26.8	39.0
其中：甲状腺机能亢进	427	0.2	1.9	49.9	30.2	17.8
糖尿病	4 480	0.2	0.8	17.9	29.2	51.9
五、精神和行为障碍小计	4 882	7.3	3.1	66.4	12.8	10.5
其中：精神活性物质的精神和行为障碍计	906	0.1	0.2	92.5	7.0	0.2
精神分裂症、分裂型障碍和妄想性障碍	1 314		1.8	83.6	11.9	2.7
心境（情感）障碍	739		0.9	72.8	17.5	8.8
六、神经系统疾病小计	7 545	15.5	10.5	23.8	15.1	35.1
其中：中枢神经系统炎性疾病	385	22.1	15.1	37.7	14.8	10.4
帕金森病	417		0.2	4.3	11.3	84.2
癫　痫	1 194	22.6	24.0	26.9	9.5	17.0
七、眼和附器疾病小计	12 646	1.7	5.0	23.5	16.8	53.1
其中：白内障和晶状体的其他疾患	6 871	0.9	2.0	7.9	12.9	76.3
内：老年性白内障	5 631			0.5	10.4	89.2
视网膜脱离和断裂	1 506	0.2	4.6	50.3	26.8	18.1
青光眼	1 092	0.8	2.7	24.7	22.2	49.6
八、耳和乳突疾病小计	1 928	4.6	9.2	51.4	21.2	13.6
其中：中耳和乳突疾病	916	4.9	12.6	58.2	16.4	8.0

续表

疾病名称	出院人数（人）	构成（%）				
		5岁以下	5～14岁	15～44岁	45～59岁	60岁及以上
九、循环系统疾病小计	36 046	0.7	1.1	14.7	20.8	62.7
其中：急性风湿热	50		20.0	36.0	14.0	30.0
内：急性风湿性关节炎	40		22.5	27.5	15.0	35.0
慢性风湿性心脏病	654	0.3	1.2	30.6	39.4	28.4
高血压	5 371		0.1	9.4	19.4	71.1
内：高血压性心脏、肾脏病	852			7.6	17.5	74.9
缺血性心脏病	8 994			4.5	24.1	71.3
内：心绞痛	1 726			3.9	22.9	73.2
急性心肌梗死	2 056			7.2	30.9	61.8
其他缺血性心脏病	5 212			3.7	21.8	74.5
肺栓塞	96	1.0		33.3	21.9	43.8
心脏传导疾患和心律失常	1 542	3.4	5.3	26.5	23.7	41.2
心力衰竭	476	0.4	0.2	6.1	14.9	78.4
脑血管病	12 617	0.6	0.3	7.7	19.1	72.3
内：颅内出血	2 490	2.0	1.3	19.3	27.9	49.4
脑梗死	7 091	0.1		4.5	18.0	77.4
大脑动脉闭塞和狭窄	522			6.9	19.5	73.6
静脉炎和血栓性静脉炎、静脉栓塞和血栓形成	331		1.8	34.1	23.6	40.5
下肢静脉曲张	214			21.0	27.1	51.9
十、呼吸系统疾病小计	47 093	42.1	7.7	14.9	6.7	28.6
其中：急性上呼吸道感染	8 541	60.1	19.1	10.9	3.5	6.3
流行性感冒	125	83.2	14.4	2.4		
肺　炎	13 200	65.0	4.6	4.5	4.4	21.4
慢性扁桃体和腺样体疾病	1 055	11.5	47.3	36.3	4.2	0.8
支气管炎、肺气肿和其他慢性阻塞性肺病	7 457	6.9	0.7	3.7	5.3	83.4
哮　喘	1 087	30.3	7.1	11.9	13.3	37.4
外部物质引起的肺病	287	7.0		35.9	10.5	46.7
十一、消化系统疾病小计	32 161	18.0	5.8	31.2	19.1	25.9
其中：口腔、涎腺和颌疾病	906	16.8	14.3	36.6	16.7	15.6
内：牙齿及牙周病	182	3.3	20.3	44.5	12.6	19.2
胃及十二指肠溃疡	3 154	0.7	1.4	41.9	25.6	30.4
阑尾疾病	3 433	1.5	12.6	69.1	10.3	6.5
疝　计	5 024	33.0	11.8	13.2	10.8	31.3
内：腹股沟疝	4 890	33.6	11.9	13.2	10.5	30.7
肠梗阻	1 387	21.8	5.4	24.8	14.6	33.3
肝疾病	3 595	6.4	0.7	31.6	37.1	24.1

续表

疾病名称	出院人数（人）	构成（%）				
		5岁以下	5～14岁	15～44岁	45～59岁	60岁及以上
胆石病和胆囊炎	2 920		0.3	30.4	30.9	38.4
急性胰腺炎	681		2.1	39.1	27.5	31.4
十二、皮肤和皮下组织疾病小计	2 876	15.4	10.0	33.3	14.9	26.4
其中：皮炎及湿疹	444	9.0	3.8	20.5	18.5	48.2
牛皮癣	168	1.2	0.6	46.4	27.4	24.4
荨麻疹	126	30.2	29.4	23.8	11.9	4.8
十三、肌肉骨骼系统和结缔组织疾病小计	10 253	3.0	5.8	35.3	21.6	34.3
其中：类风湿性关节炎和其他炎性多关节病	1 198	4.1	11.6	19.1	18.1	47.1
关节病	355	0.3	0.8	15.8	17.2	65.9
系统性结缔组织病	806	21.0	16.1	34.6	15.3	13.0
内：系统性红斑狼疮	304		28.6	50.3	12.5	8.6
脊椎关节强硬	1 817		0.2	16.3	27.0	56.5
椎间盘疾患	2 860	0.1	0.3	48.7	27.7	23.2
骨病和软骨病	857	1.1	8.3	35.4	15.6	39.7
内：骨密度和结构的疾患	523	0.4	9.8	32.9	9.4	47.6
骨髓炎	168	7.1	10.7	49.4	19.0	13.7
十四、泌尿生殖系统疾病小计	16 798	9.1	9.9	31.4	18.5	31.1
其中：肾小球疾病	2 458	13.6	21.8	43.5	10.1	11.0
肾小管－间质疾病	1 957	2.1	3.2	40.6	32.2	21.9
肾衰竭	1 443	0.6	0.8	37.3	25.9	35.3
尿石病	4 042	0.9	1.0	46.3	30.6	21.2
膀胱炎	107		2.8	34.6	23.4	39.3
尿道狭窄	220	6.8	10.9	38.2	10.9	33.2
男性生殖器官疾病	5 198	17.8	16.2	10.9	7.1	48.0
内：前列腺增生	2 547			0.4	8.4	91.1
乳房疾患	82		3.7	59.8	15.9	20.7
女性盆腔器官炎性疾病						
子宫内膜异位						
女性生殖器脱垂						
十五、妊娠、分娩和产褥期小计						
其中：异位妊娠						
医疗性流产						
妊娠、分娩和产褥期的水肿、蛋白尿和高血压疾患						
前置胎盘、胎盘早剥和产前出血						
梗阻性分娩						

续表

疾病名称	出院人数（人）	构成（%）				
		5岁以下	5～14岁	15～44岁	45～59岁	60岁及以上
分娩时会阴、阴道裂伤						
产后出血						
顺　产						
十六、起源于围生期的某些情况小计	14 543	100.0				
其中：产伤	148	98.6	1.4			
出生窒息	914	100.0				
新生儿吸入综合征	907	100.0				
特发于围生期的感染	246	100.0				
胎儿和新生儿的溶血性疾病	205	100.0				
新生儿硬化病	21	100.0				
十七、先天性畸形、变形和染色体异常小计	7 856	56.2	23.4	15.7	3.1	1.6
其中：脊柱裂	36	80.6		13.9	5.6	
神经系统其他先天性畸形	130	60.8	17.7	20.0	1.5	
循环系统先天性畸形	2 381	50.5	22.8	20.1	4.2	2.4
消化系统其他先天性畸形	761	85.7	6.2	3.9	2.2	2.0
泌尿系统其他先天性畸形	788	55.7	37.6	6.7		
肌肉骨骼系统其他先天性畸形	446	52.9	30.7	15.5	0.9	
十八、症状、体征和临床与实验异常所见，不可分类于他处者小计	2 936	22.9	10.4	25.2	14.3	27.2
十九、损伤、中毒和外因的某些其他后果小计	31 889	5.1	6.1	65.9	13.5	9.4
其中：骨折	10 437	2.2	7.3	63.6	14.2	12.7
内：颅骨和面骨骨折	867	4.6	4.2	78.8	10.7	1.7
股骨骨折	1 318	3.0	4.8	36.0	11.8	44.4
多部位骨折	308	1.0	2.9	70.5	17.9	7.8
颅内损伤	3 949	3.4	4.5	63.5	16.7	11.9
烧伤和腐蚀伤	2 104	26.7	6.6	54.7	8.3	3.8
药物、药剂和生物制品中毒	162	14.2	4.9	51.9	8.6	20.4
非药用物质的毒性效应	344	15.1	9.9	54.4	14.0	6.7
手术和医疗的并发症，不可归类在他处者计	1 560	2.9	5.1	48.7	21.9	21.3
内：操作并发症，不可归类在他处者	501	4.8	5.6	43.9	19.2	26.5
假体装置、植入物和移植物的并发症	524	2.1	7.8	47.3	19.3	23.5
二十、影响健康状态和与保健机构接触的因素小计	28 834	4.0	6.0	29.7	31.8	28.5
其中：无症状的人类免疫缺陷病毒感染状态	1					100.0

2007 年广州市医院出院病人疾病分类年龄组分布（女性）

疾病名称	出院人数（人）	构成（%）				
		5 岁以下	5～14 岁	15～44 岁	45～59 岁	60 岁及以上
总　计	367 904	8.8	2.8	53.0	14.7	20.7
一、某些传染病和寄生虫病小计	6 946	20.8	4.8	43.9	13.8	16.8
其中：肠道传染病	664	83.9	2.7	8.3	2.1	3.0
内：霍乱	4			75.0		25.0
伤寒和副伤寒	36	22.2	11.1	44.4	19.4	2.8
志贺菌病	20	30.0	10.0	25.0	5.0	30.0
结核病	2 397	2.2	2.6	57.3	17.5	20.4
内：肺结核	1 305	0.7	1.5	50.0	19.1	28.7
白　喉						
百日咳						
猩红热	5	60.0	40.0			
性传播模式的疾病	211	23.7	1.4	57.3	10.9	6.6
内：梅毒	142	34.5	0.7	48.6	9.2	7.0
淋球菌感染	2	50.0				50.0
乙型脑炎	5	40.0	60.0			
斑疹伤寒	70	2.9	7.1	40.0	28.6	21.4
病毒性肝炎	1 122	0.9	1.9	66.5	17.2	13.5
人类免疫缺陷病毒病（HIV）	76	1.3	3.9	78.9	15.8	
血吸虫病						
丝虫病	1			100.0		
钩虫病	6				66.7	33.3
二、肿瘤小计	35 420	2.9	1.6	44.6	30.6	20.3
恶性肿瘤计	18 292	1.2	1.5	29.0	35.4	32.9
其中：鼻咽恶性肿瘤	565		0.2	43.0	37.7	19.1
食管恶性肿瘤	250			7.6	40.0	52.4
胃恶性肿瘤	698			21.6	33.5	44.8
小肠恶性肿瘤	69			15.9	43.5	40.6
结肠恶性肿瘤	876			12.0	26.4	61.6
直肠乙状结肠连接处、直肠、肛门和肛管恶性肿瘤	689		0.1	18.9	30.6	50.4
肝和肝内胆管恶性肿瘤	789	1.0	0.4	24.0	27.8	46.9
喉恶性肿瘤	32		3.1	15.6	31.3	50.0
气管、支气管、肺恶性肿瘤	2 231			12.8	33.0	54.1
骨、关节软骨恶性肿瘤	139		27.3	51.1	8.6	12.9
乳房恶性肿瘤	2 954			35.7	45.3	19.0

续表

疾病名称	出院人数（人）	构成（%）				
		5岁以下	5~14岁	15~44岁	45~59岁	60岁及以上
女性生殖器官恶性肿瘤	3 139		0.4	39.4	44.9	15.2
男性生殖器官恶性肿瘤						
泌尿道恶性肿瘤	314	2.5	1.6	16.2	25.2	54.5
脑恶性肿瘤	274	2.6	10.6	48.9	24.8	13.1
白血病	734	9.9	14.2	43.7	15.9	16.2
原位癌计	754		0.1	73.1	20.6	6.2
其中：子宫颈原位癌	634			81.1	17.4	1.6
良性肿瘤计	15 630	5.0	1.9	61.6	25.7	5.8
其中：皮肤良性肿瘤	199	25.1	16.6	40.7	7.5	10.1
乳房良性肿瘤	2 345		0.9	83.4	13.5	2.2
子宫平滑肌瘤	6 118			62.4	36.6	1.0
卵巢良性肿瘤	1 976	0.1	1.6	82.4	10.8	5.1
前列腺良性肿瘤						
甲状腺良性肿瘤	788		1.3	64.7	27.4	6.6
交界恶性肿瘤计						
动态未知的肿瘤计	744	2.7	2.8	43.7	23.0	27.8
三、血液及造血器官疾病和某些涉及免疫机制的疾患小计	2 654	15.6	27.5	28.9	11.3	16.7
其中：贫血	1 532	15.4	27.8	27.7	9.3	19.7
四、内分泌、营养和代谢疾病小计	10 777	2.4	5.0	28.2	27.6	36.8
其中：甲状腺机能亢进	1 016	0.4	1.5	52.3	26.4	19.5
糖尿病	4 617	0.1	0.8	9.8	26.0	63.3
五、精神和行为障碍小计	3 882	4.4	2.2	55.1	21.3	17.0
其中：精神活性物质的精神和行为障碍计	155		0.6	96.1	2.6	0.6
精神分裂症、分裂型障碍和妄想性障碍	1 206		1.0	69.4	22.7	6.9
心境（情感）障碍	825		1.1	64.0	21.5	13.5
六、神经系统疾病小计	5 749	10.0	6.9	23.0	20.6	39.5
其中：中枢神经系统炎性疾病	261	18.4	11.9	39.1	20.3	10.3
帕金森病	253			4.0	21.3	74.7
癫　痫	701	25.0	22.1	30.5	7.3	15.1
七、眼和附器疾病小计	13 321	1.0	2.8	13.7	17.3	65.1
其中：白内障和晶状体的其他疾患	8 241	0.3	0.5	3.2	11.0	85.0
内：老年性白内障	7 404			0.5	8.6	90.9
视网膜脱离和断裂	811	0.1	2.3	37.9	36.6	23.1
青光眼	1 181	0.3	0.3	10.8	27.9	60.7
八、耳和乳突疾病小计	2 062	2.0	5.0	51.4	25.2	16.4
其中：中耳和乳突疾病	862	2.0	8.0	59.6	22.3	8.1

续表

疾病名称	出院人数（人）	构成（%）				
		5岁以下	5～14岁	15～44岁	45～59岁	60岁及以上
九、循环系统疾病小计	27 334	0.5	0.8	10.5	19.4	68.8
其中：急性风湿热	51			35.3	25.5	39.2
内：急性风湿性关节炎	37			35.1	24.3	40.5
慢性风湿性心脏病	1 226		0.2	31.2	39.9	28.7
高血压	5 958			5.4	20.7	73.9
内：高血压性心脏、肾脏病	724			2.2	13.7	84.1
缺血性心脏病	5 483			0.9	12.4	86.6
内：心绞痛	1 447			0.6	14.9	84.5
急性心肌梗死	657			1.8	8.5	89.6
其他缺血性心脏病	3 379		0.1	0.9	12.1	86.9
肺栓塞	76			10.5	19.7	69.7
心脏传导疾患和心律失常	1 665	1.4	4.7	26.7	27.8	39.4
心力衰竭	458	0.2	0.4	7.0	9.4	83.0
脑血管病	9 043	0.4	0.2	6.3	17.1	76.1
内：颅内出血	1 512	1.0	0.5	17.7	28.0	52.8
脑梗死	5 094	0.1	0.1	2.8	14.3	82.7
大脑动脉闭塞和狭窄	445			4.0	12.6	83.4
静脉炎和血栓性静脉炎、静脉栓塞和血栓形成	321	0.9	1.9	24.0	24.6	48.6
下肢静脉曲张	229	0.4		21.4	45.9	32.3
十、呼吸系统疾病小计	27 260	39.5	7.4	16.0	9.1	28.0
其中：急性上呼吸道感染	5 781	53.6	14.5	18.0	5.6	8.3
流行性感冒	48	64.6	33.3	2.1		
肺　炎	7 907	58.9	5.5	5.7	5.2	24.8
慢性扁桃体和腺样体疾病	687	8.3	31.6	50.8	7.7	1.6
支气管炎、肺气肿和其他慢性阻塞性肺病	2 788	10.3	1.1	4.0	6.6	78.0
哮　喘	828	15.1	6.3	16.8	18.4	43.5
外部物质引起的肺病	76	18.4		9.2	14.5	57.9
十一、消化系统疾病小计	20 015	12.4	4.7	31.5	20.8	30.6
其中：口腔、涎腺和颌疾病	755	14.8	9.8	40.0	20.3	15.1
内：牙齿及牙周病	168	2.4	7.7	57.1	21.4	11.3
胃及十二指肠溃疡	1 102	0.9	1.3	24.8	28.1	44.9
阑尾疾病	2 891	1.1	8.2	67.7	13.2	9.8
疝　计	766	23.6	26.5	13.3	11.5	25.1
内：腹股沟疝	545	32.1	37.1	13.9	6.4	10.5
肠梗阻	776	20.0	4.6	24.9	13.1	37.4

续表

疾病名称	出院人数（人）	构成（%）				
		5岁以下	5～14岁	15～44岁	45～59岁	60岁及以上
肝疾病	1 265	8.4	0.9	19.1	30.5	41.1
胆石病和胆囊炎	3 258	0.1	0.3	28.0	32.8	38.8
急性胰腺炎	544		1.7	30.5	24.1	43.8
十二、皮肤和皮下组织疾病小计	2 183	10.7	8.5	36.5	14.2	30.1
其中：皮炎及湿疹	351	4.8	2.3	31.3	14.2	47.3
牛皮癣	64	6.3	3.1	40.6	28.1	21.9
荨麻疹	136	14.0	19.9	36.0	19.1	11.0
十三、肌肉骨骼系统和结缔组织疾病小计	13 326	1.4	4.1	29.0	26.4	39.1
其中：类风湿性关节炎和其他炎性多关节病	1 098	2.6	5.1	19.0	25.2	48.1
关节病	780	0.1	0.4	5.6	26.7	67.2
系统性结缔组织病	2 593	3.6	13.1	60.2	16.2	6.9
内：系统性红斑狼疮	1 836	0.1	15.3	69.4	11.7	3.6
脊椎关节强硬	2 744			16.5	34.9	48.5
椎间盘疾患	2 407			33.7	35.1	31.2
骨病和软骨病	1 518	0.5	2.2	9.4	10.5	77.4
内：骨密度和结构的疾患	1 237	0.4	1.5	5.7	7.3	85.1
骨髓炎	60	11.7	15.0	33.3	18.3	21.7
十四、泌尿生殖系统疾病小计	26 207	0.8	1.4	65.3	20.6	11.9
其中：肾小球疾病	1 751	5.3	10.6	51.5	19.7	12.9
肾小管－间质疾病	1 963	0.6	0.5	42.2	34.7	22.0
肾衰竭	912		0.5	32.1	28.0	39.4
尿石病	2 748	0.4	0.6	36.4	38.2	24.4
膀胱炎	268		1.1	43.3	28.4	27.2
尿道狭窄	7	14.3		28.6	14.3	42.9
男性生殖器官疾病						
内：前列腺增生						
乳房疾患	1 951	0.3	0.3	64.0	31.7	3.8
女性盆腔器官炎性疾病	4 552	0.2	0.6	87.2	10.9	1.1
子宫内膜异位	2 776			85.3	14.4	0.3
女性生殖器脱垂	840		0.1	16.8	22.3	60.8
十五、妊娠、分娩和产褥期小计	111 234			99.9	0.1	
其中：异位妊娠	7 007			99.9	0.1	
医疗性流产	11 769		0.2	99.6	0.1	0.1
妊娠、分娩和产褥期的水肿、蛋白尿和高血压疾患	2 045			99.8	0.2	
前置胎盘、胎盘早剥和产前出血	1 160			99.8	0.2	

续表

疾病名称	出院人数（人）	构成（%）				
		5岁以下	5~14岁	15~44岁	45~59岁	60岁及以上
梗阻性分娩	3 781			99.9		
分娩时会阴、阴道裂伤	3 145		0.1	99.9		
产后出血	2 449			99.9	0.1	
顺　产	7 919			100.0		
十六、起源于围生期的某些情况小计	10 179	100.0				
其中：产伤	97	100.0				
出生窒息	507	100.0				
新生儿吸入综合征	654	100.0				
特发于围生期的感染	177	100.0				
胎儿和新生儿的溶血性疾病	208	100.0				
新生儿硬化病	10	100.0				
十七、先天性畸形、变形和染色体异常小计	5 130	38.3	18.7	34.0	6.2	2.9
其中：脊柱裂	19	73.7	15.8	5.3	5.3	
神经系统其他先天性畸形	60	36.7	23.3	31.7	6.7	1.7
循环系统先天性畸形	1 909	36.8	23.5	30.8	5.7	3.2
消化系统其他先天性畸形	385	76.9	7.3	7.0	4.7	4.2
泌尿系统其他先天性畸形	551	4.0	6.4	83.1	4.4	2.2
肌肉骨骼系统其他先天性畸形	265	52.8	20.8	20.8	4.2	1.5
十八、症状、体征和临床与实验异常所见，不可分类于他处者小计	2 270	18.8	7.4	33.5	16.8	23.6
十九、损伤、中毒和外因的某些其他后果小计	14 212	6.4	5.1	41.9	16.1	30.4
其中：骨折	5 750	2.5	4.1	28.7	14.9	49.8
内：颅骨和面骨骨折	215	11.2	10.7	61.9	12.1	4.2
股骨骨折	1 471	1.2	1.8	7.7	5.5	83.8
多部位骨折	106	0.9	3.8	43.4	16.0	35.8
颅内损伤	1 494	5.0	6.6	54.4	17.0	16.9
烧伤和腐蚀伤	855	36.8	7.3	35.2	9.7	11.0
药物、药剂和生物制品中毒	181	9.9	3.9	61.3	6.1	18.8
非药用物质的毒性效应	333	7.5	9.6	62.8	11.4	8.7
手术和医疗的并发症，不可归类在他处者计	1 194	2.6	3.1	46.7	26.0	21.5
内：操作并发症，不可归类在他处者	404	4.0	3.5	46.8	25.0	20.8
假体装置、植入物和移植物的并发症	455	2.0	3.7	44.6	23.5	26.2
二十、影响健康状态和与保健机构接触的因素小计	27 741	2.8	3.4	40.5	35.8	17.5
其中：无症状的人类免疫缺陷病毒感染状态	2			100.0		

第四部分　广州地区各区（县级市）卫生资源情况

（一）荔　湾　区

荔湾区卫生机构、床位、人员情况（不含村卫生室）

分类	机构个数	床位数	人员数（人）									
			合计	卫生技术人员	其中					其他技术人员	管理人员	工勤技能人员
					执业（助理）医师	执业医师	注册护士	药师（士）	技师（士）			
总　计	231	3 862	7 281	5 787	2 237	2 113	2 260	589	321	195	474	825
一、按经济类型分												
国　有	120	3 508	5 663	4 408	1 580	1 527	1 856	440	243	160	392	703
集　体	25	274	714	599	264	246	183	65	27	23	26	66
联　营												
私　营	80	61	748	658	351	302	171	67	41	10	41	39
其　他	6	19	156	122	42	38	50	17	10	2	15	17
二、按设置主办单位分												
政府办	56	3 520	5 758	4 465	1 608	1 549	1 857	455	243	179	392	722
其中：卫生部门	54	3 449	5 576	4 368	1 561	1 505	1 842	431	236	178	360	670
社会办	96	281	777	666	280	264	232	67	37	6	41	64
个人办	79	61	746	656	349	300	171	67	41	10	41	39

荔湾区卫生机构、床位、人员情况（不含诊所、卫生所、医务室及村卫生室）

分类	机构个数	床位数	人员数（人）									
			合计	卫生技术人员	其中					其他技术人员	管理人员	工勤技能人员
					执业（助理）医师	执业医师	注册护士	药师（士）	技师（士）			
总　计	109	3 862	6 980	5 491	2 041	1 941	2 193	564	319	195	474	820
一、按经济类型分												
国　有	46	3 508	5 533	4 279	1 490	1 440	1 829	430	243	160	392	702
集　体	22	274	710	595	260	243	183	65	27	23	26	66
联　营												
私　营	39	61	603	516	261	230	136	56	39	10	41	36
其　他	2	19	134	101	30	28	45	13	10	2	15	16
二、按设置主办单位分												
政府办	54	3 520	5 756	4 463	1 606	1 547	1 857	455	243	179	392	722
其中：卫生部门	52	3 449	5 574	4 366	1 559	1 503	1 842	431	236	178	360	670
社会办	16	281	621	512	174	164	200	53	37	6	41	62
个人办	39	61	603	516	261	230	136	56	39	10	41	36

荔湾区诊所、医务室、卫生所机构、人员情况

分类	机构个数	人员数(人)							
		合计	卫生技术人员	其中					工勤技能人员
				执业(助理)医师	执业医师	注册护士	药师(士)	技师(士)	
总　计	122	301	296	196	172	67	25	2	5
一、按经济类型分									
国　有	74	130	129	90	87	27	10		1
集　体	3	4	4	4	3				
联　营									
私　营	41	145	142	90	72	35	11	2	3
其　他	4	22	21	12	10	5	4		1
二、按设置主办单位分									
政府办	2	2	2	2	2				
其中：卫生部门	2	2	2	2	2				
社会办	80	156	154	106	100	32	14		2
个人办	40	143	140	88	70	35	11	2	3

荔湾区医疗机构分级情况

等级	医院					妇幼保健院	专科疾病防治院
	合计	其中					
		综合医院	中医医院	中西医结合医院	专科医院		
总　计	25	14	5	2	4	1	1
三级		3	1	1		1	
三级甲等	3	1	1		1		
三级乙等							
三级丙等							
未评等次							
二级	7	6	1			1	
二级甲等	4	4				1	
二级乙等							
二级丙等							
未评等次	3	2	1				
一级	3	2		1			
一级甲等	3	2		1			
一级乙等							
一级丙等							
未评等次							
其　他	12	5	3	1	3		1

荔湾区医疗机构分科床位、门急诊人次及出院人数（合计）

分　科	实有床位（张）		门急诊人次（人次）		出院人数（人）	
	小计	构成（%）	小计	构成（%）	小计	构成（%）
总　计	3 862	100.00	5 392 021	100.00	57 501	100.00
预防保健科			188 806	3.50		
全科医疗科			229 823	4.26		
内　科	1 015	26.28	1 899 637	35.23	19 809	34.45
外　科	594	15.38	178 518	3.31	10 747	18.69
儿　科	84	2.18	157 594	2.92	3 646	6.34
妇产科	438	11.34	758 243	14.06	13 438	23.37
眼　科	14	0.36	48 607	0.90	324	0.56
耳鼻咽喉科	20	0.52	77 155	1.43	395	0.69
口腔科	5	0.13	176 106	3.27	30	0.05
皮肤科	9	0.23	81 735	1.52	29	0.05
医疗美容科			1 779	0.03		
精神科	1 273	32.96	249 091	4.62	3 550	6.17
传染科	16	0.41	13 894	0.26	16	0.03
结核病科			12 084	0.22		
地方病科						
肿瘤科	133	3.44	20 205	0.37	1 668	2.90
急诊医学科			138 802	2.57		
康复医学科	21	0.54	27 869	0.52	93	0.16
运动医学科						
职业病科						
中医科	20	0.52	476 874	8.84	479	0.83
骨伤科	136	3.52	183 317	3.40	1 744	3.03
肛肠科	12	0.31	2 980	0.06	205	0.36
针灸科	26	0.67	20 198	0.37	604	1.05
推拿科			62 673	1.16		
民族医学科						
中西医结合			538	0.01		
负压病房						
ICU 病房	26	0.67			335	0.58
其　他	20	0.52	385 493	7.15	389	0.68

荔湾区医疗机构分科床位、门急诊人次及出院人数（医院）

分　科	实有床位（张）		门急诊人次（人次）		出院人数（人）	
	小计	构成（%）	小计	构成（%）	小计	构成（%）
总　计	3 812	100.00	4 610 646	100.00	55 440	100.00
预防保健科			89 368	1.94		
全科医疗科			27 802	0.60		
内　科	1 009	26.47	1 585 372	34.39	19 708	35.55
外　科	590	15.48	169 824	3.68	10 730	19.35
儿　科	74	1.94	143 195	3.11	3 128	5.64
妇产科	408	10.70	701 641	15.22	12 013	21.67
眼　科	14	0.37	47 743	1.04	324	0.58
耳鼻咽喉科	20	0.52	75 820	1.64	395	0.71
口腔科	5	0.13	158 348	3.43	30	0.05
皮肤科	9	0.24	81 057	1.76	29	0.05
医疗美容科			1 779	0.04		
精神科	1 273	33.39	245 782	5.33	3 550	6.40
传染科	16	0.42	13 894	0.30	16	0.03
结核病科						
地方病科						
肿瘤科	133	3.49	20 205	0.44	1 668	3.01
急诊医学科			136 102	2.95		
康复医学科	21	0.55	16 910	0.37	93	0.17
运动医学科						
职业病科						
中医科	20	0.52	450 720	9.78	479	0.86
骨伤科	136	3.57	174 702	3.79	1 744	3.15
肛肠科	12	0.31	2 480	0.05	205	0.37
针灸科	26	0.68	19 638	0.43	604	1.09
推拿科			62 673	1.36		
民族医学科						
中西医结合			538	0.01		
负压病房						
ICU 病房	26	0.68			335	0.60
其　他	20	0.52	385 053	8.35	389	0.70

荔湾区医疗机构分科床位、门急诊人次及出院人数（综合医院）

分　科	实有床位（张）		门急诊人次（人次）		出院人数（人）	
	小计	构成（%）	小计	构成（%）	小计	构成（%）
总　计	1 773	100. 00	2 582 788	100. 00	39 500	100. 00
预防保健科			75 911	2. 94		
全科医疗科			27 802	1. 08		
内　科	683	38. 52	789 834	30. 58	14 866	37. 64
外　科	485	27. 35	143 978	5. 57	9 208	23. 31
儿　科	66	3. 72	95 092	3. 68	2 562	6. 49
妇产科	320	18. 05	346 542	13. 42	10 372	26. 26
眼　科	14	0. 79	38 893	1. 51	324	0. 82
耳鼻咽喉科	20	1. 13	61 451	2. 38	395	1. 00
口腔科	5	0. 28	84 164	3. 26	30	0. 08
皮肤科	9	0. 51	61 280	2. 37	29	0. 07
医疗美容科			1 779	0. 07		
精神科	15	0. 85	5			
传染科	16	0. 90	88		16	0. 04
结核病科						
地方病科						
肿瘤科	53	2. 99			402	1. 02
急诊医学科			104 761	4. 06		
康复医学科	21	1. 18	16 910	0. 65	93	0. 24
运动医学科						
职业病科						
中医科	20	1. 13	308 381	11. 94	479	1. 21
骨伤科			36 026	1. 39		
肛肠科						
针灸科			4 300	0. 17		
推拿科						
民族医学科						
中西医结合			538	0. 02		
负压病房						
ICU 病房	26	1. 47			335	0. 85
其　他	20	1. 13	385 053	14. 91	389	0. 98

荔湾区医疗机构分科床位、门急诊人次及出院人数（社区卫生服务中心）

分　科	实有床位（张）		门急诊人次（人次）		出院人数（人）	
	小计	构成（%）	小计	构成（%）	小计	构成（%）
总　计			174 245	100.00		
预防保健科						
全科医疗科			118 223	67.85		
内　科			56 022	32.15		
外　科						
儿　科						
妇产科						
眼　科						
耳鼻咽喉科						
口腔科						
皮肤科						
医疗美容科						
精神科						
传染科						
结核病科						
地方病科						
肿瘤科						
急诊医学科						
康复医学科						
运动医学科						
职业病科						
中医科						
骨伤科						
肛肠科						
针灸科						
推拿科						
民族医学科						
中西医结合科						
负压病房						
ICU 病房						
其　他						

荔湾区医疗机构分科床位、门急诊人次及出院人数（妇幼保健院）

分　科	实有床位（张）		门急诊人次（人次）		出院人数（人）	
	小计	构成（%）	小计	构成（%）	小计	构成（%）
总　计	50	100.00	150 162	100.00	2 061	100.00
预防保健科			42 335	28.19		
全科医疗科			24 345	16.21		
内　科	6	12.00	12 420	8.27	101	4.90
外　科	4	8.00	5 153	3.43	17	0.82
儿　科	10	20.00	12 289	8.18	518	25.13
妇产科	30	60.00	35 805	23.84	1 425	69.14
眼　科			608	0.40		
耳鼻咽喉科			1 005	0.67		
口腔科			4 172	2.78		
皮肤科						
医疗美容科						
精神科						
传染科						
结核病科						
地方病科						
肿瘤科						
急诊医学科						
康复医学科			3 337	2.22		
运动医学科						
职业病科						
中医科			8 693	5.79		
骨伤科						
肛肠科						
针灸科						
推拿科						
民族医学科						
中西医结合						
负压病房						
ICU 病房						
其　他						

荔湾区医疗机构分科床位、门急诊人次及出院人数（专科疾病防治院）

分　科	实有床位（张）		门急诊人次（人次）		出院人数（人）	
	小计	构成（%）	小计	构成（%）	小计	构成（%）
总　计			79 233	100. 00		
预防保健科						
全科医疗科			52 126	65. 79		
内　科						
外　科						
儿　科						
妇产科			5 545	7. 00		
眼　科			256	0. 32		
耳鼻咽喉科			330	0. 42		
口腔科			4 321	5. 45		
皮肤科						
医疗美容科						
精神科			3 309	4. 18		
传染科						
结核病科			12 084	15. 25		
地方病科						
肿瘤科						
急诊医学科						
康复医学科			1 262	1. 59		
运动医学科						
职业病科						
中医科						
骨伤科						
肛肠科						
针灸科						
推拿科						
民族医学科						
中西医结合						
负压病房						
ICU 病房						
其　他						

荔湾区卫生机构、床位、人员情况一览表

机构名称	机构个数	床位数	人员数（人）									
			合计	卫生技术人员	其中					其他技术人员	管理人员	工勤技能人员
					执业（助理）医师	执业医师	注册护士	药师（士）	技师（士）			
总　计	109	3 862	6 980	5 491	2 041	1 941	2 193	564	319	195	474	820
医　院	25	3 812	6 015	4 676	1 644	1 592	2 020	472	240	169	398	772
综合医院	14	1 773	3 219	2 593	910	878	1 099	247	146	62	220	344
广州医学院第三附属医院	1	637	1 043	788	262	262	366	60	49	26	83	146
广州医学院荔湾医院	1	356	636	542	198	193	266	45	26	5	29	60
广州慈爱医院	1											
广州市荔湾区人民医院	1	154	289	242	93	90	93	30	21	1	26	20
广州市荔湾区第三人民医院	1	58	155	135	45	38	37	23	5	7	2	11
金康医院	1		43	31	19	17	10	1	1	1	3	8
广州钢铁集团医院	1	158	242	213	76	72	95	22	9	1	15	13
广州市造船厂医院（广州东沙医院）	1	104	171	136	34	32	44	15	10	1	7	27
广州仁康医院	1	17	21	18	12	12	3	3		2	1	
广州市荔湾区第二人民医院	1	134	279	244	91	85	94	24	11	6	4	25
广东省广州监狱医院	1	71	36	23	11	11	5	3	2		10	3
广州市第一人民医院鹤洞分院	1											
广州医学院羊城医院	1	65	206	149	51	49	50	13	5	12	28	17
广州仁爱医院	1	19	98	72	18	17	36	8	7		12	14
中医医院	5	687	1 268	1 044	418	404	369	151	53	53	57	114
广州市荔湾区中医医院	1	79	238	189	70	66	69	32	9	1	21	27
广州市荔湾区骨伤科医院	1	90	141	114	41	38	35	8	3	5	10	12
广州市荔湾区芳村中医医院	1	82	203	172	71	67	57	26	16	1	14	16
广州市中医医院	1	436	686	569	236	233	208	85	25	46	12	59
广州市慈善医院（广东省中医院芳村分院）	1											
中西医结合医院	2	50	114	95	58	56	15	13	8	3	5	11

续表

机构名称	机构个数	床位数	人员数（人）									
			合计	卫生技术人员	其中					其他技术人员	管理人员	工勤技能人员
					执业（助理）医师	执业医师	注册护士	药师（士）	技师（士）			
荔湾区中西医结合医院	1	50	91	75	46	46	13	11	5	2	4	10
广州中医药大学热带医学研究所中西医结合医院	1		23	20	12	10	2	2	3	1	1	1
专科医院	4	1 302	1 414	944	258	254	537	61	33	51	116	303
广州市精神病医院	1	1 258	1 099	746	176	176	470	34	19	44	79	230
广州市东升医院	1		146	74	36	33	10	21	5	1	22	49
广州市荔湾区口腔医院	1		46	37	21	21	12	1	1	3	2	4
广州女子医院	1	44	123	87	25	24	45	5	8	3	13	20
社区卫生服务中心	21		153	125	61	53	29	21	7	7	6	15
荔湾区龙津街社区卫生服务中心	1		74	61	29	24	13	12	3	3	2	8
荔湾区彩虹街社区卫生服务中心	1		12	10	6	6	1	2	1	1		1
荔湾区逢源街社区卫生服务中心	1		25	24	10	7	10	1	1			1
荔湾区西村街社区卫生服务中心	1											
荔湾区南源街社区卫生服务中心	1											
荔湾区金花街社区卫生服务中心	1											
荔湾区华林街社区卫生服务中心	1											
荔湾区岭南街社区卫生服务中心	1											
荔湾区桥中街社区卫生服务中心	1											
荔湾区昌华街社区卫生服务中心	1											
荔湾区站前街社区卫生服务中心（省妇幼分支机构）	1											
荔湾区第三人民医院鹤洞街社区卫生服务中心	1											
荔湾区第三人民医院东沙街社区卫生服务中心	1											

续表

机构名称	机构个数	床位数	人员数（人）									
			合计	卫生技术人员	其中					其他技术人员	管理人员	工勤技能人员
					执业（助理）医师	执业医师	注册护士	药师（士）	技师（士）			
荔湾区人民医院海龙街社区卫生服务中心	1											
荔湾区人民医院花地街社区卫生服务中心	1											
荔湾区人民医院中南街社区卫生服务中心	1											
荔湾区妇幼保健院东漖街社区卫生服务中心	1											
荔湾区人民医院冲口街社区卫生服务中心	1											
荔湾区石围塘街社区卫生服务中心	1											
荔湾区妇幼保健院茶滘街社区卫生服务中心	1											
荔湾区多宝街社区卫生服务中心	1		42	30	16	16	5	6	2	3	4	5
社区卫生服务站	13											
广州市荔湾区南源街环翠园社区卫生服务站	1											
荔湾区龙津街文安社区卫生服务站	1											
广州市荔湾区沙面社区卫生服务站	1											
广州造船厂医院鹤园社区卫生服务站	1											
广州造船厂医院东沙街金宇社区卫生服务站	1											
荔湾区第三人民医院新村社区卫生服务站	1											
荔湾区人民医院海中村社区卫生服务站	1											
荔湾区人民医院花地街中市社区卫生服务站	1											
广钢医院山顶社区卫生服务站	1											

续表

机构名称	机构个数	床位数	人员数（人）									
			合计	其中						其他技术人员	管理人员	工勤技能人员
				卫生技术人员	执业（助理）医师	执业医师	注册护士	药师（士）	技师（士）			
荔湾区芳村中医医院石围塘街山村社区卫生服务站	1											
荔湾区妇幼保健院茶滘街合兴苑社区卫生服务站	1											
广州市荔湾区新风社区卫生服务站	1											
广州市荔湾区新风社区卫生服务站	1											
门诊部	44		496	444	239	210	99	53	33	7	30	15
南岭医疗门诊部	1		13	12	7	7	3	1	1		1	
南江医疗门诊部	1		8	8	5	5	2	1				
仁信医疗门诊部	1		36	29	12	11	9	5	3	2	3	2
广州市中兴医疗门诊部	1		10	10	5	5	4	1				
珠岛花园门诊部	1		9	9	6	6	2	1				
福康医疗门诊部	1		12	12	7	6	3	1	1			
广州嘉信医疗门诊部	1		28	28	10	9	8	4	3			
荔前门诊部	1		5	5	4	4	1					
泰健中医门诊部	1		16	15	10	9	2	2	1		1	
秀水门诊部	1		6	6	3	2	1	1				
大家医疗门诊部	1		10	9	5	5	2	1	1			1
大方医疗门诊部	1		8	7	4	3	2	1				1
万康医疗门诊部	1		7	6	3	2	2	1				1
鹤松医疗门诊部	1		11	11	4	4	3	2	2			
康华康复门诊部	1		6	6	3	3	2	1				
广州市卫生检疫医疗门诊部	1		51	42	22	22	14	1	5	1	3	5
万寿医疗门诊部	1		5	5	2	1	3					
广州市精神病医院门诊部	1											
荔湾区中医医院西关国医馆门诊部	1											
荔湾区口腔医院站前门诊部	1											
荔湾区口腔医院龙津门诊部	1											

续表

机构名称	机构个数	床位数	人员数（人）									
			合计	卫生技术人员	其中					其他技术人员	管理人员	工勤技能人员
					执业（助理）医师	执业医师	注册护士	药师（士）	技师（士）			
荔湾区口腔医院大同门诊部	1											
荔湾区多宝社区卫生服务中心黄沙门诊部	1											
桥中医疗门诊部	1		15	13	5	5	3	3	1		2	
荔湾区第二人民医院站前门诊部	1											
博爱医疗门诊部	1		7	7	5	5	2					
曙光门诊部	1		11	9	5	4	2	1	1		1	1
信德门诊部	1		4	4	2	2	1	1				
龙溪医疗门诊部	1		18	15	12	6	1	2		1	2	
东沙医疗门诊部	1		21	17	8	8	4	2	2		4	
广州济康医疗门诊部	1		4	4	3	3	1					
广州广一医疗门诊部	1		9	9	5	5	2	1	1			
现代医疗门诊部	1		15	15	8	7	1	2	2			
广州妙医斋医疗门诊部	1		15	14	5	5	1	2	1		1	
广州大众医疗门诊部	1		11	7	3	3	1	1	2		2	2
如意中医门诊部	1		17	14	10	9	2	2			3	
广州岭海医疗门诊部	1		15	13	6	6	3	2	1	1	1	
振伟综合门诊部	1		7	6	4	2	1	1			1	
十三行国医馆门诊部	1		33	27	19	18	2	2		2	3	1
东瑞口腔门诊部	1		4	4	3	2	1					
珠光医疗门诊部	1		11	11	6	4	2	2	1			
鹤中骨伤科门诊部	1		4	4	2	2	1	1				
沙面国医馆门诊部	1		13	13	9	6	1	1	2			
荔港国医馆门诊部	1		21	18	7	4	4	3	2		2	1
妇幼保健院	1	50	175	143	62	58	37	14	12	3	20	9
广州市荔湾区妇幼保健院	1	50	175	143	62	58	37	14	12	3	20	9
专科疾病防治所	1		17	14	4	4	3	4	1	1	2	
广州市荔湾区慢性病防治中心	1		17	14	4	4	3	4	1	1	2	
疾病预防控制中心	1		75	55	31	24	3		21	8	8	4

续表

机构名称	机构个数	床位数	人员数（人）									
			合计	卫生技术人员	其中					其他技术人员	管理人员	工勤技能人员
					执业（助理）医师	执业医师	注册护士	药师（士）	技师（士）			
广州市荔湾区疾病预防控制中心	1		75	55	31	24	3		21	8	8	4
卫生监督所	1		42	27							10	5
广州市荔湾区卫生监督所	1		42	27							10	5
疗养院	1											
广州市精神病医院江村疗养院	1											
临床检验中心（所、站）	1		7	7			2		5			
广州阳普医学检验所	1		7	7			2		5			

荔湾区医疗机构运营情况一览表

1. 门诊服务

机构名称	诊疗人次数					观察室留观病例数	健康检查人数	急诊病死率（%）
	总计	其中：门、急诊人次数						
		合计	门诊人次数	急诊人次数				
				小计	内：死亡人数			
总　计	5 676 157	5 392 021	5 087 023	304 998	128	43 721	227 083	0. 04
医　院	4 721 814	4 610 646	4 314 382	296 264	124	43 686	151 259	0. 04
综合医院	2 647 794	2 582 788	2 367 119	215 669	59	38 641	112 244	0. 03
广州医学院第三附属医院	869 186	859 858	816 240	43 618		31 091	10 647	
广州医学院荔湾医院	613 401	575 059	507 819	67 240	13	4 536	24 068	0. 02
广州市荔湾区人民医院	330 403	328 299	285 793	42 506	9	1 953	19 869	0. 02
广州市荔湾区第三人民医院	131 013	131 013	127 191	3822			6 042	
广州钢铁集团医院	142 322	142 322	115 007	27 315	8		12 740	0. 03
广州市造船厂医院（广州东沙医院）	101 379	101 379	93 290	8 089	26	822	20 546	0. 32
广州仁康医院	3 600	3 600	3 600					
广州市荔湾区第二人民医院	270 229	255 267	240 194	15 073	3	180	88	0. 02
广东省广州监狱医院	33 192	33 192	32 453	739		59	3 050	

续表

机构名称	诊疗人次数					观察室留观病例数	健康检查人数	急诊病死率（%）
	总计	其中：门、急诊人次数						
		合计	门诊人次数	急诊人次数				
				小计	内：死亡人数			
广州医学院羊城医院	117 759	117 759	110 532	7 227			15 194	
广州仁爱医院	35 310	35 040	35 000	40				
中医医院	1 248 590	1 244 324	1 191 347	52 977	65	1 275	5 099	0. 12
广州市荔湾区中医医院	434 229	434 080	433 650	430			2 634	
广州市荔湾区骨伤科医院	101 294	101 294	92 350	8 944				
广州市荔湾区芳村中医医院	257 085	256 721	228 520	28 201	4	384		0. 01
广州市中医医院	455 982	452 229	436 827	15 402	61	891	2 465	0. 40
中西医结合医院	193 195	154 433	151 293	3 140			31 476	
荔湾区中西医结合医院	179 787	141 633	141 633				30 596	
广州中医药大学热带医学研究所中西医结合医院	13 408	12 800	9 660	3 140			880	
专科医院	632 235	629 101	604 623	24 478		3 770	2 440	
广州市精神病医院	245 777	245 777	221 308	24 469		3 761	73	
广州市东升医院	277 912	277 912	277 912					
广州市荔湾区口腔医院	51 825	51 825	51 825					
广州女子医院	56 721	53 587	53 578	9		9	2 367	
社区卫生服务中心	177 626	174 245	174 245				16 287	
荔湾区龙津街社区卫生服务中心	95 550	95 012	95 012				6 489	
荔湾区彩虹街社区卫生服务中心	18 122	16 003	16 003				2 106	
荔湾区逢源街社区卫生服务中心	7 932	7 208	7 208				2 836	
荔湾区多宝街社区卫生服务中心	56 022	56 022	56 022				4 856	
门诊部	546 871	377 735	374 954	2 781			218	
南岭医疗门诊部	2 936	2 936	2 936					
南江医疗门诊部	1 800	1 800	1 800					
仁信医疗门诊部	12 200	12 200	12 200					
广州市中兴医疗门诊部	1 100	1 100	1 100					
珠岛花园门诊部	6 908	6 908	6 908				40	
广州嘉信医疗门诊部	8 250	8 250	8 000	250			50	

续表

机构名称	诊疗人次数					观察室留观病例数	健康检查人数	急诊病死率（%）
	总计	其中：门、急诊人次数						
		合计	门诊人次数	急诊人次数				
				小计	内：死亡人数			
荔前门诊部	2 360	2 360	2 360					
泰健中医门诊部	6 800	6 800	6 800					
秀水门诊部	14 331	14 331	14 200	131				
大家医疗门诊部	8 813	8 813	8 813					
大方医疗门诊部	9 670	9 670	9 670					
万康医疗门诊部	7 205	7 205	7 205					
鹤松医疗门诊部	330	330	330					
康华康复门诊部	3 560	3 560	3 560					
广州市卫生检疫医疗门诊部	57 103	57 103	57 103					
万寿医疗门诊部	2 568	2 568	2 568					
桥中医疗门诊部	13 124	13 124	13 124					
曙光门诊部	18 000	18 000	18 000					
信德门诊部	3 000	3 000	3 000					
龙溪医疗门诊部	21 343	21 343	21 343					
东沙医疗门诊部	16 536	16 400	14 000	2 400			128	
广州济康医疗门诊部	11 300	11 300	11 300					
广州广一医疗门诊部	187 653	18 653	18 653					
现代医疗门诊部	20 000	20 000	20 000					
广州妙医斋医疗门诊部	4 800	4 800	4 800					
广州大众医疗门诊部	5 460	5 460	5 460					
如意中医门诊部	3 844	3 844	3 844					
广州岭海医疗门诊部	3750	3 750	3 750					
振伟综合门诊部	500	500	500					
十三行国医馆门诊部	34 425	34 425	34 425					
东瑞口腔门诊部	8 000	8 000	8 000					
珠光医疗门诊部	6 900	6 900	6 900					
鹤中骨伤科门诊部	6 000	6 000	6 000					
沙面国医馆门诊部	7 000	7 000	7 000					
荔港国医馆门诊部	29 302	29 302	29 302					
妇幼保健院（所、站）	150 590	150 162	144 486	5 676	4	35	59 319	0. 07

续表

机构名称	诊疗人次数					观察室留观病例数	健康检查人数	急诊病死率（%）
	总计	其中：门、急诊人次数						
		合计	门诊人次数	急诊人次数				
				小计	内：死亡人数			
广州市荔湾区妇幼保健院	150 590	150 162	144 486	5 676	4	35	59 319	0.07
专科疾病防治院（所、站）	79 256	79 233	78 956	277				
广州市荔湾区慢性病防治中心	79 256	79 233	78 956	277				

2. 住院服务

机构名称	入院人数	出院人数	住院病人手术人次数	住院危重病人抢救人次	治愈率（%）	好转率（%）	死亡率（%）
总　计	57 655	57 501	24 167	3 748	60.72	33.82	3.69
医　院	55 585	55 440	22 537	3 732	59.71	34.67	3.81
综合医院	39 596	39 500	19 272	2 354	65.02	29.57	3.82
广州医学院第三附属医院	17 220	17 202	12 196	659	68.24	27.59	2.70
广州医学院荔湾医院	9 932	9 915	4 199	790	72.33	21.62	5.12
广州市荔湾区人民医院	3 049	3 046	1 114	146	63.23	28.66	4.89
广州市荔湾区第三人民医院	1 234	1 237		37	24.17	72.92	1.54
广州钢铁集团医院	2 337	2 322	550	323	43.71	49.44	4.57
广州市造船厂医院（广州东沙医院）	1 602	1 596	88	123	18.11	73.31	5.51
广州仁康医院	30	30			100.00		
广州市荔湾区第二人民医院	3 068	3 050	1 021	258	84.62	9.93	4.75
广东省广州监狱医院	423	402		6	93.28	5.47	0.25
广州医学院羊城医院	609	608	104	12	26.81	61.18	4.77
广州仁爱医院	92	92			100.00		
中医医院	10 993	10 976	2 351	1 199	44.67	48.41	4.69
广州市荔湾区中医医院	899	888	120	73	41.78	48.87	5.29
广州市荔湾区骨伤科医院	1 251	1 246	335	11	36.28	58.75	1.28
广州市荔湾区芳村中医医院	1 467	1 475	309	78	47.93	46.10	3.86
广州市中医医院	7 376	7 367	1 587	1 037	45.79	47.06	5.36
中西医结合医院	668	660	56	111	10.45	72.88	7.42

续表

机构名称	入院人数	出院人数	住院病人手术人次数	住院危重病人抢救人次	治愈率（%）	好转率（%）	死亡率（%）
荔湾区中西医结合医院	668	660	56	111	10.45	72.88	7.42
专科医院	4 328	4 304	858	68	56.90	40.54	0.84
广州市精神病医院	3 566	3 550	268	68	48.23	48.68	1.01
广州女子医院	762	754	590		97.75	2.25	
妇幼保健院（所、站）	2 070	2 061	1 630	16	87.97	11.16	0.44
广州市荔湾区妇幼保健院	2 070	2 061	1 630	16	87.97	11.16	0.44

3. 床位利用

机构名称	实有床位数（张）	实际开放总床日数	平均开放病床（张）	实际占用总床日数	出院者占用总床日数	病床周转次数	病床工作日	病床使用率（%）	出院者平均住院日
总　计	3 862	1 403 512	3 845	1 231 425	1 117 131	15	320	87.74	19.4
医　院	3 812	1 385 262	3 795	1 219 983	1 105 798	15	322	88.07	19.9
综合医院	1 773	649 331	1 779	492 846	489 330	22	277	75.90	12.4
广州医学院第三附属医院	637	238 657	654	212 230	212 006	26	325	88.93	12.3
广州医学院荔湾医院	356	129 940	356	107 624	105 149	28	302	82.83	10.6
广州市荔湾区人民医院	154	55 894	153	29 850	31 188	20	195	53.40	10.2
广州市荔湾区第三人民医院	58	21 170	58	13 397	13 279	21	231	63.28	10.7
广州钢铁集团医院	158	57 670	158	31 039	31 039	15	196	53.82	13.4
广州市造船厂医院（广州东沙医院）	104	34 310	94	28 187	27 869	17	300	82.15	17.5
广州仁康医院	17	6 205	17	80	88	2	5	1.29	2.9
广州市荔湾区第二人民医院	134	48 910	134	38 226	38 387	23	285	78.16	12.6
广东省广州监狱医院	71	25 915	71	23 855	21 800	6	336	92.05	54.2
广州医学院羊城医院	65	23 725	65	8 088	8 255	9	124	34.09	13.6
广州仁爱医院	19	6 935	19	270	270	5	14	3.89	2.9
中医医院	687	249 111	682	205 074	202 401	16	301	82.32	18.4
广州市荔湾区中医医院	79	27 191	74	16 092	15 708	12	216	59.18	17.7

续表

机构名称	实有床位数（张）	实际开放总床日数	平均开放病床（张）	实际占用总床日数	出院者占用总床日数	病床周转次数	病床工作日	病床使用率（%）	出院者平均住院日
广州市荔湾区骨伤科医院	90	32 850	90	25 422	24 253	14	283	77. 39	19. 5
广州市荔湾区芳村中医医院	82	29 930	82	22 802	19 451	18	278	76. 18	13. 2
广州市中医医院	436	159 140	436	140 758	142 989	17	323	88. 45	19. 4
中西医结合医院	50	18 250	50	15 099	14 724	13	302	82. 73	22. 3
荔湾区中西医结合医院	50	18 250	50	15 099	14 724	13	302	82. 73	22. 3
专科医院	1 302	468 570	1 284	506 964	399 343	3	395	108. 19	92. 8
广州市精神病医院	1 258	459 170	1 258	498 692	397 652	3	396	108. 61	112. 0
广州女子医院	44	9 400	26	8 272	1 691	29	321	88. 00	2. 2
妇幼保健院（所、站）	50	18 250	50	11 442	11 333	41	229	62. 70	5. 5
广州市荔湾区妇幼保健院	50	18 250	50	11 442	11 333	41	229	62. 70	5. 5

荔湾区医疗机构病人人均医院费用与医生工作效率一览表

机构名称	平均每诊疗人次医疗费（元）					平均每出院者住院医疗费（元）						出院者平均每日住院医疗费（元）
	合计	其中				合计	其中					
		挂号费	药费	检查费	治疗费		床位费	药费	检查费	治疗费	手术费	
总　计	114	1	60	12	23	8 395	797	2 998	660	2 067	532	438
医　院	128	1	69	11	27	8 625	817	3 098	679	2 125	538	438
综合医院	141	1	75	14	27	7 305	517	2 822	556	1 715	630	611
广州医学院第三附属医院	187	1	94	24	25	9 331	562	3 644	771	2 039	854	757
广州医学院荔湾医院	122	1	60	14	30	6 576	516	2 518	377	1 569	646	620
广州市荔湾区人民医院	97	1	48	6	24	4 199	393	1 752	140	795	403	410
广州市荔湾区第三人民医院	120	1	86	2	22	3 710	490	1 652	116	1 007	5	346
广州钢铁集团医院	110	2	72	9	21	5 311	456	2 170	607	1 405	235	397
广州市造船厂医院（广州东沙医院）	98	1	67	4	21	4 627	596	1 382	442	1 665	50	265
广州市荔湾区第二人民医院	111	1	57	8	24	5 769	426	1 706	625	1 898	397	458
广州医学院羊城医院	149		79	2	57	5 671	436	2 599	183	1 651	227	418
中医医院	108	1	59	9	28	9 194	802	4 142	637	2 286	379	499
广州市荔湾区中医医院	83	1	41	5	25	5 149	577	1 875	258	1 470	168	291

续表

机构名称	平均每诊疗人次医疗费（元）					平均每出院者住院医疗费（元）						出院者平均每日住院医疗费（元）
	合计	其中：挂号费	其中：药费	其中：检查费	其中：治疗费	合计	其中：床位费	其中：药费	其中：检查费	其中：治疗费	其中：手术费	
广州市荔湾区骨伤科医院	168	1	75	20	66	7 528	860	2 591	436	2 490	731	387
广州市荔湾区芳村中医医院	118	1	59	8	35	5 317	492	1 555	239	2 087	228	403
广州市中医医院	114	1	71	10	17	10 740	882	5 196	796	2 390	375	553
中西医结合医院	68	1	38	5	9	4 718	727	1 721	152	1 583	92	211
荔湾区中西医结合医院	68		38	5	9	4 718	727	1 721	152	1 583	92	211
广州中医药大学热带医学研究所中西医结合医院	61	2	42	5	2							
专科医院	131	1	77	8	34	19 770	3 591	3 155	1 987	5 525	179	213
广州市精神病医院	177	1	133	19	8	23 430	4 305	3 772	2 401	6 503	35	209
广州市东升医院	96	1	54	1	36							
广州市荔湾区口腔医院	135	1	2	2	130							
社区卫生服务中心	81		41									
荔湾区龙津街社区卫生服务中心	77		43									
荔湾区彩虹街社区卫生服务中心	72		48									
荔湾区逢源街社区卫生服务中心	203		60									
荔湾区多宝街社区卫生服务中心	74		31									
妇幼保健院（所、站）	103	1	41	11	15	2 238	282	323	150	520	368	407
广州市荔湾区妇幼保健院	103	1	41	11	15	2 238	282	323	150	520	368	407
专科疾病防治院（所、站）	77		39	8	23							
广州市荔湾区慢性病防治中心	77		39	8	23							

荔湾区前十位疾病死亡率、构成比和位次

性　别	顺位	死亡原因	死亡率（1/10万）	构成比（%）
合　计	1	恶性肿瘤	197.76	25.09
	2	心脏病	159.31	20.22
	3	呼吸系统疾病	123.56	15.68
	4	脑血管病	90.37	11.47
	5	消化系统疾病	24.26	3.08
	6	损伤和中毒外部原因	22.70	2.88
	7	内分泌，营养和代谢的其他疾病	19.72	2.50
	8	泌尿生殖系统疾病	19.15	2.43
	9	神经系统疾病	10.92	1.39
	10	传染病计（不包括呼吸道结核）	3.40	0.43
男　性	1	恶性肿瘤	242.55	28.18
	2	心脏病	160.02	18.59
	3	呼吸系统疾病	141.90	16.49
	4	脑血管病	97.02	11.27
	5	消化系统疾病	30.39	3.53
	6	损伤和中毒外部原因	27.32	3.17
	7	泌尿生殖系统疾病	18.40	2.14
	8	内分泌，营养和代谢的其他疾病	13.66	1.59
	9	神经系统疾病	11.43	1.33
	10	呼吸道结核	5.58	0.65
女　性	1	心脏病	158.58	22.24
	2	恶性肿瘤	151.36	21.23
	3	呼吸系统疾病	104.56	14.67
	4	脑血管病	83.48	11.71
	5	内分泌，营养和代谢的其他疾病	26.00	3.65
	6	泌尿生殖系统疾病	19.93	2.80
	7	消化系统疾病	17.91	2.51
	8	损伤和中毒外部原因	17.91	2.51
	9	神经系统疾病	10.40	1.46
	10	精神障碍	2.60	0.36

荔湾区意外死亡外部原因死亡率及构成比

死亡原因	合计		男性		女性	
	死亡率（1/10 万）	构成比（%）	死亡率（1/10 万）	构成比（%）	死亡率（1/10 万）	构成比（%）
损伤和中毒外部原因小计	22.70	2.88	27.32	3.17	17.91	2.51
其中：机动车辆交通事故						
机动车以外的运输事故	6.38	0.81	8.08	0.94	4.62	0.65
意外中毒	3.69	0.47	6.41	0.75	0.87	0.12
意外跌落	1.84	0.23	1.39	0.16	2.31	0.32
火　灾	0.14	0.02			0.29	0.04
由自然环境因素所致的意外事故						
淹　死	1.13	0.14	1.39	0.16	0.87	0.12
意外的机械性窒息	0.28	0.04	0.28	0.03	0.29	0.04
砸　死						
由机器切割和穿刺工具所致的意外的事故	0.43	0.05	0.28	0.03	0.58	0.08
触　电	0.28	0.04	0.28	0.03	0.29	0.04
其他意外事故和有害效应	1.56	0.20	2.23	0.26	0.87	0.12
自　杀	6.81	0.86	6.69	0.78	6.93	0.97
被　杀	0.14	0.02	0.28	0.03		

（二）越　秀　区

越秀区卫生机构、床位、人员情况（不含村卫生室）

分类	机构个数	床位数	人员数（人）									
			合计	卫生技术人员	其中					其他技术人员	管理人员	工勤技能人员
					执业（助理）医师	执业医师	注册护士	药师（士）	技师（士）			
总　计	379	16 129	32 010	25 280	8 837	8 559	10 542	1 855	1 826	930	2 377	3 423
一、按经济类型分												
国　有	181	15 284	28 475	22 679	7 688	7 575	9 860	1 555	1 560	791	2 071	2 934
集　体	36	317	1 329	1 049	428	365	290	171	54	41	105	134
联　营	6		290	220	51	46	29	11	110	1	44	25
私　营	126	354	1 285	970	514	431	240	86	58	37	101	177
其　他	30	174	631	362	156	142	123	32	44	60	56	153
二、按设置主办单位分												
政府办	84	15 329	28 813	22 940	7 736	7 591	9 928	1 668	1 555	763	2 112	2 998
其中：卫生部门	77	14 961	28 338	22 610	7 599	7 467	9 813	1 641	1 535	709	2 077	2 942
社会办	180	438	2 086	1 462	623	570	414	101	225	134	182	308
个人办	115	362	1 111	878	478	398	200	86	46	33	83	117

越秀区卫生机构、床位、人员情况（不含诊所、卫生所、医务室及村卫生室）

分类	机构个数	床位数	人员数（人）									
			合计	卫生技术人员	其中					其他技术人员	管理人员	工勤技能人员
					执业（助理）医师	执业医师	注册护士	药师（士）	技师（士）			
总　计	182	16 129	31 406	24 719	8 482	8 257	10 404	1 828	1 821	930	2 377	3 380
一、按经济类型分												
国　有	77	15 284	28 191	22 417	7 529	7 424	9 780	1 551	1 558	791	2 071	2 912
集　体	34	317	1 300	1 021	415	352	283	167	52	41	105	133
联　营	5		289	219	50	45	29	11	110	1	44	25
私　营	52	354	1 031	732	350	311	201	69	57	37	101	161
其　他	14	174	595	330	138	125	111	30	44	60	56	149
二、按设置主办单位分												
政府办	81	15 329	28 779	22 917	7 719	7 574	9 926	1 668	1 553	763	2 112	2 987
其中：卫生部门						7 467						
社会办	59	438	1 769	1 161	448	404	317	91	223	134	182	292
个人办	42	362	858	641	315	279	161	69	45	33	83	101

越秀区诊所、医务室、卫生所机构、人员情况

分类	机构个数	人员数（人）							
		合计	卫生技术人员	其中					工勤技能人员
				执业（助理）医师	执业医师	注册护士	药师（士）	技师（士）	
总　计	197	604	561	355	302	138	27	5	43
一、按经济类型分									
国　有	104	284	262	159	151	80	4	2	22
集　体	2	29	28	13	13	7	4	2	1
联　营	1	1	1	1	1				
私　营	74	254	238	164	120	39	17	1	16
其　他	16	36	32	18	17	12	2		4
二、按设置主办单位分									
政府办	3	34	23	17	17	2		2	11
其中：卫生部门									
社会办	121	317	301	175	166	97	10	2	16
个人办	73	253	237	163	119	39	17	1	16

越秀区医疗机构分级情况

等级	医院						
	合计	其中				妇幼保健院	专科疾病防治院
		综合医院	中医医院	中西医结合医院	专科医院		
总计	46	18	8		20	3	7
三级	16	6	3		7	2	
三级甲等	11	6	2		3	2	
三级乙等							
三级丙等							
未评等次	5		1		4		
二级	6	4	2			1	
二级甲等	2	2				1	
二级乙等	1		1				
二级丙等							
未评等次	3	2	1				
一级	3	1			2		
一级甲等	1	1					
一级乙等							
一级丙等							
未评等次	2				2		
其他	21	7	3		11		7

越秀区医疗机构分科床位、门急诊人次及出院人数（合计）

分科	实有床位（张）		门急诊人次（人次）		出院人数（人）	
	小计	构成（%）	小计	构成（%）	小计	构成（%）
总计	16 129	100.00	24 978 370	100.00	419 851	100.00
预防保健科	2	0.01	200 937	0.80		
全科医疗科	519	3.22	937 291	3.75	9 978	2.38
内科	3 978	24.66	6 308 713	25.26	83 447	19.88
外科	2 885	17.89	1 033 846	4.14	71 799	17.10
儿科	1 117	6.93	3 205 693	12.83	53 866	12.83
妇产科	1 265	7.84	2 066 417	8.27	59 196	14.10
眼科	479	2.97	837 426	3.35	27 348	6.51
耳鼻咽喉科	321	1.99	637 119	2.55	10 066	2.40
口腔科	152	0.94	1 138 344	4.56	3 544	0.84
皮肤科	91	0.56	1 065 591	4.27	2 180	0.52
医疗美容科	61	0.38	8 061	0.03	766	0.18
精神科	45	0.28	42 887	0.17	562	0.13

续表

分　科	实有床位（张）		门急诊人次（人次）		出院人数（人）	
	小计	构成（%）	小计	构成（%）	小计	构成（%）
传染科	423	2.62	289 298	1.16	5 566	1.33
结核病科	482	2.99	186 364	0.75	6 306	1.50
地方病科						
肿瘤科	2 070	12.83	492 098	1.97	46 873	11.16
急诊医学科	20	0.12	432 850	1.73	299	0.07
康复医学科	275	1.71	166 190	0.67	2 248	0.54
运动医学科	20	0.12	25 863	0.10	97	0.02
职业病科						
中医科	137	7.03	1 755 463	0.85	2 334	0.56
骨伤科	532	3.30	719 033	2.88	11 796	2.81
肛肠科	63	0.39	37 233	0.15	1 588	0.38
针灸科	133	0.82	140 782	0.56	1 950	0.46
推拿科	2	0.01	202 825	0.81		
民族医学科						
中西医结合	85	0.53	82 603	0.33	1 452	0.35
负压病房						
ICU 病房	125	0.78			1 933	0.46
其　他	847	5.25	2 965 443	11.87	14 657	3.49

越秀区医疗机构分科床位、门急诊人次及出院人数（医院）

分　科	实有床位（张）		门急诊人次（人次）		出院人数（人）	
	小计	构成（%）	小计	构成（%）	小计	构成（%）
总　计	15 203	100.00	20 722 676	100.00	382 400	100.00
预防保健科	2	0.01	98 815	0.48		
全科医疗科	477	3.14	499 205	2.41	9 176	2.40
内　科	3 861	25.40	5 131 301	24.76	82 838	21.66
外　科	2 880	18.94	956 382	4.62	71 734	18.76
儿　科	880	5.79	2 772 657	13.38	42 678	11.16
妇产科	807	5.31	1 263 136	6.10	34 863	9.12
眼　科	479	3.15	820 355	3.96	27 348	7.15
耳鼻咽喉科	321	2.11	611 050	2.95	10 066	2.63
口腔科	152	1.00	995 302	4.80	3 544	0.93
皮肤科	91	0.60	718 634	3.47	2 180	0.57
医疗美容科	29	0.19	4 218	0.02	566	0.15
精神科	45	0.30	41 629	0.20	562	0.15
传染科	423	2.78	289 298	1.40	5 566	1.46
结核病科	482	3.17	186 364	0.90	6 306	1.65

续表

分　科	实有床位（张）		门急诊人次（人次）		出院人数（人）	
	小计	构成（%）	小计	构成（%）	小计	构成（%）
地方病科						
肿瘤科	2 070	13.62	490 272	2.37	46 873	12.26
急诊医学科	20	0.13	429 979	2.07	299	0.08
康复医学科	275	1.81	134 672	0.65	2 248	0.59
运动医学科	20	0.13	24 713	0.12	97	0.03
职业病科						
中医科	112	0.74	1 252 030	6.04	2 080	0.54
骨伤科	532	3.50	718 091	3.47	11 796	3.08
肛肠科	63	0.41	37 111	0.18	1 588	0.42
针灸科	133	0.87	137 849	0.67	1 950	0.51
推拿科	2	0.01	188 411	0.91		
民族医学科						
中西医结合	85	0.56	82 025	0.40	1 452	0.38
负压病房						
ICU 病房	125	0.82			1 933	0.51
其　他	837	5.51	2 839 177	13.70	14 657	3.83

越秀区医疗机构分科床位、门急诊人次及出院人数（综合医院）

分　科	实有床位（张）		门急诊人次（人次）		出院人数（人）	
	小计	构成（%）	小计	构成（%）	小计	构成（%）
总　计	9 246	100.00	11 984 322	100.00	233 332	100.00
预防保健科	2	0.02	98 815	0.82		
全科医疗科	411	4.45	489 981	4.09	9 120	3.91
内　科	3 040	32.88	4 005 713	33.42	68 773	29.47
外　科	2 441	26.40	797 852	6.66	61 086	26.18
儿　科	423	4.57	724 823	6.05	16 077	6.89
妇产科	645	6.98	920 314	7.68	30 200	12.94
眼　科	102	1.10	254 352	2.12	4 369	1.87
耳鼻咽喉科	296	3.20	436 568	3.64	9 234	3.96
口腔科	97	1.05	326 711	2.73	2 578	1.10
皮肤科	68	0.74	504 823	4.21	1 674	0.72
医疗美容科			860	0.01		
精神科	45	0.49	41 583	0.35	562	0.24
传染科	73	0.79	32 994	0.28	1 260	0.54
结核病科						
地方病科						
肿瘤科	481	5.20	87 065	0.73	11 442	4.90

续表

分　科	实有床位（张）		门急诊人次（人次）		出院人数（人）	
	小计	构成（%）	小计	构成（%）	小计	构成（%）
急诊医学科	20	0.22	400 379	3.34	299	0.13
康复医学科	182	1.97	99 904	0.83	1 517	0.65
运动医学科						
职业病科						
中医科	111	1.20	1 246 445	10.40	2 079	0.89
骨伤科			128 671	1.07		
肛肠科	3	0.03	329		7	
针灸科			34 127	0.28		
推拿科			5 067	0.04		
民族医学科						
中西医结合	85	0.92			1 452	0.62
负压病房						
ICU 病房	91	0.98			1 410	0.60
其　他	630	6.81	1 346 946	11.24	10 193	4.37

越秀区医疗机构分科床位、门急诊人次及出院人数（社区卫生服务中心）

分　科	实有床位（张）		门急诊人次（人次）		出院人数（人）	
	小计	构成（%）	小计	构成（%）	小计	构成（%）
总　计	99	100.00	915 116	100.00	1 632	100.00
预防保健科			9 159	1.00		
全科医疗科	42	42.42	77 318	8.45	802	49.14
内　科	27	27.27	401 720	43.90	511	31.31
外　科	5	5.05	34 655	3.79	65	3.98
儿　科						
妇产科			27 186	2.97		
眼　科			5 900	0.64		
耳鼻咽喉科			5 949	0.65		
口腔科			17 110	1.87		
皮肤科						
医疗美容科						
精神科						
传染科						
结核病科						
地方病科						
肿瘤科						

续表

分　科	实有床位（张）		门急诊人次（人次）		出院人数（人）	
	小计	构成（%）	小计	构成（%）	小计	构成（%）
急诊医学科			2 871	0. 31		
康复医学科			5 736	0. 63		
运动医学科						
职业病科						
中医科	25	25. 25	308 276	33. 69	254	15. 56
骨伤科						
肛肠科						
针灸科						
推拿科						
民族医学科						
中西医结合科						
负压病房						
ICU 病房						
其　他			19 236	2. 10		

越秀区医疗机构分科床位、门急诊人次及出院人数（妇幼保健院）

分　科	实有床位（张）		门急诊人次（人次）		出院人数（人）	
	小计	构成（%）	小计	构成（%）	小计	构成（%）
总　计	695	100. 00	1 543 969	100. 00	35 521	100. 00
预防保健科			76 633	4. 96		
全科医疗科						
内　科			45 664	2. 96		
外　科			12 723	0. 82		
儿　科	237	34. 10	412 486	26. 72	11 188	31. 50
妇产科	458	65. 90	732 903	47. 47	24 333	68. 50
眼　科			11 171	0. 72		
耳鼻咽喉科			13 868	0. 90		
口腔科			17 617	1. 14		
皮肤科			7 212	0. 47		
医疗美容科			1 173	0. 08		
精神科						
传染科						
结核病科						
地方病科						
肿瘤科						

续表

分　科	实有床位（张）		门急诊人次（人次）		出院人数（人）	
	小计	构成（%）	小计	构成（%）	小计	构成（%）
急诊医学科						
康复医学科						
运动医学科						
职业病科						
中医科			106 067	6. 87		
骨伤科						
肛肠科						
针灸科						
推拿科						
民族医学科						
中西医结合						
负压病房						
ICU 病房						
其　他			106 452	6. 89		

越秀区医疗机构分科床位、门急诊人次及出院人数（专科疾病防治院）

分　科	实有床位（张）		门急诊人次（人次）		出院人数（人）	
	小计	构成（%）	小计	构成（%）	小计	构成（%）
总　计			399 995	100. 00		
预防保健科						
全科医疗科						
内　科						
外　科						
儿　科						
妇产科						
眼　科						
耳鼻咽喉科						
口腔科			72 968	18. 24		
皮肤科			327 027	81. 76		
医疗美容科						
精神科						
传染科						
结核病科						
地方病科						
肿瘤科						

续表

分　科	实有床位（张）		门急诊人次（人次）		出院人数（人）	
	小计	构成（%）	小计	构成（%）	小计	构成（%）
急诊医学科						
康复医学科						
运动医学科						
职业病科						
中医科						
骨伤科						
肛肠科						
针灸科						
推拿科						
民族医学科						
中西医结合						
负压病房						
ICU 病房						
其　他						

越秀区卫生机构、床位、人员情况一览表

机构名称	机构个数	床位数	人员数（人）									
			合计	卫生技术人员	其中					其他技术人员	管理人员	工勤技能人员
					执业（助理）医师	执业医师	注册护士	药师（士）	技师（士）			
总　计	182	16 129	31 406	24 719	8 482	8 257	10 404	1 828	1 821	930	2 377	3 380
医　院	46	15 203	25 800	20 667	6 959	6 856	9 298	1 475	1 307	651	1 895	2 587
综合医院	18	9 266	16 126	13 031	4 283	4 231	6 042	775	740	271	1 179	1 645
广州医学院第一附属医院	1	778	1 714	1 377	460	457	645	69	109	21	176	140
广州市第一人民医院	1	1 378	2 192	1 815	612	612	800	110	79	8	150	219
广州市交运医院	1	181	137	108	33	26	51	10	6	5	7	17
广州市越秀区人民医院	1	223	425	300	109	105	139	28	17	2	33	90
广州市越秀区第一人民医院	1	225	216	188	83	73	56	29	17	1	17	10
中山大学附属第一医院	1	2 133	3 877	3 116	1 014	1 014	1 520	141	153	106	293	362
中山大学附属第二医院	1	1 203	2 157	1 671	526	526	769	85	77	54	80	352
广东省交通医院	1	150	140	105	40	34	40	12	7	2	16	17
广东省人民医院	1	2 047	3 644	3 068	947	946	1 471	178	207	55	252	269
广东药学院附属第一医院	1	624	1 008	804	280	279	396	57	40	3	99	102
广东协和医疗中心	1	20	54	28	6	6	21	1			4	20
广州市市政集团有限公司职工医院	1	18	84	66	27	24	20	7	5	2	6	10

续表

机构名称	机构个数	床位数	人员数（人）合计	卫生技术人员	其中：执业（助理）医师	执业医师	注册护士	药师（士）	技师（士）	其他技术人员	管理人员	工勤技能人员
中大医院	1	20	34	24	10	8	5	3	2	3	4	3
广州市越秀区第二人民医院东风分院（越秀东风街社区卫生服务中心）	1	41	66	56	17	16	23	6	4		4	6
广东民安医院	1	20	30	24	13	11		3	3		4	2
广州市越秀区第二人民医院（越秀区六榕街社区卫生服务中心）	1	120	169	137	47	46	45	18	8	1	18	13
广州市越秀区红十字会医院（广州市越秀区慈善医院）	1	57	125	97	38	33	28	13	3	6	11	11
广州和谐医院	1	28	54	47	21	15	13	5	3		5	2
中医医院	8	2 255	3 642	3 026	1 084	1 062	1 277	431	152	127	268	221
广州市越秀区第二中医医院	1	32	134	99	45	38	29	18	4		15	20
广州市越秀区正骨医院	1	235	311	230	83	76	97	23	7		28	53
广州市越秀区中医医院	1	98	91	71	25	25	25	14	6	4	6	10
广东省第二中医院	1	473	594	485	200	196	234	34	17	30	56	23
广东省中医院	1	1 400	2 476	2 112	717	715	887	338	116	92	160	112
广州民康医院	1	17	22	17	9	7	4	2	1	1	2	2
广州市越秀区中医杂病正骨分院	1		14	12	5	5	1	2	1		1	1
广东省中医院二沙岛分院	1											
专科医院	20	3 682	6 032	4 610	1 592	1 563	1 979	269	415	253	448	721
广州市儿童医院	1	400	992	833	366	365	328	53	70	6	68	85
广州市胸科医院	1	482	806	622	182	182	316	44	76	58	20	106
广州市肿瘤医院	1	452	406	313	113	113	137	24	29	19	47	27
广州市越秀区儿童医院	1	33	90	67	22	21	21	19	5	7	9	7
中山大学中山眼科中心	1	317	581	437	144	144	204	29	9	11	73	60
中山大学附属口腔医院	1	55	468	317	127	125	119	6	11	41	39	71
中山大学肿瘤防治中心	1	1 011	1 559	1 218	319	319	540	40	143	43	90	208
广州市第八人民医院	1	350	418	308	114	112	132	23	36	30	34	46
广东省计划生育专科医院	1	37	117	94	47	47	22	5	5	6	10	7
广东省体育运动技术学院体育医院	1	20	53	44	30	27	4	3	1		3	6
广州和平手外科医院	1	86	41	29	10	5	12		1		2	10
广州恒生手外科医院	1	58	37	32	8	8	16	2	4		4	1
广州德明医院	1	20	47	19	10	8	6	2	1	9	7	12
广州颐康老年病医院	1	134	74	60	21	15	29	4	5	6	3	5
光明医院	1	15	26	19	10	10	6	2	1	1	2	4

续表

机构名称	机构个数	床位数	人员数（人）									
			合计	卫生技术人员	其中					其他技术人员	管理人员	工勤技能人员
					执业（助理）医师	执业医师	注册护士	药师（士）	技师（士）			
广州愈生医院	1	20	52	45	24	23	13	2	4	1	2	4
广州文明微创医院	1	90	77	51	19	14	19	2	4	7	5	14
广州美莱美容医院	1	22	52	28	11	10	12	2	2		20	4
广州耀东英智眼科医院	1	20	41	23	5	5	13	2	2		7	11
广州男科医院	1	60	95	51	10	10	30	5	6	8	3	33
疗养院	1	100	100	62	21	19	26	4	7	5	13	20
广东银行医院 中国人民银行疗养院	1	100	100	62	21	19	26	4	7	5	13	20
社区卫生服务中心（站）	31	99	829	648	265	225	166	127	36	27	62	92
社区卫生服务中心	20	99	745	598	242	206	156	115	51	13	53	
越秀区珠光街社区卫生服务中心（广州市越秀区第三人民医院）	1	32	142	118	55	46	33	18	6	5	9	10
越秀区流花街社区卫生服务中心	1		12	8	4	4	1	2			1	3
越秀区广卫街社区卫生服务中心（广州市越秀区第一人民医院广卫分院）	1		23	15	7	5	5	2	1		4	4
越秀区人民街社区卫生服务中心（广州市越秀区长堤医院）	1		35	26	10	10	5	6	1		4	5
越秀区洪桥街社区卫生服务中心（广州市越秀区第一人民医院洪桥门诊部）	1		25	19	5	4	6	8				6
越秀区大新街社区卫生服务中心（广州市越秀区中医杂病医院）	1	42	93	78	26	25	23	13	5		7	8
越秀区北京街社区卫生服务中心（广州市越秀区西湖医院）	1		55	46	21	20	8	10	3		4	5
越秀区华乐街华乐社区服务中心	1											
越秀区光塔街社区卫生服务中心	1											
越秀区白云街社区卫生服务中心（广州市越秀区中医针灸门诊部）	1		69	60	21	18	18	16	5	2		7

续表

机构名称	机构个数	床位数	人员数（人）									
			合计	卫生技术人员	其中					其他技术人员	管理人员	工勤技能人员
					执业（助理）医师	执业医师	注册护士	药师（士）	技师（士）			
越秀区农林街社区卫生服务中心	1											
越秀区东湖街社区卫生服务中心	1											
越秀梅花街社区卫生服务中心（广州市越秀区东风东门诊部）	1		52	38	16	15	11	9	1		7	7
越秀区建设街社区卫生服务中心	1											
越秀区黄花岗街社区卫生服务中心（广州市越秀区骨伤医院）	1	25	104	83	34	27	27	11	7	1	7	13
越秀区大东街社区卫生服务中心	1		84	69	29	23	12	13	3	1	7	7
越秀区大塘街社区卫生服务中心（广州市越秀区大塘门诊部）	1		51	38	14	9	7	7	2	4	3	6
越秀区诗书街社区卫生服务中心	1											
越秀区矿泉街社区卫生服务中心	1											
越秀区登峰街社区卫生服务中心	1											
社区卫生服务站	11		84	50	23	19	10	12	2	14	9	
黄花岗街水荫路社区卫生服务站	1											
大新街解放南社区卫生服务站（广州市越秀区皮防中心）	1		15	11	6	5	2	2	1	1	1	2
人民街盐亭东社区卫生服务站	1		32	22	11	9	6	4			7	3
大塘街德政中社区卫生服务站	1											
农林街农林上路社区卫生服务站	1											
梅花街金羊社区卫生服务站	1											
大东街东仁社区卫生服务站	1											
珠光街万福社区卫生服务站	1											
广卫街社区卫生服务站	1											
洪桥街社区卫生服务站	1											

续表

机构名称	机构个数	床位数	人员数（人）									
			合计	卫生技术人员	其中					其他技术人员	管理人员	工勤技能人员
					执业（助理）医师	执业医师	注册护士	药师（士）	技师（士）			
光塔街解放中社区卫生服务站（广州市越秀区按摩门诊部）	1		37	17	6	5	2	6	1	13	1	6
卫生院	2		19	17	7	7	4	4	1		1	1
街道卫生院	2		19	17	7	7	4	4	1		1	1
圣堂医院	1		19	17	7	7	4	4	1		1	1
广州市越秀区长堤医院仁济分院	1											
门诊部	73	32	1 037	776	408	372	174	104	55	80	85	96
广州市越秀区华山医院	1											
广东省药物研究所第一附属门诊部	1		31	28	16	15	5	3	4		3	
广东省人民政府机关门诊部、广电局诊室	1		53	38	8	8	12	16	2	11	1	3
岭南中医馆	1		35	26	19	18	2	4	1		2	7
中山医科大学《家庭医生》医疗门诊部	1		62	59	40	40	6	5	8		3	
爱心医疗门诊部	1		1	1	1	1						
中山医科大学《家庭医生》医学整形美容中心	1	26	38	14	6	6	8			19	3	2
人仁医疗专科门诊部	1		16	10	5	5	2	2	1		2	4
东南医疗门诊部	1		23	16	10	8	2	3	1	1	3	3
华夏医疗门诊部	1		17	12	9	9	1	1	1		1	4
同心医疗门诊部	1		8	7	4	4	1	1	1		1	
合景专科门诊部	1		27	14	8	7	4	1	1	8	2	3
益康医疗门诊部	1		14	11	5	4	3	1			1	2
南方医疗门诊部	1		1	1	1	1						
天河海联医疗门诊部	1		1	1	1	1						
云山门诊部	1		8	8	4	3	3	1				
维健门诊部	1		8	7	4	4	2	1			1	
广州医学院门诊部	1		37	32	18	16	7	1	2	1	1	3
张世平中医门诊部	1		13	7	3	3	2	1			2	4
东华医疗门诊部	1		9	9	5	5	1	2	1			
粤秀整形外科门诊部	1		17	14	5	5	7	1	1		1	2
广州加美医疗中心	1		46	22	7	5	10	2	3	15	5	4
广州市红十字会医疗门诊部	1		17	13	9	9	4			2		2
普康医疗门诊部	1		12	11	8	7	2	1				1

续表

机构名称	机构个数	床位数	人员数（人）									
			合计	卫生技术人员	其中					其他技术人员	管理人员	工勤技能人员
					执业（助理）医师	执业医师	注册护士	药师（士）	技师（士）			
东城专科门诊部	1		1	1	1	1						
海涛专科门诊部	1		1	1	1	1						
广州安泰医疗门诊部	1		24	20	8	8	5	4	2	3	1	
广州市公安局机关服务中心门诊部	1		17	15	6	6	6	1	2	1		1
惠康门诊部	1		17	15	8	6	3	2			1	1
广州安泰第二医疗门诊部	1		18	15	7	5	5	2	1		2	1
博仕整形外科门诊部	1		12	10	5	4	5				1	1
北京同仁堂广州市中医馆	1		8	5	2	2	1	2		1	1	1
鼓楼医疗门诊部	1		9	7	1	1	2	2	2		1	1
正源堂医疗门诊	1		4	4	1	1						
博美整形美容门诊部	1	6	12	9	6	6	3				2	1
白云门诊部	1		14	13	8	7	3	1	1	1		
广医堂中医门诊部	1		21	13	10	9	1	2		2	6	
广州东山中医门诊部	1		28	19	10	10	3	5	1		3	6
岭南国医馆	1		16	12	7	6		2	1	1	1	2
达生堂中医康复门诊部	1		11	8	5	4	2	1			3	
慈力医疗门诊部	1		7	5	3	2		1			1	1
东方医疗门诊部	1		10	3	2	2		1			5	2
广州中健骨科运动医学门诊部	1		18	11	4	3		1	2	2	2	3
广州德坤瑶医门诊部	1		14	9	5	3		1		2	1	2
北京同仁堂广州仁德中医馆	1		7	4	1	1	1	2		1	1	1
振兴国医馆	1		25	20	10	10	3	3			3	2
羊城门诊部	1		26	15	7	4	3	2	3	6	1	4
瑶康医疗门诊部	1		15	13	5	5	2	3	1		1	1
怡康医疗专科门诊部	1		13	10	7	7	1	1	1		1	2
广州公明门诊部	1		25	14	9	8	2	2	1			11
白云职工医院西坑门诊部	1		11	9	5	4	2	2			1	1
广东省残疾人康复中心门诊部	1		14	11	8	8	3				3	
博文牙科医疗门诊部	1		3	2	1	1	1			1		
广东省中医院下塘门诊部	1											
广东省人民医院心研所门诊部	1											
广东省人民医院合群门诊部	1											

续表

机构名称	机构个数	床位数	人员数（人）									
			合计	卫生技术人员	其中					其他技术人员	管理人员	工勤技能人员
					执业（助理）医师	执业医师	注册护士	药师（士）	技师（士）			
广州铁路疾病预防控制中心门诊部	1											
广东省地质矿产局机关门诊部	1		8	8	4	3	2	1	1			
广州市中医医院五羊新城门诊部	1											
广东省公安厅机关服务中心门诊部	1		42	37	15	13	9	8	3	2	3	
广州远洋运输公司综合门诊部	1		14	11	5	5	2		3		2	1
广东省老干部休养所康复门诊部	1		13	12	5	5	5	1			1	
广州市疾病预防控制中心预防医学门诊部	1											
广州邮电医院孖鱼岗门诊部	1											
广州市天河区中医医院门诊部	1											
广州市红十字会牙科医疗门诊部	1		6	6	4	2	2					
德明门诊部	1		6	6	4	4	2					
广源堂门诊部	1		11	9	5	5	2	1	1		1	1
东山南威医疗门诊部	1		10	10	6	5	2	1	1			
博康医疗门诊部	1		15	11	4	4	3	1	1		2	2
广州市越秀区疾病预防控制中心预防医学门诊部	1											
明悦中医门诊部	1		1	1	1	1						
华南医疗门诊部	1		16	11	6	6	4	1			2	3
急救中心（站）	1		26	12	2	2	10			3	8	3
广州市急救医疗指挥中心	1		26	12	2	2	10			3	8	3
采供血机构	1		247	207	29	29	94	7	38		28	12
广州血液中心	1		247	207	29	29	94	7	38		28	12
妇幼保健院（所、站）	3	695	1 848	1 314	466	457	515	85	78	34	161	339
广州市妇婴医院	1	258	714	543	184	182	254	35	32	26	54	91
广州市越秀区妇幼保健院	1	71	272	203	78	72	74	21	16	1	30	38
广东省妇幼保健院	1	366	862	568	204	203	187	29	30	7	77	210
专科疾病防治院（所、站）	7		272	186	75	59	61	20	12	16	29	41
广州市结核病肺部肿瘤防治所	1											

续表

机构名称	机构个数	床位数	人员数（人）									
			合计	卫生技术人员	其中					其他技术人员	管理人员	工勤技能人员
					执业（助理）医师	执业医师	注册护士	药师（士）	技师（士）			
广州市皮肤病防治所	1		192	128	41	41	45	19	12	11	20	33
广州市越秀区口腔医院	1		31	22	10	9	7				5	4
广州市越秀区第一口腔防治所	1		28	20	13	5	4	1			4	4
广州市越秀区第二口腔防治所	1		14	10	6	3	4			4		
广州市越秀区第三口腔防治所	1		7	6	5	1	1			1		
广州市结核病肺部肿瘤防治所第三分所	1											
疾病预防控制中心	3		494	390	192	176	5	2	136	34	19	51
广州铁路疾病预防控制中心	1		69	52	25	24		1	9	3	9	5
广州市疾病预防控制中心	1		309	244	113	106	4		101	23	8	34
广州市越秀区疾病预防控制中心	1		116	94	54	46	1	1	26	8	2	12
卫生监督所（中心）	3		171	161							4	6
广州市卫生监督所	1		106	100								6
广州市越秀区卫生监督所	1		52	52								
广州铁路卫生监督所	1		13	9							4	
医学科学研究机构	6		114	17	3	3	1		13	77	14	6
广东省医学情报研究所	1		47							41	2	4
广东省老年医学研究所	1											
广东省心血管病研究所	1											
广州呼吸疾病研究所	1											
广东省精神卫生研究所（省戒毒治疗指导中心）	1											
广东省脐带血造血干细胞库	1		67	17	3	3	1		13	36	12	2
健康教育所（站、中心）	1											
广州市越秀区健康教育所	1											
临床检验中心（所、站）	4		449	262	55	52	50		138	3	58	126
广东省临床检验中心	1											
广州金域医学检验中心	1		211	164	19	17	18		108		35	12
广州达安临床检验中心	1		98	28	8	7			20	3	9	58
广州国宾健康检查中心	1		140	70	28	28	32		10		14	56

越秀区医疗机构运营情况一览表

1. 门诊服务

机构名称	诊疗人次数					观察室留观病例数	健康检查人数	急诊病死率（%）
	总计	其中：门、急诊人次数						
		合计	门诊人次数	急诊人次数				
				小计	内：死亡人数			
总　计	25 527 653	24 978 370	23 740 803	1 237 567	413	298 969	814 711	0.03
医　院	21 033 750	20 722 676	19 591 532	1 131 144	404	298 603	530 685	0.04
综合医院	12 101 348	11 995 202	11 213 969	781 233	363	177 955	391 946	0.05
广州医学院第一附属医院	925 283	912 080	849 894	62 186	6	30 605	38 469	0.01
广州市第一人民医院	1 717 231	1 713 811	1 618 305	95 506	99	36 760	40 853	0.10
广州市交运医院	43 962	43 962	40 664	3 298			49 319	
广州市越秀区人民医院	375 190	373 106	347 812	25 294	1	294	23 285	
广州市越秀区第一人民医院	238 847	238 218	220 048	18 170		3 550	14 119	
中山大学附属第一医院	3 500 298	3 493 004	3 245 882	247 122	20	27 526	66 411	0.01
中山大学附属第二医院	1 516 862	1 471 096	1 288 705	182 391	66	72 075	27 402	0.04
广东省交通医院	31 542	31 542	28 291	3 251	3	613	18 865	0.09
广东省人民医院	2 995 484	2 994 597	2 856 070	138 527	157	6 232	59 937	0.11
广东药学院附属第一医院	336 792	308 475	305 375	3 100	11		19 285	0.35
广东协和医疗中心	10 223	10 023	9 620	403				
广州市市政集团有限公司职工医院	37 345	34 138	33 961	177			27 638	
中大医院	10 880	10 880	9 860	1 020		300	1 400	
广州市越秀区第二人民医院东风分院（越秀东风街社区卫生服务中心）	30 334	29 209	29 209				73	
广东民安医院	2 520	2 520	2 520					
广州市越秀区第二人民医院（越秀区六榕街社区卫生服务中心）	155 465	155 451	155 200	251			3 420	
广州市越秀区红十字会医院（广州市越秀区慈善医院）	172 176	172 176	171 639	537			1 470	
广州和谐医院	914	914	914					
中医医院	5 170 865	4 968 435	4 765 981	202 454	20	84 011	132 124	0.01
广州市越秀区第二中医医院	172 527	172 527	171 594	933	1		113	0.11

续表

机构名称	诊疗人次数					观察室留观病例数	健康检查人数	急诊病死率（%）
	总计	其中：门、急诊人次数						
		合计	门诊人次数	急诊人次数				
				小计	内：死亡人数			
广州市越秀区正骨医院	362 813	362 813	334 643	28 170				
广州市越秀区中医医院	206 259	206 259	204 504	1 755			5 096	
广东省第二中医院	629 382	629 382	607 035	22 347	18	80	80 003	0.08
广东省中医院	3 770 294	3 567 864	3 418 684	149 180	1	83 584	46 637	
广州民康医院	11 526	11 526	11 457	69		347	275	
广州市越秀区中医杂病正骨分院	18 064	18 064	18 064					
专科医院	3 761 537	3 759 039	3 611 582	147 457	21	36 637	6 615	0.01
广州市儿童医院	1 517 131	1 515 848	1 413 339	102 509		34 965	13	
广州市胸科医院	186 364	186 364	184 015	2 349	17	1 060	865	0.72
广州市肿瘤医院	35 031	35 031	35 031				1 243	
广州市越秀区儿童医院	274 548	274 548	267 111	7 437	1		946	0.01
中山大学中山眼科中心	467 343	467 343	437 761	29 582				
中山大学附属口腔医院	510 862	510 862	509 093	1 769		116		
中山大学肿瘤防治中心	316 212	316 212	315 742	470	3	415		0.64
广州市第八人民医院	256 304	256 304	256 304				411	
广东省计划生育专科医院	67 125	67 125	67 125			38	110	
广东省体育运动技术学院体育医院	83 512	83 512	82 083	1 429			1 082	
广州和平手外科医院	1 080	1 080	117	963				
广州恒生手外科医院	903	903	375	528				
广州德明医院	4 168	4 168	4 168					
广州颐康老年病医院	12 412	12 412	12 412				85	
光明医院	2 186	2 181	2 180	1		3		
广州愈生医院	15 600	14 950	14 530	420		40	1 860	
广州文明微创医院	3 541	3 541	3 541					
广州美莱美容医院	1 250	690	690					
广州耀东英智眼科医院	5 341	5 341	5 341					
广州男科医院	624	624	624					
疗养院	10 017	10 007	9 925	82		7	53 588	

续表

机构名称	诊疗人次数					观察室留观病例数	健康检查人数	急诊病死率（%）
	总计	其中：门、急诊人次数						
		合计	门诊人次数	急诊人次数				
				小计	内：死亡人数			
广东银行医院 中国人民银行疗养院	10 017	10 007	9 925	82		7	53 588	
社区卫生服务中心（站）	1 176 972	1 119 612	1 115 808	3 804			18 663	
社区卫生服务中心	972 457	915 116	911 440	3 676			17 463	
越秀区珠光街社区卫生服务中心（广州市越秀区第三人民医院）	160 513	154 242	154 201	41			6 529	
越秀区流花街社区卫生服务中心	37 519	24 366	24 366				1 657	
越秀区广卫街社区卫生服务中心（广州市越秀区第一人民医院广卫分院）	50 333	50 333	50 333					
越秀区人民街社区卫生服务中心（广州市越秀区长堤医院）	26 210	25 937	25 778	159			12	
越秀区洪桥街社区卫生服务中心（广州市越秀区第一人民医院洪桥门诊部）	104 925	104 925	104 925				237	
越秀区大新街社区卫生服务中心（广州市越秀区中医杂病医院）	96 319	96 243	96 243				1 607	
越秀区北京街社区卫生服务中心（广州市越秀区西湖医院）	51 930	51 692	50 748	944				
越秀区白云街社区卫生服务中心（广州市越秀区中医针灸门诊部）	156 180	122 581	122 148	433				
越秀梅花街社区卫生服务中心（广州市越秀区东风东门诊部）	55 388	55 371	55 345	26			3 170	
越秀区黄花岗街社区卫生服务中心（广州市越秀区骨伤医院）	109 230	108 980	108 499	481			4 125	
越秀区大东街社区卫生服务中心	80 060	76 596	75 176	1 420			126	
越秀区大塘街社区卫生服务中心（广州市越秀区大塘门诊部）	43 850	43 850	43 678	172				
社区卫生服务站	204 515	204 496	204 368	128			1 200	

续表

机构名称	诊疗人次数					观察室留观病例数	健康检查人数	急诊病死率（%）
	总计	其中：门、急诊人次数						
		合计	门诊人次数	急诊人次数				
				小计	内：死亡人数			
大新街解放南社区卫生服务站（广州市越秀区皮防中心）	25 622	25 622	25 622					
人民街盐亭东社区卫生服务站	39 334	39 315	39 187	128			1 200	
光塔街解放中社区卫生服务站（广州市越秀区按摩门诊部）	139 559	139 559	139 559					
卫生院	2 500	2 500	2 500					
街道卫生院	2 500	2 500	2 500					
圣堂医院	2 500	2 500	2 500					
门诊部	1 179 611	1 179 611	1 175 642	3 969			149 448	
广东省药物研究所第一附属门诊部	44 445	44 445	44 445					
广东省人民政府机关门诊部、广电局诊室	168 950	168 950	168 950					
岭南中医馆	31 458	31 458	31 458					
中山医科大学《家庭医生》医疗门诊部	45 760	45 760	45 760				63 257	
中山医科大学《家庭医生》医学整形美容中心	2 122	2 122	2 122					
人仁医疗专科门诊部	2 103	2 103	2 103					
东南医疗门诊部	4 500	4 500	4 500					
华夏医疗门诊部	1 459	1 459	1 459					
同心医疗门诊部	2 500	2 500	2 500					
合景专科门诊部	2 420	2 420	2 420					
益康医疗门诊部	1 602	1 602	1 599	3				
云山门诊部	9 895	9 895	9 895					
维健门诊部	4 263	4 263	4 263					
广州医学院门诊部	10 587	10 587	10 587				78 000	
张世平中医门诊部	28 840	28 840	28 840					
东华医疗门诊部	10 000	10 000	9 800	200				
粤秀整形外科门诊部	3 240	3 240	3 240					
广州加美医疗中心	5 922	5 922	5 922					
广州市红十字会医疗门诊部	18 723	18 723	18 723					
普康医疗门诊部	6 213	6 213	6 213					
广州安泰医疗门诊部	47 026	47 026	46 330	696				

续表

机构名称	诊疗人次数					观察室留观病例数	健康检查人数	急诊病死率（%）
	总计	其中：门、急诊人次数						
		合计	门诊人次数	急诊人次数				
				小计	内：死亡人数			
广州市公安局机关服务中心门诊部	18 794	18 794	18 794					
惠康门诊部	13 000	13 000	10 000	3 000				
广州安泰第二医疗门诊部	1 620	1 620	1 620					
博仕整形外科门诊部	226	226	226					
北京同仁堂广州市中医馆	12 480	12 480	12 480					
鼓楼医疗门诊部	4 821	4 821	4 821					
正源堂医疗门诊	1 800	1 800	1 800					
博美整形美容门诊部	380	380	380					
白云门诊部	8 128	8 128	8 128					
广医堂中医门诊部	16 490	16 490	16 490					
广州东山中医门诊部	334 800	334 800	334 800					
岭南国医馆	19 897	19 897	19 897					
达生堂中医康复门诊部	1 808	1 808	1 808					
慈力医疗门诊部	900	900	900					
东方医疗门诊部	275	275	275					
广州中健骨科运动医学门诊部	2 800	2 800	2 800					
广州德坤瑶医门诊部	2 280	2 280	2 280					
北京同仁堂广州仁德中医馆	6 420	6 420	6 420					
振兴国医馆	2 711	2 711	2 711					
羊城门诊部	5 150	5 150	5 150					
瑶康医疗门诊部	13 500	13 500	13 500					
怡康医疗专科门诊部	4 680	4 680	4 680					
广州公明门诊部	13 495	13 495	13 495					
白云职工医院西坑门诊部	10 500	10 500	10 500					
广东省残疾人康复中心门诊部	5 300	5 300	5 300					
博文牙科医疗门诊部	2 118	2 118	2 118					
广东省地质矿产局机关门诊部	8 000	8 000	8 000					
广东省公安厅机关服务中心门诊部	162 810	162 810	162 810				4 691	

续表

机构名称	诊疗人次数					观察室留观病例数	健康检查人数	急诊病死率（%）
	总计	其中：门、急诊人次数						
		合计	门诊人次数	急诊人次数				
				小计	内：死亡人数			
广州远洋运输公司综合门诊部	8 500	8 500	8 430	70			3 500	
广东省老干部休养所康复门诊部	8 500	8 500	8 500					
广州市红十字会牙科医疗门诊部	200	200	200					
德明门诊部	13 500	13 500	13 500					
广源堂门诊部	7 200	7 200	7 200					
东山南威医疗门诊部	3 300	3 300	3 300					
博康医疗门诊部	3 600	3 600	3 600					
华南医疗门诊部	7 600	7 600	7 600					
妇幼保健院（所、站）	1 724 808	1 543 969	1 445 401	98 568	9	359	36 197	0.01
广州市妇婴医院	512 011	512 011	492 751	19 260		359	1 395	
广州市越秀区妇幼保健院	309 585	248 350	246 958	1 392	1		32 637	0.07
广东省妇幼保健院	903 212	783 608	705 692	77 916	8		2 165	0.01
专科疾病防治院（所、站）	399 995	399 995	399 995					
广州市皮肤病防治所	327 027	327 027	327 027					
广州市越秀区口腔医院	24 033	24 033	24 033					
广州市越秀区第一口腔防治所	25 614	25 614	25 614					
广州市越秀区第二口腔防治所	12 846	12 846	12 846					
广州市越秀区第三口腔防治所	10 475	10 475	10 475					
临床检验中心（所、站）							26 130	
广州国宾健康检查中心							26 130	

2. 住院服务

机构名称	入院人数	出院人数	住院病人手术人次数	住院危重病人抢救人次	治愈率（%）	好转率（%）	死亡率（%）
总　计	421 267	419 851	229 482	26 172	63.13	33.18	1.59
医　院	383 743	382 400	206 671	24 065	61.33	34.79	1.70
综合医院	233 891	233 342	135 155	17 483	64.42	31.81	1.85
广州医学院第一附属医院	23 066	23 028	10 578	1 442	59.87	34.76	2.02

续表

机构名称	入院人数	出院人数	住院病人手术人次数	住院危重病人抢救人次	治愈率（%）	好转率（%）	死亡率（%）
广州市第一人民医院	31 846	31 745	14 851	2 133	59. 97	36. 30	2. 48
广州市交运医院	1 244	1 212		120	9. 16	76. 24	9. 65
广州市越秀区人民医院	4 632	4 626	2 832	383	49. 94	43. 30	3. 67
广州市越秀区第一人民医院	3 507	3 464	282	280	24. 08	65. 91	5. 46
中山大学附属第一医院	61 876	61 809	41 833	5 238	57. 66	38. 99	1. 02
中山大学附属第二医院	35 393	35 363	22 245	2 702	56. 27	40. 77	1. 07
广东省交通医院	1 040	1 006	70	115	22. 76	66. 10	9. 84
广东省人民医院	59 399	59 281	37 900	4 433	90. 74	6. 73	1. 58
广东药学院附属第一医院	8 804	8 758	4 346	452	39. 10	55. 53	3. 89
广东协和医疗中心	700	693	193		100. 00		
广州市市政集团有限公司职工医院	182	180		8	13. 89	61. 11	9. 44
中大医院	10	10	10		100. 00		
广州市越秀区第二人民医院东风分院（越秀东风街社区卫生服务中心）	482	481	1	100	22. 25	53. 22	11. 02
广东民安医院	21	21			100. 00		
广州市越秀区第二人民医院（越秀区六榕街社区卫生服务中心）	847	831	14	77	42. 84	47. 89	6. 98
广州市越秀区红十字会医院（广州市越秀区慈善医院）	842	834			5. 16	82. 85	7. 67
广州和谐医院							
中医医院	51 658	51 392	18 793	3 853	46. 50	49. 38	2. 46
广州市越秀区第二中医医院	455	432		43	12. 96	73. 61	4. 63
广州市越秀区正骨医院	5 824	5 789	2 931	17	71. 84	24. 84	0. 02
广州市越秀区中医医院	1 809	1 799		238	3. 95	78. 10	8. 56
广东省第二中医院	8 265	8 149	1 254	487	36. 08	59. 79	3. 10
广东省中医院	35 239	35 157	14 608	3 068	47. 27	49. 31	2. 37
广州民康医院	66	66			83. 33	13. 64	
广州市越秀区中医杂病正骨分院							
专科医院	98 194	97 666	52 723	2 729	61. 73	34. 24	0. 96
广州市儿童医院	23 934	23 832	8 383	1 714	75. 88	22. 00	0. 65
广州市胸科医院	6 348	6 306	2 590	200	9. 77	86. 12	3. 43
广州市肿瘤医院	6 583	6 468	2 081	150	63. 68	27. 71	3. 06
广州市越秀区儿童医院	1 256	1 242		4	74. 80	20. 61	

续表

机构名称	入院人数	出院人数	住院病人手术人次数	住院危重病人抢救人次	治愈率（%）	好转率（%）	死亡率（%）
中山大学中山眼科中心	21 968	21 970	24 170		96.60	3.09	
中山大学附属口腔医院	1 082	966	794		88.10	9.42	0.10
中山大学肿瘤防治中心	26 461	26 498	8 926	83	32.89	61.03	0.31
广州市第八人民医院	4 350	4 306	1 550	301	15.98	71.64	3.81
广东省计划生育专科医院	470	468	401		92.95	4.91	
广东省体育运动技术学院体育医院	97	97			95.88	4.12	
广州和平手外科医院	1 018	975	1 032		95.59	4.41	
广州恒生手外科医院	528	493	528		100.00		
广州德明医院							
广州颐康老年病医院	1 162	1 130		250	25.66	49.03	10.80
光明医院	6	6	4		66.67	33.33	
广州愈生医院	120	116	48	20	52.59	32.76	1.72
广州文明微创医院	1 796	1 778	1 750	7	98.14	1.80	0.06
广州美莱美容医院	560	560			100.00		
广州耀东英智眼科医院	429	429	451		100.00		
广州男科医院	26	26	15		100.00		
疗养院	90	98		12	14.29	84.69	1.02
广东银行医院 中国人民银行疗养院	90	98		12	14.29	84.69	1.02
社区卫生服务中心	1 672	1 632			3.68	81.80	5.58
越秀区珠光街社区卫生服务中心（广州市越秀区第三人民医院）	587	576			3.65	78.47	9.90
越秀区大新街社区卫生服务中心（广州市越秀区中医杂病医院）	820	802			1.75	84.41	1.75
越秀区黄花岗街社区卫生服务中心（广州市越秀区骨伤医院）	265	254			9.84	81.10	7.87
妇幼保健院（所、站）	35 562	35 521	22 611	2 095	85.23	13.65	0.17
广州市妇婴医院	10 848	10 841	7 584	224	89.07	10.29	0.09
广州市越秀区妇幼保健院	2 503	2 515	2 299	5	94.47	4.53	
广东省妇幼保健院	22 211	22 165	12 728	1 866	82.30	16.33	0.23

3. 床位利用

机构名称	实有床位数（张）	实际开放总床日数	平均开放病床（张）	实际占用总床日数	出院者占用总床日数	病床周转次数	病床工作日	病床使用率（%）	出院者平均住院日
总　计	16 129	5 737 450	15 719	5 366 589	5 304 842	27	341	93.54	12.6
医　院	15 203	5 406 028	14 811	5 064 934	5 022 776	26	342	93.69	13.1
综合医院	9 266	3 326 507	9 114	3 114 180	3 084 924	26	342	93.62	13.2
广州医学院第一附属医院	778	283 708	777	278 362	278 327	30	358	98.12	12.1
广州市第一人民医院	1 378	501 059	1 373	485 570	483 058	23	354	96.91	15.2
广州市交运医院	181	57 000	156	39 512	41 516	8	253	69.32	34.3
广州市越秀区人民医院	223	81 153	222	62 254	63 861	21	280	76.71	13.8
广州市越秀区第一人民医院	225	75 015	206	69 373	69 040	17	338	92.48	19.9
中山大学附属第一医院	2 133	768 510	2 106	769 465	765 727	29	366	100.12	12.4
中山大学附属第二医院	1 203	439 095	1 203	449 793	448 482	29	374	102.44	12.7
广东省交通医院	150	54 690	150	35 956	28 264	7	240	65.75	28.1
广东省人民医院	2 047	737 566	2 021	718 139	705 422	29	355	97.37	11.9
广东药学院附属第一医院	624	218 269	598	145 571	145 662	15	243	66.69	16.6
广东协和医疗中心	20	7 300	20	3 538	3 430	35	177	48.47	4.9
广州市市政集团有限公司职工医院	18	6 570	18	2 448	1 888	10	136	37.26	10.5
中大医院	20	7 200	20	185	80		9	2.57	8.0
广州市越秀区第二人民医院东风分院（越秀东风街社区卫生服务中心）	41	14 965	41	11 928	11 185	12	291	79.71	23.3
广东民安医院	20	7 300	20	58	58	1	3	0.79	2.8
广州市越秀区第二人民医院（越秀区六榕街社区卫生服务中心）	120	43 800	120	25 323	22 816	7	211	57.82	27.5
广州市越秀区红十字会医院（广州市越秀区慈善医院）	57	20 805	57	16 705	16 108	15	293	80.29	19.3
广州和谐医院	28	2 502	7						
中医医院	2 255	768 958	2 107	744 427	746 077	24	353	96.81	14.5
广州市越秀区第二中医医院	32	11 680	32	8 800	8 473	14	275	75.34	19.6
广州市越秀区正骨医院	235	85 775	235	86 149	85 263	25	367	100.44	14.7
广州市越秀区中医医院	98	35 088	96	36 049	43 982	19	375	102.74	24.4

续表

机构名称	实有床位数（张）	实际开放总床日数	平均开放病床（张）	实际占用总床日数	出院者占用总床日数	病床周转次数	病床工作日	病床使用率（%）	出院者平均住院日
广东省第二中医院	473	154 410	423	152 652	151 630	19	361	98.86	18.6
广东省中医院	1 400	475 900	1 304	460 483	456 435	27	353	96.76	13.0
广州民康医院	17	6 105	17	294	294	4	18	4.82	4.5
广州市越秀区中医杂病正骨分院									
专科医院	3 682	1 310 563	3 591	1 206 327	1 191 775	27	336	92.05	12.2
广州市儿童医院	400	146 000	400	190 821	197 743	60	477	130.70	8.3
广州市胸科医院	482	175 930	482	146 773	144 364	13	305	83.43	22.9
广州市肿瘤医院	452	164 980	452	167 514	165 597	14	371	101.54	25.6
广州市越秀区儿童医院	33	8 415	23	6 625	6 590	54	287	78.73	5.3
中山大学中山眼科中心	317	115 705	317	105 976	106 959	69	334	91.59	4.9
中山大学附属口腔医院	55	20 075	55	13 678	13 678	18	249	68.13	14.2
中山大学肿瘤防治中心	1 011	368 891	1 011	360 172	355 029	26	356	97.64	13.4
广州市第八人民医院	350	127 750	350	100 612	98 318	12	288	78.76	22.8
广东省计划生育专科医院	37	13 505	37	4 680	5 039	13	127	34.65	10.8
广东省体育运动技术学院体育医院	20	7 300	20	983	983	5	49	13.47	10.1
广州和平手外科医院	86	31 390	86	18 615	13 943	11	217	59.30	14.3
广州恒生手外科医院	58	21 170	58	20 138	20 093	9	347	95.13	40.8
广州德明医院	20	7 300	20						
广州颐康老年病医院	134	35 777	98	35 257	29 628	12	360	98.55	26.2
光明医院	15	5 475	15	28	28		2	0.51	4.7
广州愈生医院	20	7 300	20	3 510	2 300	6	176	48.08	19.8
广州文明微创医院	90	32 850	90	26 280	26 838	20	292	80.00	15.1
广州美莱美容医院	22	8 030	22	2 800	2 800	26	127	34.87	5.0
广州耀东英智眼科医院	20	7 200	20	1 716	1 716	22	87	23.83	4.0
广州男科医院	60	5 520	15	149	129	2	10	2.70	5.0
疗养院	100	29 200	80	11 553	5 808	1	144	39.57	59.3
广东银行医院 中国人民银行疗养院	100	29 200	80	11 553	5 808	1	144	39.57	59.3
社区卫生服务中心	99	35 343	97	24 195	24 004	17	250	68.46	14.7
越秀区珠光街社区卫生服务中心（广州市越秀区第三人民医院）	32	11 680	32	7 666	7 655	18	240	65.63	13.3

续表

机构名称	实有床位数（张）	实际开放总床日数	平均开放病床（张）	实际占用总床日数	出院者占用总床日数	病床周转次数	病床工作日	病床使用率（%）	出院者平均住院日
越秀区大新街社区卫生服务中心（广州市越秀区中医杂病医院）	42	14 538	40	10 073	9 991	20	253	69. 29	12. 5
越秀区黄花岗街社区卫生服务中心（广州市越秀区骨伤医院）	25	9 125	25	6 456	6 358	10	258	70. 75	25. 0
妇幼保健院（所、站）	695	255 199	699	265 412	251 759	51	380	104. 00	7. 1
广州市妇婴医院	258	94 170	258	87 483	86 297	42	339	92. 90	8. 0
广州市越秀区妇幼保健院	71	27 439	75	13 816	13 882	34	184	50. 35	5. 5
广东省妇幼保健院	366	133 590	366	164 113	151 580	61	448	122. 85	6. 8

越秀区医疗机构病人人均医疗费用与医生工作效率一览表

机构名称	平均每诊疗人次医疗费（元）					平均每出院者住院医疗费（元）						出院者平均每日住院医疗费（元）
	合计	其中				合计	其中					
		挂号费	药费	检查费	治疗费		床位费	药费	检查费	治疗费	手术费	
总　计	161	2	84	25	24	13 259	679	5 152	980	2 721	2 116	1 049
医　院	176	2	95	27	28	14 100	708	5 552	1 041	2 925	2 231	1 073
综合医院	172	2	100	27	18	15 435	732	6 111	1 038	3 029	2 618	1 168
广州医学院第一附属医院	189	1	104	35	24	12 697	581	5 289	1 228	3 067	1 129	1 051
广州市第一人民医院	146	4	86	20	19	13 513	844	5 595	1 092	3 201	928	888
广州市交运医院	138	3	46	51	27	6 053	1 084	1 990	184	2 423	2	177
广州市越秀区人民医院	130	3	65	13	29	7 415	618	2 846	557	2 070	688	537
广州市越秀区第一人民医院	145	1	74	7	36	6 598	847	2 727	333	1 706	122	331
中山大学附属第一医院	160	1	91	23	17	14 624	589	5 602	833	3 804	1 341	1 180
中山大学附属第二医院	194	6	102	32	23	14 374	730	6 007	944	3 781	973	1 133
广东省交通医院	146		122	7	10	5 134	1 060	2 090	274	771	96	183
广东省人民医院	201	1	130	37	8	21 508	808	8 306	1 393	1 928	7 180	1 807
广东药学院附属第一医院	149		85	14	24	11 324	921	4 801	685	3 204	714	681
广州市市政集团有限公司职工医院	178	1	66	30	54	3 294	439	1 556	333	550	28	314

续表

机构名称	平均每诊疗人次医疗费（元）					平均每出院者住院医疗费（元）						出院者平均每日住院医疗费（元）
	合计	其中				合计	其中					
		挂号费	药费	检查费	治疗费		床位费	药费	检查费	治疗费	手术费	
广州市越秀区第二人民医院东风分院（越秀东风街社区卫生服务中心）	116		64	2	20	4 590	553	1 751	48	1 391		197
广州市越秀区第二人民医院（越秀区六榕街社区卫生服务中心）	107	1	56	5	30	7 048	832	3 191	231	1 610	12	257
广州市越秀区红十字会医院（广州市越秀区慈善医院）	101	1	57	2	37	4 013	453	1 035	192	1 730	1	208
中医医院	144	1	76	22	29	11 544	823	3 268	1 128	3 970	1 122	795
广州市越秀区第二中医医院	84	1	39	4	25	4 491	479	1 350	181	1 185	178	229
广州市越秀区正骨医院	199	1	92	20	79	9 843	402	2 788	362	1 963	3 596	668
广州市越秀区中医医院	137	3	81	7	39	5 967	472	1 269	315	3 230		244
广东省第二中医院	112	4	55	12	28	9 216	688	2 685	290	4 434	451	495
广东省中医院	148	1	79	25	24	12 756	947	3 613	1 503	4 272	941	983
广州民康医院	35	1	16	1	10	1 091	76	591	30	227		245
广州市越秀区中医杂病正骨分院	79	2	56	3	16							
专科医院	233	3	104	36	59	12 256	590	5 419	1 000	2 127	1 890	1 004
广州市儿童医院	136	1	69	17	23	5 145	265	1 260	450	1 288	665	620
广州市胸科医院	273	1	173	29	30	13 805	1 137	7 410	1 098	1 549	286	603
广州市肿瘤医院	373	1	166	113	43	21 609	1 272	11 757	1 239	3 793	868	844
广州市越秀区儿童医院	83	1	45	5	20	1 651	154	428	56	392		311
中山大学中山眼科中心	215	10	89	73	25	7 421	211	829	870	184	5 286	1 524
中山大学附属口腔医院	195	1	6	8	162	8 978	790	1 921	420	1 568	3 769	634
中山大学肿瘤防治中心	934	7	459	178	222	21 671	799	12 000	1 781	4 699	723	1 617
广州市第八人民医院	211	1	143	7	8	12 227	1 028	6 760	572	1 490	66	535
广东省计划生育专科医院	344	5	103	30	19	5 673	558	1 152	276	771	2 329	527
疗养院	913		121	210	413	20 735	5 898	10 714	102	2 622		350
广东银行医院中国人民银行疗养院	913		121	210	413	20 735	5 898	10 714	102	2 622		350
社区卫生服务中心（站）	103		58			4 129		1 595				281
社区卫生服务中心	99		53			4 129		1 595				281

续表

机构名称	平均每诊疗人次医疗费（元）					平均每出院者住院医疗费（元）						出院者平均每日住院医疗费（元）
	合计	其中				合计	其中					
		挂号费	药费	检查费	治疗费		床位费	药费	检查费	治疗费	手术费	
越秀区珠光街社区卫生服务中心（广州市越秀区第三人民医院）	124		65			4 245		1 422				319
越秀区流花街社区卫生服务中心	56		33									
越秀区广卫街社区卫生服务中心（广州市越秀区第一人民医院广卫分院）	144		66									
越秀区人民街社区卫生服务中心（广州市越秀区长堤医院）	88		47									
越秀区洪桥街社区卫生服务中心（广州市越秀区第一人民医院洪桥门诊部）	102		57									
越秀区大新街社区卫生服务中心（广州市越秀区中医杂病医院）	137		95			3 441		1 357				276
越秀区北京街社区卫生服务中心（广州市越秀区西湖医院）	105		60									
越秀区白云街社区卫生服务中心（广州市越秀区中医针灸门诊部）	59		28									
越秀梅花街社区卫生服务中心（广州市越秀区东风东门诊部）	96		43									
越秀区黄花岗街社区卫生服务中心（广州市越秀区骨伤医院）	97		51			6 035		2 740				241
越秀区大东街社区卫生服务中心	87		39									
越秀区大塘街社区卫生服务中心（广州市越秀区大塘门诊部）	72		36									
社区卫生服务站	120		80									
大新街解放南社区卫生服务站（广州市越秀区皮防中心）	166		84									
人民街盐亭东社区卫生服务站	95		65									

续表

机构名称	平均每诊疗人次医疗费（元）					平均每出院者住院医疗费（元）						出院者平均每日住院医疗费（元）
	合计	其中				合计	其中					
		挂号费	药费	检查费	治疗费		床位费	药费	检查费	治疗费	手术费	
光塔街解放中社区卫生服务站（广州市越秀区按摩门诊部）	118		83									
妇幼保健院（所、站）	154	1	51	32	16	4 620	391	1 021	384	663	937	652
广州市妇婴医院	154	1	49	34	23	5 042	416	1 275	366	573	1 003	633
广州市越秀区妇幼保健院	97	1	42	18	12	3 268	268	427	288	476	1 089	592
广东省妇幼保健院	173	1	56	35	14	4 567	392	964	403	729	888	668
专科疾病防治所（站、中心）	138	1	66	34	24							
广州市皮肤病防治所	137	1	79	41								
广州市越秀区口腔医院	176	1	2		171							
广州市越秀区第一口腔防治所	150	2	7	4	134							
广州市越秀区第二口腔防治所	91	1	4	2	75							
广州市越秀区第三口腔防治所	102	1	4		90							

越秀区前十位疾病死亡率、构成比和位次

性别	顺位	死亡原因	死亡率（1/10万）	构成比（%）
合计	1	恶性肿瘤	175.27	27.10
	2	心脏病	107.60	16.64
	3	呼吸系统疾病	99.37	15.37
	4	脑血管病	88.98	13.76
	5	损伤和中毒外部原因	22.96	3.55
	6	内分泌，营养和代谢的其他疾病	21.57	3.34
	7	消化系统疾病	16.46	2.55
	8	泌尿生殖系统疾病	12.13	1.88
	9	神经系统疾病	4.59	0.71
	10	传染病（不包括呼吸道结核）	3.90	0.60
男性	1	恶性肿瘤	214.93	30.46
	2	呼吸系统疾病	109.35	15.50
	3	心脏病	106.27	15.06
	4	脑血管病	94.61	13.41
	5	损伤和中毒外部原因	28.97	4.10
	6	消化系统疾病	18.85	2.67
	7	内分泌，营养和代谢的其他疾病	17.48	2.48
	8	泌尿生殖系统疾病	12.51	1.77
	9	传染病（不包括呼吸道结核）	6.17	0.87
	10	呼吸道结核	4.46	0.63

续表

性别	顺位	死亡原因	死亡率（1/10万）	构成比（%）
女性	1	恶性肿瘤	134.72	22.97
	2	心脏病	108.97	18.58
	3	呼吸系统疾病	89.17	15.20
	4	脑血管病	83.22	14.19
	5	内分泌，营养和代谢的其他疾病	25.75	4.39
	6	损伤和中毒外部原因	16.82	2.87
	7	消化系统疾病	14.02	2.39
	8	泌尿生殖系统疾病	11.74	2.00
	9	神经系统疾病	4.91	0.84
	10	血液，造血器官及免疫的其他疾病	2.45	0.42

越秀区意外死亡外部原因死亡率及构成比

死亡原因	合计		男性		女性	
	死亡率（1/10万）	构成比（%）	死亡率（1/10万）	构成比（%）	死亡率（1/10万）	构成比（%）
损伤和中毒外部原因小计	22.96	3.55	28.97	4.10	16.82	2.87
其中：机动车辆交通事故	1.56	0.24	2.57	0.36	0.53	0.09
机动车以外的运输事故	4.94	0.76	6.68	0.95	3.15	0.54
意外中毒	2.69	0.42	4.63	0.66	0.70	0.12
意外跌落	3.38	0.52	3.77	0.53	2.98	0.51
火灾	0.35	0.05	0.51	0.07	0.18	0.03
由自然环境因素所致的意外事故	0.09	0.01			0.18	0.03
淹死	0.61	0.09	0.86	0.12	0.35	0.06
意外的机械性窒息	0.17	0.03	0.17	0.02	0.18	0.03
砸死						
由机器切割和穿刺工具所致的意外的事故						
触电	0.09	0.01	0.17	0.02		
其他意外事故和有害效应	3.73	0.58	4.63	0.66	2.80	0.48
自杀	4.51	0.70	3.94	0.56	5.08	0.87
被杀	0.87	0.13	1.03	0.15	0.70	0.12

（三）海　珠　区

海珠区卫生机构、床位、人员情况（不含村卫生室）

分　类	机构个数	床位数	人员数（人）									
			合计	卫生技术人员	其中					其他技术人员	管理人员	工勤技能人员
					执业（助理）医师	执业医师	注册护士	药师（士）	技师（士）			
总　计	292	6 219	10 921	8 806	3 357	3 139	3 434	601	586	499	655	961
一、按经济类型分												
国　有	174	5 825	9 281	7 435	2 762	2 679	2 998	453	508	447	565	834
集　体	52	141	777	658	289	221	182	84	36	10	50	59
联　营	8		15	15	8	7	3	1				
私　营	52	253	816	668	284	219	242	60	40	41	39	68
其　他	6		32	30	14	13	9	3	2	1	1	
二、按设置主办单位分												
政府办	55	5 138	8 265	6 607	2 419	2 338	2 653	416	470	413	518	727
其中：卫生部门	51	4 902	8 071	6 469	2 360	2 284	2 591	409	465	399	497	706
社会办	187	952	2 112	1 726	719	635	640	137	89	61	113	212
个人办	50	129	544	473	219	166	141	48	27	25	24	22

海珠区卫生机构、床位、人员情况（不含诊所、卫生所、医务室及村卫生室）

分　类	机构个数	床位数	人员数（人）									
			合计	卫生技术人员	其中					其他技术人员	管理人员	工勤技能人员
					执业（助理）医师	执业医师	注册护士	药师（士）	技师（士）			
总　计	116	6 219	10 366	8 263	3 069	2 900	3 261	564	578	499	655	949
一、按经济类型分												
国　有	62	5 825	8 961	7 125	2 600	2 530	2 884	441	505	447	565	824
集　体	27	141	703	585	251	200	161	77	35	10	50	58
联　营	1											
私　营	21	253	671	524	204	164	207	43	36	41	39	67
其　他	5		31	29	14	13	9	3	2	1	1	
二、按设置主办单位分												
政府办	48	5 138	8 240	6 582	2 404	2 327	2 646	415	470	413	518	727
其中：卫生部门	47	4 902	8 054	6 452	2 349	2 277	2 588	408	465	399	497	706
社会办	50	952	1 720	1 345	522	460	507	117	84	61	113	201
个人办	18	129	406	336	143	113	108	32	24	25	24	21

海珠区诊所、医务室、卫生所机构、人员情况

分类	机构个数	人员数（人）							
		合计	卫生技术人员	其中					工勤技能人员
				执业（助理）医师	执业医师	注册护士	药师（士）	技师（士）	
总　计	176	555	543	288	239	173	37	8	12
一、按经济类型分									
国　有	112	320	310	162	149	114	12	3	10
集　体	25	74	73	38	21	21	7	1	1
联　营	7	15	15	8	7	3	1		
私　营	31	145	144	80	55	35	17	4	1
其　他	1	1	1						
二、按设置主办单位分									
政府办	7	25	25	15	11	7	1		
其中：卫生部门	4	17	17	11	7	3	1		
社会办	137	392	381	197	175	133	20	5	11
个人办	32	138	137	76	53	33	16	3	1

海珠区医疗机构分级情况

等级	医院					妇幼保健院	专科疾病防治院
	合计	其中					
		综合医院	中医医院	中西医结合医院	专科医院		
总　计	20	12	1		7	2	2
三级		5					
三级甲等	5 ·	5					
三级乙等							
三级丙等							
未评等次							
二级	4	2	1		1	1	
二级甲等	3	2	1			1	
二级乙等							
二级丙等							
未评等次	1				1		
一级	1	1					
一级甲等							
一级乙等							
一级丙等							
未评等次	1	1					
其　他	10	4			6	1	2

海珠区医疗机构分科床位、门急诊人次及出院人数（合计）

分　科	实有床位（张）		门急诊人次（人次）		出院人数（人）	
	小计	构成（%）	小计	构成（%）	小计	构成（%）
总　计	6 219	100. 00	7 227 356	100. 00	119 833	100. 00
预防保健科			146 165	2. 02		
全科医疗科			148 297	2. 05		
内　科	1 931	31. 05	2 350 488	32. 52	30 576	25. 52
外　科	1 670	26. 85	450 067	6. 23	30 837	25. 73
儿　科	372	5. 98	455 513	6. 30	9 267	7. 73
妇产科	522	8. 39	623 050	8. 62	22 546	18. 81
眼　科	72	1. 16	130 107	1. 80	2 203	1. 84
耳鼻咽喉科	131	2. 11	173 607	2. 40	3 726	3. 11
口腔科	89	1. 43	547 787	7. 58	1 104	0. 92
皮肤科	6	0. 10	178 882	2. 48	71	0. 06
医疗美容科	30	0. 48	15 495	0. 21	374	0. 31
精神科			44 915	0. 62		
传染科	46	0. 74	42 566	0. 59	778	0. 65
结核病科						
地方病科						
肿瘤科	358	5. 76	6 042	0. 08	4 802	4. 01
急诊医学科	15	0. 24	312 238	4. 32	324	0. 27
康复医学科	236	3. 79	58 858	0. 81	1 370	1. 14
运动医学科						
职业病科	60	0. 96	64 494	0. 89	372	0. 31
中医科	106	1. 70	721 020	9. 98	1 872	1. 56
骨伤科	140	2. 25	259 535	3. 59	3 097	2. 58
肛肠科			128			
针灸科			236			
推拿科			15			
民族医学科						
中西医结合						
负压病房						
ICU 病房	16	0. 26				
其　他	419	6. 74	497 851	6. 89	6 514	5. 44

海珠区医疗机构分科床位、门急诊人次及出院人数（医院）

分　科	实有床位（张）		门急诊人次（人次）		出院人数（人）	
	小计	构成（%）	小计	构成（%）	小计	构成（%）
总　计	5 381	100. 00	5 097 603	100. 00	107 612	100. 00
预防保健科			57 324	1. 12		
全科医疗科			35 006	0. 69		
内　科	1 444	26. 84	1 292 106	25. 35	26 358	24. 49
外　科	1 612	29. 96	417 272	8. 19	30 235	28. 10
儿　科	329	6. 11	305 449	5. 99	7 568	7. 03
妇产科	414	7. 69	456 770	8. 96	17 900	16. 63
眼　科	72	1. 34	128 262	2. 52	2 203	2. 05
耳鼻咽喉科	131	2. 43	164 424	3. 23	3 726	3. 46
口腔科	89	1. 65	528 590	10. 37	1 104	1. 03
皮肤科	6	0. 11	173 711	3. 41	71	0. 07
医疗美容科	30	0. 56	3 459	0. 07	374	0. 35
精神科			44 915	0. 88		
传染科	40	0. 74	42 499	0. 83	772	0. 72
结核病科						
地方病科						
肿瘤科	358	6. 65	5 566	0. 11	4 802	4. 46
急诊医学科	15	0. 28	174 252	3. 42	324	0. 30
康复医学科	236	4. 39	57 518	1. 13	1 370	1. 27
运动医学科						
职业病科					85	0. 08
中医科	60	1. 12	498 785	9. 78	1 109	1. 03
骨伤科	140	2. 60	257 232	5. 05	3 097	2. 88
肛肠科						
针灸科						
推拿科						
民族医学科						
中西医结合						
负压病房						
ICU 病房	16	0. 30				
其　他	389	7. 23	454 463	8. 92	6 514	6. 05

海珠区医疗机构分科床位、门急诊人次及出院人数（综合医院）

分科	实有床位（张）		门急诊人次（人次）		出院人数（人）	
	小计	构成（%）	小计	构成（%）	小计	构成（%）
总　计	4 655	100.00	4 329 512	100.00	98 156	100.00
预防保健科			57 324	1.32		
全科医疗科			35 006	0.81		
内　科	1 264	27.15	1 273 282	29.41	25 781	26.27
外　科	1 499	32.20	393 682	9.09	28 371	28.90
儿　科	329	7.07	305 449	7.06	7 568	7.71
妇产科	391	8.40	429 467	9.92	16 518	16.83
眼　科	72	1.55	127 137	2.94	2 203	2.24
耳鼻咽喉科	131	2.81	162 387	3.75	3 726	3.80
口腔科	39	0.84	126 970	2.93	356	0.36
皮肤科	6	0.13	173 711	4.01	71	0.07
医疗美容科	30	0.64	3 459	0.08	374	0.38
精神科			44 915	1.04		
传染科	40	0.86	42 499	0.98	772	0.79
结核病科						
地方病科						
肿瘤科	284	6.10	4 821	0.11	3 930	4.00
急诊医学科	15	0.32	167 165	3.86	324	0.33
康复医学科	90	1.93	28 424	0.66	454	0.46
运动医学科						
职业病科					85	0.09
中医科	60	1.29	498 785	11.52	1 109	1.13
骨伤科			566	0.01		
肛肠科						
针灸科						
推拿科						
民族医学科						
中西医结合						
负压病房						
ICU 病房	16	0.34				
其　他	389	8.36	454 463	10.50	6 514	6.64

海珠区医疗机构分科床位、门急诊人次及出院人数（社区卫生服务中心）

分　科	实有床位（张）		门急诊人次（人次）		出院人数（人）	
	小计	构成（%）	小计	构成（%）	小计	构成（%）
总　计	632	100.00	1 203 788	100.00	6 469	100.00
预防保健科			18 935	1.57		
全科医疗科			44 002	3.66		
内　科	441	69.78	743 122	61.73	4 211	65.10
外　科	58	9.18	23 168	1.92	602	9.31
儿　科	11	1.74	49 625	4.12		
妇产科	40	6.33	43 223	3.59	887	13.71
眼　科			836	0.07		
耳鼻咽喉科			6 345	0.53		
口腔科			8 758	0.73		
皮肤科						
医疗美容科						
精神科						
传染科	6	0.95			6	0.09
结核病科						
地方病科						
肿瘤科						
急诊医学科			72 067	5.99		
康复医学科			1 328	0.11		
运动医学科						
职业病科						
中医科	46	7.28	159 334	13.24	763	11.79
骨伤科						
肛肠科						
针灸科						
推拿科						
民族医学科						
中西医结合科						
负压病房						
ICU 病房						
其　他	30	4.75	33 045	2.75		

海珠区医疗机构分科床位、门急诊人次及出院人数（妇幼保健院）

分科	实有床位（张）		门急诊人次（人次）		出院人数（人）	
	小计	构成（%）	小计	构成（%）	小计	构成（%）
总　计	695	100. 00	1 543 969	100. 00	35 521	100. 00
预防保健科			76 633	4. 96		
全科医疗科						
内　科			45 664	2. 96		
外　科			12 723	0. 82		
儿　科	237	34. 10	412 486	26. 72	11 188	31. 50
妇产科	458	65. 90	732 903	47. 47	24 333	68. 50
眼　科			11 171	0. 72		
耳鼻咽喉科			13 868	0. 90		
口腔科			17 617	1. 14		
皮肤科			7 212	0. 47		
医疗美容科			1 173	0. 08		
精神科						
传染科						
结核病科						
地方病科						
肿瘤科						
急诊医学科						
康复医学科						
运动医学科						
职业病科						
中医科			106 067	6. 87		
骨伤科						
肛肠科						
针灸科						
推拿科						
民族医学科						
中西医结合						
负压病房						
ICU 病房						
其　他			106 452	6. 89		

海珠区医疗机构分科床位、门急诊人次及出院人数（专科疾病防治院）

分科	实有床位（张）		门急诊人次（人次）		出院人数（人）	
	小计	构成（%）	小计	构成（%）	小计	构成（%）
总　计	106	100.00	86 658	100.00	294	100.00
预防保健科						
全科医疗科						
内　科	46	43.40	22 164	25.58	7	2.38
外　科						
儿　科						
妇产科						
眼　科						
耳鼻咽喉科						
口腔科						
皮肤科						
医疗美容科						
精神科						
传染科						
结核病科						
地方病科						
肿瘤科						
急诊医学科						
康复医学科						
运动医学科						
职业病科	60	56.60	64 494	74.42	287	97.62
中医科						
骨伤科						
肛肠科						
针灸科						
推拿科						
民族医学科						
中西医结合						
负压病房						
ICU 病房						
其　他						

海珠区卫生机构、床位、人员情况一览表

机构名称	机构个数	床位数	人员数（人）									
			合计	卫生技术人员	其中					其他技术人员	管理人员	工勤技能人员
					执业（助理）医师	执业医师	注册护士	药师（士）	技师（士）			
总　计	116	6 219	10 366	8 263	3 069	2 900	3 261	564	578	499	655	949
医　院	20	5 381	7 296	5 786	2 026	1 979	2 670	331	283	373	446	691
综合医院	12	4 655	6 175	4 982	1 695	1 674	2 322	288	252	313	332	548
广州医学院第二附属医院	1	889	1 459	1 165	461	461	525	59	51	70	87	137
广州市红十字会医院	1	812	1 244	1 011	369	367	478	73	66	48	63	122
广州市海珠区第一人民医院	1	101	285	231	79	76	102	21	14	3	21	30
广州新海医院	1	310	415	340	111	108	152	21	11	10	35	30
广东江南医院	1	100	64	39	17	17	13	3	4	6	4	15
广东商学院医院	1		23	23	11	11	8	3	1			
广州紫荆医院	1	83	115	90	33	26	36	6	4	10	9	6
广东省第二人民医院	1	668	909	697	231	225	301	49	39	12	60	140
南方医科大学珠江医院	1	1 692	1 661	1 386	383	383	707	53	62	154	53	68
广州市红十字会医院昌岗分院	1											
广州医学院第一附属医院微创外科中心	1											
中山大学附属第二医院南院	1											
中医医院	1	140	245	167	58	58	69	16	6	4	41	33
广州中医药大学附属骨伤科医院	1	140	245	167	58	58	69	16	6	4	41	33
专科医院	7	586	876	637	273	247	279	27	25	56	73	110
广州市海珠区口腔医院	1		46	45	23	19	15	4	2		1	
广东省口腔医院	1	50	256	197	106	106	75	2	2	15	23	21
广东省荣誉军人康复医院	1	236	186	130	55	50	58	7	5	14	21	21
广州老年病医院	1	130	78	46	21	17	19	3	3	6	9	17
广州新江南手外科医院	1	46	58	39	11	8	15	1	2	7	6	6
广州复大肿瘤医院	1	74	98	72	18	18	47	3	3	4	6	16
广州协佳泌尿科医院	1	50	154	108	39	29	50	7	8	10	7	29
疗养院	1		8	6	2	2	1	1	1	1	1	
广东省第一工人疗养院	1		8	6	2	2	1	1	1	1	1	
社区卫生服务中心（站）	46	632	1 366	1 099	447	371	336	141	63	33	106	128
社区卫生服务中心	18	632	1 237	990	400	346	307	130	57	30	96	121
滨江街社区卫生服务中心（海珠区中医医院）	1	45	117	87	29	28	25	16	4		15	15

续表

机构名称	机构个数	床位数	人员数（人）									
			合计	卫生技术人员	其中					其他技术人员	管理人员	工勤技能人员
					执业（助理）医师	执业医师	注册护士	药师（士）	技师（士）			
海幢街社区卫生服务中心（海珠区石溪中医院）	1											
新港街社区卫生服务中心（海珠区新港卫生院）	1		76	64	30	20	13	11	3	4		8
沙园街社区卫生服务中心（海珠区第二人民医院）	1	103	169	137	65	65	47	15	8	16	10	6
龙凤街社区卫生服务中心（海珠区红十字会医院）	1	95	112	92	34	31	28	15	7		13	7
瑞宝街社区卫生服务中心（海珠区石溪中医院）	1	46	177	147	64	53	42	20	5		18	12
南华西街社区卫生服务中心（海珠区联合医院）	1		55	44	22	17	7	9	4	1	4	6
赤岗街社区卫生服务中心（广州市纺织医院）	1	100	148	114	44	40	45	13	5	3	5	26
琶洲街社区卫生服务中心（广渔医院）	1	50	36	27	11	7	7	3	2		3	6
南石头街社区卫生服务中心（广纸医院）	1	138	116	96	31	28	35	11	5	1	8	11
海珠区华洲街社区卫生服务中心	1		50	42	11	9	19	2	3	2	1	5
海珠区官洲街社区卫生服务中心	1		32	22	11	7	4	2	2	3	3	4
江南中街社区卫生服务中心（区妇幼穗花门诊部）	1											
素社街社区卫生服务中心	1											
海珠区妇幼保健院凤阳社区卫生服务中心	1											
南洲街社区卫生服务中心（新窖）	1											
海珠区昌岗街社区卫生服务中心（区二）	1											
江海街社区卫生服务中心	1	55	149	118	48	41	35	13	9		16	15
社区卫生服务站	28		129	109	47	25	29	11	6	3	10	7
江海街聚德社区卫生服务站	1											
海珠区官洲街北山社区卫生服务站	1		10	10	5	1	4					
海珠区黄埔社区卫生服务站	1		16	13	8	2	2	1		1	2	
龙凤街将军直街社区卫生服务站（原一门诊部）	1											

续表

机构名称	机构个数	床位数	人员数（人）									
			合计	卫生技术人员	其中					其他技术人员	管理人员	工勤技能人员
					执业（助理）医师	执业医师	注册护士	药师（士）	技师（士）			
瑞宝街南洲名苑社区卫生服务站	1											
瑞宝街南洲花园社区卫生服务站	1											
滨江街小港社区卫生服务站（小港门诊部）	1											
新窖医院赤岗侨雅社区卫生服务站	1											
南石头街保利红棉社区卫生服务站	1											
龙凤街新民六社区卫生服务站	1											
沙园街西基东社区卫生服务站	1											
沙园街光大花园社区卫生服务站	1											
新港街怡凤社区卫生服务站	1											
素社街素社东社区卫生服务站（区一）	1											
凤阳街泰沙社区卫生服务站	1											
瑞宝街瑞宝北约社区卫生服务站	1											
官洲街仑头社区卫生服务站	1		19	19	8	6	6	3	2			
海珠区南洲街大沙社区卫生服务站	1											
海珠区南洲街西窖社区卫生服务站	1											
海珠区江海街台涌社区卫生服务站	1											
海珠区南洲街东风社区卫生服务站	1											
海珠区南石头街石岗社区卫生服务站	1		9	9	4	2	3	2				
海珠区华洲街龙潭社区卫生服务站	1		22	13	5	3	3		1		5	4
海珠区南洲街三窖社区卫生服务站	1		22	20	6	4	5	3	2		1	1
海珠区华洲街小洲社区卫生服务站	1		18	18	8	5	3	1	1			

续表

机构名称	机构个数	床位数	人员数（人）									
			合计	卫生技术人员	其中					其他技术人员	管理人员	工勤技能人员
					执业（助理）医师	执业医师	注册护士	药师（士）	技师（士）			
海珠区琶洲街琶洲社区卫生服务站	1		13	7	3	2	3	1		2	2	2
海珠区赤岗街汇美社区卫生服务站	1											
琶洲街石基村社区卫生服务站	1											
门诊部	38		598	504	244	219	135	59	48	20	30	44
广州航道局门诊部	1		12	11	6	4	2	1	2	1		
广州东沙医院沙园门诊部	1											
广州港卫生防疫站洲头咀门诊部	1		13	12	5	5	2	2	2	1		
国家海洋局南海分局综合医疗门诊部	1		42	40	22	18	14	3	1		1	1
广东省公安司法管理干部学院门诊部	1		14	14	7	7	6	1				
海洲医疗门诊部（洲头咀边防检查站门诊部）	1		13	8	4	4	2	1	1	2	2	1
广州颐康家庭医疗部	1		10	10	5	4	3	1	1			
泰沙门诊部	1		56	40	19	17	8	6	4		3	13
广州中医药大学第一附属医院第二门诊部	1											
海珠区博爱医疗门诊部	1		10	10	6	6	2		2			
广州市东升医院万寿路门诊部	1											
海健医疗专科门诊部	1		8	8	6	6	2					
广东药学院附属门诊部	1		65	54	31	31	10	8	5	3	3	5
康优综合医疗门诊部	1		15	15	6	5	6	2	1			
建华门诊部	1		10	10	6	5	3	1				
中港四航局第二工程公司职工门诊部	1		11	11	5	5	4	1	1			
海珠区中医院第三门诊部	1											
海珠区新港卫生院第一门诊部	1											

续表

机构名称	机构个数	床位数	人员数（人）									
			合计	卫生技术人员	其中					其他技术人员	管理人员	工勤技能人员
					执业（助理）医师	执业医师	注册护士	药师（士）	技师（士）			
海珠区新港卫生院第二门诊部	1											
海珠区新港卫生院第三门诊部	1											
海珠区口腔医院第二门诊部	1											
海珠区中医院桥东门诊部	1											
穗南专科门诊部	1		13	13	6	5	4	2	1			
中山大学附属第二医院南校区门诊部	1											
广州中医药大学附属骨伤科医院第一门诊部	1											
海珠区第二人民医院第一门诊部	1											
南方医科大学中西结合门诊部	1		146	104	44	43	26	12	14	8	15	19
海珠区万寿门诊部	1		19	17	8	8	3	3	1			2
广二整形美容医疗门诊部	1		14	11	3	3	6	1			3	
海珠区瑞宝门诊部	1		11	11	5	4	3	1	1			
海珠区康源医疗门诊部	1		15	15	9	5	1	2	2			
海珠区东华医疗门诊部	1		17	16	6	3	7	2	1			1
海珠区经纬门诊部	1		16	16	6	6	5	2	2			
海珠区康乐医疗门诊部	1		17	15	6	6	5	2	2	1	1	
海珠区康宝门诊部	1		6	6	5	3	1					
海珠区同康门诊部	1		20	14	6	6	4	2	2	3	1	2
海珠区新阳光医疗门诊部	1		16	14	6	5	4	2	2	1	1	
康乐康门诊（李英明）	1		9	9	6	5	2	1				
妇幼保健院（所、站）	2	100	314	259	107	92	87	22	24	15	18	22
广州市海珠区妇幼保健院	1	100	314	259	107	92	87	22	24	15	18	22
广东省妇女儿童医院分院	1											
专科疾病防治院（所、站）	2	106	260	199	93	93	27	8	19	16	28	17
广东省职业病防治院	1	106	260	199	93	93	27	8	19	16	28	17
广州市结核病肺部肿瘤防治所第二分所	1											
疾病预防控制中心	3		389	310	147	141	5	2	140	25	15	39
广东省疾病预防控制中心	1		322	257	122	120	3	2	122	21	11	33
广州市海珠区疾病预防控制中心	1		63	49	22	19	2		18	4	4	6
广州海运集团有限公司卫生防疫站	1		4	4	3	2						
卫生监督所（中心）	2		111	91						2	10	8

续表

机构名称	机构个数	床位数	人员数（人）									
			合计	卫生技术人员	其中					其他技术人员	管理人员	工勤技能人员
					执业（助理）医师	执业医师	注册护士	药师（士）	技师（士）			
广东省卫生监督所	1		72	56							10	6
广州市海珠区卫生监督所	1		39	35						2		2
健康教育所（站、中心）	1		24	9	3	3				14	1	
广东省健康教育研究所	1		24	9	3	3				14	1	
临床检验中心（所、站）	1											
广州金域医学检验中心临床检验部	1											

海珠区医疗机构运营情况一览表

1. 门诊服务

机构名称	诊疗人次数					观察室留观病例数	健康检查人数	急诊病死率（%）
	总计	其中：门、急诊人次数						
		合计	门诊人次数	急诊人次数				
				小计	内：死亡人数			
总　计	7 837 715	7 227 356	6 612 767	614 589	269	58 619	412 179	0.04
医　院	5 119 546	5 097 603	4 633 114	464 489	228	53 870	236 906	0.05
综合医院	4 342 267	4 329 512	3 893 118	436 394	226	53 820	226 867	0.05
广州医学院第二附属医院	1 398 598	1 394 259	1 286 156	108 103	35	47 088	47 128	0.03
广州市红十字会医院	1 019 209	1 013 574	941 444	72 130	84	3 894	17 927	0.12
广州市海珠区第一人民医院	194 436	194 100	165 102	28 998	9		33 907	0.03
广州新海医院	378 156	375 711	282 102	93 609	36	161	39 252	0.04
广东江南医院	38 196	38 196	32 526	5 670	1	1 354	1 241	0.02
广东商学院医院	22 869	22 869	22 499	370				
广州紫荆医院	33 434	33 434	29 877	3 557			509	
广东省第二人民医院	740 353	740 353	659 085	81 268	20	996	50 815	0.02
南方医科大学珠江医院	517 016	517 016	474 327	42 689	41	327	36 088	0.10
中医医院	256 666	256 666	237 892	18 774				
广州中医药大学附属骨伤科医院	256 666	256 666	237 892	18 774				
专科医院	520 613	511 425	502 104	9 321	2	50	10 039	0.02
广州市海珠区口腔医院	39 401	39 401	39 401					

续表

机构名称	诊疗人次数					观察室留观病例数	健康检查人数	急诊病死率（%）
	总计	其中：门、急诊人次数						
		合计	门诊人次数	急诊人次数				
				小计	内：死亡人数			
广东省口腔医院	359 997	359 249	357 323	1 926				
广东省荣誉军人康复医院	54 885	54 885	47 823	7 062	2		4 948	0. 03
广州老年病医院	8 440						5 091	
广州新江南手外科医院	3 728	3 728	3 420	308				
广州复大肿瘤医院	745	745	745					
广州协佳泌尿科医院	53 417	53 417	53 392	25		50		
社区卫生服务中心（站）	1 348 098	1 335 897	1 246 608	89 289	41	3 654	127 901	0. 05
社区卫生服务中心	1 212 713	1 203 788	1 120 156	83 632	41	2 387	108 927	0. 05
滨江街社区卫生服务中心（海珠区中医医院）	137 605	137 187	128 261	8 926	1		2 075	0. 01
新港街社区卫生服务中心（海珠区新港卫生院）	73 347	73 347	73 347					
沙园街社区卫生服务中心（海珠区第二人民医院）	131 064	130 816	119 179	11 637	5	2 204	14 581	0. 04
龙凤街社区卫生服务中心（海珠区红十字会医院）	142 688	139 973	130 683	9 290	1		11 789	0. 01
瑞宝街社区卫生服务中心（海珠区石溪中医院）	156 028	155 576	147 301	8 275	3	2	19 558	0. 04
南华西街社区卫生服务中心（海珠区联合医院）	62 108	61 685	61 684	1	1			100. 00
赤岗街社区卫生服务中心（广州市纺织医院）	90 695	90 695	79 054	11 641			2 104	
琶洲街社区卫生服务中心（广渔医院）	23 548	20 140	17 840	2 300	2	120	3 016	0. 09
南石头街社区卫生服务中心（广纸医院）	111 958	111 958	103 325	8 633			1 542	
海珠区华洲街社区卫生服务中心	54 933	54 933	45 913	9 020			4 501	
海珠区官洲街社区卫生服务中心	32 256	32 243	27 755	4 488		61	1 425	
江海街社区卫生服务中心	196 483	195 235	185 814	9 421	28		48 336	0. 30
社区卫生服务站	135 385	132 109	126 452	5 657		1 267	18 974	
海珠区官洲街北山社区卫生服务站	25 479	25 479	25 068	411			550	

续表

机构名称	诊疗人次数					观察室留观病例数	健康检查人数	急诊病死率（%）
	总计	其中：门、急诊人次数						
		合计	门诊人次数	急诊人次数				
				小计	内：死亡人数			
海珠区黄埔社区卫生服务站	12 708	9 677	8 591	1 086		1 267	16 214	
官洲街仑头社区卫生服务站	15 574	15 402	15 060	342			25	
海珠区南石头街石岗社区卫生服务站	10 725	10 725	10 725					
海珠区华洲街龙潭社区卫生服务站	19 013	18 945	18 583	362			1 216	
海珠区南洲街三窖社区卫生服务站	10 920	10 920	9 807	1 113			433	
海珠区华洲街小洲社区卫生服务站	23 026	23 026	22 290	736			536	
海珠区琶洲街琶洲社区卫生服务站	17 940	17 935	16 328	1 607				
门诊部	346 872	346 647	332 919	13 728		1 095	11 449	
广州航道局门诊部	10 317	10 317	10 217	100				
广州港卫生防疫站洲头咀门诊部	12 483	12 483	12 454	29			98	
国家海洋局南海分局综合医疗门诊部	13 216	13 216	13 216					
广东省公安司法管理干部学院门诊部	13 860	13 635	13 583	52			1 230	
海洲医疗门诊部（洲头咀边防检查站门诊部）	7 881	7 881	7 881					
广州颐康家庭医疗部	13 218	13 218	13 006	212				
泰沙门诊部	35 891	35 891	35 891				350	
海珠区博爱医疗门诊部	6 890	6 890	6 890					
海健医疗专科门诊部	5 656	5 656	5 656					
广东药学院附属门诊部	50 644	50 644	45 779	4 865		55	5 162	
康优综合医疗门诊部	21 758	21 758	21 758			675		
建华门诊部	10 800	10 800	10 800					
中港四航局第二工程公司职工门诊部	18 822	18 822	18 822					
穗南专科门诊部	800	800	800					
南方医科大学中西结合门诊部	33 949	33 949	25 764	8 185		365	4 609	
海珠区万寿门诊部	15 120	15 120	15 120					
广二整形美容医疗门诊部	12 036	12 036	12 036					

续表

机构名称	诊疗人次数					观察室留观病例数	健康检查人数	急诊病死率（%）
	总计	其中：门、急诊人次数						
		合计	门诊人次数	急诊人次数				
				小计	内：死亡人数			
海珠区瑞宝门诊部	2 200	2 200	2 200					
海珠区康源医疗门诊部	1 080	1 080	800	280				
海珠区东华医疗门诊部	10 000	10 000	10 000					
海珠区经纬门诊部	21 334	21 334	21 334					
海珠区康乐医疗门诊部	10 000	10 000	10 000					
海珠区康宝门诊部	9 000	9 000	9 000					
海珠区同康门诊部	1 181	1 181	1 181					
海珠区新阳光医疗门诊部	3 200	3 200	3 200					
康乐康门诊（李英明）	5 536	5 536	5 531	5				
妇幼保健院（所、站）	360 551	360 551	313 468	47 083			35 923	
广州市海珠区妇幼保健院	360 551	360 551	313 468	47 083			35 923	
专科疾病防治院（所、站）	86 658	86 658	86 658					
广东省职业病防治院	86 658	86 658	86 658					

2. 住院服务

机构名称	入院人数	出院人数	住院病人手术人次数	住院危重病人抢救人次	治愈率（%）	好转率（%）	死亡率（%）
总　计	120 530	119 833	59 719	5 925	60. 45	35. 20	2. 67
医　院	108 343	107 612	55 959	5 897	60. 71	35. 42	2. 25
综合医院	98 729	98 156	51 528	5 512	60. 01	36. 06	2. 27
广州医学院第二附属医院	24 432	24 308	15 687	1 466	54. 05	40. 68	2. 25
广州市红十字会医院	14 655	14 445	8 300	1 136	76. 55	18. 89	3. 90
广州市海珠区第一人民医院	2 728	2 720	849	219	65. 00	26. 36	6. 03
广州新海医院	5 006	4 995	1 958	334	51. 03	44. 30	2. 74
广东江南医院	926	937	169	36	48. 35	48. 88	2. 45
广州紫荆医院	1 968	1 968	1 720		89. 02	10. 01	0. 10
广东省第二人民医院	23 164	23 074	10 526	528	64. 88	32. 00	1. 25
南方医科大学珠江医院	25 850	25 709	12 319	1 793	51. 38	45. 94	1. 97

续表

机构名称	入院人数	出院人数	住院病人手术人次数	住院危重病人抢救人次	治愈率（%）	好转率（%）	死亡率（%）
中医医院	3 103	3 097	1 320	21	82.47	16.02	0.13
广州中医药大学附属骨伤科医院	3 103	3 097	1 320	21	82.47	16.02	0.13
专科医院	6 511	6 359	3 111	364	61.06	34.94	2.81
广东省口腔医院	749	748	625		93.72	6.15	
广东省荣誉军人康复医院	1 721	1 667	161	212	13.62	77.44	6.96
广州老年病医院	80	82		125	18.29	24.39	56.10
广州新江南手外科医院	1 233	1 245	1 424	6	97.83	2.17	
广州复大肿瘤医院	970	872	97	19	5.39	89.79	1.95
广州协佳泌尿科医院	1 758	1 745	804	2	95.99	3.15	
社区卫生服务中心	6 414	6 469			27.93	56.16	12.01
滨江街社区卫生服务中心（海珠区中医医院）	461	462			6.49	67.32	16.67
沙园街社区卫生服务中心（海珠区第二人民医院）	1 516	1 537			30.90	50.55	14.83
龙凤街社区卫生服务中心（海珠区红十字会医院）	619	625			10.24	58.72	21.76
瑞宝街社区卫生服务中心（海珠区石溪中医院）	624	636			25.94	61.32	11.79
赤岗街社区卫生服务中心（广州市纺织医院）	514	439			2.28	80.64	17.08
琶洲街社区卫生服务中心（广渔医院）	306	285			16.14	73.68	1.75
南石头街社区卫生服务中心（广纸医院）	1 161	1 271			15.26	68.84	12.04
江海街社区卫生服务中心	1 213	1 214			67.79	28.75	2.31
妇幼保健院（所、站）	5 465	5 458	3 724	21	94.71	5.04	
广州市海珠区妇幼保健院	5 465	5 458	3 724	21	94.71	5.04	
专科疾病防治院（所、站）	308	294	36	7	43.20	53.40	1.36
广东省职业病防治院	308	294	36	7	43.20	53.40	1.36

3. 床位利用

机构名称	实有床位数（张）	实际开放总床日数	平均开放病床（张）	实际占用总床日数	出院者占用总床日数	病床周转次数	病床工作日	病床使用率（%）	出院者平均住院日
总　计	6 219	2 015 327	5 521	1 722 038	1 698 972	22	312	85. 45	14. 2
医　院	5 381	1 718 877	4 709	1 463 352	1 446 886	23	311	85. 13	13. 4
综合医院	4 655	1 466 429	4 018	1 270 157	1 265 437	24	316	86. 62	12. 9
广州医学院第二附属医院	889	324 485	889	289 501	297 632	27	326	89. 22	12. 2
广州市红十字会医院	812	259 410	711	211 353	209 284	20	297	81. 47	14. 5
广州市海珠区第一人民医院	101	36 865	101	35 392	35 452	27	350	96. 00	13. 0
广州新海医院	310	113 150	310	59 787	60 492	16	193	52. 84	12. 1
广东江南医院	100	36 500	100	18 240	13 488	9	182	49. 97	14. 4
广州紫荆医院	83	30 295	83	27 506	25 723	24	331	90. 79	13. 1
广东省第二人民医院	668	242 724	665	256 008	256 091	35	385	105. 47	11. 1
南方医科大学珠江医院	1 692	423 000	1 159	372 370	367 275	22	321	88. 03	14. 3
中医医院	140	51 100	140	40 299	41 748	22	288	78. 86	13. 5
广州中医药大学附属骨伤科医院	140	51 100	140	40 299	41 748	22	288	78. 86	13. 5
专科医院	586	201 348	552	152 896	139 701	12	277	75. 94	22. 0
广东省口腔医院	50	18 250	50	10 529	10 012	15	211	57. 69	13. 4
广东省荣誉军人康复医院	236	78 444	215	69 698	59 007	8	324	88. 85	35. 4
广州老年病医院	130	47 450	130	22 750	29 012	1	175	47. 95	353. 8
广州新江南手外科医院	46	16 790	46	17 323	16 893	27	377	103. 17	13. 6
广州复大肿瘤医院	74	26 764	73	26 764	19 029	12	365	100. 00	21. 8
广州协佳泌尿科医院	50	13 650	37	5 832	5 748	47	156	42. 73	3. 3
社区卫生服务中心（站）	632	226 120	620	202 159	190 703	10	326	89. 40	29. 5
社区卫生服务中心	632	226 120	620	202 159	190 703	10	326	89. 40	29. 5
滨江街社区卫生服务中心（海珠区中医医院）	45	16 425	45	11 703	10 977	10	260	71. 25	23. 8
沙园街社区卫生服务中心（海珠区第二人民医院）	103	37 595	103	38 011	42 029	15	369	101. 11	27. 3
龙凤街社区卫生服务中心（海珠区红十字会医院）	95	31 025	85	24 788	19 908	7	292	79. 90	31. 9
瑞宝街社区卫生服务中心（海珠区石溪中医院）	46	16 790	46	13 563	13 668	14	295	80. 78	21. 5

续表

机构名称	实有床位数（张）	实际开放总床日数	平均开放病床（张）	实际占用总床日数	出院者占用总床日数	病床周转次数	病床工作日	病床使用率（%）	出院者平均住院日
赤岗街社区卫生服务中心（广州市纺织医院）	100	36 500	100	44 052	43 225	4	441	120. 69	98. 5
琶洲街社区卫生服务中心（广渔医院）	50	17 340	48	9 616	4 879	6	202	55. 46	17. 1
南石头街社区卫生服务中心（广纸医院）	138	50 370	138	50 013	45 439	9	362	99. 29	35. 8
江海街社区卫生服务中心	55	20 075	55	10 413	10 578	22	189	51. 87	8. 7
妇幼保健院（所、站）	100	31 640	87	35 991	36 044	63	415	113. 75	6. 6
广州市海珠区妇幼保健院	100	31 640	87	35 991	36 044	63	415	113. 75	6. 6
专科疾病防治院（所、站）	106	38 690	106	20 536	25 339	3	194	53. 08	86. 2
广东省职业病防治院	106	38 690	106	20 536	25 339	3	194	53. 08	86. 2

海珠区医疗机构病人人均医疗费用与医生工作效率一览表

机构名称	平均每诊疗人次医疗费（元）					平均每出院者住院医疗费（元）						出院者平均每日住院医疗费（元）
	合计	其中				合计	其中					
		挂号费	药费	检查费	治疗费		床位费	药费	检查费	治疗费	手术费	
总　计	127	1	60	17	19	10 100	597	3 950	723	2 296	653	712
医　院	155	2	73	22	27	10 820	641	4 273	785	2 518	691	805
综合医院	144	1	78	22	19	10 860	609	4 418	799	2 424	594	842
广州医学院第二附属医院	154	1	84	22	21	12 509	543	5 043	973	3 519	100	1 022
广州市红十字会医院	121	1	77	16	12	10 901	531	3 868	857	3 326	710	752
广州市海珠区第一人民医院	135	1	65	15	35	5 269	479	2 076	719	1 407	345	404
广州新海医院	115	1	54	13	15	6 034	463	2 035	788	1 487	461	498
广东江南医院	215	1	56	31	112	3 026	711	955	65	612	327	210
广州紫荆医院	146	4	57	11	15	5 405	360	1 224	190	849	2 053	414
广东省第二人民医院	143	4	68	37	19	9 052	635	3 746	697	2 200	946	816
南方医科大学珠江医院	193	1	106	27	16	13 134	748	5 821	779	1 560	630	919
中医医院	177	4	88	23	57	8 228	484	2 450	514	1 610	2 425	610
广州中医药大学附属骨伤科医院	177	4	88	23	57	8 228	484	2 450	514	1 610	2 425	610
专科医院	235	1	23	13	88	11 461	1 219	2 919	703	4 402	1 351	522

续表

机构名称	平均每诊疗人次医疗费（元）					平均每出院者住院医疗费（元）						出院者平均每日住院医疗费（元）
	合计	其中				合计	其中					
		挂号费	药费	检查费	治疗费		床位费	药费	检查费	治疗费	手术费	
广州市海珠区口腔医院	199	3	3	4	189							
广东省口腔医院	258	1	5	5	95	8 559	473	1 575	115	1 455	3 947	639
广东省荣誉军人康复医院	190	1	98	61	10	7 776	1 482	2 320	1 614	1 565	104	220
广州老年病医院	277	1	75	179	18	31 732	13 695	6 622	146	11 037		90
广州新江南手外科医院	65	4	16	10	9	5 581	315	992	268	606	3 059	411
广州复大肿瘤医院	819		395	170	200	44 511	3 628	12 677	891	24 906	482	2 040
广州协佳泌尿科医院	149		71	2	56	2 951	142	392	327	527	708	896
社区卫生服务中心（站）	81		39			3 747		1 361				127
社区卫生服务中心	84		41			3 747		1 361				127
滨江街社区卫生服务中心（海珠区中医医院）	82		50			4 673		1 604				197
新港街社区卫生服务中心（海珠区新港卫生院）	84		41									
沙园街社区卫生服务中心（海珠区第二人民医院）	11		6			453		149				17
龙凤街社区卫生服务中心（海珠区红十字会医院）	99		49			5 845		1 178				183
瑞宝街社区卫生服务中心（海珠区石溪中医院）	119		60			4 821		2 343				224
南华西街社区卫生服务中心（海珠区联合医院）	79		43									
赤岗街社区卫生服务中心（广州市纺织医院）	105		53			9 118		2 768				93
琶洲街社区卫生服务中心（广渔医院）	69		44			5 007		3 018				292
南石头街社区卫生服务中心（广纸医院）	92		45			4 866		1 731				136
海珠区华洲街社区卫生服务中心	42		12									
海珠区官洲街社区卫生服务中心	49		30									
江海街社区卫生服务中心	102		37			2 512		1 096				288
社区卫生服务站	50		28									
海珠区官洲街北山社区卫生服务站	37											

续表

机构名称	平均每诊疗人次医疗费（元）					平均每出院者住院医疗费（元）						出院者平均每日住院医疗费（元）
	合计	其中				合计	其中					
		挂号费	药费	检查费	治疗费		床位费	药费	检查费	治疗费	手术费	
海珠区黄埔社区卫生服务站	54		30									
官洲街仑头社区卫生服务站	73		27									
海珠区南石头街石岗社区卫生服务站	54		37									
海珠区华洲街龙潭社区卫生服务站	61		56									
海珠区南洲街三窖社区卫生服务站	97		89									
海珠区华洲街小洲社区卫生服务站	21		15									
海珠区琶洲街琶洲社区卫生服务站	37		10									
妇幼保健院（所、站）	114	3	48	20	10	2 753	300	338	283	508	678	417
广州市海珠区妇幼保健院	114	3	48	20	10	2 753	300	338	283	508	678	417
专科疾病防治院（所、站）	176		52	114	6	22 762	3 112	9 578	2 065	4 782	622	264
广东省职业病防治院	176		52	114	6	22 762	3 112	9 578	2 065	4 782	622	264

海珠区前十位疾病死亡率、构成比和位次

性　别	顺位	死亡原因	死亡率（1/10 万）	构成比（%）
合　计	1	恶性肿瘤	170. 09	26. 45
	2	呼吸系统疾病	153. 18	23. 82
	3	心脏病	123. 04	19. 13
	4	脑血管病	81. 10	12. 61
	5	内分泌、营养和代谢的其他疾病	21. 58	3. 36
	6	损伤和中毒外部原因	21. 36	3. 32
	7	消化系统疾病	19. 91	3. 10
	8	泌尿生殖系统疾病	10. 01	1. 56
	9	精神障碍	5. 12	0. 80
	10	神经系统疾病	4. 78	0. 74
男　性	1	恶性肿瘤	210. 12	29. 14
	2	呼吸系统疾病	154. 07	21. 37
	3	心脏病	134. 60	18. 67
	4	脑血管病	92. 83	12. 88
	5	损伤和中毒外部原因	27. 70	3. 84
	6	消化系统疾病	24. 24	3. 36
	7	内分泌，营养和代谢的其他疾病	19. 04	2. 64
	8	泌尿生殖系统疾病	11. 47	1. 59
	9	神经系统疾病	4. 76	0. 66
	10	呼吸道结核	3. 46	0. 48

续表

性　别	顺位	死亡原因	死亡率（1/10万）	构成比（%）
女　性	1	呼吸系统疾病	152.24	27.15
	2	恶性肿瘤	127.75	22.78
	3	心脏病	110.80	19.76
	4	脑血管病	68.68	12.25
	5	内分泌、营养和代谢的其他疾病	24.27	4.33
	6	消化系统疾病	15.34	2.74
	7	损伤和中毒外部原因	14.65	2.61
	8	泌尿生殖系统疾病	8.47	1.51
	9	精神障碍	6.87	1.22
	10	神经系统疾病	4.81	0.86

海珠区意外死亡外部原因死亡率及构成比

死亡原因	合计		男性		女性	
	死亡率（1/10万）	构成比（%）	死亡率（1/10万）	构成比（%）	死亡率（1/10万）	构成比（%）
损伤和中毒外部原因小计	21.36	3.32	27.70	3.84	14.65	2.61
其中：机动车辆交通事故	4.89	0.76	7.36	1.02	2.29	0.41
机动车以外的运输事故	0.67	0.10	0.65	0.09	0.69	0.12
意外中毒	3.34	0.52	4.98	0.69	1.60	0.29
意外跌落	2.34	0.36	1.95	0.27	2.75	0.49
火　灾	0.22	0.03	0.22	0.03	0.23	0.04
由自然环境因素所致的意外事故						
淹　死	1.78	0.28	2.38	0.33	1.14	0.20
意外的机械性窒息						
砸　死						
由机器切割和穿刺工具所致的意外的事故						
触　电						
其他意外事故和有害效应	1.22	0.19	1.51	0.21	0.92	0.16
自　杀	6.12	0.95	7.14	0.99	5.04	0.90
被　杀	0.78	0.12	1.51	0.21		

（四）天　河　区

天河区卫生机构、床位、人员情况（不含村卫生室）

机构名称	机构个数	床位数	人员数（人）									
			合计	卫生技术人员	其中					其他技术人员	管理人员	工勤技能人员
					执业（助理）医师	执业医师	注册护士	药师（士）	技师（士）			
总　计	353	4 078	9 539	7 613	3 160	2 902	2 856	496	427	209	681	1 036
一、按经济类型分												
国　有	111	3 647	7 086	5 721	2 216	2 124	2 229	361	330	133	509	723
集　体	7	30	100	63	29	25	19	7	6	13	5	19
联　营	1		1									1
私　营	217	172	1 779	1 381	732	604	433	97	64	38	133	227
其　他	17	229	573	448	183	149	175	31	27	25	34	66
二、按设置主办单位分												
政府办	19	3 197	6 119	4 894	1 824	1 760	1 957	300	293	112	450	663
其中：卫生部门	18	3 197	6 113	4 888	1 821	1 757	1 955	299	293	112	450	663
社会办	126	686	1 791	1 418	628	565	502	108	80	60	106	207
个人办	208	195	1 629	1 301	708	577	397	88	54	37	125	166

天河区卫生机构、床位、人员情况（不含诊所、卫生所、医务室及村卫生室）

机构名称	机构个数	床位数	人员数（人）									
			合计	卫生技术人员	其中					其他技术人员	管理人员	工勤技能人员
					执业（助理）医师	执业医师	注册护士	药师（士）	技师（士）			
总　计	139	4 078	8 714	6 849	2 702	2 515	2 614	466	419	209	681	975
一、按经济类型分												
国　有	40	3 647	6 834	5 472	2 066	1 990	2 152	350	328	133	509	720
集　体	3	30	93	57	25	22	17	7	6	13	5	18
联　营												
私　营	89	172	1 255	909	447	372	282	82	59	38	133	175
其　他	7	229	532	411	164	131	163	27	26	25	34	62
二、按设置主办单位分												
政府办	16	3 197	6 108	4 883	1 818	1 754	1 953	299	293	112	450	663
其中：卫生部门	16	3 197	6 108	4 883	1 818	1 754	1 953	299	293	112	450	663
社会办	37	686	1 480	1 118	448	404	409	94	77	60	106	196
个人办	86	195	1 126	848	436	357	252	73	49	37	125	116

天河区诊所、医务室、卫生所机构、人员情况

机构名称	机构个数	人员数（人）							
		合计	卫生技术人员	其中					工勤技能人员
				执业（助理）医师	执业医师	注册护士	药师（士）	技师（士）	
总　计	214	825	764	458	387	242	30	8	61
一、按经济类型分									
国　有	71	252	249	150	134	77	11	2	3
集　体	4	7	6	4	3	2			1
联　营	1	1							1
私　营	128	524	472	285	232	151	15	5	52
其　他	10	41	37	19	18	12	4	1	4
二、按设置主办单位分									
政府办	3	11	11	6	6	4	1		
其中：卫生部门	2	5	5	3	3	2			
社会办	89	311	300	180	161	93	14	3	11
个人办	122	503	453	272	220	145	15	5	50

天河区医疗机构分级情况

等　级	医　院					妇幼保健院	专科疾病防治院
	合计	其　中					
		综合医院	中医医院	中西医结合医院	专科医院		
总 计	28	21	2		5	1	1
三级	3	3					
三级甲等	2	2					
三级乙等							
三级丙等							
未评等次	1	1					
二级	5	4	1			1	
二级甲等	2	2				1	
二级乙等							
二级丙等							
未评等次	3	2	1				
一级	3	2	1				
一级甲等	1	1					
一级乙等							
一级丙等							
未评等次	2	1	1				
其　他	17	12			5		1

天河区医疗机构分科床位、门急诊人次及出院人数（合计）

分　科	实有床位（张）		门急诊人次（人次）		出院人数（人）	
	小计	构成（%）	小计	构成（%）	小计	构成（%）
总　计	4 078	100.00	6 335 309	100.00	84 663	100.00
预防保健科			275 458	4.35		
全科医疗科			439 306	6.93	206	0.24
内　科	1 114	27.32	1 487 019	23.47	17 410	20.56
外　科	1 013	24.84	513 595	8.11	18 165	21.46
儿　科	177	4.34	594 606	9.39	7 799	9.21
妇产科	494	12.11	763 705	12.05	25 887	30.58
眼　科	27	0.66	100 146	1.58	559	0.66
耳鼻咽喉科	96	2.35	213 331	3.37	2 408	2.84
口腔科	18	0.44	234 558	3.70	275	0.32
皮肤科	15	0.37	237 090	3.74	311	0.37
医疗美容科	11	0.27	32 074	0.51	60	0.07
精神科	92	2.2	55 310	0.87	1 320	1.56
传染科	249	6.11	152 664	2.41	2 419	2.86
结核病科						
地方病科						
肿瘤科	81	1.99	3 026	0.05	742	0.88
急诊医学科	11	0.27	134 946	2.13		
康复医学科	389	9.54	52 722	0.83	3 997	4.72
运动医学科						
职业病科	35	0.86	4 598	0.07	409	0.48
中医科	54	1.32	436 794	6.89	560	0.66
骨伤科	72	1.77	16 358	0.26	570	0.67
肛肠科						
针灸科			20 694	0.33		
推拿科			1 800	0.03		
民族医学科						
中西医结合			4 395	56	0.07	0.07
负压病房						
ICU 病房	15	0.37			80	0.09
其　他	115	2.82	561 114	8.86	1 430	1.69

天河区医疗机构分科床位、门急诊人次及出院人数（医院）

分　科	实有床位（张）		门急诊人次（人次）		出院人数（人）	
	小计	构成（%）	小计	构成（%）	小计	构成（%）
总　计	3 801	100.00	5 197 839	100.00	75 146	100.00
预防保健科			261 088	5.02		
全科医疗科			350 130	6.74	206	0.27
内　科	1 114	29.31	1 086 973	20.91	17 410	23.17
外　科	1 013	26.65	487 092	9.37	18 165	24.17
儿　科	152	4.00	393 664	7.57	5 239	6.97
妇产科	442	11.63	622 554	11.98	22 230	29.58
眼　科	27	0.71	96 536	1.86	559	0.74
耳鼻咽喉科	96	2.53	200 968	3.87	2 408	3.20
口腔科	18	0.47	211 189	4.06	275	0.37
皮肤科	15	0.39	211 045	4.06	311	0.41
医疗美容科	11	0.29	17 088	0.33	60	0.08
精神科	92	2.42	55 310	1.06	1 320	1.76
传染科	249	6.55	150 814	2.90	2 419	3.22
结核病科						
地方病科						
肿瘤科	81	2.13	3 026	0.06	742	0.99
急诊医学科	11	0.29	130 180	2.50		
康复医学科	189	4.97	40 128	0.77	697	0.93
运动医学科						
职业病科	35	0.92	4 598	0.09	409	0.54
中医科	54	1.42	282 025	5.43	560	0.75
骨伤科	72	1.89	10 358	0.20	570	0.76
肛肠科						
针灸科			17 694	0.34		
推拿科						
民族医学科						
中西医结合			4 395	0.08	56	0.07
负压病房						
ICU 病房	15	0.39			80	0.11
其　他	115	3.03	560 984	10.79	1 430	1.90

天河区医疗机构分科床位、门急诊人次及出院人数（综合医院）

分　科	实有床位（张）		门急诊人次（人次）		出院人数（人）	
	小计	构成（%）	小计	构成（%）	小计	构成（%）
总　计	3 443	100.00	4 876 087	100.00	72 694	100.00
预防保健科			261 088	5.35		
全科医疗科			350 130	206	7.18	0.28
内　科	1 062	30.85	1 032 518	21.18	16 810	23.12
外　科	956	27.77	467 185	9.58	17 702	24.35
儿　科	142	4.12	367 038	7.53	5 208	7.16
妇产科	421	12.23	589 967	12.10	21 598	29.71
眼　科	18	0.52	91 496	1.88	531	0.73
耳鼻咽喉科	96	2.79	194 780	3.99	2 408	3.31
口腔科	16	0.46	195 133	4.00	275	0.38
皮肤科	14	0.41	202 786	4.16	311	0.43
医疗美容科	9	0.26	14 078	0.29	60	0.08
精神科	92	2.67	55 310	1.13	1 320	1.82
传染科	249	7.23	150 814	3.09	2 419	3.33
结核病科						
地方病科						
肿瘤科	81	2.35	3 026	0.06	742	1.02
急诊医学科	11	0.32	109 879	2.25		
康复医学科	81	2.35	31 025	0.64	569	0.78
运动医学科						
职业病科	35	1.02	4 598	0.09	409	0.56
中医科	30	0.87	235 604	4.83	560	0.77
骨伤科			2 605	0.05		
肛肠科						
针灸科			6 623	0.14		
推拿科						
民族医学科						
中西医结合			4 395	56	0.09	0.08
负压病房						
ICU 病房	15	0.44			80	0.11
其　他	115	3.34	506 009	10.38	1 430	1.97

天河区医疗机构分科床位、门急诊人次及出院人数（社区卫生服务中心）

分科	实有床位（张）		门急诊人次（人次）		出院人数（人）	
	小计	构成（%）	小计	构成（%）	小计	构成（%）
总　计			57 335	100. 00		
预防保健科			8 232	14. 36		
全科医疗科			12 586	21. 95		
内　科			9 961	17. 37		
外　科			5 821	10. 15		
儿　科			4 188	7. 30		
妇产科			3 521	6. 14		
眼　科			799	1. 39		
耳鼻咽喉科			1 199	2. 09		
口腔科			2 301	4. 01		
皮肤科						
医疗美容科						
精神科						
传染科			400	0. 70		
结核病科						
地方病科						
肿瘤科						
急诊医学科			3 995	6. 97		
康复医学科			2 008	3. 50		
运动医学科						
职业病科						
中医科			2 324	4. 05		
骨伤科						
肛肠科						
针灸科						
推拿科						
民族医学科						
中西医结合科						
负压病房						
ICU 病房						
其　他						

天河区医疗机构分科床位、门急诊人次及出院人数（妇幼保健院）

分科	实有床位（张）		门急诊人次（人次）		出院人数（人）	
	小计	构成（%）	小计	构成（%）	小计	构成（%）
总　计	77	100.00	307 536	100.00	6 217	100.00
预防保健科						
全科医疗科						
内　科			8 335	2.71		
外　科			5 248	1.71		
儿　科	25	32.47	160 512	52.19	2 560	41.18
妇产科	52	67.53	100 003	32.52	3 657	58.82
眼　科			2 599	0.85		
耳鼻咽喉科			3 537	1.15		
口腔科			1 373	0.45		
皮肤科						
医疗美容科						
精神科						
传染科						
结核病科						
地方病科						
肿瘤科						
急诊医学科						
康复医学科						
运动医学科						
职业病科						
中医科			25 929	8.43		
骨伤科						
肛肠科						
针灸科						
推拿科						
民族医学科						
中西医结合						
负压病房						
ICU 病房						
其　他						

天河区卫生机构、床位、人员情况一览表

机构名称	机构个数	床位数	人员数（人）									
			合计	卫生技术人员	其中					其他技术人员	管理人员	工勤技能人员
					执业（助理）医师	执业医师	注册护士	药师（士）	技师（士）			
总　计	139	4 078	8 714	6 849	2 702	2 515	2 614	466	419	209	681	975
医　院	28	3 801	7 060	5 594	2 117	2 015	2 247	370	305	145	543	778
综合医院	21	3 443	6 564	5 233	1 943	1 861	2 165	336	291	120	493	718
中山医科大学附属第六医院	1	250	510	395	157	154	163	29	18	23	31	61
广州市第十二人民医院	1	334	704	545	244	235	216	39	23	16	58	85
广州市天河区沙河人民医院	1	80	162	146	60	55	51	18	12	5	3	8
暨南大学附属第一医院	1	621	1 433	1 158	374	374	513	59	36		83	192
中山大学附属第三医院	1	1 169	1 726	1 436	483	482	619	71	91	26	157	107
南方医科大学附属华瑞医院	1	187	352	265	113	109	86	16	26	6	34	47
广东燕岭医院	1	128	158	127	44	44	60	11	7	9	19	3
广州长安医院	1	20	121	84	28	28	39	10	7	4	2	31
广州康民医院	1	20	37	21	8	6	7	2	2		12	4
广州仁爱医院天河分院	1	47	139	90	41	39	37	6	6	1	10	38
华南农业大学医院	1	40	78	68	40	20	19	6	1		3	7
新时代医院	1		40	31	18	18	11	2			9	
暨南大学医学院附属第一医院东圃分院	1	100	91	61	24	23	23	5	3		6	24
广州市天河长兴人民医院	1	60	69	56	24	20	24	4	4	7	1	5
龙洞人民医院	1	120	136	103	42	25	38	7	8	10	8	15
广州华爱医院	1	30	76	49	21	19	16	4	3	3	4	20
广州现代医院	1	19	200	153	45	41	67	8	12	6	10	31
广州市天河区红十字会医院	1	116	291	235	86	78	98	16	21		23	33
广州市天河区侨怡苑人民医院	1		49	39	21	21	11	5	1		7	3
华南理工大学医院	1	102	121	108	40	40	48	12	6	3	9	1
华南师范大学医院	1		71	63	30	30	19	6	4	1	4	3
中医医院	2	173	197	162	87	83	45	19	7	2	18	15
广州振华骨伤医院	1	30	46	36	18	16	14	1	1	2	2	6
广州市天河区中医医院	1	143	151	126	69	67	31	18	6		16	9
专科医院	5	185	299	199	87	71	37	15	7	23	32	45
广州市残疾人康复中心（广州博爱医院）	1	100	125	105	37	34	15	5	2	8	6	6
广州家家乐康复医院	1	30	66	37	15	13	12	4	4	11	2	16
华兴康复医院	1	20	16	14	8	6	5	1			1	1

续表

机构名称	机构个数	床位数	人员数（人）									
			合计	卫生技术人员	其中					其他技术人员	管理人员	工勤技能人员
					执业（助理）医师	执业医师	注册护士	药师（士）	技师（士）			
扶元堂医疗康复医院	1	35	67	23	15	10		2	1	4	20	20
广东华南口腔医院	1		25	20	12	8	5	3			3	2
疗养院	1	200	88	45	15	15	19	3	4		13	30
广州市工人疗养院（广州岭南老年病医院）	1	200	88	45	15	15	19	3	4		13	30
社区卫生服务中心（站）	12		136	111	54	40	34	14	9	2	9	14
社区卫生服务中心	3		69	57	29	19	16	6	6		5	7
天河区黄村街社区卫生服务中心	1		44	34	16	10	11	3	4		4	6
天河区石牌街暨大社区卫生服务中心	1											
珠吉街社区卫生服务中心	1		25	23	13	9	5	3	2		1	1
社区卫生服务站	9		67	54	25	21	18	8	3	2	4	7
天园街东晖社区卫生服务站	1		12	9	5	4	2	1	1	2	1	
广州市天河区沙河人民医院石牌街社区卫生服务站	1											
美心岗社区卫生服务站	1											
长兴街兴科社区卫生服务站	1		12	11	5	5	4	1	1		1	
广州市天河区沙河人民医院五山街社区卫生服务站	1		15	12	5	4	4	3				3
广州市天河区妇幼保健院天河南街社区卫生服务站	1											
五山街东莞庄社区卫生服务站	1		12	10	5	5	4	1			1	1
广州市第六人民医院员村街华颖社区卫生服务站	1											
天园街骏景社区卫生服务站	1		16	12	5	3	4	2	1		1	3
门诊部	91		886	696	359	302	201	63	45	28	89	68
华景医疗门诊部	1		15	11	5	5	3	2	1		2	2
广东省结核病防治研究所门诊部	1		53	33	15	14	10	3	5		6	8
广州市继方专科门诊	1		8	7	4	4	2			1		1
联友医疗门诊部	1		13	11	6	6	2	2	1		1	1
颐柏门诊部	1		19	14	7	6	3	1	1	2	3	2
南威专科门诊部	1		10	6	2	2	1	1	2		2	2
广东省农业科学院门诊部	1		10	10	8	8	1		1			
友爱医疗门诊部	1		15	12	7	6	2	2	1		1	2
正元中医门诊部	1		12	6	5	4	1				3	3
升平医疗门诊部	1		17	15	7	7	3	2	1	2	1	1

续表

机构名称	机构个数	床位数	人员数（人）									
			合计	卫生技术人员	其中					其他技术人员	管理人员	工勤技能人员
					执业（助理）医师	执业医师	注册护士	药师（士）	技师（士）			
东方类风湿专科门诊部	1		11	8	2	2	2	2	2	1	1	1
新东升门诊部	1		9	7	5	4	2			1	1	
广州中泰中医门诊部	1		9	9	7	6	1	1				
圣意德医疗门诊部	1		16	8	5	4	2	1		3	5	
力德门诊部	1		16	13	6	4	3	1	2		2	1
新光医学美容整形专科门诊部	1		1								1	
天河区沙东街沙东门诊部	1		8	8	4	3	3	1				
健生医疗门诊部	1		1								1	
康桥门诊部	1		16	15	5	5	5	4	1			1
华美医学整形美容门诊部	1		18	18	7	6	9	1	1			
新康健中医门诊部	1		8	6	4	3	2			2		
南国医疗门诊部	1		17	13	6	5	4	2	1		2	2
随安堂医疗门诊部	1		8	7	5	2	1	1			1	
博安医疗门诊部	1		1								1	
安雅医疗门诊部	1		14	12	6	4	2	2	2		1	1
广华骨科门诊部	1		4	3	2	1	1					1
养元门诊部	1		34	22	7	5	2				6	6
蓝天门诊	1		1								1	
广美整形美容医疗门诊部	1		12	10	4	4	6				1	1
寿安门诊部	1		1								1	
协康医疗门诊部	1		4	4	2	1	1	1				
东西方医疗门诊部	1		11	10	5	5	5					1
绿叶门诊部	1		8	7	4	4	1	1	1	1		
仁德门诊部	1		1								1	
广州邮电医院侨景门诊部	1											
广州市天河区益康苑门诊部	1		15	10	4	1	2	1		2	2	1
瑞康专科门诊部	1		7	7	4	4	1	1	1			
红旗门诊	1		9	9	7	4	2					
广济门诊部	1		56	48	18	10	19	6	5		6	2
新阳光门诊部	1		23	18	7	4	5	2	2	1	2	2
长江医疗门诊部	1		22	15	4	4	7	2	2		5	2
广东职业技术师范学院门诊部	1		25	23	10	10	11	1	1	1		1
华南农业大学医院五山门诊部	1											

续表

机构名称	机构个数	床位数	人员数（人）									
			合计	卫生技术人员	其中					其他技术人员	管理人员	工勤技能人员
					执业（助理）医师	执业医师	注册护士	药师（士）	技师（士）			
友谊医疗门诊部	1		1								1	
华大医疗门诊部	1		6	5	3	3	1	1				1
广州市邮电医院天崖楼门诊部	1											
仁济医疗门诊部	1		5	4	2	2	2					1
尔康门诊部	1		3	3	2	2	1					
仁康门诊部	1		1								1	
顺康医疗门诊部	1		12	8	3	3	3		1		2	2
广安门诊	1		8	8	6	4	2					
华联医疗门诊部	1		12	9	5	4	2	1	1		1	2
万康医疗门诊部	1		5	5	4	4	1					
康祺门诊部	1		13	9	6	5	2	1			1	3
康益医疗门诊部	1		8	7	4	4	2	1				1
寿先门诊	1		4	3	2	2	1					1
广州体育学院门诊部	1		22	21	9	9	7	3	1			1
广州市天河区颐和医疗门诊部	1		5	4	3	3	1				1	
金凤凰门诊部	1		10	8	4	4	2	1	1			2
精诚门诊	1		1								1	
振元堂医疗门诊部	1		5	5	4	3	1					
广吉康医疗门诊部	1		8	6	5	4	1				1	1
康大医疗门诊部	1		5	5	4	2	1					
港华医疗门诊部	1		1	1	1	1						
海广门诊部	1		3	2	2	2					1	
北方医疗门诊部	1		6	5	4	3	1				1	
仁皓医疗门诊部	1		16	13	7	7	4	1	1		2	1
河水门诊部	1		12	10	5	5	3	2		1	1	
养和门诊部	1		1								1	
康达医疗门诊部	1		4	3	2	2	1					1
十仁综合门诊部	1		1	1	1	1						
成康门诊部	1		1								1	
保康门诊	1		5	4	3	3	1					1
众康医疗门诊部	1		6	4	2	2	1	1			1	1
济生医疗门诊部	1		7	4	3	3	1			3		
联康医疗门诊部	1		1								1	
圣堂医疗门诊部	1		7	7	5	4	2					
邓时钊医疗门诊部	1		7	5	5	3						2

续表

机构名称	机构个数	床位数	人员数（人）									
			合计	卫生技术人员	其中					其他技术人员	管理人员	工勤技能人员
					执业（助理）医师	执业医师	注册护士	药师（士）	技师（士）			
普济医疗门诊部	1		7	6	4	2	2				1	
顺安门诊	1		1								1	
广东省泗安医院天河门诊部	1		1								1	
方圆医疗门诊部	1		10	9	4	3	2	1	1			1
宏恩医疗门诊部	1		7	7	3	3	2	1	1			
恒安医疗门诊部	1		16	13	6	4	2	2	2		1	2
康辰医疗门诊部	1		23	11	5	5	5	1		6	4	2
怡和门诊部	1		6	6	5	5	1					
前进门诊	1		3	3	2	2	1					
伯明翰医疗美容门诊部	1		22	20	5	5	11	2	2		2	
常健门诊部	1		7	6	4	4	2				1	
益安医疗门诊部	1		7	6	5	4	1				1	
新河门诊部	1		6	5	4	4	1				1	
妇幼保健院（所、站）	1	77	290	213	97	87	84	12	20	14	9	54
广州市天河区妇幼保健院	1	77	290	213	97	87	84	12	20	14	9	54
专科疾病防治院（所、站）	1		21	14	9	9	2	1	2	3	3	1
广州市天河区慢性病防治中心	1		21	14	9	9	2	1	2	3	3	1
疾病预防控制中心	4		186	131	51	47	27	3	34	12	15	28
广州市天河区棠下医疗保健中心	1		54	49	11	7	15	3	4		1	4
广东国际旅行卫生保健中心	1		41	29	12	12	9		8	3	3	6
广东农垦卫生防疫站	1											
广州市天河区疾病预防控制中心	1		91	53	28	28	3		22	9	11	18
卫生监督所（中心）	1		47	45								2
广州市天河区卫生监督所	1		47	45								2

天河区医疗机构运营情况一览表

1. 门诊服务

机构名称	诊疗人次数					观察室留观病例数	健康检查人数	急诊病死率（%）
	总计	其中：门、急诊人次数						
		合计	门诊人次数	急诊人次数				
				小计	内：死亡人数			
总　计	7 259 071	6 335 309	5 771 468	563 841	113	70 248	711 471	0. 02
医　院	5 252 712	5 197 839	4 705 279	492 560	113	65 552	551 263	0. 02
综合医院	4 923 236	4 876 087	4 403 944	472 143	109	65 543	530 958	0. 02
中山医科大学附属第六医院	277 167	275 214	232 211	43 003	24	8	9 476	0. 06
广州市第十二人民医院	455 723	455 723	426 832	28 891	12	3 579	192 686	0. 04
广州市天河区沙河人民医院	174 778	174 778	161 554	13 224	1	302		0. 01
暨南大学附属第一医院	696 880	695 516	631 040	64 476	9	33 050	27 620	0. 01
中山大学附属第三医院	1 438 505	1 436 079	1 314 614	121 465	15	19 773	15 793	0. 01
南方医科大学附属华瑞医院	231 663	231 663	217 971	13 692	2		87 820	0. 01
广东燕岭医院	88 217	84 320	78 990	5 330			3 897	
广州长安医院	41 910	41 910	41 910				2 069	
广州康民医院	15 715	15 715	15 315	400			166	
广州仁爱医院天河分院	120 823	120 823	120 558	265				
华南农业大学医院	147 965	147 742	138 926	8 816	1	260	35 110	0. 01
新时代医院	19 617	19 617	19 617					
暨南大学医学院附属第一医院东圃分院	110 297	73 462	57 152	16 310	4		10 205	0. 02
广州市天河长兴人民医院	66 456	66 452	53 162	13 290		14	4 121	
龙洞人民医院	191 054	191 026	152 752	38 274	23		8 029	0. 06
广州华爱医院	18 839	18 629	17 116	1 513		403	9 291	
广州现代医院	59 802	59 802	57 123	2 679		3 276	1 200	
广州市天河区红十字会医院	328 588	328 588	246 832	81 756	18	4 866	21 646	0. 02
广州市天河区侨怡苑人民医院	106 693	106 519	106 519			2	1 250	
华南理工大学医院	161 666	161 631	155 467	6 164			65 548	
华南师范大学医院	170 878	170 878	158 283	12 595		10	35 031	
中医医院	202 016	201 784	181 512	20 272	4		18 475	0. 02

续表

机构名称	诊疗人次数					观察室留观病例数	健康检查人数	急诊病死率（%）
	总计	其中：门、急诊人次数						
		合计	门诊人次数	急诊人次数				
				小计	内：死亡人数			
广州振华骨伤医院	356	124	108	16				
广州市天河区中医医院	201 660	201 660	181 404	20 256	4		18 475	0. 02
专科医院	127 460	119 968	119 823	145		9	1 830	
广州市残疾人康复中心（广州博爱医院）	18 646	12 055	12 055				690	
广州家家乐康复医院	29 650	28 749	28 704	45		9	901	
华兴康复医院	12 311	12 311	12 311				239	
扶元堂医疗康复医院	59 753	59 753	59 753					
广东华南口腔医院	7 100	7 100	7 000	100				
疗养院	39 149	1 502	1 470	32		145	45 500	
广州市工人疗养院（广州岭南老年病医院）	39 149	1 502	1 470	32		145	45 500	
社区卫生服务中心（站）	150 826	145 789	132 878	12 911		2 211	14 536	
社区卫生服务中心	61 842	57 335	48 766	8 569		1 084	5 704	
天河区黄村街社区卫生服务中心	44 191	39 952	34 347	5 605		1 084	4 654	
珠吉街社区卫生服务中心	17 651	17 383	14 419	2 964			1 050	
社区卫生服务站	88 984	88 454	84 112	4 342		1 127	8 832	
长兴街兴科社区卫生服务站	27 638	27 378	26 878	500		6	3 500	
五山街东莞庄社区卫生服务站	19 621	19 621	19 621				5 332	
天园街骏景社区卫生服务站	31 713	31 713	27 871	3 842		1 121		
天园街东晖社区卫生服务站	10 012	9 742	9 742					
门诊部	682 738	682 643	676 883	5 760		2 340	29 136	
华景医疗门诊部	40 063	40 063	40 063					
广东省结核病防治研究所门诊部	1 450	1 450	1 450				27 000	
广州市继方专科门诊	7 200	7 200	7 000	200				
联友医疗门诊部	9 586	9 586	9 521	65				
颐柏门诊部	4 230	4 230	4 230				38	
南威专科门诊部	1 080	1 080	1 080					
广东省农业科学院门诊部	6 989	6 989	6 833	156				

续表

机构名称	诊疗人次数					观察室留观病例数	健康检查人数	急诊病死率（%）
	总计	其中：门、急诊人次数						
		合计	门诊人次数	急诊人次数				
				小计	内：死亡人数			
友爱医疗门诊部	16 200	16 200	16 200					
正元中医门诊部	7 964	7 964	7 964					
升平医疗门诊部	10 740	10 740	10 740					
东方类风湿专科门诊部	60 750	60 750	60 750					
新东升门诊部	7 160	7 160	7 160					
广州中泰中医门诊部	14 935	14 935	14 935					
圣意德医疗门诊部	8 086	8 068	7 966	102				
力德门诊部	7 072	7 072	7 072					
天河区沙东街沙东门诊部	6 824	6 824	6 824					
康桥门诊部	16 000	16 000	16 000					
华美医学整形美容门诊部	7 600	7 600	7 600					
新康健中医门诊部	5 000	5 000	5 000			2		
南国医疗门诊部	9 128	9 128	9 128					
随安堂医疗门诊部	6 610	6 610	6 610					
安雅医疗门诊部	10 200	10 200	10 190	10			161	
广华骨科门诊部	3 000	3 000	3 000					
养元门诊部	31 245	31 245	31 245					
广美整形美容医疗门诊部	2 586	2 586	2 586					
协康医疗门诊部	4 700	4 700	4 500	200				
东西方医疗门诊部	14 896	14 896	14 896				392	
绿叶门诊部	11 000	11 000	11 000					
广州市天河区益康苑门诊部	8 100	8 100	8 100					
瑞康专科门诊部	6 270	6 270	6 270					
红旗门诊	11 800	11 800	11 800					
广济门诊部	9 590	9 590	9 590					
新阳光门诊部	6 845	6781	6 656	125			175	
长江医疗门诊部	13 516	13 516	13 516					
广东职业技术师范学院门诊部	24 800	24 800	23 000	1 800				
仁济医疗门诊部	8 000	8 000	8 000					
尔康门诊部	4 161	4 161	4 161					
广安门诊	6 092	6 092	6 092					

续表

机构名称	诊疗人次数					观察室留观病例数	健康检查人数	急诊病死率（%）
	总计	其中：门、急诊人次数						
		合计	门诊人次数	急诊人次数				
				小计	内：死亡人数			
华联医疗门诊部	5 670	5 670	5 670					
万康医疗门诊部	4 323	4 323	4 323					
康祺门诊部	9 056	9 056	9 056					
康益医疗门诊部	2 400	2 400	2 370	30		38	220	
寿先门诊	4 500	4 500	4 500					
广州体育学院门诊部	39 000	39 000	39 000					
广州市天河区颐和医疗门诊部	6 846	6 846	6 846					
金凤凰门诊部	9 000	9 000	8 700	300		2 300		
振元堂医疗门诊部	2 008	2 008	2 008					
广吉康医疗门诊部	7 360	7 360	7 200	160				
康大医疗门诊部	2 600	2 600	2 600					
海广门诊部	3 840	3 840	3 840					
北方医疗门诊部	5 630	5 630	5 231	399			890	
仁皓医疗门诊部	13 400	13 400	13 400					
河水门诊部	9 540	9540	9 540					
康达医疗门诊部	8 860	8 860	8 860					
保康门诊	1 200	1 200	1 200					
众康医疗门诊部	8 680	8 680	8 680					
济生医疗门诊部	29 500	29 500	29 500					
圣堂医疗门诊部	9 300	9 300	9 300					
邓时钊医疗门诊部	3 754	3 754	3 754					
普济医疗门诊部	9 450	9 450	9 450					
方圆医疗门诊部	7 510	7 510	5 300	2210			260	
宏恩医疗门诊部	2 200	2 200	2 200					
恒安医疗门诊部	5 400	5 400	5 400					
康辰医疗门诊部	5 000	5 000	5 000					
怡和门诊部	9 000	9 000	9 000					
前进门诊	1 000	1 000	1 000					
伯明翰医疗美容门诊部	11 000	11 000	11 000					
常健门诊部	4 938	4 938	4 938					
益安医疗门诊部	3 610	3 610	3 610					
新河门诊部	5 695	5 682	5 679	3				
妇幼保健院（所、站）	307 536	307 536	254 958	52 578			71 036	
广州市天河区妇幼保健院	307 536	307 536	254 958	52 578			71 036	

2. 住院服务

机构名称	入院人数	出院人数	住院病人手术人次数	住院危重病人抢救人次	治愈率（%）	好转率（%）	死亡率（%）
总　计	84 649	84 663	40 177	3 548	68.11	28.55	1.25
医　院	75 123	75 146	37 316	3 474	64.83	31.51	1.41
综合医院	72 630	72 694	36 214	3 374	64.74	31.56	1.41
中山医科大学附属第六医院	4 953	4 924	2 826	475	66.08	29.24	2.42
广州市第十二人民医院	4 396	4 504	1 177	258	54.95	39.54	1.91
广州市天河区沙河人民医院	1 473	1 480	918	34	77.30	21.08	1.28
暨南大学附属第一医院	17 691	17 676	8 457	380	70.32	26.55	1.37
中山大学附属第三医院	25 171	25 144	15 379	1 605	58.76	37.36	1.49
南方医科大学附属华瑞医院	3 734	3 728	2 024	31	60.73	35.70	0.80
广东燕岭医院	696	677	20	75	13.74	85.08	1.18
广州长安医院	1 007	1 007	986		79.15	19.96	
广州康民医院	121	121			64.46	35.54	
广州仁爱医院天河分院	1 334	1 334	1 298	12	98.80	1.20	
华南农业大学医院	206	206		7	89.32	5.34	2.91
新时代医院							
暨南大学医学院附属第一医院东圃分院	1 563	1 566	826	89	64.88	26.18	0.83
广州市天河长兴人民医院	923	901	213		80.58	17.31	1.66
龙洞人民医院	3 077	3 082	554	243	43.12	50.68	1.23
广州华爱医院	98	98	49	13	93.88	6.12	
广州现代医院	415	396	355	29	35.10	62.12	0.76
广州市天河区红十字会医院	5 278	5 306	1 132	118	90.41	7.63	1.07
广州市天河区侨怡苑人民医院							
华南理工大学医院	494	544		5	27.76	66.18	2.76
华南师范大学医院							
中医医院	2 359	2 318	1 102	98	69.28	28.13	1.38
广州振华骨伤医院	248	218	218		95.41	4.59	
广州市天河区中医医院	2 111	2 100	884	98	66.57	30.57	1.52
专科医院	134	134		2	37.31	61.19	0.75
广州市残疾人康复中心（广州博爱医院）	84	84		1	5.95	91.67	1.19
广州家家乐康复医院	45	45		1	91.11	8.89	
华兴康复医院	5	5			80.00	20.00	
疗养院	3 300	3 300	15	12	99.39	0.61	

续表

机构名称	入院人数	出院人数	住院病人手术人次数	住院危重病人抢救人次	治愈率（%）	好转率（%）	死亡率（%）
广州市工人疗养院（广州岭南老年病医院）	3 300	3 300	15	12	99.39	0.61	
妇幼保健院（所、站）	6 226	6 217	2 846	62	91.15	7.62	
广州市天河区妇幼保健院	6 226	6 217	2 846	62	91.15	7.62	

3. 床位利用

机构名称	实有床位数（张）	实际开放总床日数	平均开放病床（张）	实际占用总床日数	出院者占用总床日数	病床周转次数	病床工作日	病床使用率（%）	出院者平均住院日
总　计	4 078	1 344 702	3 684	999 352	986 781	23	271	74.32	11.7
医　院	3 801	1 244 597	3 410	920 383	907 833	22	270	73.95	12.1
综合医院	3 443	1 131 452	3 100	878 427	872 058	24	283	77.64	12.0
中山医科大学附属第六医院	250	91 250	250	57 612	57 299	20	230	63.14	11.6
广州市第十二人民医院	334	118 081	324	64 914	59 483	14	201	54.97	13.2
广州市天河区沙河人民医院	80	29 200	80	10 200	9 874	19	128	34.93	6.7
暨南大学附属第一医院	621	226 665	621	238 190	244 939	29	384	105.08	13.9
中山大学附属第三医院	1 169	342 297	938	351 687	350 456	27	375.0	102.74	13.9
南方医科大学附属华瑞医院	187	54 009	148	36 080	36 080	25	244	66.80	9.7
广东燕岭医院	128	46 720	128	14 123	14 340	5	110	30.23	21.2
广州长安医院	20	7 300	20	3 021	3 021	50	151	41.38	3.0
广州康民医院	20	7 300	20	496	496	6	25	6.79	4.1
广州仁爱医院天河分院	47	13 550	37	5 977	5 977	36	161	44.11	4.5
华南农业大学医院	40	12 000	33	3 213	226	6	98	26.78	1.1
暨南大学医学院附属第一医院东圃分院	100	36 500	100	11 234	10 944	16	112	30.78	7.0
广州市天河长兴人民医院	60	16 425	45	11 498	11 038	20	256	70.00	12.3
龙洞人民医院	120	32 850	90	20 075	18 492	34	223	61.11	6.0
广州华爱医院	30	10 800	30	801	801	3	27	7.42	8.2
广州现代医院	19	6 935	19	5 520	5 513	21	291	79.60	13.9
广州市天河区红十字会医院	116	42 340	116	36 568	34 248	46	315	86.37	6.5

续表

机构名称	实有床位数（张）	实际开放总床日数	平均开放病床（张）	实际占用总床日数	出院者占用总床日数	病床周转次数	病床工作日	病床使用率（%）	出院者平均住院日
华南理工大学医院	102	37 230	102	7 218	8 831	5	71	19. 39	16. 2
华南师范大学医院									
中医医院	173	63 145	173	33 616	27 724	13	194	53. 24	12. 0
广州振华骨伤医院	30	10 950	30	10 950	5 400	7	365	100. 00	24. 8
广州市天河区中医医院	143	52 195	143	22 666	22 324	15	159	43. 43	10. 6
专科医院	185	50 000	137	8 340	8 051	1	61	16. 68	60. 1
广州市残疾人康复中心（广州博爱医院）	100	36 500	100	7 920	7 631	1	79	21. 70	90. 8
广州家家乐康复医院	30	8 100	22	380	380	2	17	4. 69	8. 4
华兴康复医院	20	5 400	15	40	40		3	0. 74	8. 0
扶元堂医疗康复医院	35								
疗养院	200	72 000	197	45 066	45 066	17	229	62. 59	13. 7
广州市工人疗养院（广州岭南老年病医院）	200	72 000	197	45 066	45 066	17	229	62. 59	13. 7
妇幼保健院（所、站）	77	28 105	77	33 903	33 882	81	440	120. 63	5. 4
广州市天河区妇幼保健院	77	28 105	77	33 903	33 882	81	440	120. 63	5. 4

天河区医疗机构病人人均医疗费用与医生工作效率一览表

机构名称	平均每诊疗人次医疗费（元）					平均每出院者住院医疗费（元）						出院者平均每日住院医疗费（元）
	合计	其中				合计	其中					
		挂号费	药费	检查费	治疗费		床位费	药费	检查费	治疗费	手术费	
总　计	117	3	57	15	19	8 279	495	3 384	546	1 998	804	710
医　院	144	3	73	20	23	9 118	512	3 769	606	2 215	904	755
综合医院	144	3	74	21	20	9 287	512	3 852	619	2 255	919	774
中山医科大学附属第六医院	132	1	69	18	18	7 735	424	3 445	582	1 500	859	665
广州市第十二人民医院	128	2	32	39	7	6 453	680	2 566	377	1 023	775	489
广州市天河区沙河人民医院	129	1	68	20	35	2 995	380	634	118	980	554	449
暨南大学附属第一医院	179	5	92	28	26	10 659	531	4 286	642	2 999	1 105	769
中山大学附属第三医院	197	6	116	28	19	13 658	619	5 974	1012	3 272	1010	980

续表

机构名称	平均每诊疗人次医疗费（元）					平均每出院者住院医疗费（元）						出院者平均每日住院医疗费（元）
	合计	其中				合计	其中					
		挂号费	药费	检查费	治疗费		床位费	药费	检查费	治疗费	手术费	
南方医科大学附属华瑞医院	120	1	66	15	24	4 125	444	1 385	343	1 023	466	426
广东燕岭医院	81	1	37	5	32	7 527	1 126	1 871	167	3 908	22	355
广州长安医院	304	6	145	23	47	9 859	593	3 126	299	346	4 627	3 286
广州康民医院	19		14		3	851	50	620	58	17	8	208
广州仁爱医院天河分院	245	2	132	9	42	1 169	10	631	49	151	215	261
华南农业大学医院	7	1	4		1	330	53	141	5	49	10	301
新时代医院	522	1	197	6	256							
暨南大学医学院附属第一医院东圃分院	73		34	6	12	2 895	248	827	128	682	564	414
广州市天河长兴人民医院	85	1	44	11	15	2 427	204	637	21	800	337	198
龙洞人民医院	63	1	31	11	10	2 124	183	798	120	439	360	354
广州华爱医院	171		102	17	13	8 061	296	4 704	735	663	1 031	986
广州现代医院	154		54	17	23	14 235	1 596	4 626	937	2 109	2 788	1 022
广州市天河区红十字会医院	121	1	50	17	32	3 643	308	1 376	123	768	588	564
广州市天河区侨怡苑人民医院	92	1	50	4	20							
华南理工大学医院	40	2	12	3	6	980	118	213	40	132		60
华南师范大学医院	14	1	7		2							
中医医院	138	3	64	6	25	4 021	461	1 359	198	907	487	336
广州振华骨伤医院	20	3	3	3	8	1 587	275	303	92	92	642	64
广州市天河区中医医院	138	3	65	6	25	4 274	480	1 469	210	991	471	402
专科医院	151	1	31	5	104	5 776	1 627	433	313	2 910	82	96
广州市残疾人康复中心（广州博爱医院）	129	1	26	13	77	8 155	2 464	429	369	4 488		90
广州家家乐康复医院	129	1	68	9	18	1 867	222	467	222	267	244	221
华兴康复医院	90	1	58	6	14	1 000	200	200	200	200		125
扶元堂医疗康复医院	162		2		159							
广东华南口腔医院	324	4	85	3	228							
疗养院	69		2	4	2	1 111	364	20	39	191	24	81
广州市工人疗养院（广州岭南老年病医院）	69		2	4	2	1 111	364	20	39	191	24	81
社区卫生服务中心（站）	48		27									
社区卫生服务中心	60		31									

续表

机构名称	平均每诊疗人次医疗费（元）					平均每出院者住院医疗费（元）						出院者平均每日住院医疗费（元）
	合计	其中				合计	其中					
		挂号费	药费	检查费	治疗费		床位费	药费	检查费	治疗费	手术费	
天河区黄村街社区卫生服务中心	65		33									
珠吉街社区卫生服务中心	46		25									
社区卫生服务站	39		24									
长兴街兴科社区卫生服务站	37		35									
五山街东莞庄社区卫生服务站	55		20									
天园街骏景社区卫生服务站	22		9									
天园街东晖社区卫生服务站	66		53									
妇幼保健院（所、站）	145	5	52	16	11	1 944	357	527	93	336	4	357
广州市天河区妇幼保健院	145	5	52	16	11	1 944	357	527	93	336	4	357

（五）白　云　区

白云区卫生机构、床位、人员情况（不含村卫生室）

分类	机构个数	床位数	人员数（人）										
			合计	卫生技术人员							其他技术人员	管理人员	工勤技能人员
				小计	执业（助理）医师	执业医师	注册护士	药师（士）	技师（士）	其他			
总　计	458	8 307	12 223	9 648	3 717	3 319	3 591	716	701	923	383	887	1 305
一、按经济类型分													
国　有	83	6 421	8 340	6 509	2 212	2 089	2 505	498	543	751	266	649	916
集　体	15	215	390	333	132	91	154	15	17	15	16	18	23
联　营													
私　营	344	1 281	2 970	2 387	1 212	996	752	185	115	123	75	190	318
其　他	16	390	523	419	161	143	180	18	26	34	26	30	48
二、按设置主办单位分													
政府办	53	5 891	7 751	6 067	2 041	1 935	2 316	482	515	713	238	601	845
其中：卫生部门	47	5 545	7 446	5 881	1 959	1 856	2 257	473	504	688	210	559	796
社会办	69	1 807	1 581	1 233	490	409	538	47	63	95	60	88	200
个人办	336	609	2 891	2 348	1 186	975	737	187	123	115	85	198	260

白云区卫生机构、床位、人员情况
（不含诊所、卫生所、医务室及村卫生室）

机构名称	机构个数	床位数	人员数（人）									
			合计	卫生技术人员	其中					其他技术人员	管理人员	工勤技能人员
					执业（助理）医师	执业医师	注册护士	药师（士）	技师（士）			
总　计	227	8 307	11 370	8 845	3 249	2 921	3 336	676	693	383	887	1 255
一、按经济类型分												
国　有	55	6 421	8 219	6 388	2 144	2 027	2 462	493	540	266	649	916
集　体	8	215	370	313	121	80	147	15	17	16	18	23
联　营												
私　营	157	1 281	2 276	1 743	833	681	555	150	110	75	190	268
其　他	7	390	505	401	151	133	172	18	26	26	30	48
二、按设置主办单位分												
政府办	43	5 891	7 685	6 001	2 002	1 899	2 297	478	514	238	601	845
其中：卫生部门	40	5 545	7 397	5 832	1 930	1 829	2 243	469	503	210	559	796
社会办	27	1 807	1 443	1 098	414	343	485	45	61	60	88	197
个人办	157	609	2 242	1 746	833	679	554	153	118	85	198	213

白云区诊所、医务室、卫生所机构、人员情况

分类	机构个数	人员数（人）							
		合计	卫生技术人员	其中					工勤技能人员
				执业（助理）医师	执业医师	注册护士	药师（士）	技师（士）	
总　计	231	853	803	468	398	255	40	8	50
一、按经济类型分									
国　有	28	121	121	68	62	43	5	3	
集　体	7	20	20	11	11	7			
联　营									
私　营	187	694	644	379	315	197	35	5	50
其　他	9	18	18	10	10	8			
二、按设置主办单位分									
政府办	10	66	66	39	36	19	4	1	
其中：卫生部门	7	49	49	29	27	14	4	1	
社会办	42	138	135	76	66	53	2	2	3
个人办	179	649	602	353	296	183	34	5	47

白云区医疗机构分级情况

等级	医院						
	合计	其中				妇幼保健院	专科疾病防治院
		综合医院	中医医院	中西医结合医院	专科医院		
总　计	43	29	3		10	1	
三级	3	1	1		1		
三级甲等	3	1	1		1		
三级乙等							
三级丙等							
未评等次							
二级	7	5			2	1	
二级甲等	4	3			1	1	
二级乙等							
二级丙等							
未评等次	3	2			1		
一级	12	10	2				
一级甲等	11	9	2				
一级乙等							
一级丙等							
未评等次	1	1					
其　他	21	13			7		

白云区医疗机构分科床位、门急诊人次及出院人数（合计）

分科	实有床位（张）		门急诊人次（人次）		出院人数（人）	
	小计	构成（%）	小计	构成（%）	小计	构成（%）
总　计	8 307	100. 00	8 940 260	100. 00	156 797	100. 00
预防保健科			164 608	1. 84		
全科医疗科	2	0. 02	14 596	0. 16	122	0. 08
内　科	1 718	20. 68	3 799 762	42. 50	42 232	26. 93
外　科	1 527	18. 38	632 038	7. 07	30 265	19. 30
儿　科	267	3. 21	440 355	4. 93	10 658	6. 80
妇产科	675	8. 13	828 208	9. 26	34 775	22. 18
眼　科	98	1. 18	140 225	1. 57	2 650	1. 69
耳鼻咽喉科	89	1. 07	186 642	2. 09	2 238	1. 43
口腔科	41	0. 49	154 966	1. 73	531	0. 34
皮肤科	54	0. 65	221 229	2. 47	1 017	0. 65
医疗美容科	94	1. 13	33 569	0. 38	1 390	0. 89

续表

分　科	实有床位（张）		门急诊人次（人次）		出院人数（人）	
	小计	构成（%）	小计	构成（%）	小计	构成（%）
精神科	2 219	26.71	61 949	0.69	3 390	2.16
传染科	86	1.04	39 487	0.44	1 509	0.96
结核病科	11	0.13	14 045	0.16	20	0.01
地方病科						
肿瘤科	310	3.73	36 207	0.40	4 412	2.81
急诊医学科	22	0.26	242 214	2.71	367	0.23
康复医学科	270	3.25	45 149	0.51	2 705	1.73
运动医学科						
职业病科						
中医科	60	0.72	228 579	2.56	842	0.54
骨伤科	271	3.26	125 448	1.40	5 759	3.67
肛肠科	24	0.29	21 938	0.25	886	0.57
针灸科	45	0.54	86 516	0.97	765	0.49
推拿科			3 000	0.03		
民族医学科						
中西医结合	30	0.36	7 058	0.08	356	0.23
负压病房						
ICU 病房	12	0.14	3 864	0.04	57	0.04
其　他	382	4.60	1 408 608	15.76	9 851	6.28

白云区医疗机构分科床位、门急诊人次及出院人数（医院）

分　科	实有床位（张）		门急诊人次（人次）		出院人数（人）	
	小计	构成（%）	小计	构成（%）	小计	构成（%）
总　计	7 897	100.00	6 994 686	100.00	150 118	100.00
预防保健科			144 530	2.07		
全科医疗科	2	0.03	9 005	0.13	122	0.08
内　科	1 688	21.38	2 158 985	30.87	42 073	28.03
外　科	1 507	19.08	613 872	8.78	30 161	20.09
儿　科	242	3.06	391 555	5.60	9 256	6.17
妇产科	620	7.85	758 893	10.85	31 395	20.91
眼　科	98	1.24	140 225	2.00	2 650	1.77
耳鼻咽喉科	89	1.13	185 969	2.66	2 238	1.47
口腔科	41	0.52	146 353	2.09	531	0.35
皮肤科	54	0.68	221 229	3.16	1 017	0.68
医疗美容科	94	1.19	26 889	0.38	1 390	0.93
精神科	2 039	25.82	61 949	0.89	3 286	2.19
传染科	86	1.09	39 487	0.56	1 509	1.01

续表

分　科	实有床位（张）		门急诊人次（人次）		出院人数（人）	
	小计	构成（%）	小计	构成（%）	小计	构成（%）
结核病科	11	0.14	14 045	0.20	20	0.01
地方病科						
肿瘤科	310	3.93	36 207	0.52	4 412	2.94
急诊医学科	22	0.28	240 686	3.44	367	0.24
康复医学科	170	2.15	42 261	0.60	1 175	0.78
运动医学科						
职业病科						
中医科	60	0.76	215 529	3.08	842	0.56
骨伤科	271	3.43	122 953	1.76	5 759	3.84
肛肠科	24	0.30	21 938	0.31	886	0.59
针灸科	45	0.57	85 516	1.22	765	0.51
推拿科						
民族医学科						
中西医结合	30	0.38	7 058	0.10	356	0.24
负压病房						
ICU 病房	12	0.15	3 864	0.06	57	0.04
其　他	382	4.84	1 305 688	18.67	9 851	6.56

白云区医疗机构分科床位、门急诊人次及出院人数（综合医院）

分　科	实有床位（张）		门急诊人次（人次）		出院人数（人）	
	小计	构成（%）	小计	构成（%）	小计	构成（%）
总　计	4 260	100.00	4 523 253	100.00	111 609	100.00
预防保健科			88 180	1.95		
全科医疗科			6 605	122	0.15	0.11
内　科	1 142	26.81	1 115 283	24.66	29 845	26.74
外　科	1 171	27.49	466 870	10.32	23 677	21.21
儿　科	213	5.00	262 292	5.80	7 731	6.93
妇产科	506	11.88	521 683	11.53	26 529	23.77
眼　科	76	1.78	94 319	2.09	1 944	1.74
耳鼻咽喉科	66	1.55	111 738	2.47	1 463	1.31
口腔科	41	0.96	101 076	2.23	531	0.48
皮肤科	46	1.08	137 280	3.03	808	0.72
医疗美容科	51	1.20	22 038	0.49	527	0.47
精神科	74	1.74	36 092	0.80	1 444	1.29
传染科	86	2.02	39 487	0.87	1 509	1.35
结核病科	11	0.26	13 956	0.31	20	0.02
地方病科						

续表

分科	实有床位（张）		门急诊人次（人次）		出院人数（人）	
	小计	构成（%）	小计	构成（%）	小计	构成（%）
肿瘤科	107	2.51	5 407	0.12	2 004	1.80
急诊医学科	22	0.52	240 036	5.31	367	0.33
康复医学科	115	2.70	17 183	0.38	683	0.61
运动医学科						
职业病科						
中医科	60	1.41	209 079	4.62	842	0.75
骨伤科	69	1.62	13 277	0.29	1 527	1.37
肛肠科			9 538	0.21		
针灸科			3 744	0.08		
推拿科						
民族医学科						
中西医结合	30	0.70	7 058	0.16	356	0.32
负压病房						
ICU 病房	12	0.28	3 864	0.09	57	0.05
其他	362	8.50	997 168	22.05	9 623	8.62

白云区医疗机构分科床位、门急诊人次及出院人数（乡镇卫生院）

分科	实有床位（张）		门急诊人次（人次）		出院人数（人）	
	小计	构成（%）	小计	构成（%）	小计	构成（%）
总计			2 248	100.00		
预防保健科						
全科医疗科						
内科			2 248	100.00		
外科						
儿科						
妇产科						
眼科						
耳鼻咽喉科						
口腔科						
皮肤科						
医疗美容科						
精神科						
传染科						
结核病科						
地方病科						

续表

分科	实有床位（张）		门急诊人次（人次）		出院人数（人）	
	小计	构成（%）	小计	构成（%）	小计	构成（%）
肿瘤科						
急诊医学科						
康复医学科						
运动医学科						
职业病科						
中医科						
骨伤科						
肛肠科						
针灸科						
推拿科						
民族医学科						
中西医结合科						
负压病房						
ICU 病房						
其　他						

白云区医疗机构分科床位、门急诊人次及出院人数（社区卫生服务中心）

分科	实有床位（张）		门急诊人次（人次）		出院人数（人）	
	小计	构成（%）	小计	构成（%）	小计	构成（%）
总　计	50	100.00	134 197	100.00	263	100.00
预防保健科			156	0.12		
全科医疗科			1 153	0.86		
内　科	30	60.00	101 297	75.48	159	60.46
外　科	20	40.00	11 172	8.33	104	39.54
儿　科						
妇产科			8 960	6.68		
眼　科						
耳鼻咽喉科			673	0.50		
口腔科			922	0.69		
皮肤科						
医疗美容科						
精神科						
传染科						
结核病科						
地方病科						

续表

分　科	实有床位（张）		门急诊人次（人次）		出院人数（人）	
	小计	构成（%）	小计	构成（%）	小计	构成（%）
肿瘤科						
急诊医学科						
康复医学科			2 888	2.15		
运动医学科						
职业病科						
中医科			6 976	5.20		
骨伤科						
肛肠科						
针灸科						
推拿科						
民族医学科						
中西医结合科						
负压病房						
ICU 病房						
其　他						

白云区医疗机构分科床位、门急诊人次及出院人数（妇幼保健院）

分　科	实有床位（张）		门急诊人次（人次）		出院人数（人）	
	小计	构成（%）	小计	构成（%）	小计	构成（%）
总　计	80	100.00	125 476	100.00	4 782	100.00
预防保健科			19 922	15.88		
全科医疗科						
内　科			7 466	5.95		
外　科			5 791	4.62		
儿　科	25	31.25	34 463	27.47	1 402	29.32
妇产科	55	68.75	51 351	40.92	3 380	70.68
眼　科						
耳鼻咽喉科						
口腔科			1 507	1.20		
皮肤科						
医疗美容科						
精神科						
传染科						
结核病科						
地方病科						

续表

分　科	实有床位（张）		门急诊人次（人次）		出院人数（人）	
	小计	构成（%）	小计	构成（%）	小计	构成（%）
肿瘤科						
急诊医学科						
康复医学科						
运动医学科						
职业病科						
中医科			4 976	3.97		
骨伤科						
肛肠科						
针灸科						
推拿科						
民族医学科						
中西医结合						
负压病房						
ICU 病房						
其　他						

白云区卫生机构、床位、人员情况一览表

机构名称	机构个数	床位数	人员数（人）									
			合计	卫生技术人员	其中					其他技术人员	管理人员	工勤技能人员
					执业（助理）医师	执业医师	注册护士	药师（士）	技师（士）			
总　计	227	8 307	11 370	8 845	3 249	2 921	3 336	676	693	383	887	1 255
医　院	43	7 897	9 536	7 318	2 491	2 312	2 942	530	597	345	757	1 116
综合医院	29	4 260	6 326	4 982	1 731	1 587	1 857	317	465	289	467	588
广州市白云区人民医院	1	300	510	424	161	160	185	35	24	11	18	57
广州市白云区黄石医院	1		68	54	24	21	11	9	6	1	8	5
广州市白云区第一人民医院	1	200	535	462	175	150	182	25	44		30	43
广州市白云区龙归华侨医院	1	38	60	47	15	14	16	5	4		6	7
白云区石井人民医院	1	160	111	93	37	33	28	15	9	4	11	3
广州市白云区神山医院	1	50	53	44	17	15	16	7	4		5	4
广州市白云区太和镇医院	1	60	70	56	25	20	20	7	4		6	8
广州市白云区钟落潭镇医院	1	42	65	52	24	21	15	3	2	7	3	3
广州市白云区红十字会医院	1	106	106	96	43	37	32	15	6	2	2	6

续表

机构名称	机构个数	床位数	人员数（人）									
			合计	卫生技术人员	其中					其他技术人员	管理人员	工勤技能人员
					执业（助理）医师	执业医师	注册护士	药师（士）	技师（士）			
白云区第二人民医院	1	180	264	213	75	66	94	20	12	7	13	31
广东省司法警察医院	1	260	201	118	50	50	35	9	5	27	26	30
广州友好医院	1	200	270	173	60	45	80	5	7	15	34	48
广州加禾益民医院	1	40	47	30	14	12	9	3	4	9	5	3
广州市白云区景泰医院	1											
广东省少年犯管教所医院	1	30	31	16	11	11	4		1	1	11	3
广东省女子监狱医院	1	56	56	35	11	9	15		5		5	16
南方医院	1	1 806	2 640	2 139	646	644	744	109	249	125	183	193
广州红康医院	1	100	155	133	52	40	60	6	10	5	10	7
广州白云山医院	1	50	63	51	23	19	23	2	3	5	2	5
新市医院	1	120	188	130	59	55	48	7	16	23	15	20
广州东仁医院	1	120	175	155	50	20	80	5	11	10	5	5
广州广和医院	1	22	49	48	17	17	18	4	2			1
南方医科大学江都医院	1	120	155	93	23	22	21	6	12	19	23	20
民航广州医院	1	100	215	154	56	55	60	7	8	1	26	34
广州市白云农工商联合公司职工医院	1	50	140	97	41	34	36	4	9	16	8	19
白云区同德医院	1	30	31	24	9	6	5	4	4		5	2
广钢医院北郊分院	1											
白云区红会医院良田分院	1											
广州益寿医院	1	20	68	45	13	11	20	5	4	1	7	15
中医医院	3	1 040	1 654	1 292	439	433	549	171	87	9	138	215
广州市白云区中医医院（原广州市白云区人和华侨医院）	1	100	134	113	53	49	39	12	6	3	6	12
广州中医药大学第一附属医院	1	940	1 520	1 179	386	384	510	159	81	6	132	203
白云区中医医院蚌湖华侨分院	1											
专科医院	10	2 504	1 386	965	306	277	484	37	41	43	115	263
广州市民政局精神病院	1	1 220	479	317	63	58	183	13	6	10	32	120
广东三九脑科医院	1	310	301	254	94	88	120	4	9	12	13	22
广州白云精神康复医院	1	700	145	60	22	16	27	3	3	4	3	78
广州远东美容医院	1	20	36	32	12	12	16	3	1	1	1	2
南洋肿瘤医院北京中西医结合学会肿瘤医院广州分院	1	95	99	78	34	34	40	2	2	4	7	10
广州东方医院	1	90	174	112	45	40	49	5	9	3	50	9

续表

机构名称	机构个数	床位数	人员数（人）									
			合计	卫生技术人员	其中					其他技术人员	管理人员	工勤技能人员
					执业（助理）医师	执业医师	注册护士	药师（士）	技师（士）			
广州曙光医学整形美容医院	1	23	76	54	17	14	28	3	1	5	4	13
广州中兴运动损伤专科医院	1											
康正医院	1	20	60	47	13	12	18	4	8	4	3	6
广安医院	1	26	16	11	6	3	3		2		2	3
护理院	1	93	170	79	15	15	52	5	4	4	37	50
广州市老人院	1	93	170	79	15	15	52	5	4	4	37	50
疗养院	1	280	78	46	12	11	27	4	1	7	8	17
铁道部石门疗养院	1	280	78	46	12	11	27	4	1	7	8	17
社区卫生服务中心（站）	31	50	324	275	114	83	84	25	24	7	16	26
社区卫生服务中心	13	50	102	87	39	28	27	10	7	2	6	7
白云区嘉禾街社区卫生服务中心	1											
白云区同德街社区卫生服务中心	1											
京溪社区卫生服务中心	1											
新市街社区卫生服务中心	1											
白云区永平街第二社区卫生服务中心	1		24	22	13	7	5	2	2	1	1	
石井街第一社区卫生服务中心	1											
石井街第二社区卫生服务中心	1											
白云区松洲街社区卫生服务中心	1	50	52	42	15	13	16	6	3		4	6
白云区黄石街社区卫生服务中心	1											
白云区棠景街社区卫生服务中心	1											
金沙街社区卫生服务中心	1		26	23	11	8	6	2	2	1	1	1
白云区永平街第一社区卫生服务中心	1											
白云区景泰街社区卫生服务中心	1											
社区卫生服务站	18		222	188	75	55	57	15	17	5	10	19
广州市白云区省妇幼保健院新兴白云花园社区卫生服务站（分支）	1											
京溪街犀牛角社区卫生服务站	1											

续表

机构名称	机构个数	床位数	人员数（人）									
			合计	卫生技术人员	其中					其他技术人员	管理人员	工勤技能人员
					执业（助理）医师	执业医师	注册护士	药师（士）	技师（士）			
景泰街云龙社区卫生服务站	1											
石井张村社区卫生服务站	1		10	10	5	3	3	2				
同德街上步社区卫生服务站	1		18	15	8	5	4		2		1	2
均禾街清湖社区卫生服务站	1		15	15	9	5	4	1	1			
三元里街东约社区卫生服务站	1		14	13	5	4	4	2	1		1	
石井龙湖社区卫生服务站	1		12	12	7	5	3	2				
三元里街机场一、二居委社区卫生服务站	1		22	17	6	5	2	1	3	2	1	2
石井街红星社区卫生服务站	1		5	5	3	2	2					
新市街棠涌社区卫生服务站	1		10	9	2	2	4	1	1		1	
同和街同和社区服务站	1		9	7	2	2	2		1	1		1
石井街唐阁社区卫生服务站	1		4	4	2	2	1	1				
同德街横滘社区卫生服务站（分支）	1											
均禾街平沙社区卫生服务站	1		22	13	5	5	4	2	2		2	7
石井街夏茅社区卫生服务站	1		16	16	4	2	5	1	2			
永平街永泰社区卫生服务站	1		19	19	4	4	4		1			
嘉禾街望岗社区卫生服务站	1		46	33	13	9	15	2	3	2	4	7
卫生院	1		5	5	4	3	1					
乡镇卫生院	1		5	5	4	3	1					
广州国营沙田农工商联合公司卫生院	1		5	5	4	3	1					
门诊部	147		1 170	1 003	546	442	246	110	53	16	72	79
荔湾颐乐园门诊部	1		11	11	5	4	3	2				
养和医疗门诊部	1		12	9	6	5	1	1	1		2	1
增健医疗门诊部	1		6	6	3	2	2	1				
广州市白云区惠爱专科门诊部	1		15	12	5	4	4	1	2			3
明爱医疗门诊部	1		25	16	5	4	3	3				9

续表

机构名称	机构个数	床位数	人员数(人)									
			合计	卫生技术人员	其中					其他技术人员	管理人员	工勤技能人员
					执业(助理)医师	执业医师	注册护士	药师(士)	技师(士)			
仁和医疗专科门诊部	1		10	7	4	3	2	1		1	1	1
广济医疗门诊部(原省军区四所罗冲门诊部)	1		10	10	6	5	3	1				
健康医疗专科门诊部	1		14	13	10	4	2		1			1
颐和堂中医门诊部	1		9	8	6	2	1	1				1
佳和医疗门诊部	1		12	10	4	3	1	3	2			2
仁康医疗门诊部	1		12	10	5	3	2	2	1		1	1
汇桥医疗门诊部	1		16	14	6	6	4	2	2		2	
广诚医疗门诊部	1		9	9	4	3	2	1	2			
济民医疗门诊部	1		5	4	3	3	1					1
广州市白云区达基医疗门诊部	1		7	7	4	2	3					
天博医疗门诊部	1		9	6	4	3	2					3
全德门诊部	1		6	3	2	2	1				1	2
康泰专科门诊部	1		16	10	5	3	1	1	1		2	4
华泰门诊部	1		5	3	2	2	1				2	
广州市白云区广联门诊部	1		11	11	7	7	2	1	1			
复康堂门诊部	1		3	3	2	2	1					
同仁医疗门诊部	1		5	5	4	3	1					
广东省中医院四门诊	1											
健琪医疗门诊部	1		5	5	3	2	1					
广中门诊部	1		8	7	4	4	2	1			1	
楠雅医疗门诊部	1		7	5	3	3	1				2	
大生门诊部	1		11	10	4	3	3	3				1
华昌门诊部	1		4	3	2	2	1				1	
津元堂医疗门诊部	1		8	8	6	2	1	1				
粤健专科门诊部(原白云区红十字会鹅掌坦门诊部)	1		9	8	5	5	2	1			1	
金龙门诊部	1		6	6	4	3	1	1				
松溪医疗门诊部	1		10	9	5	4	2	2			1	
清廉门诊部	1		16	9	6	4	2	1			2	5
华康门诊部	1		9	9	6	6	3					
南方集团长征门诊部	1		4	4	3	1	1					
惠福门诊部	1		5	5	2	1	1	1	1			
德福门诊部	1		30	25	13	10	6	2	4		3	2

续表

机构名称	机构个数	床位数	人员数（人）									
			合计	卫生技术人员	其中					其他技术人员	管理人员	工勤技能人员
					执业（助理）医师	执业医师	注册护士	药师（士）	技师（士）			
惠民门诊部	1		6	6	3	3	2	1				
惠心门诊部	1		5	4	3	3	1				1	
同健门诊部	1		6	6	3	2	2	1				
南方航空（集团）公司航空卫生中心	1											
南方企业集团门诊部	1		8	8	5	3	3					
广兴门诊部	1		16	11	6	6	2	1			2	3
星火门诊部	1		6	5	3	3	1	1			1	
京康门诊部	1		8	7	7	7					1	
惠仁门诊部	1		4	4	3	3	1					
仁心医疗门诊部	1		5	5	3	3	1	1				
福民医科门诊部	1		7	7	5	4	1	1				
南粤专科门诊部	1		20	17	6	4	2	1	2	1	1	1
春庭门诊部	1		9	7	4	2	2	1			1	1
泰康医疗门诊部	1		10	8	5	3	1	2			1	1
广州市白云区同康门诊部	1		5	5	2	2	2	1				
明康医疗门诊部	1		10	10	3	3	4	1	1			
螺涌门诊部	1		7	5	3	1	2				1	1
民航中南局航空人员体检鉴定中心	1		6	6	4	4	2					
白云区汇德门诊部	1		7	6	3	2	3					1
广州市中医医院同德门诊部	1											
元良门诊部	1		8	8	5	4	2	1				
白云区向阳门诊部	1		8	8	5	5	2	1				
同济门诊部	1		12	10	4	4	3	1	2		1	1
同和街社区医疗门诊部	1		5	5	2		2	1				
华健门诊部	1		6	5	3	3	1	1		1		
裕辉门诊部	1		7	7	3	2	3					
博仁门诊	1		9	9	4	4	2	2				
广州白云康复医学门诊部	1		8	6	3	1					1	1
康林医疗门诊部	1		7	6	5	4	1				1	
复康医疗门诊部	1		7	5	3	3	2				1	1
协同医疗门诊部	1		12	9	4	3	3	1	1		1	2
康佳医疗门诊部	1		13	13	5	4	1	2				
全兴医疗门诊部	1		12	9	3	3	2	1	2		1	2

续表

机构名称	机构个数	床位数	人员数（人）								
			合计	卫生技术人员	其中				其他技术人员	管理人员	工勤技能人员
					执业（助理）医师	执业医师	注册护士	药师（士）	技师（士）			
新康医疗门诊部	1											
长红医疗门诊部	1		9	8	5	4	2	1			1	
民康医疗门诊部	1		5	5	3	2	2					
万健医疗门诊部	1		9	8	5	4	3				1	
春晖医疗门诊部	1		4	4	2	2	1	1				
润康医疗门诊部	1		6	6	5	5	1					
惠诚门诊部	1		16	16	12	11	2	1	1			
广东南穗康复医学研究中心（华南门诊部）	1		7	7	5	5	2					
德康医疗门诊部	1		6	6	3	3	2	1				
位元堂中医门诊部	1		2	2	1	1		1				
广州市白云区京和门诊部	1		10	8	5	5	1	1			1	1
华强门诊部	1		7	6	4	4	1		1		1	
玉健门诊部	1		13	8	4	2	3		1	2	3	
仁德医疗门诊部	1		8	8	5	4	2	1				
康华门诊部	1		7	7	4	4	2	1				
钟落谭镇医院车站门诊部	1											
金华门诊部	1		4	4	2	2	2					
维康医疗门诊部	1		6	6	3	3	1		1			
阳光医疗门诊部	1		7	6	4	4	1	1			1	
风华医学美容门诊部	1		5	5	3	2						
为民门诊部	1		10	8	6	6	2				1	1
军颐医院门诊部	1		10	8	5	4	2	1			1	1
大江医疗门诊部（原永太医疗门诊部）	1		6	4	2	2	2				1	1
全康医疗门诊部	1		10	10	6	5	2	1				
復元门诊部	1		12	10	7	6	2	1			1	1
玉真医疗门诊部	1		4	4	2	2	2					
新仁门诊部	1		4	4	3	3	1					
李春荣门诊部	1											
高科医疗门诊部	1		10	9	4	3	1	2	2		1	
城西医疗门诊部	1											
华城医疗门诊部	1		8	5	1	1	1	1	2			3
白云区第二人民医院高塘门诊部	1											
白云区第二人民医院小塘门诊部	1											

续表

机构名称	机构个数	床位数	人员数（人）									
			合计	卫生技术人员	其中					其他技术人员	管理人员	工勤技能人员
					执业（助理）医师	执业医师	注册护士	药师（士）	技师（士）			
大众医疗门诊部	1		7	7	3	2	2	2				
健宁医疗门诊部	1		6	5	3	3	1	1			1	
天安医疗门诊部	1		6	6	3	3	2	1				
穗民医疗门诊部	1		16	12	5	4	4	2		1	1	2
良友门诊部	1		20	12	7	7	3		2	5	3	
益民专科门诊部	1		6	5	2	2	2	1				1
均康医疗门诊部	1		7	6	4	3	1	1			1	
西华医疗门诊部	1		7	7	4	2	2		1			
立康医疗门诊部	1		7	7	3	2	3	1				
众林医疗门诊部	1		7	6	2	2	1	1				1
国泰医疗门诊部	1		3	3	2	2	1					
新门楼医疗门诊部	1		6	5	3	3	1	1			1	
兴龙门诊部	1		7	5	3	3	1		1		1	1
同德医疗门诊部	1		17	14	5	4	3	3	2		2	1
宏德医疗门诊部	1		7	7	4	3	2		1			
永盛医疗门诊部	1		4	4	3	2	1					
仁仁医疗门诊部	1		8	8	2	2	2	2	2			
云山医疗门诊部	1		5	5	3	3	2					
广州市白云区石井人民医院槎龙门诊部	1											
修合医疗门诊部	1		13	11	4	3	3	2	2		1	1
至康医疗门诊部	1		5	4	2	1	1					1
麒麟医疗门诊部	1		6	6	4	4		1	1			
光明中医专科门诊部	1		6	6	4	4	1	1				
志和中医门诊部	1		8	6	3	2	2	1		1	1	
利德门诊部	1		10	5	4	4		1		2	1	2
南华医疗门诊部	1		14	14	5	4	6	2	1			
高仁医疗门诊部	1		5	5	3	3	2					
新世纪医疗门诊部	1		16	14	7	2	3	2	2		1	1
益康医疗门诊部	1		4	4	2	2	1	1				
广立康医疗门诊部	1		5	5	3	2	2					
鸿福门诊部	1		10	9	5	3	1	1	1		1	
永强医疗门诊部	1		7	6	3	1	2				1	
惠德医疗门诊部	1		7	6	3	2	1	1	1		1	
大同医疗门诊部	1		7	6	3	3	1	1	1		1	
齐康医疗门诊部	1		5	5	2	1	1					

续表

机构名称	机构个数	床位数	人员数（人）									
			合计	卫生技术人员	其中					其他技术人员	管理人员	工勤技能人员
					执业（助理）医师	执业医师	注册护士	药师（士）	技师（士）			
人禾医疗门诊部	1		9	2	1	1	1			1	1	5
柯子岭医疗门诊部	1		8	8	2	2	3	1				
佳康医疗门诊部	1		7	6	3	2	2	1		1		
普仁医疗门诊部	1		7	7	4	4	2	1				
江圣医疗门诊部	1		11	9	4	3	1	1			1	1
华寿门诊部	1		10	9	7	7	2				1	
明德医疗门诊部	1		7	7	4	4	2	1				
桂圆医疗门诊部	1		5	3	2	2	1					2
悦康门诊部	1		8	7	2	2	1	2	1		1	
妇幼保健院（所、站）	1	80	110	91	46	44	31	7	7		14	5
广州市白云区妇幼保健院	1	80	110	91	46	44	31	7	7		14	5
疾病预防控制中心	1		71	54	30	20	5		11	4	8	5
白云区疾病预防控制中心	1		71	54	30	20	5		11	4	8	5
卫生监督所（中心）	1		40	31							6	3
广州市白云区卫生监督所	1		40	31							6	3
健康教育所（站、中心）	1		36	22	6	6				4	6	4
广州市健康教育所	1		36	22	6	6				4	6	4

白云区医疗机构运营情况一览表

1. 门诊服务

机构名称	诊疗人次数					观察室留观病例数	健康检查人数	急诊病死率（%）
	总计	其中：门、急诊人次数						
		合计	门诊人次数	急诊人次数				
				小计	内：死亡人数			
总　计	9 119 556	8 940 260	8 280 427	659 833	497	25 487	666 978	0.08
医　院	7 100 368	6 994 686	6 400 689	593 997	497	24 617	645 922	0.08
综合医院	4 591 743	4 523 253	4 034 014	489 239	419	23 798	584 529	0.09
广州市白云区人民医院	359 883	338 365	300 955	37 410		4 442	10 587	
广州市白云区黄石医院	59 376	59 376	59 013	363			11 381	
广州市白云区第一人民医院	486 448	483 594	390 255	93 339	34	1 936	57 821	0.04
广州市白云区龙归华侨医院	94 700	94 700	61 627	33 073	4		3 291	0.01

续表

机构名称	诊疗人次数					观察室留观病例数	健康检查人数	急诊病死率（%）
	总计	其中：门、急诊人次数						
		合计	门诊人次数	急诊人次数				
				小计	内：死亡人数			
白云区石井人民医院	273 163	273 163	232 047	41 116	10	656	106 436	0. 02
广州市白云区神山医院	81 704	78 779	68 160	10 619	8	68	13 737	0. 08
广州市白云区太和镇医院	146 510	145 983	117 051	28 932	17		3 886	0. 06
广州市白云区钟落潭镇医院	83 313	83 313	70 710	12 603	1			0. 01
广州市白云区红十字会医院	186 860	186 860	148 581	38 279	45	609	6 562	0. 12
白云区第二人民医院	265 373	227 827	202 732	25 095	21	276	73 654	0. 08
广东省司法警察医院	32 585	32 585	25 766	6 819		10	18 919	
广州友好医院	71 083	71 083	58 393	12 690	194	10 866		1. 53
广州加禾益民医院	15 197	15 197	10 087	5 110	2			0. 04
广东省少年犯管教所医院	22 387	22 387	21 944	443		80	3 109	
广东省女子监狱医院	9 451	6 605	6 241	364			1 682	
南方医院	1 681 455	1 681 455	1 594 306	87 149	74	1 020	88 218	0. 08
广州红康医院	67 300	67 300	62 800	4 500		3 530	158 500	
广州白云山医院	9 579	9 345	8 580	765				
新市医院	117 478	117 478	112 720	4 758	5	185	2 264	0. 11
广州东仁医院	118 574	118 574	118 574					
广州广和医院	33 509	33 509	33 341	168	3			1. 79
南方医科大学江都医院	35 392	35 392	33 493	1 899	1			0. 05
民航广州医院	81 476	81 476	65 296	16 180			20 942	
广州市白云农工商联合公司职工医院	193 624	193 624	175 445	18 179			2 580	
白云区同德医院	29 323	29 323	27 137	2 186				
广州益寿医院	36 000	35 960	28 760	7 200		120	960	
中医医院	2 296 921	2 282 996	2 182 152	100 844	77	657	53 963	0. 08
广州市白云区中医医院（原广州市白云区人和华侨医院）	321 831	320 083	298 900	21 183	19		21 897	0. 09
广州中医药大学第一附属医院	1 975 090	1 962 913	1 883 252	79 661	58	657	32 066	0. 07
专科医院	185 050	183 187	179 273	3 914	1	162	7 430	0. 03
广州市民政局精神病院	14 400	14 400	14 400			142		
广东三九脑科医院	40 380	40 380	39 805	575				

续表

机构名称	诊疗人次数					观察室留观病例数	健康检查人数	急诊病死率（%）
	总计	其中：门、急诊人次数						
		合计	门诊人次数	急诊人次数				
				小计	内：死亡人数			
广州白云精神康复医院	2 992	2 992	2 992					
广州远东美容医院	5 714	4 851	4 851					
南洋肿瘤医院北京中西医结合学会肿瘤医院广州分院	1 422	1 422	1 422					
广州东方医院	78 000	78 000	76 000	2 000				
广州曙光医学整形美容医院	1 820	1 820	1 820					
康正医院	16 322	16 322	15 483	839	1	20	4 930	0. 12
广安医院	24 000	23 000	22 500	500			2 500	
护理院	26 654	5 250	5 250					
广州市老人院	26 654	5 250	5 250					
社区卫生服务中心（站）	585 231	584 531	569 477	15 054			7 391	
社区卫生服务中心	134 897	134 197	129 503	4 694			7 311	
白云区永平街第二社区卫生服务中心	45 926	45 926	43 353	2 573				
白云区松洲街社区卫生服务中心	47 571	47 461	45 500	1 961			6 804	
金沙街社区卫生服务中心	41 400	40 810	40 650	160			507	
社区卫生服务站	450 334	450 334	439 974	10 360			80	
石井张村社区卫生服务站	56 200	56 200	56 200					
同德街上步社区卫生服务站	17 000	17 000	17 000					
均禾街清湖社区卫生服务站	19 600	19 600	19 040	560				
三元里街东约社区卫生服务站	10 000	10 000	10 000				80	
石井龙湖社区卫生服务站	61 000	61 000	61 000					
三元里街机场一、二居委社区卫生服务站	21 150	21 150	21 150					
石井街红星社区卫生服务站	25 000	25 000	25 000					
新市街棠涌社区卫生服务站	25 000	25 000	25 000					
同和街同和社区服务站	12 000	12 000	12 000					

续表

机构名称	诊疗人次数					观察室留观病例数	健康检查人数	急诊病死率（%）
	总计	其中：门、急诊人次数						
		合计	门诊人次数	急诊人次数				
				小计	内：死亡人数			
石井街唐阁社区卫生服务站	90 000	90 000	90 000					
均禾街平沙社区卫生服务站	16 000	16 000	15 550	450				
石井街夏茅社区卫生服务站	52 254	52 254	52 254					
永平街永泰社区卫生服务站	6 530	6 530	6 380	150				
嘉禾街望岗社区卫生服务站	38 600	38 600	29 400	9 200				
卫生院	2 248	2 248	2 172	76				
广州国营沙田农工商联合公司卫生院	2 248	2 248	2 172	76				
门诊部	1 306 233	1 233 319	1 208 899	24 420		870		
荔湾颐乐园门诊部	7 402	7402	7 402					
养和医疗门诊部	1 085	1 085	1 085					
增健医疗门诊部	95 256	95 256	95 256					
广州市白云区惠爱专科门诊部	4 600	4 600	4 600					
明爱医疗门诊部	15 600	15 600	6 240	9 360				
仁和医疗专科门诊部	8 330	8 330	8 330					
广济医疗门诊部（原省军区四所罗冲门诊部）	6 184	6 184	5 671	513				
健康医疗专科门诊部	12 866	12 866	12 866					
颐和堂中医门诊部	13 000	13 000	13 000					
佳和医疗门诊部	7 628	7 628	7 573	55				
仁康医疗门诊部	5 987	5 987	5 987					
汇桥医疗门诊部	23 392	23 108	21 580	1 528				
广诚医疗门诊部	5 800	5 540	5 540					
济民医疗门诊部	2 315	2 315	2 315					
广州市白云区达基医疗门诊部	9 000	9 000	8 000	1 000				
天博医疗门诊部	12 000	12 000	12 000					
全德门诊部	12 000	12 000	11 800	200				
康泰专科门诊部	4 500	4 500	4 450	50				
华泰门诊部	13 568	13 568	13 568					
广州市白云区广联门诊部	11 050	11 050	11 000	50				

续表

机构名称	诊疗人次数					观察室留观病例数	健康检查人数	急诊病死率（%）
	总计	其中：门、急诊人次数						
		合计	门诊人次数	急诊人次数				
				小计	内：死亡人数			
复康堂门诊部	12 458	12 458	12 458					
同仁医疗门诊部	6 500	6 500	6 500					
健琪医疗门诊部	14 000	14 000	14 000					
广中门诊部	8 350	8 350	8 350					
楠雅医疗门诊部	9 563	9 563	9 500	63				
大生门诊部	7 200	6 900	6 600	300				
华昌门诊部	15 789	15 789	15 789					
津元堂医疗门诊部	3 600	3 600	3 600					
粤健专科门诊部（原白云区红十字会鹅掌坦门诊部）	6 520	6 520	6 520					
金龙门诊部	4 055	4 055	4 055					
松溪医疗门诊部	3 823	3 823	3 823					
清廉门诊部	15 120	13 050	12 820	230				
华康门诊部	12 000	12 000	12 000					
南方集团长征门诊部	5 500	5 500	5 500					
惠福门诊部	9 000	9 000	9 000					
德福门诊部	28 800	28 800	28 080	720				
惠民门诊部	14 000	14 000	14 000					
惠心门诊部	18 564	18 564	18 564					
同健门诊部	12 000	12 000	12 000					
南方企业集团门诊部	4 200	4 200	4 000	200				
广兴门诊部	1 160	1 160	1 100	60				
星火门诊部	7 860	7 860	7 800	60				
京康门诊部	5 823	5 823	5 823					
惠仁门诊部	3 704	3 704	3 704					
仁心医疗门诊部	6 540	6 540	6 500	40				
福民医科门诊部	11 530	11 530	11 500	30				
南粤专科门诊部	17 504	17 504	13 479	4 025				
春庭门诊部	9 300	9 300	9 300					
泰康医疗门诊部	6 000	6 000	5 800	200				
广州市白云区同康门诊部	3 560	3 560	3 560					
明康医疗门诊部	9 824	9 824	9 824					
螺涌门诊部	3 600	3 600	3 600					
民航中南局航空人员体检鉴定中心	8 750	8 750	8 750					

续表

机构名称	诊疗人次数：总计	其中：门、急诊人次数：合计	门诊人次数	急诊人次数：小计	急诊人次数：内：死亡人数	观察室留观病例数	健康检查人数	急诊病死率（%）
白云区汇德门诊部	6 890	6 890	6 830	60				
元良门诊部	10 050	10 050	10 050					
白云区向阳门诊部	4 380	4 380	4 300	80				
同济门诊部	10 800	10 800	10 800					
同和街社区医疗门诊部	3 890	3 890	3 890					
华健门诊部	10 525	10 525	10 500	25				
裕辉门诊部	5 000	5 000	5 000					
博仁门诊	10 950	10 950	10 950					
广州白云康复医学门诊部	7 500	7 500	7 500					
康林医疗门诊部	5 475	5 475	5 475					
复康医疗门诊部	7 600	7 600	7 600					
协同医疗门诊部	7 860	7 860	7 860					
康佳医疗门诊部	14 400	14 400	14 400					
全兴医疗门诊部	7 300	7 300	6 550	750				
长红医疗门诊部	6 350	6 350	6 350					
民康医疗门诊部	6 680	6 680	6 680			512		
万健医疗门诊部	7 600	7 600	7 600					
春晖医疗门诊部	3 200	3 200	3 100	100				
润康医疗门诊部	5 400	5 400	5 400					
惠诚门诊部	15 480	15 480	15 480					
广东南穗康复医学研究中心（华南门诊部）	7 000	7 000	6 900	100				
德康医疗门诊部	9 850	9 850	9 850					
位元堂中医门诊部	1 200	1 200	1 200					
广州市白云区京和门诊部	6 300	6 300	6 300					
华强门诊部	8 000	8 000	7 740	260				
玉健门诊部	5 000	5 000	4 900	100				
仁德医疗门诊部	7 200	7 200	6 900	300				
康华门诊部	9 725	9 725	9 725					
金华门诊部	2 400	2 400	2 320	80				
维康医疗门诊部	17 286	17 286	17 286					
阳光医疗门诊部	7 890	7 890	7 800	90				
风华医学美容门诊部	3 611	3 611	3 600	11				

续表

机构名称	诊疗人次数					观察室留观病例数	健康检查人数	急诊病死率（%）
	总计	其中：门、急诊人次数						
		合计	门诊人次数	急诊人次数				
				小计	内：死亡人数			
为民门诊部	7 585	7 585	7 480	105				
军颐医院门诊部	11 200	11 200	11 000	200				
大江医疗门诊部（原永太医疗门诊部）	4 520	4 520	4 510	10				
全康医疗门诊部	7 852	7 852	7 800	52				
復元门诊部	11 230	11 230	11 170	60				
玉真医疗门诊部	2 200	2 200	2 100	100				
新仁门诊部	6 430	6 430	6 430					
高科医疗门诊部	7 200	7 200	7 200					
华城医疗门诊部	3 800	3 800	3 700	100				
大众医疗门诊部	6 250	6 250	6 250					
健宁医疗门诊部	8 541	8 541	8 500	41				
天安医疗门诊部	6 700	6 700	6 600	100				
穗民医疗门诊部	28 046	28 046	27 966	80				
良友门诊部	20 000	20 000	20 000					
益民专科门诊部	79 980	9 980	7 680	2 300				
均康医疗门诊部	9 845	9 845	9 800	45				
西华医疗门诊部	10 800	10 800	10 800					
立康医疗门诊部	10 500	10 500	10 500					
众林医疗门诊部	7 800	7 800	7 800					
国泰医疗门诊部	7 100	7 100	7 100					
新门楼医疗门诊部	8 640	8 640	8 540	100				
兴龙门诊部	7 400	7 400	7 400					
同德医疗门诊部	20 000	20 000	20 000					
宏德医疗门诊部	13 600	13 600	13 600			358		
永盛医疗门诊部	8 100	8 100	8 100					
仁仁医疗门诊部	10 934	10 934	10 934					
云山医疗门诊部	7 300	7 300	7 300					
修合医疗门诊部	18 250	18 250	18 250					
至康医疗门诊部	3 600	3 600	3 570	30				
麒麟医疗门诊部	1 987	1 987	1 987					
光明中医专科门诊部	10 830	10 830	10 830					
志和中医门诊部	3 500	3 500	3 400	100				
利德门诊部	6 326	6 326	6 321	5				
南华医疗门诊部	5 069	5 069	5 069					

续表

机构名称	诊疗人次数					观察室留观病例数	健康检查人数	急诊病死率（%）
	总计	其中：门、急诊人次数						
		合计	门诊人次数	急诊人次数				
				小计	内：死亡人数			
高仁医疗门诊部	2 885	2 885	2 885					
新世纪医疗门诊部	7 260	7 260	7 260					
益康医疗门诊部	8 200	8 200	8 200					
广立康医疗门诊部	7 360	7 360	7 360					
鸿福门诊部	3 657	3 657	3 657					
永强医疗门诊部	7 900	7 900	7 866	34				
惠德医疗门诊部	4 800	4 800	4 750	50				
大同医疗门诊部	2 730	2 730	2 730					
齐康医疗门诊部	3 604	3 604	3 604					
人禾医疗门诊部	1 200	1 200	1 200					
柯子岭医疗门诊部	5 750	5 750	5 700	50				
佳康医疗门诊部	5 600	5 600	5 572	28				
普仁医疗门诊部	4 520	4 520	4 520					
江圣医疗门诊部	2 380	2 380	2 300	80				
华寿门诊部	1 500	1 500	1 500					
明德医疗门诊部	5 000	5 000	4 900	100				
桂圆医疗门诊部	220	220	210	10				
悦康门诊部	28 000	28 000	28 000					
妇幼保健院（所、站）	125 476	125 476	99 190	26 286			13 665	
广州市白云区妇幼保健院	125 476	125 476	99 190	26 286			13 665	

2. 住院服务

机构名称	入院人数	出院人数	住院病人手术人次数	住院危重病人抢救人次	治愈率（%）	好转率（%）	死亡率（%）
总　计	157 694	156 797	81 229	8 349	59. 37	37. 64	1. 25
医　院	150 987	150 118	78 172	8 151	57. 95	39. 01	1. 28
综合医院	112 175	111 609	65 031	5 288	61. 43	35. 99	1. 06
广州市白云区人民医院	5 897	5 902	2 056	536	53. 85	41. 43	2. 81
广州市白云区第一人民医院	12 785	12 771	10 134	264	75. 32	22. 00	0. 41
广州市白云区龙归华侨医院	3 201	3 211	1 307	57	71. 75	25. 54	0. 25
白云区石井人民医院	6 250	6 230	3 999	154	73. 55	23. 58	0. 59
广州市白云区神山医院	1 573	1 568	568	39	53. 25	41. 84	0. 19
广州市白云区太和镇医院	4 803	4 809	1 396	319	58. 49	38. 12	0. 23

续表

机构名称	入院人数	出院人数	住院病人手术人次数	住院危重病人抢救人次	治愈率（%）	好转率（%）	死亡率（%）
广州市白云区钟落潭镇医院	2 098	2 102	685	111	65.79	29.83	0.52
广州市白云区红十字会医院	9 780	9 742	2 885	553	57.23	39.90	0.31
白云区第二人民医院	4 665	4 655	2 452	399	57.27	34.91	0.92
广东省司法警察医院	405	418	229	2	70.33	27.51	0.72
广州友好医院	3 016	2 935	826	584	0.07	84.87	14.28
广州加禾益民医院	243	243	72		94.65	5.35	
广东省少年犯管教所医院	399	390			79.74	15.64	
广东省女子监狱医院	158	122		3	34.43	63.11	
南方医院	46 435	46 156	31 184	1 353	60.14	38.94	0.79
广州红康医院	700	685	3 680	650	98.54	1.46	
广州白云山医院	234	224	220	10	93.75	6.25	
新市医院	1 520	1 473	681	25	63.48	33.94	0.27
广州东仁医院	2 452	2 404	978	182	69.88	29.20	0.17
广州广和医院	134	134	20	3	74.63	20.15	5.22
南方医科大学江都医院	1 554	1 554	314		32.11	65.57	0.06
民航广州医院	1 061	1 058	289	27	75.80	23.06	0.76
广州市白云农工商联合公司职工医院	2 452	2 475	728	17	73.78	25.74	0.44
广州益寿医院	360	348	328		68.97	31.03	
中医医院	28 917	28 924	11 256	2 469	50.03	45.75	1.75
广州市白云区中医医院（原广州市白云区人和华侨医院）	5 191	5 175	2 413	114	64.08	30.86	0.44
广州中医药大学第一附属医院	23 726	23 749	8 843	2 355	46.97	49.00	2.03
专科医院	9 313	9 011	1 885	318	41.95	53.60	2.02
广州市民政局精神病院	522	464		147	6.68	60.34	27.16
广东三九脑科医院	6 623	6 480	799	60	39.09	59.98	0.15
广州白云精神康复医院	584	478				91.84	3.97
广州远东美容医院	863	863	863		100.00		
南洋肿瘤医院北京中西医结合学会肿瘤医院广州分院	393	398	135	30	23.62	43.97	5.28
康正医院	228	228	63	81	69.74	21.49	2.63
广安医院	100	100	25		100.00		
护理院	582	574		76	31.01	57.49	10.63
广州市老人院	582	574		76	31.01	57.49	10.63
疗养院	1 644	1 634			93.70	5.81	0.49

续表

机构名称	入院人数	出院人数	住院病人手术人次数	住院危重病人抢救人次	治愈率（%）	好转率（%）	死亡率（%）
铁道部石门疗养院	1 644	1 634			93.70	5.81	0.49
社区卫生服务中心（站）	263	263			95.44	3.42	1.14
社区卫生服务中心	263	263			95.44	3.42	1.14
白云区松洲街社区卫生服务中心	263	263			95.44	3.42	1.14
妇幼保健院（所、站）	4 800	4 782	3 057	198	90.46	7.36	0.27
广州市白云区妇幼保健院	4 800	4 782	3 057	198	90.46	7.36	0.27

3. 床位利用

卫生机构名称	实有床位数（张）	实际开放总床日数	平均开放病床（张）	实际占用总床日数	出院者占用总床日数	病床周转次数	病床工作日	病床使用率（%）	出院者平均住院日
总　计	8 307	3 015 925	8 263	2 468 875	2 022 192	19	299	81.86	12.90
医　院	7 897	2 866 275	7 853	2 383 178	1 965 877	19	303	83.15	13.10
综合医院	4 260	1 541 802	4 224	1 162 331	1 113 735	26	275	75.39	9.98
广州市白云区人民医院	300	109 500	300	73 516	73 724	20	245	67.14	12.49
广州市白云区第一人民医院	200	73 000	200	72 140	72 433	64	361	98.82	5.67
广州市白云区龙归华侨医院	38	13 870	38	13 826	13 880	85	364	99.68	4.32
白云区石井人民医院	160	58 400	160	39 194	38 011	39	245	67.11	6.10
广州市白云区神山医院	50	18 250	50	12 593	12 442	31	252	69.00	7.93
广州市白云区太和镇医院	60	21 900	60	20 881	19 941	80	348	95.35	4.15
广州市白云区钟落潭镇医院	42	15 330	42	11 484	11 102	50	273	74.91	5.28
广州市白云区红十字会医院	106	38 690	106	55 039	53 117	92	519	142.26	5.45
白云区第二人民医院	180	65 700	180	33 798	33 812	26	188	51.44	7.26
广东省司法警察医院	260	94 900	260	10 100	9 100	2	39	10.64	21.77
广州友好医院	200	73 000	200	58 630	37 769	15	293	80.32	12.87
广州加禾益民医院	40	14 600	40	3 650	3 650	6	91	25.00	15.02
广东省少年犯管教所医院	30	10 950	30	8 636	3 676	13	288	78.87	9.43
广东省女子监狱医院	56	20 292	56	18 400	5 646	2	331	90.68	46.28
南方医院	1 806	659 190	1 806	606 860	605 577	26	336	92.06	13.12
广州红康医院	100	36 500	100	33 580	33 500	7	336	92.00	48.91
广州白云山医院	50	18 250	50	2 574	2 404	4	51	14.10	10.73

续表

机构名称	实有床位数（张）	实际开放总床日数	平均开放病床（张）	实际占用总床日数	出院者占用总床日数	病床周转次数	病床工作日	病床使用率（%）	出院者平均住院日
新市医院	120	43 200	118	10 800	8 838	12	91	25. 00	6. 00
广州东仁医院	120	36 500	100	37 230	35 916	24	372	102. 00	14. 94
广州广和医院	22	8 030	22	553	553	6	25	6. 89	4. 13
南方医科大学江都医院	120	43 800	120	10 215	10 408	13	85	23. 32	6. 70
民航广州医院	100	36 500	100	11 777	11 840	11	118	32. 27	11. 19
广州市白云农工商联合公司职工医院	50	18 250	50	13 845	13 486	50	277	75. 86	5. 45
白云区同德医院	30	6 000	16	250	150		15	4. 17	
广州益寿医院	20	7 200	20	2 760	2 760	18	140	38. 33	7. 93
中医医院	1 040	376 998	1 033	360 173	361 268	28	349	95. 54	12. 49
广州市白云区中医医院（原广州市白云区人和华侨医院）	100	36 500	100	33 411	33 484	52	334	91. 54	6. 47
广州中医药大学第一附属医院	940	340 498	933	326 762	327 784	25	350	95. 97	13. 80
专科医院	2 504	913 530	2503	826 729	456 929	4	330	90. 50	50. 71
广州市民政局精神病院	1 220	445 000	1219	421 439	257 630		346	94. 71	555. 24
广东三九脑科医院	310	113 150	310	84 908	80 766	21	274	75. 04	12. 46
广州白云精神康复医院	700	255 500	700	266 078	67 688	1	380	104. 14	141. 61
广州远东美容医院	20	7 300	20	1 095	1 095	43	55	15. 00	1. 27
南洋肿瘤医院北京中西医结合学会肿瘤医院广州分院	95	34 675	95	32 120	31 010	4	338	92. 63	77. 91
广州东方医院	90	32 850	90	16 344	14 004		182	49. 75	
广州曙光医学整形美容医院	23	8 395	23	730	730		32	8. 70	
康正医院	20	7 300	20	2 190	2 186	11	110	30. 00	9. 59
广安医院	26	9 360	26	1 825	1 820	4	71	19. 50	18. 20
护理院	93	33 945	93	33 945	33 945	6	365	100. 00	59. 14
广州市老人院	93	33 945	93	33 945	33 945	6	365	100. 00	59. 14
疗养院	280	102 200	280	58 584	29 480	6	209	57. 32	18. 04
铁道部石门疗养院	280	102 200	280	58 584	29 480	6	209	57. 32	18. 04
社区卫生服务中心（站）	50	18 250	50	2 140	2 351	5	43	11. 73	8. 94
白云区松洲街社区卫生服务中心	50	18 250	50	2 140	2 351	5	43	11. 73	8. 94
妇幼保健院（所、站）	80	29 200	80	24 973	24 484	60	312	85. 52	5. 12
广州市白云区妇幼保健院	80	29 200	80	24 973	24 484	60	312	85. 52	5. 12

白云区医疗机构病人人均医疗费用与医生工作效率一览表

机构名称	平均每诊疗人次医疗费（元）					平均每出院者住院医疗费（元）						出院者平均每日住院医疗费（元）
	合计	其中				合计	其中					
		挂号费	药费	检查费	治疗费		床位费	药费	检查费	治疗费	手术费	
总　计	105	1	47	17	16	8 210	653	3 067	471	1 211	949	637
医　院	142	2	64	24	22	8 459	665	3 190	489	1 225	980	646
综合医院	147	2	62	26	24	7 916	579	3 144	393	963	741	793
广州市白云区人民医院	122	1	62	11	34	5 259	475	1 718	249	1 658	382	421
广州市白云区黄石医院	172	1	74	11	11							
广州市白云区第一人民医院	136	1	58	32	11	2 965	192	1 040	183	344	632	523
广州市白云区龙归华侨医院	127	2	55	15	15	1 918	158	607	30	175	439	444
白云区石井人民医院	126	2	57	12	39	2 874	253	1 101	134	560	517	471
广州市白云区神山医院	92	1	36	9	25	2 457	285	1 002	140	427	214	310
广州市白云区太和镇医院	106	1	42	19	12	1 711	133	511	59	251	316	413
广州市白云区钟落潭镇医院	98	1	30	13	37	2 029	166	482	128	476	484	384
广州市白云区红十字会医院	120	2	37	22	20	2 489	186	688	160	416	331	456
白云区第二人民医院	122	1	56	17	9	3 983	341	1 627	163	1 034	350	548
广东省司法警察医院	107	1	48	31	12	3 971	512	1 550	249	565	313	182
广州友好医院	104	1	52	12	23	4 075	852	1 570	166	986	169	317
广州加禾益民医院	132	1	72	17	15	1 432	132	436	49	235	461	95
南方医院	199	4	82	40	27	14 962	1 017	6 201	741	1 471	1 176	1 140
广州白云山医院	101		49	3	39	9 415	1 165	1 058	45	1 107	5 223	877
新市医院	32	1	15	5	6	1 107	31	498	170	122	115	185
南方医科大学江都医院	101	1	40	27	12	2 832	382	795	140	627	250	423
民航广州医院	166	3	75	40	37	4 412	611	1 832	267	868	357	394
广州市白云农工商联合公司职工医院	104	1	38	12	32	2 131	198	487	63	391	713	391
白云区同德医院	67	3	38	11	7							
中医医院	128	1	65	19	19	9 566	631	3 423	615	1 974	1 780	766
广州市白云区中医医院（原广州市白云区人和华侨医院）	92	1	37	13	28	2 698	218	840	142	848	275	417
广州中医药大学第一附属医院	134	1	69	20	18	11 063	721	3 986	718	2 220	2 108	802
专科医院	200	6	91	52	9	11 814	1 820	2 999	1 301	2 088	1 427	233

续表

机构名称	平均每诊疗人次医疗费（元）					平均每出院者住院医疗费（元）						出院者平均每日住院医疗费（元）
	合计	其中				合计	其中					
		挂号费	药费	检查费	治疗费		床位费	药费	检查费	治疗费	手术费	
广州市民政局精神病院	10	1	6	2		40 938	10 485	5 310	1 093	16 485		74
广东三九脑科医院	578	25	316	222	2	8 355	700	2 776	1 673	1 290	1 366	670
广州白云精神康复医院	163	1	50	103	1	24 707	13 362	667	115	4 632		174
广州远东美容医院	102	5		6	1	2 616	320	438	60	60	1 730	2 062
南洋肿瘤医院北京中西医结合学会肿瘤医院广州分院	49		41	1	3	9 101	688	4 814	601	1 126	1 518	117
康正医院	62		13	12	20	1 763	211	443	53	355	351	184
广安医院	43	1	27	5	4	1 800	150	600	200	100	350	99
护理院	101		74	1	22	5 561	866	3 404	106	659		94
广州市老人院	101		74	1	22	5 561	866	3 404	106	659		94
疗养院						2 113	938	263	1	753		117
铁道部石门疗养院						2 113	938	263	1	753		117
社区卫生服务中心（站）	34		17									
社区卫生服务中心	66		38									
白云区永平街第二社区卫生服务中心	56		35									
白云区松洲街社区卫生服务中心	103		59									
金沙街社区卫生服务中心	33		19									
社区卫生服务站	24		11									
石井张村社区卫生服务站	12		5									
同德街上步社区卫生服务站	58		39									
均禾街清湖社区卫生服务站	37		23									
三元里街东约社区卫生服务站	26		4									
石井龙湖社区卫生服务站	12		10									
三元里街机场一、二居委社区卫生服务站	42		22									
石井街红星社区卫生服务站	12		4									
新市街棠涌社区卫生服务站	25		10									
同和街同和社区服务站	52		10									

续表

机构名称	平均每诊疗人次医疗费（元）					平均每出院者住院医疗费（元）						出院者平均每日住院医疗费（元）
	合计	其中				合计	其中					
		挂号费	药费	检查费	治疗费		床位费	药费	检查费	治疗费	手术费	
石井街唐阁社区卫生服务站	2		1									
均禾街平沙社区卫生服务站	125		81									
石井街夏茅社区卫生服务站	12											
永平街永泰社区卫生服务站	69		46									
嘉禾街望岗社区卫生服务站	46		11									
卫生院	125											
广州国营沙田农工商联合公司卫生院	125											
妇幼保健院（所、站）	145	3	46	16	16	2 796	235	309	94	1 005	358	546
广州市白云区妇幼保健院	145	3	46	16	16	2 796	235	309	94	1 005	358	546

白云区前十位疾病死亡率、构成比和位次

性　别	顺位	死亡原因	死亡率（1/10 万）	构成比（%）
合　计	1	心脏病	151. 10	27. 21
	2	恶性肿瘤	115. 97	20. 88
	3	呼吸系统疾病	95. 33	17. 17
	4	脑血管病	73. 13	13. 17
	5	损伤和中毒外部原因	30. 17	5. 43
	6	内分泌、营养和代谢的其他疾病	17. 63	3. 17
	7	消化系统疾病	13. 45	2. 42
	8	泌尿生殖系统疾病	8. 49	1. 53
	9	起源于围生期的某些情况	3. 66	0. 66
	10	呼吸道结核	3. 13	0. 56
男　性	1	心脏病	154. 37	24. 65
	2	恶性肿瘤	149. 71	23. 90
	3	呼吸系统疾病	102. 83	16. 42
	4	脑血管病	73. 30	11. 70
	5	损伤和中毒外部原因	44. 55	7. 11
	6	消化系统疾病	18. 13	2. 89
	7	内分泌、营养和代谢的其他疾病	17. 61	2. 81
	8	泌尿生殖系统疾病	10. 62	1. 70
	9	呼吸道结核	5. 18	0. 83
	10	起源于围生期的某些情况	4. 66	0. 74

续表

性别	顺位	死亡原因	死亡率（1/10万）	构成比（%）
女 性	1	心脏病	147.77	30.59
	2	呼吸系统疾病	87.71	18.16
	3	恶性肿瘤	81.65	16.90
	4	脑血管病	72.96	15.10
	5	内分泌、营养和代谢的其他疾病	17.65	3.65
	6	损伤和中毒外部原因	15.54	3.22
	7	消化系统疾病	8.69	1.80
	8	泌尿生殖系统疾病	6.32	1.31
	9	起源于围生期的某些情况	2.63	0.55
	10	先天畸形，变性和染色体异常	2.63	0.55

白云区意外死亡外部原因死亡率及构成比

死亡原因	合计		男性		女性	
	死亡率（1/10万）	构成比（%）	死亡率（1/10万）	构成比（%）	死亡率（1/10万）	构成比（%）
损伤和中毒外部原因小计	30.17	5.43	44.55	7.11	15.54	3.22
其中：机动车辆交通事故	7.31	1.32	11.66	1.86	2.90	0.60
机动车以外的运输事故	7.84	1.41	11.14	1.78	4.48	0.93
意外中毒	2.74	0.49	4.92	0.79	0.53	0.11
意外跌落	2.09	0.38	2.33	0.37	1.84	0.38
火 灾	0.65	0.12	0.52	0.08	0.79	0.16
由自然环境因素所致的意外事故						
淹 死	3.00	0.54	4.40	0.70	1.58	0.33
意外的机械性窒息	0.39	0.07	0.78	0.12		
砸 死	0.13	0.02			0.26	0.05
由机器切割和穿刺工具所致的意外的事故						
触 电	0.26	0.05	0.26	0.04	0.26	0.05
其他意外事故和有害效应	1.96	0.35	2.59	0.41	1.32	0.27
自 杀	2.09	0.38	3.11	0.50	1.05	0.22
被 杀	1.70	0.31	2.85	0.45	0.53	0.11

（六）黄　埔　区

黄埔区卫生机构、床位、人员情况（不含村卫生室）

分类	机构个数	床位数	人员数（人）									
			合计	卫生技术人员	其中					其他技术人员	管理人员	工勤技能人员
					执业（助理）医师	执业医师	注册护士	药师（士）	技师（士）			
总　计	132	1 325	2 459	1 916	826	730	690	150	109	64	184	295
一、按经济类型分												
国　有	51	1 153	1 677	1 301	528	485	491	97	72	52	131	193
集　体	14	50	74	54	27	24	19	5	2	1	1	18
联　营												
私　营	66	122	635	501	248	201	158	41	33	11	47	76
其　他	1		73	60	23	20	22	7	2		5	8
二、按设置主办单位分												
政府办	13	465	1 049	841	352	329	295	66	53	35	82	91
其中：卫生部门	13	465	1 049	841	352	329	295	66	53	35	82	91
社会办	56	738	801	595	237	210	241	45	25	18	59	129
个人办	63	122	609	480	237	191	154	39	31	11	43	75

黄埔区卫生机构、床位、人员情况（不含诊所、卫生所、医务室及村卫生室）

分类	机构个数	床位数	人员数（人）									
			合计	卫生技术人员	其中					其他技术人员	管理人员	工勤技能人员
					执业（助理）医师	执业医师	注册护士	药师（士）	技师（士）			
总　计	51	1 325	2 110	1 602	646	597	579	138	104	64	184	260
一、按经济类型分												
国　有	22	1 153	1 578	1 207	479	444	453	94	69	52	131	188
集　体	12	50	44	33	17	16	10	4	2	1	1	9
联　营												
私　营	16	122	415	302	127	117	94	33	31	11	47	55
其　他	1		73	60	23	20	22	7	2		5	8
二、按设置主办单位分												
政府办	10	465	1 037	830	347	324	290	66	53	35	82	90
其中：卫生部门	10	465	1 037	830	347	324	290	66	53	35	82	90
社会办	27	738	679	486	180	164	198	40	22	18	59	116
个人办	14	122	394	286	119	109	91	32	29	11	43	54

黄埔区诊所、医务室、卫生所机构、人员情况

分类	机构个数	人员数（人）							
		合计	卫生技术人员	其中					工勤技能人员
				执业（助理）医师	执业医师	注册护士	药师（士）	技师（士）	
总　计	81	349	314	180	133	111	12	5	35
一、按经济类型分									
国　有	29	99	94	49	41	38	3	3	5
集　体	2	30	21	10	8	9	1		9
联　营									
私　营	50	220	199	121	84	64	8	2	21
其　他									
二、按设置主办单位分									
政府办	3	12	11	5	5	5			1
其中：卫生部门	3	12	11	5	5	5			1
社会办	29	122	109	57	46	43	5	3	13
个人办	49	215	194	118	82	63	7	2	21

黄埔区医疗机构分级情况

等级	医院					妇幼保健院	专科疾病防治院
	合计	其中					
		综合医院	中医医院	中西医结合医院	专科医院		
总　计	6	5	1			1	1
三级							
三级甲等							
三级乙等							
三级丙等							
未评等次							
二级	4	3	1				
二级甲等	4	3	1				
二级乙等							
二级丙等							
未评等次							
一级	1	1					
一级甲等	1	1					
一级乙等							
一级丙等							
未评等次							
其　他	1	1				1	1

黄埔区医疗机构分科床位、门急诊人次及出院人数（合计）

分　科	实有床位（张）		门急诊人次（人次）		出院人数（人）	
	小计	构成（%）	小计	构成（%）	小计	构成（%）
总　计	1 325	100. 00	1 610 097	100. 00	17 813	100. 00
预防保健科			83 358	5. 18		
全科医疗科	15	1. 13	353 513	21. 96	81	0. 45
内　科	308	23. 25	361 749	22. 47	5 299	29. 75
外　科	310	23. 40	80 668	5. 01	4 112	23. 08
儿　科	25	1. 89	86 866	5. 40	878	4. 93
妇产科	142	10. 72	201 986	12. 54	5 370	30. 15
眼　科	1	0. 08	10 968	0. 68	43	0. 24
耳鼻咽喉科	1	0. 08	41 117	2. 55	7	0. 04
口腔科	1	0. 08	37 121	2. 31		
皮肤科			33 470	2. 08		
医疗美容科			83	0. 01		
精神科	400	30. 19	766	0. 05	130	0. 73
传染科			560	0. 03		
结核病科			2 590	0. 16		
地方病科						
肿瘤科						
急诊医学科			143 596	8. 92		
康复医学科	45	3. 40	31 148	1. 93	712	4. 00
运动医学科						
职业病科						
中医科			63 939	3. 97		
骨伤科	40	3. 02	30 694	1. 91	464	2. 60
肛肠科			2 590	0. 16		
针灸科			2 528	0. 16		
推拿科			2 857	0. 18		
民族医学科						
中西医结合	37	2. 79			717	4. 03
负压病房						
ICU 病房						
其　他			37 930	2. 36		

黄埔区医疗机构分科床位、门急诊人次及出院人数（医院）

分科	实有床位（张）		门急诊人次（人次）		出院人数（人）	
	小计	构成（%）	小计	构成（%）	小计	构成（%）
总　计	775	100.00	1 199 977	100.00	17 765	100.00
预防保健科			58 856	4.90		
全科医疗科	15	1.94	174 646	14.55	81	0.48
内　科	233	30.06	286 219	23.85	4 684	27.94
外　科	235	30.32	49 480	4.12	3 871	23.09
儿　科	25	3.23	61 773	5.15	878	5.24
妇产科	142	18.32	162 383	13.53	5 308	31.66
眼　科	1	0.13	10 757	0.90	43	0.26
耳鼻咽喉科	1	0.13	36 262	3.02	7	0.04
口腔科	1	0.13	30 324	2.53		
皮肤科			28 992	2.42		
医疗美容科			83	0.01		
精神科			428	0.04		
传染科			560	0.05		
结核病科						
地方病科						
肿瘤科						
急诊医学科			143 546	11.96		
康复医学科	45	5.81	29 001	2.42	712	4.25
运动医学科						
职业病科						
中医科			53 975	4.50		
骨伤科	40	5.16	30 694	2.56	464	2.77
肛肠科			2 590	0.22		
针灸科			1 478	0.12		
推拿科						
民族医学科						
中西医结合	37	4.77			717	4.28
负压病房						
ICU 病房						
其　他			37 930	3.16		

黄埔区医疗机构分科床位、门急诊人次及出院人数（综合医院）

分科	实有床位（张）		门急诊人次（人次）		出院人数（人）	
	小计	构成（%）	小计	构成（%）	小计	构成（%）
总 计	575	100.00	888 460	100.00	12 689	100.00
预防保健科			58 856	6.62		
全科医疗科			143 856	16.19		
内 科	188	32.70	137 590	15.49	3 553	28.00
外 科	210	36.52	47 093	5.30	3 367	26.53
儿 科	25	4.35	48 520	5.46	878	6.92
妇产科	112	19.48	135 841	15.29	4 124	32.50
眼 科	1	0.17	8 260	0.93	43	0.34
耳鼻咽喉科	1	0.17	28 375	3.19	7	0.06
口腔科	1	0.17	23 941	2.69		
皮肤科			21 661	2.44		
医疗美容科			83	0.01		
精神科						
传染科			560	0.06		
结核病科						
地方病科						
肿瘤科						
急诊医学科			101 589	11.43		
康复医学科			15 187	1.71		
运动医学科						
职业病科						
中医科			53 975	6.08		
骨伤科			23 665	2.66		
肛肠科						
针灸科			1 478	0.17		
推拿科						
民族医学科						
中西医结合	37	6.43			717	5.65
负压病房						
ICU 病房						
其 他			37 930	4.27		

黄埔区医疗机构分科床位、门急诊人次及出院人数（社区卫生服务中心）

分　科	实有床位（张）		门急诊人次（人次）		出院人数（人）	
	小计	构成（%）	小计	构成（%）	小计	构成（%）
总　计			111 272	100.00		
预防保健科			13 142	11.81		
全科医疗科			58 744	52.79		
内　科						
外　科			4 191	3.77		
儿　科			7 745	6.96		
妇产科			16 503	14.83		
眼　科						
耳鼻咽喉科			2 953	2.65		
口腔科			2 356	2.12		
皮肤科						
医疗美容科						
精神科						
传染科						
结核病科						
地方病科						
肿瘤科						
急诊医学科						
康复医学科			1 447	1.30		
运动医学科						
职业病科						
中医科			4 191	3.77		
骨伤科						
肛肠科						
针灸科						
推拿科						
民族医学科						
中西医结合科						
负压病房						
ICU 病房						
其　他						

黄埔区医疗机构分科床位、门急诊人次及出院人数（妇幼保健院）

分科	实有床位（张）		门急诊人次（人次）		出院人数（人）	
	小计	构成（%）	小计	构成（%）	小计	构成（%）
总　计			86 605	100.00		
预防保健科						
全科医疗科			86 605	100.00		
内　科						
外　科						
儿　科						
妇产科						
眼　科						
耳鼻咽喉科						
口腔科						
皮肤科						
医疗美容科						
精神科						
传染科						
结核病科						
地方病科						
肿瘤科						
急诊医学科						
康复医学科						
运动医学科						
职业病科						
中医科						
骨伤科						
肛肠科						
针灸科						
推拿科						
民族医学科						
中西医结合						
负压病房						
ICU 病房						
其　他						

黄埔区医疗机构分科床位、门急诊人次及出院人数（专科疾病防治院）

分科	实有床位（张）		门急诊人次（人次）		出院人数（人）	
	小计	构成（%）	小计	构成（%）	小计	构成（%）
总计			2 928	100.00		
预防保健科						
全科医疗科						
内科						
外科						
儿科						
妇产科						
眼科						
耳鼻咽喉科						
口腔科						
皮肤科						
医疗美容科						
精神科			338	11.54		
传染科						
结核病科			2 590	88.46		
地方病科						
肿瘤科						
急诊医学科						
康复医学科						
运动医学科						
职业病科						
中医科						
骨伤科						
肛肠科						
针灸科						
推拿科						
民族医学科						
中西医结合						
负压病房						
ICU 病房						
其他						

黄埔区卫生机构、床位、人员情况一览表

机构名称	机构个数	床位数	人员数（人）									
			合计	卫生技术人员	其中					其他技术人员	管理人员	工勤技能人员
					执业（助理）医师	执业医师	注册护士	药师（士）	技师（士）			
总　计	51	1 325	2 110	1 602	646	597	579	138	104	64	184	260
医　院	6	775	1 347	1 067	428	397	422	92	56	42	108	130
综合医院	5	575	1 127	880	338	311	366	69	45	42	90	115
广州黄埔造船厂职工医院	1	50	44	33	17	16	10	4	2	1	1	9
广州市黄埔区红十字会医院	1	100	291	234	101	88	94	22	16	29	6	22
广东省电力一局医院	1	138	233	181	69	59	85	13	7	4	25	23
广州医学院港湾医院	1	165	397	313	107	104	128	18	11	6	33	45
广州亿仁医院	1	122	162	119	44	44	49	12	9	2	25	16
中医医院	1	200	220	187	90	86	56	23	11		18	15
广州市黄埔区中医院	1	200	220	187	90	86	56	23	11		18	15
疗养院	1	500	214	126	29	28	55	7	4	10	20	58
广东省第二工人疗养院、广东省第二工人医院	1	500	214	126	29	28	55	7	4	10	20	58
社区卫生服务中心（站）	22	50	139	112	48	44	40	13	5	3	7	17
社区卫生服务中心	8		73	60	23	20	22	7	2		5	8
黄埔区红山街社区卫生服务中心	1		73	60	23	20	22	7	2		5	8
鱼珠街社区卫生服务中心	1											
黄埔区长洲街社区卫生服务中心	1											
黄埔区文冲街社区卫生服务中心	1											
黄埔区黄埔街社区卫生服务中心	1											
黄埔区穗东街社区卫生服务中心	1											
黄埔区大沙街社区卫生服务中心	1											
黄埔区南岗街社区卫生服务中心	1											
社区卫生服务站	14	50	66	52	25	24	18	6	3	3	2	9
黄埔街港湾社区卫生服务站	1											
南岗街电力社区卫生服务站	1											
长洲街黄船社区卫生服务站	1	50	44	33	17	16	10	4	2	1	1	9

续表

机构名称	机构个数	床位数	人员数（人）合计	卫生技术人员	其中：执业（助理）医师	执业医师	注册护士	药师（士）	技师（士）	其他技术人员	管理人员	工勤技能人员
红山街红荔社区卫生服务站	1		11	11	5	5	6					
荔联街沧联社区卫生服务站	1											
穗东街夏园社区卫生服务站	1											
大沙街姬堂社区卫生服务站	1											
文冲街文冲社区卫生服务站	1											
红山街双沙社区卫生服务站	1		11	8	3	3	2	2	1	2	1	
穗东街庙头社区卫生服务站	1											
南岗街沙步社区卫生服务站	1											
鱼珠街茅岗社区卫生服务站	1											
长洲街深井社区卫生服务站	1											
荔联街荔联社区卫生服务站	1											
门诊部	18		281	201	92	82	50	23	24	9	24	47
广东省电力一局第一门诊部	1		28	18	9	9	5	2	2		2	8
珠江康复医学门诊部	1		20	18	8	7	3	2	2	1		1
广诚南基门诊部	1		15	13	5	5	5	2	1		1	1
金芝堂门诊部	1		20	15	5	5	5	3	1		2	3
黄埔区中医院长洲分院金洲中医门诊部	1											
广州康园门诊部	1		29	15	11	6		2	2		2	12
忠诚门诊部	1		12	12	4	4	4	1	2			
新康门诊部	1		17	11	4	4	5	1	1		1	5
黄埔区红十字会医院云埔门诊部	1											
广州市黄埔区红十字会医院二门诊	1											
黄埔区中医院下沙门诊部	1											
正安堂中医门诊部	1		15	10	6	3	2	2		2	2	1
东大医疗门诊部	1		12	6	3	3	1	1	1			6

续表

机构名称	机构个数	床位数	人员数（人）									
			合计	卫生技术人员	其中					其他技术人员	管理人员	工勤技能人员
					执业（助理）医师	执业医师	注册护士	药师（士）	技师（士）			
惠浦门诊部	1		11	9	3	3	2	2	2		1	1
东方中西医结合门诊部	1		17	14	7	7	4	1	2	1	1	1
仁德门诊部	1		21	16	8	8	3	1	2		4	1
中大医疗门诊部	1		16	9	3	3	3	1	2	2	5	
朝阳综合门诊部	1		48	35	16	15	8	2	4	3	3	7
妇幼保健院（所、站）	1		51	41	21	18	11	2	6		8	2
广州市黄埔区妇幼保健院	1		51	41	21	18	11	2	6		8	2
专科疾病防治院（所、站）	1		10	6	4	4	1	1			4	
黄埔区慢性病防治站	1		10	6	4	4	1	1			4	
疾病预防控制中心	1		46	36	24	24			9		7	3
广州市黄埔区疾病预防控制中心	1		46	36	24	24			9		7	3
卫生监督所（中心）	1		22	13							6	3
广州市黄埔区卫生监督所	1		22	13							6	3

黄埔区医疗机构运营情况一览表

1. 门诊服务

机构名称	诊疗人次数					观察室留观病例数	健康检查人数	急诊病死率（%）
	总计	其中：门、急诊人次数						
		合计	门诊人次数	急诊人次数				
				小计	内：死亡人数			
总　计	1 620 046	1 610 097	1 397 074	213 023	33	4 008	205 406	0. 02
医　院	1 203 742	1 199 977	1 007 130	192 847	20	174	162 219	0. 01
综合医院	891 763	888 460	737 570	150 890	18	155	144 154	0. 01
广州黄埔造船厂职工医院	24 254	24 254	19 454	4 800	1		10 086	0. 02
广州市黄埔区红十字会医院	454 451	453 119	398 262	54 857		50	32 963	
广东省电力一局医院	126 370	124 521	73 521	51 000	1	59	3 585	
广州医学院港湾医院	223 476	223 476	189 736	33 740	15	46	76 602	0. 04
广州亿仁医院	63 212	63 090	56 597	6 493	1		20 918	0. 02
中医医院	311 979	311 517	269 560	41 957	2	19	18 065	
广州市黄埔区中医院	311 979	311 517	269 560	41 957	2	19	18 065	

续表

机构名称	诊疗人次数					观察室留观病例数	健康检查人数	急诊病死率（%）
	总计	其中：门、急诊人次数						
		合计	门诊人次数	急诊人次数				
				小计	内：死亡人数			
疗养院	29 116	23 061	19 388	3 673	12	3 673	2 078	0. 33
广东省第二工人疗养院、广东省第二工人医院	29 116	23 061	19 388	3 673	12	3 673	2 078	0. 33
社区卫生服务中心（站）	177 525	177 401	167 839	9 562	1	161	10 313	0. 01
社区卫生服务中心	111 272	111 272	108 895	2 377				
黄埔区红山街社区卫生服务中心	111 272	111 272	108 895	2377				
社区卫生服务站	66 253	66 129	58 944	7 185	1	161	10 313	0. 01
长洲街黄船社区卫生服务站	24 254	24 254	19 454	4 800	1		10 086	0. 02
红山街红荔社区卫生服务站	27 784	27 694	25 395	2 299		161	227	
红山街双沙社区卫生服务站	14 215	14 181	14 095	86				
门诊部	120 130	120 125	113 184	6 941			8 100	
广东省电力一局第一门诊部	19 500	19 500	18 652	848				
珠江康复医学门诊部	1 580	1 580	1 000	580				
广诚南基门诊部	4 501	4 501	4 028	473				
金芝堂门诊部	4 000	4 000	3 950	50				
广州康园门诊部	17 286	17 281	17 271	10				
忠诚门诊部	13 678	13 678	12 602	1 076				
新康门诊部	7 890	7 890	7 890					
正安堂中医门诊部	6857	6 857	6 857					
东大医疗门诊部	3 480	3 480	3 480					
惠浦门诊部	1 253	1 253	1 152	101				
东方中西医结合门诊部	7 000	7 000	7 000					
仁德门诊部	8 000	8 000	4 500	3 500				
中大医疗门诊部	6 803	6 803	6 601	202			6 600	
朝阳综合门诊部	18 302	18 302	18 201	101			1 500	
妇幼保健院（所、站）	86 605	86 605	86 605				22 696	
广州市黄埔区妇幼保健院	86 605	86 605	86 605				22 696	
专科疾病防治院（所、站）	2 928	2 928	2 928					
黄埔区慢性病防治站	2 928	2 928	2 928					

2. 住院服务

机构名称	入院人数	出院人数	住院病人手术人次数	住院危重病人抢救人次	治愈率（%）	好转率（%）	死亡率（%）
总　计	17 987	17 813	7 635	1 367	69. 83	26. 30	1. 72
医　院	16 857	16 765	7 555	1 229	71. 77	24. 94	1. 52
综合医院	12 755	12 689	6 070	996	74. 10	22. 63	1. 47
广州黄埔造船厂职工医院	188	182	1	11	13. 19	76. 37	4. 40
广州市黄埔区红十字会医院	3 123	3 132	1 981	318	91. 67	6. 48	1. 05
广东省电力一局医院	4 041	4 032	1 875	144	70. 44	25. 94	1. 51
广州医学院港湾医院	3 866	3 803	1 714	470	74. 15	21. 48	1. 95
广州亿仁医院	1 537	1 540	499	53	55. 00	43. 25	0. 65
中医医院	4 102	4 076	1 485	233	64. 55	32. 14	1. 69
广州市黄埔区中医院	4 102	4 076	1 485	233	64. 55	32. 14	1. 69
疗养院	942	866	80	138	44. 00	42. 03	4. 97
广东省第二工人疗养院、广东省第二工人医院	942	866	80	138	44. 00	42. 03	4. 97
社区卫生服务中心（站）	188	182			13. 19	76. 37	4. 40
长洲街黄船社区卫生服务站	188	182			13. 19	76. 37	4. 40

3. 床位利用

机构名称	实有床位数（张）	实际开放总床日数	平均开放病床（张）	实际占用总床日数	出院者占用总床日数	病床周转次数	病床工作日	病床使用率（%）	出院者平均住院日
总　计	1 325	481 170	1 318	308 140	209 963	14	234	64. 04	11. 79
医　院	775	280 420	768	161 936	159 720	22	211	57. 75	9. 53
综合医院	575	207 420	568	113 213	111 701	22	199	54. 58	8. 80
广州黄埔造船厂职工医院	50	18 250	50	5 490	5 307	4	110	30. 08	29. 16
广州市黄埔区红十字会医院	100	36 500	100	20 380	20 204	31	204	55. 84	6. 45
广东省电力一局医院	138	50 328	138	31 950	31 737	29	232	63. 48	7. 87
广州医学院港湾医院	165	57 812	158	40 395	39 792	24	255	69. 87	10. 46
广州亿仁医院	122	44 530	122	14 998	14 661	13	123	33. 68	9. 52
中医医院	200	73 000	200	48 723	48 019	20	244	66. 74	11. 78
广州市黄埔区中医院	200	73 000	200	48 723	48 019	20	244	66. 74	11. 78
疗养院	500	182 500	500	140 714	44 936	2	281	77. 10	51. 89
广东省第二工人疗养院、广东省第二工人医院	500	182 500	500	140 714	44 936	2	281	77. 10	51. 89
社区卫生服务中心（站）	50	18 250	50	5 490	5 307	4	110	30. 08	29. 16
长洲街黄船社区卫生服务站	50	18 250	50	5 490	5 307	4	110	30. 08	29. 16

黄埔区医疗机构病人人均医疗费用与医生工作效率一览表

机构名称	平均每诊疗人次医疗费（元）					平均每出院者住院医疗费（元）						出院者平均每日住院医疗费（元）
	合计	其中				合计	其中					
		挂号费	药费	检查费	治疗费		床位费	药费	检查费	治疗费	手术费	
总　计	77	1	39	9	12	4 537	496	1 582	239	1 003	433	385
医　院	101	2	51	12	18	4 174	393	1 557	245	847	443	438
综合医院	96	2	46	12	16	4 014	345	1 504	227	844	463	456
广州黄埔造船厂职工医院	145	1	113	21	8	2 621	324	1 736	16	396	11	90
广州市黄埔区红十字会医院	58	1	28	8	9	2 858	226	1 127	119	353	261	443
广东省电力一局医院	163	1	67	20	18	3 579	304	1 335	224	560	498	455
广州医学院港湾医院	117	5	63	11	23	5 318	430	1 942	226	1 476	667	508
广州亿仁医院	142	1	52	24	44	4 453	484	1 607	483	1 076	325	468
中医医院	113	1	65	13	23	4 671	544	1 721	303	856	381	397
广州市黄埔区中医院	113	1	65	13	23	4 671	544	1 721	303	856	381	397
疗养院	88		57	7	10	11 975	2 596	2 040	170	4 234	331	231
广东省第二工人疗养院、广东省第二工人医院	88		57	7	10	11 975	2 596	2 040	170	4 234	331	231
社区卫生服务中心（站）	66		36			2 621		1 736				90
社区卫生服务中心	61		26									
黄埔区红山街社区卫生服务中心	61		26									
社区卫生服务站	75		54			2 621		1 736				90
长洲街黄船社区卫生服务站	145		113			2 621		1 736				90
红山街红荔社区卫生服务站	47		29									
红山街双沙社区卫生服务站	12		1									
妇幼保健院（所、站）	34		6	11	3							
广州市黄埔区妇幼保健院	34		6	11	3							
专科疾病防治院（所、站）	66	1	36	8	1							
黄埔区慢性病防治站	66	1	36	8	1							

黄埔区前十位疾病死亡率、构成比和位次

性 别	顺位	死亡原因	死亡率（1/10 万）	构成比（%）
合 计	1	恶性肿瘤	120.92	26.05
	2	心脏病	77.18	16.63
	3	呼吸系统疾病	46.31	9.98
	4	脑血管病	40.65	8.76
	5	损伤和中毒外部原因	25.73	5.54
	6	消化系统疾病	16.98	3.66
	7	内分泌、营养和代谢的其他疾病	13.89	2.99
	8	泌尿生殖系统疾病	5.66	1.22
	9	精神障碍	3.09	0.67
	10	神经系统疾病	3.09	0.67
男 性	1	恶性肿瘤	168.63	32.66
	2	心脏病	79.07	15.31
	3	呼吸系统疾病	59.07	11.44
	4	脑血管病	40.01	7.75
	5	损伤和中毒外部原因	32.39	6.27
	6	消化系统疾病	20.96	4.06
	7	内分泌、营养和代谢的其他疾病	4.76	0.92
	8	神经系统疾病	4.76	0.92
	9	泌尿生殖系统疾病	4.76	0.92
	10	传染病（不包括呼吸道结核）	2.86	0.55
女 性	1	心脏病	74.96	18.61
	2	恶性肿瘤	64.89	16.11
	3	脑血管病	41.40	10.28
	4	呼吸系统疾病	31.33	7.78
	5	内分泌、营养和代谢的其他疾病	24.61	6.11
	6	损伤和中毒外部原因	17.90	4.44
	7	消化系统疾病	12.31	3.06
	8	泌尿生殖系统疾病	6.71	1.67
	9	精神障碍	5.59	1.39
	10	肌肉骨骼和结缔组织疾病	2.24	0.56

黄埔区意外死亡外部原因死亡率及构成比

死亡原因	合计		男性		女性	
	死亡率（1/10 万）	构成比（%）	死亡率（1/10 万）	构成比（%）	死亡率（1/10 万）	构成比（%）
损伤和中毒外部原因小计	25.73	5.54	32.39	6.27	17.90	4.44
其中：机动车辆交通事故	2.57	0.55	2.86	0.55	2.24	0.56

续表

死亡原因	合计		男性		女性	
	死亡率（1/10万）	构成比（%）	死亡率（1/10万）	构成比（%）	死亡率（1/10万）	构成比（%）
机动车以外的运输事故	4.63	1.00	7.62	1.48	1.12	0.28
意外中毒	1.03	0.22	1.91	0.37		
意外跌落	7.72	1.66	9.53	1.85	5.59	1.39
火　灾	0.51	0.11	0.95	0.18		
由自然环境因素所致的意外事故	0.51	0.11			1.12	0.28
淹　死	1.54	0.33	1.91	0.37	1.12	0.28
意外的机械性窒息						
砸　死						
由机器切割和穿刺工具所致的意外的事故						
触　电						
其他意外事故和有害效应	2.06	0.44	0.95	0.18	3.36	0.83
自　杀	3.60	0.78	3.81	0.74	3.36	0.83
被　杀	1.54	0.33	2.86	0.55		

（七）番　禺　区

番禺区卫生机构、床位、人员情况（不含村卫生室）

分类	机构个数	床位数	人员数（人）									
			合计	卫生技术人员	其中					其他技术人员	管理人员	工勤技能人员
					执业（助理）医师	执业医师	注册护士	药师（士）	技师（士）			
总　计	282	4 514	8 377	6 866	2 664	2 349	2 470	576	399	203	541	767
一、按经济类型分												
国　有	152	4 078	6 449	5 423	2 081	1 862	1 999	439	207	622	151	122
集　体	28	19	131	113	62	48	21	10	9	1	7	10
联　营	1	417	852	595	196	188	237	57	38	34	119	104
私　营	67		723	554	241	183	172	54	48	30	66	73
其　他	34		222	181	84	68	41	16	22	16	12	13
二、按设置主办单位分												
政府办	68	4 062	6 323	5 302	2 007	1 790	1 960	435	281	122	334	565
其中：卫生部门	49	3 830	6 028	5 083	1 916	1 715	1 897	419	261	120	303	522
社会办	138	35	327	302	170	151	77	17	24	3	11	11
个人办	76	417	1 727	1 262	487	408	433	124	94	78	196	191

番禺区卫生机构、床位、人员情况（不含诊所、卫生所、医务室及村卫生室）

分类	机构个数	床位数	人员数（人）									
			合计	卫生技术人员	其中					其他技术人员	管理人员	工勤技能人员
					执业（助理）医师	执业医师	注册护士	药师（士）	技师（士）			
总　计	164	4 514	8 102	6 598	2 494	2 205	2 417	566	375	203	541	760
一、按经济类型分												
国　有	90	4 078	6 339	5 316	2 005	1 794	1 976	437	277	122	337	564
集　体	3	19	64	47	22	16	9	5	6	1	7	9
联　营	1	417	852	595	196	188	237	57	38	34	119	104
私　营	62		704	535	228	177	171	54	47	30	66	73
其　他	8		143	105	43	30	24	13	7	16	12	10
二、按设置主办单位分												
政府办	45	4 062	6 265	5 247	1 974	1 764	1 949	432	275	122	334	562
其中：卫生部门	41	3 830	6 014	5 069	1 906	1 707	1 894	419	261	120	303	522
社会办	52	35	146	124	55	48	41	11	8	3	11	8
个人办	67	417	1 691	1 227	465	393	427	123	92	78	196	190

番禺区诊所、医务室、卫生所机构、人员情况

分类	机构个数	人员数（人）							
		合计	卫生技术人员	其中					工勤技能人员
				执业（助理）医师	执业医师	注册护士	药师（士）	技师（士）	
总　计	118	275	268	170	144	53	10	24	7
一、按经济类型分									
国　有	62	110	107	76	68	23	2	5	3
集　体	25	67	66	40	32	12	5	3	1
联　营									
私　营	5	19	19	13	6	1		1	
其　他	26	79	76	41	38	17	3	15	3
二、按设置主办单位分									
政府办	23	58	55	33	26	11	3	6	3
其中：卫生部门	8	14	14	10	8	3			
社会办	86	181	178	115	103	36	6	16	3
个人办	9	36	35	22	15	6	1	2	1

番禺区医疗机构分级情况

等级	医院						
	合计	其中				妇幼保健院	专科疾病防治院
		综合医院	中医医院	中西医结合医院	专科医院		
总　计	22	19	2		1	1	2
三级							
三级甲等							
三级乙等							
三级丙等							
未评等次							
二级	3	2	1			1	
二级甲等	3	2	1			1	
二级乙等							
二级丙等							
未评等次							
一级	14	14					
一级甲等	13	13					
一级乙等							
一级丙等							
未评等次	1	1					
其　他	5	3	1		1		2

番禺区医疗机构分科床位、门急诊人次及出院人数（合计）

分　科	实有床位（张）		门急诊人次（人次）		出院人数（人）	
	小计	构成（%）	小计	构成（%）	小计	构成（%）
总　计	4 514	100.00	9 636 569	100.00	133 364	100.00
预防保健科			408 691	4.24		
全科医疗科	32	0.71	114 815	1.19	88	0.07
内　科	1 255	27.80	3 208 386	33.29	33 545	25.15
外　科	1 070	23.70	1 024 517	10.63	26 564	19.92
儿　科	275	6.09	766 429	7.95	12 094	9.07

续表

分　科	实有床位（张）		门急诊人次（人次）		出院人数（人）	
	小计	构成（%）	小计	构成（%）	小计	构成（%）
妇产科	965	21.38	1 534 891	15.93	40 792	30.59
眼　科	45	1.00	161 326	1.67	1 830	1.37
耳鼻咽喉科	29	0.64	234 642	2.43	1 355	1.02
口腔科	13	0.29	305 160	3.17	268	0.20
皮肤科	2	0.04	167 797	1.74	43	0.03
医疗美容科			49 615	0.51		
精神科						
传染科	87	1.93	31 594	0.33	815	0.61
结核病科			41 245	0.43		
地方病科						
肿瘤科	122	2.70	20 774	0.22	2 895	2.17
急诊医学科	6	0.13	586 312	6.08		
康复医学科	81	1.79	74 439	0.77	585	0.44
运动医学科						
职业病科						
中医科			521 215	5.41		
骨伤科	297	6.58	227 919	2.37	5 761	4.32
肛肠科	5	0.11	19 331	0.20	168	0.13
针灸科			51 260	0.53		
推拿科			16 833	0.17		
民族医学科						
中西医结合			9 863	0.10		
负压病房						
ICU 病房	72	1.60			1 098	0.82
其　他	158	3.50	59 515	0.62	5 463	4.10

番禺区医疗机构分科床位、门急诊人次及出院人数（医院）

分　科	实有床位（张）		门急诊人次（人次）		出院人数（人）	
	小计	构成（%）	小计	构成（%）	小计	构成（%）
总　计	3 825	100.00	7 561 813	100.00	114 695	100.00
预防保健科			354 152	4.63		
全科医疗科	32	0.84	27 795	0.37	88	0.08
内　科	1 042	27.24	2 679 053	35.43	30 473	26.57
外　科	950	24.84	930 094	12.30	23 439	20.44
儿　科	194	5.07	579 387	7.66	8 677	7.57
妇产科	785	20.52	1 271 996	16.82	32 692	28.50
眼　科	40	1.05	143 181	1.89	1 679	1.46
耳鼻咽喉科	24	0.63	196 407	2.60	1 204	1.05
口腔科	13	0.34	190 058	2.51	268	0.23
皮肤科	2	0.05	87 539	1.16	43	0.04
医疗美容科						
精神科						
传染科	78	2.04	50		665	0.58
结核病科						
地方病科						
肿瘤科	101	2.64	12 127	0.16	2 469	2.15
急诊医学科			439 632	5.81		
康复医学科	42	1.10	22 177	0.29	585	0.51
运动医学科						
职业病科						
中医科			324 144	4.29		
骨伤科	297	7.76	206 313	2.73	5 761	5.02
肛肠科	5	0.13	18 991	0.25	168	0.15
针灸科			38 260	0.51		
推拿科			3 200	0.04		
民族医学科						
中西医结合						
负压病房						
ICU 病房	62	1.62			1 021	0.89
其　他	158	4.13	37 257	0.49	5 463	4.76

番禺区医疗机构分科床位、门急诊人次及出院人数（综合医院）

分　科	实有床位（张）		门急诊人次（人次）		出院人数（人）	
	小计	构成（%）	小计	构成（%）	小计	构成（%）
总　计	3 000	100. 00	6 398 326	100. 00	95 447	100. 00
预防保健科			264 808	4. 14		
全科医疗科	32	1. 07	2 402	0. 04	88	0. 09
内　科	841	28. 03	2 381 026	37. 21	25 698	26. 92
外　科	863	28. 77	860 576	13. 45	21 692	22. 73
儿　科	146	4. 87	480 094	7. 50	6 115	6. 41
妇产科	709	23. 63	1 133 176	17. 71	29 866	31. 29
眼　科	15	0. 50	74 274	1. 16	744	0. 78
耳鼻咽喉科	19	0. 63	179 582	2. 81	1 032	1. 08
口腔科	10	0. 33	133 588	2. 09	254	0. 27
皮肤科			69 343	1. 08		
医疗美容科						
精神科						
传染科	78	2. 60	50		665	0. 70
结核病科						
地方病科						
肿瘤科	52	1. 73	10 390	0. 16	2 147	2. 25
急诊医学科			355 595	5. 56		
康复医学科	30	1. 00	10 198	0. 16	371	0. 39
运动医学科						
职业病科						
中医科			324 144	5. 07		
骨伤科	47	1. 57	67 975	1. 06	1 039	1. 09
肛肠科			3 705	0. 06		
针灸科			33 660	0. 53		
推拿科						
民族医学科						
中西医结合						
负压病房						
ICU 病房	16	0. 53			377	0. 39
其　他	142	4. 73	13 740	0. 21	5 359	5. 61

番禺区医疗机构分科床位、门急诊人次及出院人数
（社区卫生服务中心）

分科	实有床位（张）		门急诊人次（人次）		出院人数（人）	
	小计	构成（%）	小计	构成（%）	小计	构成（%）
总　计			257 369	100.00		
预防保健科			5 981	2.32		
全科医疗科			35 365	13.74		
内　科			79 492	30.89		
外　科			15 396	5.98		
儿　科			28 812	11.19		
妇产科			31 564	12.26		
眼　科						
耳鼻咽喉科			201	0.08		
口腔科			6 254	2.43		
皮肤科						
医疗美容科						
精神科						
传染科			15 634	6.07		
结核病科						
地方病科						
肿瘤科						
急诊医学科						
康复医学科			935	0.36		
运动医学科						
职业病科						
中医科			31 268	12.15		
骨伤科						
肛肠科						
针灸科						
推拿科						
民族医学科						
中西医结合科						
负压病房						
ICU 病房						
其　他			6 467	2.51		

番禺区医疗机构分科床位、门急诊人次及出院人数（妇幼保健院）

分 科	实有床位（张）		门急诊人次（人次）		出院人数（人）	
	小计	构成（%）	小计	构成（%）	小计	构成（%）
总 计	553	100.00	957 311	100.00	18 357	100.00
预防保健科			38 370	4.01		
全科医疗科						
内 科	122	22.06	144 789	15.12	2 760	15.04
外 科	120	21.70	43 480	4.54	3 125	17.02
儿 科	81	14.65	111 075	11.60	3 417	18.61
妇产科	180	32.55	205 495	21.47	8 100	44.12
眼 科	5	0.90	17 113	1.79	151	0.82
耳鼻咽喉科	5	0.90	25 497	2.66	151	0.82
口腔科			20 938	2.19		
皮肤科			20 887	2.18		
医疗美容科			3 314	0.35		
精神科						
传染科	9	1.63	15 910	1.66	150	0.82
结核病科						
地方病科						
肿瘤科	21	3.80	8 647	0.90	426	2.32
急诊医学科			124 097	12.96		
康复医学科			22 432	2.34		
运动医学科						
职业病科						
中医科			112 192	11.72		
骨伤科			21 526	2.25		
肛肠科						
针灸科			5 758	0.60		
推拿科						
民族医学科						
中西医结合						
负压病房						
ICU 病房	10	1.81			77	0.42
其 他			15 791	1.65		

番禺区医疗机构分科床位、门急诊人次及出院人数（专科疾病防治病）

分科	实有床位（张）		门急诊人次（人次）		出院人数（人）	
	小计	构成（%）	小计	构成（%）	小计	构成（%）
总计			156 790	100.00		
预防保健科						
全科医疗科						
内科						
外科						
儿科						
妇产科						
眼科						
耳鼻咽喉科			1 100	0.70		
口腔科			55 695	35.52		
皮肤科			40 364	25.74		
医疗美容科						
精神科						
传染科						
结核病科			41 245	26.31		
地方病科						
肿瘤科						
急诊医学科						
康复医学科						
运动医学科						
职业病科						
中医科						
骨伤科						
肛肠科						
针灸科			5 692	3.63		
推拿科			12 694	8.10		
民族医学科						
中西医结合						
负压病房						
ICU 病房						
其他						

番禺区卫生机构、床位、人员情况一览表

机构名称	机构个数	床位数	人员数（人）									
			合计	卫生技术人员	其中					其他技术人员	管理人员	工勤技能人员
					执业（助理）医师	执业医师	注册护士	药师（士）	技师（士）			
总　计	164	4 514	8 102	6 598	2 494	2 205	2 417	566	375	203	541	760
医　院	22	3 825	5 791	4 831	1 773	1 580	1 775	406	247	141	342	477
综合医院	19	3 000	4 367	3 772	1 425	1 254	1 360	310	192	106	194	295
广东省番禺监狱医院	1	64	32	25	16	13	1	2	4		7	
广州市番禺区鱼窝头镇医院	1	129	72	61	32	8	20	4	5	8	3	
广州市番禺区榄核医院	1	91	186	174	90	68	48	16	16	2	3	7
广州市番禺区钟村医院	1	137	193	174	75	70	55	16	7	8	3	8
广州市番禺区新造医院	1	73	70	62	25	22	26	6	2	5	3	
广州市番禺区大岗人民医院	1	214	363	279	115	101	110	25	12	3	28	53
广州市番禺区人民医院	1	825	1 459	1 247	377	371	486	78	52	39	86	87
番禺区化龙医院	1	100	140	130	37	31	53	10	8	3	2	5
广州市番禺区沙湾人民医院	1	150	144	126	65	61	43	13	5	2	8	8
广州市番禺区石楼人民医院	1	190	256	232	101	97	76	28	20		3	21
广州市番禺区石基人民医院	1	250	364	330	126	111	113	35	11	14	3	17
广州市番禺区市桥医院	1	110	262	233	101	83	84	24	13	11	14	4
广州市番禺区大岗人民医院潭洲分院	1											
广州市番禺区灵山医院	1	80	94	79	34	25	29	8	6		8	7
广州市番禺区南村医院	1	167	193	171	61	47	50	13	7		9	13
广州市番禺区大石人民医院	1	273	321	288	113	104	107	23	11	6	5	22
康优医院	1	19	41	30	13	9	7	3	4		5	6
广州市公安局番禺区分局羁押医院	1	20	40	23	10	8	9		2		2	15
广州市番禺区东涌医院	1	108	137	108	34	25	43	6	7	5	2	22
中医医院	2	797	1 394	1 033	342	320	406	96	54	35	146	180
番禺区中医院	1	380	542	438	146	132	169	39	16	1	27	76
广州中医药大学祈福医院	1	417	852	595	196	188	237	57	38	34	119	104
专科医院	1	28	30	26	6	6	9		1		2	2
广州市番禺区社会福利院康复医院	1	28	30	26	6	6	9		1		2	2
疗养院	1	120	149	104	36	30	36	11	7	2	20	23

续表

机构名称	机构个数	床位数	人员数（人）合计	卫生技术人员	其中：执业（助理）医师	执业医师	注册护士	药师（士）	技师（士）	其他技术人员	管理人员	工勤技能人员
广州市番禺疗养院	1	120	149	104	36	30	36	11	7	2	20	23
社区卫生服务中心（站）	17		227	170	76	60	37	25	10	17	18	22
社区卫生服务中心	5		153	114	47	36	26	19	6	14	11	14
沙头街社区卫生服务中心	1		28	24	6	3	5	4	2	1	1	2
桥南街社区卫生服务中心	1		60	40	18	12	8	5	2	13	4	3
番禺区市桥街东片社区卫生服务中心	1											
番禺区市桥街北片社区卫生服务中心	1		65	50	23	21	13	10	2		6	9
番禺区东环街社区卫生服务中心	1											
社区卫生服务站	12		74	56	29	24	11	6	4	3	7	8
南村医院坑头卫生服务站	1											
南奥社区卫生服务站	1		8	7	3	3	2	1			1	
东环街鸣翠苑社区卫生服务站	1		23	17	9	7	2	2	2	1	2	3
番禺区沙湾镇古龙片社区卫生服务站	1											
番禺区新造医院谷围新邨社区卫生服务站	1											
榄核医院九比社区卫生服务站	1											
市桥街西城社区卫生服务站	1		25	16	8	7	3	1	1		4	5
东涌医院东发社区卫生服务站	1											
番禺区石基人民医院官南永社区卫生服务站	1											
番禺区鱼窝头医院大简卫生服务站	1											
沙头街金晖社区卫生服务站	1		18	16	9	7	4	2	1	2		
番禺区南村医院员岗卫生服务站	1											
卫生院	6											
番禺区石基医院傍西分院	1											
广州市番禺区石楼人民医院海鸥分院	1											
番禺区大石人民医院南浦分院	1											

续表

机构名称	机构个数	床位数	人员数（人）									
			合计	卫生技术人员	其中					其他技术人员	管理人员	工勤技能人员
					执业（助理）医师	执业医师	注册护士	药师（士）	技师（士）			
番禺区钟村医院韦涌分院	1											
番禺区钟村医院石壁分院	1											
番禺区石楼人民医院莲花山分院	1											
门诊部	109	16	777	601	255	204	198	59	50	30	71	75
益健中医门诊部	1		10	9	3	3	2	2	2		1	
华南师范大学大学城校区门诊部	1											
广东外语外贸大学大学城校区门诊部	1											
永康消化病专科门诊部	1		9	7	3	3	2	1			1	1
济仁堂中西医结合门诊部	1											
德仁口腔门诊部	1		20	20	10	8	10					
龙辉疼痛病专科门诊部	1		12	9	4	4	3	1	1		1	2
广州大学门诊部	1		32	32	16	16	16					
龙源疼痛病专科门诊部	1		12	10	4	4	3	1	2		1	1
曙光消化病专科门诊部	1		12	10	3	3	4	2	1		1	1
康辉医学美容专科门诊部	1		15	11	4	4	5	1	1		2	2
番禺区沙湾镇紫坭社区居委门诊部	1		9	8	3	2	1	1				1
康丽康复门诊部	1		18	15	6	4	4	2	1		2	1
东华口腔专科门诊部	1		5	3	3	1				1	1	
南大消化病专科门诊部	1		11	10	3	3	4	1	2		1	
创新消化病专科门诊部	1		11	9	3	3	3	1	2		1	1
冠美口腔专科门诊部	1		3	2	1	1	1					1
康华中医门诊部	1		21	15	7	5	2	2	1	1	2	3
怡和康复门诊部	1		29	22	7	5	10	3	2	1	2	4
康桥中医门诊部	1		24	18	7	6	7	1	1	3	2	1
虹桥中西医结合门诊部	1		1								1	
仁医堂疼痛专科门诊部	1											
九洲疼痛病专科门诊部	1		10	7	3	3	2	1		1	1	1
康乐中西医结合门诊部	1		25	17	6	5	7	2	2		3	5
惠民康复门诊部	1		14	12	6	3	2	2	2	1	1	
佳美口腔专科门诊部	1		6	5	3	2	1			1		
康源消化病专科门诊部	1		11	8	3	3	2	1	2		1	2
欣华疼痛病专科门诊部	1		13	12	6	4	2	2	2	1		
栋梁口腔专科门诊部	1		6	5	3	2	2			1		

续表

机构名称	机构个数	床位数	人员数（人）									
			合计	卫生技术人员	其中					其他技术人员	管理人员	工勤技能人员
					执业（助理）医师	执业医师	注册护士	药师（士）	技师（士）			
桥兴中西医结合门诊部	1		14	12	4	3	4	2	2		1	1
东方中医门诊部	1		20	12	5	4	3	1	1		2	6
荣兴康复专科门诊部	1		12	10	2	2	1	2			1	1
来福士口腔专科门诊部	1		13	7	3	3	2			2	3	1
健康疼痛病专科门诊部	1		14	7	2	2	3	1	1		2	5
友登口腔专科门诊部	1		9	5	2	1	3			2	1	1
番禺区慢病站第三门诊部	1											
番禺区何贤纪念医院西街门诊	1											
番禺区何贤医院三堂门诊部	1											
番禺区鱼窝头医院大同分院	1											
番禺区人民医院三堂门诊部	1											
番禺区市桥医院番山门诊部	1											
番禺区市桥医院大罗门诊部	1											
番禺区市桥医院三堂门诊部	1											
番禺区市桥医院东城门诊部	1											
番禺区市桥医院桥南门诊部	1											
番禺区市桥医院西丽门诊部	1											
番禺区大石人民医院富丽门诊部	1											
番禺区大石人民医院洛城门诊部	1											
番禺区钟村医院第二门诊部	1											
洛城德仁口腔门诊部	1		16	16	8	4	8					
长江中西医结合门诊部	1											
更自信医学美容专科门诊部	1		18	14	5	4	6	2	1	2	1	1
天博口腔专科门诊部	1		6	4	3	1	1			1	1	
燕玲妇科专科门诊部	1		12	9	3	3	4	2			1	2
钟村德仁口腔门诊部	1		8	8	4	2	4					

续表

机构名称	机构个数	床位数	人员数（人）									
			合计	卫生技术人员	其中					其他技术人员	管理人员	工勤技能人员
					执业（助理）医师	执业医师	注册护士	药师（士）	技师（士）			
华美口腔专科门诊部	1		5	5	3	1	2					
鑫叶口腔门诊部	1		15	12	2	1	3				2	1
友好中医门诊部	1		13	11	5	3	4	1	1	1	1	
番禺区东涌医院第三门诊	1											
番禺区东涌医院第二门诊	1											
番禺区南村医院第二门诊	1											
番禺区南村医院里仁洞分院	1											
番禺区榄核医院第二门诊	1											
番禺区榄核医院镇南综合门诊部	1											
番禺区榄核医院民生门诊部	1											
番禺区榄核医院万安门诊部	1											
番禺区榄核医院敏腾公司门诊部	1											
番禺区榄核医院联盛公司门诊部	1											
番禺区榄核医院甘岗门诊部	1											
广州市番禺区大岗人民医院潭洲分院第二门诊部	1											
广州市番禺区大岗人民医院潭洲分院东南分院	1											
番禺区化龙医院第二门诊部	1											
番禺区化龙医院明经门诊部	1											
番禺区化龙医院谭山门诊部	1											
番禺区中医院第三门诊部	1											
番禺区石楼人民医院第二门诊	1											
番禺区石楼人民医院莲港门诊部	1											
石基人民医院旧水坑综合门诊部	1											
阳光综合门诊部	1											
番禺区市桥医院沙头门诊部	1											

续表

机构名称	机构个数	床位数	人员数（人）									
			合计	卫生技术人员	其中					其他技术人员	管理人员	工勤技能人员
					执业（助理）医师	执业医师	注册护士	药师（士）	技师（士）			
番禺区大石人民医院桥东门诊部	1											
德兴华美口腔专科门诊部	1		7	5	3	2	2			1	1	
康嘉中西医结合门诊部	1		15	13	6	3	2	3	2		1	1
安康中医门诊部	1		8	6	2	2	1	1	2	1		1
仁济中医门诊部	1		17	10	7	5	1	1	1		2	5
和康口腔门诊部	1		8	6	2	1	1			2		
高科康复门诊部	1		15	10	4	3	3	1	2	1	2	2
益民中医门诊部	1		13	10	6	6	2	1	1		3	
民爱康复门诊部	1		16	11	4	4	4	2	1		4	1
嘉和中医门诊部	1		11	9	4	4	2	1	2	1	1	
康泰中医门诊部	1		8	7	3	3	2	1	1		1	
颐春圃呼吸病专科门诊部	1		12	5	2	2	1	1	1		2	5
健齿口腔门诊部	1		5	5	3	1	2					
同力中医门诊部	1		15	11	5	5	3	1	1		3	1
华侨城口腔门诊部	1		7	4	2	1	2			1	1	1
广东工业大学医院	1	16	33	29	12	12	10	4	2		3	1
东阳口腔专科门诊部	1		4	4	3	3	1					
广州市番禺疗养院德兴门诊	1											
广州市番禺疗养院东城门诊部	1											
番禺区疗养院海傍门诊部	1											
联峰门诊部	1		8	6	2	2	2				1	1
美洁口腔专科门诊部	1		4	4	3	1	1					
现代中医专科门诊部	1		30	16	5	5	6	1	1	2	2	10
松枫口腔专科门诊部	1		4	4	2	2	2					
祈福医院医疗美容门诊部	1											
祈福医院祈福国医馆门诊部	1											
康健消化病专科门诊部	1		6	5	2	2	1	1	1		1	
冶金门诊部	1		17	13	5	4	4	2	2	2	2	
广州市番禺区人民医院药物维持治疗门诊部	1											
采供血机构	1		52	34	7	5	17		10	2	2	14
广州市番禺区血站	1		52	34	7	5	17		10	2	2	14
妇幼保健院（所、站）	1	553	826	662	274	262	293	53	28	7	38	119

续表

机构名称	机构个数	床位数	人员数（人）									
			合计	卫生技术人员	其中					其他技术人员	管理人员	工勤技能人员
					执业（助理）医师	执业医师	注册护士	药师（士）	技师（士）			
广州市番禺区何贤纪念医院	1	553	826	662	274	262	293	53	28	7	38	119
专科疾病防治院（所、站）	2		112	86	26	20	30	7	9		14	12
广州市番禺区慢性病防治站	1		107	81	23	19	28	7	9		14	12
德仁口腔疾病防治所	1		5	5	3	1	2					
疾病预防控制中心	1		52	44	29	27	2	2	10	2	3	3
广州市番禺区疾病预防控制中心	1		52	44	29	27	2	2	10	2	3	3
卫生监督所（中心）	1		26								25	1
广州市番禺区卫生监督所	1		26								25	1
健康教育所（站、中心）	1											
广州市番禺区健康教育所	1											
其他卫生机构	2		90	66	18	17	29	3	4	2	8	14
广州市番禺区岐山医院	1		76	58	15	15	26	2	3	2	6	10
广州市番禺区新沙医院	1		14	8	3	2	3	1	1		2	4

番禺区医疗机构运营情况一览表

1. 门诊服务

机构名称	机构个数	诊疗人次数					观察室留观病例数	健康检查人数	急诊病死率（%）
		总计	其中：门、急诊人次数						
			合计	门诊人次数	急诊人次数				
					小计	内：死亡人数			
总　计	90	9 724 107	9 636 569	8 531 118	1 105 451	246	150 865	730 409	0.02
医　院	21	7 587 584	7 561 813	6 599 383	962 430	243	128 554	623 742	0.03
综合医院	18	6 422 396	6 398 326	5 520 121	878 205	173	128 424	533 872	0.02
广东省番禺监狱医院	1	2 969	2 969	2 632	337			1 529	
广州市番禺区鱼窝头镇医院	1	222 074	221 227	207 863	13 364			90 592	
广州市番禺区榄核医院	1	333 956	332 695	296 498	36 197	9		45 829	0.02
广州市番禺区钟村医院	1	337 870	336 265	256 552	79 713	16		8 594	0.02

续表

机构名称	机构个数	诊疗人次数					观察室留观病例数	健康检查人数	急诊病死率（%）
		总计	其中：门、急诊人次数						
			合计	门诊人次数	急诊人次数				
					小计	内：死亡人数			
广州市番禺区新造医院	1	207 078	199 267	176 837	22 430		59 404	6 769	
广州市番禺区大岗人民医院	1	420 237	420 237	345 631	74 606	8		21 624	0. 01
广州市番禺区人民医院	1	1 660 874	1 654 184	1 480 558	173 626	86	12 269	129 233	0. 05
番禺区化龙医院	1	172 032	172 032	141 976	30 056			13 075	
广州市番禺区沙湾人民医院	1	417 430	416 550	379 293	37 257			21 864	
广州市番禺区石楼人民医院	1	407 777	407 777	332 037	75 740	7		26 796	0. 01
广州市番禺区石基人民医院	1	542 658	542 658	434 480	108 178	43	3 203	54 249	0. 04
广州市番禺区市桥医院	1	417 356	416 178	368 353	47 825	4	53 548	24 874	0. 01
广州市番禺区灵山医院	1	145 237	145 237	128 272	16 965			5 114	
广州市番禺区南村医院	1	427 512	427 512	381 011	46 501			5 073	
广州市番禺区大石人民医院	1	534 803	531 762	465 108	66 654			54 880	
康优医院	1	19 600	19 600	18 580	1 020			2 650	
广州市公安局番禺区分局羁押医院	1								
广州市番禺区东涌医院	1	152 933	152 176	104 440	47 736			21 127	
中医医院	2	1 148 350	1 146 649	1 062 612	84 037	18	130	89 870	0. 02
番禺区中医院	1	682 318	682 318	632 423	49 895	6	130	66 440	0. 01
广州中医药大学祈福医院	1	466 032	464 331	430 189	34 142	12		23 430	0. 04
专科医院	1	16 838	16 838	16 650	188	52			27. 66
广州市番禺区社会福利院康复医院	1	16 838	16 838	16 650	188	52			27. 66
疗养院	1	90 640	90 640	90 640				50 072	
广州市番禺疗养院	1	90 640	90 640	90 640				50 072	
社区卫生服务中心（站）	7	432 605	374 427	374 416	11		22 241	13 382	
社区卫生服务中心	3	263 867	257 369	257 369			14 941	10 502	
沙头街社区卫生服务中心	1	41 221	40 885	40 885			14 941	5 593	

续表

机构名称	机构个数	诊疗人次数					观察室留观病例数	健康检查人数	急诊病死率（%）
		总计	其中：门、急诊人次数						
			合计	门诊人次数	急诊人次数				
					小计	内：死亡人数			
桥南街社区卫生服务中心	1	79 287	74 642	74 642				4 295	
番禺区市桥街北片社区卫生服务中心	1	143 359	141 842	141 842				614	
社区卫生服务站	4	168 738	117 058	117 047	11		7 300	2 880	
南奥社区卫生服务站	1	9 265	9 265	9 254	11				
东环街鸣翠苑社区卫生服务站	1	129 600	77 920	77 920			7 300		
市桥街西城社区卫生服务站	1	12 241	12 241	12 241					
沙头街金晖社区卫生服务站	1	17 632	17 632	17 632				2 880	
门诊部	59	495 588	495 588	468 998	26 590		22	18 537	
益健中医门诊部	1	13 212	13 212	13 212					
永康消化病专科门诊部	1	16 393	16 393	16 187	206				
德仁口腔门诊部	1	4 400	4 400	4 400					
龙辉疼痛病专科门诊部	1	1 572	1 572	1 572					
广州大学门诊部	1	19 240	19 240	18 240	1 000			6 724	
龙源疼痛病专科门诊部	1	5 892	5 892	5 892					
曙光消化病专科门诊部	1	7 329	7 329	7 329					
康辉医学美容专科门诊部	1	1 848	1 848	1 848					
番禺区沙湾镇紫坭社区居委门诊部	1	14 233	14 233	11 237	2 996				
康丽康复门诊部	1	10 320	10 320	10 320					
东华口腔专科门诊部	1	2 124	2 124	2 124					
南大消化病专科门诊部	1	5 365	5 365	5 365					
创新消化病专科门诊部	1	7 698	7 698	7 698					
冠美口腔专科门诊部	1	168	168	168					
康华中医门诊部	1	19 630	19 630	19 630					
怡和康复门诊部	1	40 500	40 500	40 500					
康桥中医门诊部	1	10 532	10 532	10 532					

续表

机构名称	机构个数	诊疗人次数					观察室留观病例数	健康检查人数	急诊病死率（%）
		总计	其中：门、急诊人次数						
			合计	门诊人次数	急诊人次数				
					小计	内：死亡人数			
九洲疼痛病专科门诊部	1	4 019	4 019	4 019					
康乐中西医结合门诊部	1	15 487	15 487	15 487					
惠民康复门诊部	1	11 193	11 193	11 185	8				
佳美口腔专科门诊部	1	2 683	2 683	2 683					
欣华疼痛病专科门诊部	1	9 900	9 900	9 900					
栋梁口腔专科门诊部	1	3 525	3 525	3 525					
桥兴中西医结合门诊部	1	11 457	11 457	11 457					
东方中医门诊部	1	1 165	1 165	987	178				
荣兴康复专科门诊部	1	11 230	11 230	11 230					
来福士口腔专科门诊部	1	356	356	356					
健康疼痛病专科门诊部	1	790	790	790					
友登口腔专科门诊部	1	923	923	923					
洛城德仁口腔门诊部	1	4 200	4 200	4 200					
更自信医学美容专科门诊部	1	4 953	4 953	4 953					
天博口腔专科门诊部	1	2 831	2 831	2 831					
燕玲妇科专科门诊部	1	13 121	13 121	13 121					
钟村德仁口腔门诊部	1	2 050	2 050	2 050					
华美口腔专科门诊部	1	2 359	2 359	2 359					
鑫叶口腔门诊部	1	5 692	5 692	5 692					
友好中医门诊部	1	3 813	3 813	3 813					
德兴华美口腔专科门诊部	1	906	906	906					
康嘉中西医结合门诊部	1	10 800	10 800	10 800					
安康中医门诊部	1	14 850	14 850	14 800	50				

续表

机构名称	机构个数	诊疗人次数					观察室留观病例数	健康检查人数	急诊病死率（%）
		总计	其中：门、急诊人次数						
			合计	门诊人次数	急诊人次数				
					小计	内：死亡人数			
仁济中医门诊部	1	7 253	7 253	7 253					
和康口腔门诊部	1	9 865	9 865	9 865					
高科康复门诊部	1	15 850	15 850	15 850					
益民中医门诊部	1	7 312	7 312	7 312					
民爱康复门诊部	1	6 243	6 243	6 243					
嘉和中医门诊部	1	13 426	13 426	13 426					
康泰中医门诊部	1	9 863	9 863	9 863					
颐春圃呼吸病专科门诊部	1	1 246	1 246	1 246					
健齿口腔门诊部	1	830	830	830					
同力中医门诊部	1	8 062	8 062	8 062					
华侨城口腔门诊部	1	2 800	2 800	2 800					
广东工业大学医院	1	54 031	54 031	31 959	22 072		22	11 813	
东阳口腔专科门诊部	1	2 919	2 919	2 919					
联峰门诊部	1	4 050	4 050	4 050					
美洁口腔专科门诊部	1	2 568	2 568	2 568					
现代中医专科门诊部	1	1 075	1 075	995	80				
松枫口腔专科门诊部	1	5 342	5 342	5 342					
康健消化病专科门诊部	1	7 246	7 246	7 246					
冶金门诊部	1	16 848	16 848	16 848					
妇幼保健院（所、站）	1	960 900	957 311	840 891	116 420	3	48	24 676	
广州市番禺区何贤纪念医院	1	960 900	957 311	840 891	116 420	3	48	24 676	
专科疾病防治院（所、站）	1	156 790	156 790	156 790					
广州市番禺区慢性病防治站	1	155 690	155 690	155 690					
德仁口腔疾病防治所	1	1 100	1 100	1 100					

2. 住院服务

机构名称	入院人数	出院人数	住院病人手术人次数	住院危重病人抢救人次	治愈率（%）	好转率（%）	死亡率（%）
总　计	134 002	133 364	56 064	6 193	68.98	27.60	0.75
医　院	115 284	114 695	41 521	5 468	69.02	27.47	0.78
综合医院	95 890	95 447	31 593	4 580	70.77	25.75	0.75
广东省番禺监狱医院	74	104	103	9	83.65	15.38	
广州市番禺区鱼窝头镇医院	3 396	3 470	436	63	55.94	40.84	0.23
广州市番禺区榄核医院	2 484	2 459	724	53	59.58	35.66	0.20
广州市番禺区钟村医院	4 486	4 504	1 441	138	55.77	40.56	0.49
广州市番禺区新造医院	1 776	1 792	909		59.10	32.70	1.34
广州市番禺区大岗人民医院	6 302	6 246	2 242	350	70.30	25.55	0.21
广州市番禺区人民医院	30 183	30 080	10 259	2 246	73.23	22.55	1.40
番禺区化龙医院	1 881	1 848	355	142	68.40	29.71	0.54
广州市番禺区沙湾人民医院	4 501	4 479	3 365	134	69.86	25.03	0.54
广州市番禺区石楼人民医院	6 283	6 254	1 632	258	66.34	31.05	0.27
广州市番禺区石基人民医院	9 224	9 200	5 266	116	78.84	18.46	0.40
广州市番禺区市桥医院	4 854	4 820	1 141	372	83.61	15.83	0.25
广州市番禺区灵山医院	1 553	1 552	306	161	56.83	34.79	
广州市番禺区南村医院	5 916	5 847	963	86	78.98	17.68	0.39
广州市番禺区大石人民医院	6 957	6 934	1 666	403	64.41	33.88	1.17
康优医院	96	92			100.00		
广州市公安局番禺区分局羁押医院	3 694	3 525			84.77	15.23	
广州市番禺区东涌医院	2 230	2 241	785	49	53.37	41.99	0.76
中医医院	19 196	19 068	9 928	822	60.75	35.71	0.74
番禺区中医院	7 895	7 822	4 975	677	66.36	29.53	0.38
广州中医药大学祈福医院	11 301	11 246	4 953	145	56.85	40.01	0.99
专科医院	198	180		66	14.44	66.11	18.33
广州市番禺区社会福利院康复医院	198	180		66	14.44	66.11	18.33
疗养院	320	312		5	54.17	42.31	
广州市番禺疗养院	320	312		5	54.17	42.31	
妇幼保健院（所、站）	18 398	18 357	14 543	720	69.01	28.16	0.60
广州市番禺区何贤纪念医院	18 398	18 357	14 543	720	69.01	28.16	0.60

3. 床位利用

机构名称	实有床位数（张）	实际开放总床日数	平均开放病床（张）	实际占用总床日数	出院者占用总床日数	病床周转次数	病床工作日	病床使用率（%）	出院者平均住院日
总　计	4 514	1 601 464	4 388	1 137 833	1 107 425	30	259	71. 05	8. 3
医　院	3 825	1 349 779	3 698	955 964	926 988	31	259	70. 82	8. 1
综合医院	3 000	1 060 817	2 906	742 806	717 188	33	256	70. 02	7. 5
广东省番禺监狱医院	64	23 360	64	14 167	7 676	2	221	60. 65	73. 8
广州市番禺区鱼窝头镇医院	129	47 085	129	26 621	25 530	27	206	56. 54	7. 4
广州市番禺区榄核医院	91	25 304	69	18 208	17 303	36	263	71. 96	7. 0
广州市番禺区钟村医院	137	50 005	137	32 284	28 593	33	236	64. 56	6. 3
广州市番禺区新造医院	73	22 410	61	14 609	13 194	29	238	65. 19	7. 4
广州市番禺区大岗人民医院	214	78 110	214	40 646	38 641	29	190	52. 04	6. 2
广州市番禺区人民医院	825	301 125	825	294 273	291 930	37	357	97. 72	9. 7
番禺区化龙医院	100	25 550	70	14 560	14 168	26	208	56. 99	7. 7
广州市番禺区沙湾人民医院	150	54 750	150	34 175	33 705	30	228	62. 42	7. 5
广州市番禺区石楼人民医院	190	69 350	190	42 922	42 229	33	226	61. 89	6. 8
广州市番禺区石基人民医院	250	82 150	225	66 635	65 971	41	296	81. 11	7. 2
广州市番禺区市桥医院	110	38 330	105	33 527	30 088	46	319	87. 47	6. 2
广州市番禺区灵山医院	80	29 200	80	10 937	10 484	19	137	37. 46	6. 8
广州市番禺区南村医院	167	60 788	167	32 315	32 128	35	194	53. 16	5. 5
广州市番禺区大石人民医院	273	99 645	273	50 763	50 414	25	186	50. 94	7. 3
康优医院	19	6 935	19	5 019	5 019	5	264	72. 37	54. 6
广州市公安局番禺区分局羁押医院	20	7 300	20	7 300	6 500	176	365	100. 00	1. 8
广州市番禺区东涌医院	108	39 420	108	3 845	3 615	21	36	9. 75	1. 6
中医医院	797	278 742	764	209 714	206 285	25	275	75. 24	10. 8
番禺区中医院	380	124 650	342	120 270	119 932	23	352	96. 49	15. 3
广州中医药大学祈福医院	417	154 092	422	89 444	86 353	27	212	58. 05	7. 7
专科医院	28	10 220	28	3 444	3 515	6	123	33. 70	19. 5
广州市番禺区社会福利院康复医院	28	10 220	28	3 444	3 515	6	123	33. 70	19. 5
疗养院	120	43 800	120	14 524	13 601	3	121	33. 16	43. 6
广州市番禺疗养院	120	43 800	120	14 524	13 601	3	121	33. 16	43. 6
妇幼保健院（所、站）	553	201 845	553	163 465	163 324	33	296	80. 99	8. 9
广州市番禺区何贤纪念医院	553	201 845	553	163 465	163 324	33	296	80. 99	8. 9

番禺区医疗机构病人人均医疗费用与医生工作效率一览表

机构名称	平均每诊疗人次医疗费（元）					平均每出院者住院医疗费（元）						出院者平均每日住院医疗费（元）
	合计	其中				合计	其中					
		挂号费	药费	检查费	治疗费		床位费	药费	检查费	治疗费	手术费	
总　计	110	1	57	13	18	5 098	379	1 633	375	1 433	633	614
医　院	100	1	47	15	18	5 030	369	1 591	376	1 449	611	622
综合医院	89	1	44	12	15	4 373	284	1 409	341	1 207	560	582
广东省番禺监狱医院												
广州市番禺区鱼窝头镇医院	50	1	21	5	11	2 307	205	797	170	433	307	314
广州市番禺区榄核医院	57	1	25	9	9	2 246	149	769	240	414	283	319
广州市番禺区钟村医院	68	1	31	9	12	2 221	187	610	152	532	376	350
广州市番禺区新造医院	60	1	31	4	14	2 977	293	1 196	150	771	201	404
广州市番禺区大岗人民医院	87	1	41	14	14	3 604	247	827	263	798	885	582
广州市番禺区人民医院	132	1	74	20	17	8 531	459	2 932	672	2 636	853	879
番禺区化龙医院	75	1	38	6	15	2 825	278	1 012	231	595	309	368
广州市番禺区沙湾人民医院	65	1	32	8	10	2 699	246	875	180	694	308	359
广州市番禺区石楼人民医院	79	4	39	8	12	2 886	223	798	245	713	459	427
广州市番禺区石基人民医院	90	1	38	14	15	2 800	191	735	228	577	671	390
广州市番禺区市桥医院	79	1	29	7	25	2 009	205	384	132	455	429	322
广州市番禺区灵山医院	54	1	27	5	12	2 141	199	633	247	415	300	317
广州市番禺区南村医院	63	1	24	10	17	1 826	174	512	149	503	215	332
广州市番禺区大石人民医院	99	1	51	11	13	2 916	256	1 050	224	549	408	401
康优医院	49	1	24	3	4	3 076	163	696	326	1 065	457	56
广州市公安局番禺区分局羁押医院												
广州市番禺区东涌医院	62	2	23	9	15	1 842	186	388	106	426	348	1 142
中医医院	160	1	63	29	38	8 312	798	2 478	555	2 663	874	768
番禺区中医院	101	1	46	14	25	9 265	500	3 163	447	3 550	1 185	604
广州中医药大学祈福医院	246	1	86	52	56	7 649	1 005	2 002	630	2 046	657	996
专科医院	73		46		23	5 728	367	4 100	11	967		293

续表

机构名称	平均每诊疗人次医疗费（元）					平均每出院者住院医疗费（元）						出院者平均每日住院医疗费（元）
	合计	其中				合计	其中					
		挂号费	药费	检查费	治疗费		床位费	药费	检查费	治疗费	手术费	
广州市番禺区社会福利院康复医院	73		46		23	5 728	367	4 100	11	967		293
疗养院	258	1	74	1	9	10 766	2 369	4 106	343	1 974		247
广州市番禺疗养院	258	1	74	1	9	10 766	2 369	4 106	343	1 974		247
社区卫生服务中心（站）	60		40									
社区卫生服务中心	77		55									
沙头街社区卫生服务中心	60		27									
桥南街社区卫生服务中心	78		54									
番禺区市桥街北片社区卫生服务中心	81		64									
社区卫生服务站	34		17									
南奥社区卫生服务站	48		38									
东环街鸣翠苑社区卫生服务站	19		13									
市桥街西城社区卫生服务站	193		56									
沙头街金晖社区卫生服务站	28		12									
妇幼保健院（所、站）	101	1	53	15	14	5 342	404	1 801	365	1 329	779	600
广州市番禺区何贤纪念医院	101	1	53	15	14	5 342	404	1 801	365	1 329	779	600
专科疾病防治院（所、站）	150	4	90	4	34							
广州市番禺区慢性病防治站	150	4	90	4	33							
德仁口腔疾病防治所	207				207							

番禺区前十位疾病死亡率、构成比和位次

性别	顺位	死亡原因	死亡率（1/10 万）	构成比（%）
合计	1	恶性肿瘤	121.27	25.84
	2	呼吸系统疾病	102.64	21.87
	3	心脏病	72.95	15.55
	4	脑血管病	49.90	10.63
	5	损伤和中毒外部原因	20.32	4.33
	6	消化系统疾病	12.53	2.67
	7	泌尿生殖系统疾病	6.53	1.39
	8	内分泌、营养和代谢的其他疾病	5.47	1.17
	9	呼吸道结核	2.53	0.54
	10	神经系统疾病	2.53	0.54

续表

性别	顺位	死亡原因	死亡率（1/10万）	构成比（%）
男性	1	恶性肿瘤	164.80	31.22
	2	呼吸系统疾病	94.23	17.85
	3	心脏病	74.55	14.12
	4	脑血管病	57.38	10.87
	5	损伤和中毒外部原因	29.74	5.63
	6	消化系统疾病小计	18.64	3.53
	7	泌尿生殖系统疾病	6.07	1.15
	8	呼吸道结核	4.19	0.79
	9	内分泌、营养和代谢的其他疾病	3.77	0.71
	10	神经系统疾病	3.14	0.60
女性	1	呼吸系统疾病小计	111.14	27.10
	2	恶性肿瘤	77.27	18.84
	3	心脏病	71.34	17.40
	4	脑血管病	42.34	10.33
	5	损伤和中毒外部原因	10.80	2.63
	6	内分泌、营养和代谢的其他疾病	7.20	1.76
	7	泌尿生殖系统疾病	6.99	1.70
	8	消化系统疾病	6.35	1.55
	9	血液，造血器官及免疫的其他疾病	2.33	0.57
	10	精神障碍	1.91	0.46

番禺区意外死亡外部原因死亡率及构成比

死亡原因	合计		男性		女性	
	死亡率（1/10万）	构成比（%）	死亡率（1/10万）	构成比（%）	死亡率（1/10万）	构成比（%）
损伤和中毒外部原因小计	20.32	4.33	29.74	5.63	10.80	2.63
其中：机动车辆交通事故	4.21	0.90	6.49	1.23	1.91	0.46
机动车以外的运输事故	6.21	1.32	9.42	1.79	2.96	0.72
意外中毒	1.16	0.25	2.09	0.40	0.21	0.05
意外跌落	1.37	0.29	1.88	0.36	0.85	0.21
火灾						
由自然环境因素所致的意外事故						
淹死	1.47	0.31	1.68	0.32	1.27	0.31
意外的机械性窒息						
砸死						
由机器切割和穿刺工具所致的意外的事故						

续表

死亡原因	合计		男性		女性	
	死亡率（1/10 万）	构成比（%）	死亡率（1/10 万）	构成比（%）	死亡率（1/10 万）	构成比（%）
触　电						
其他意外事故和有害效应	2.00	0.43	2.51	0.48	1.48	0.36
自　杀	3.37	0.72	5.03	0.95	1.69	0.41
被　杀	0.53	0.11	0.63	0.12	0.42	0.10

（八）花　都　区

花都区卫生机构、床位、人员情况（不含村卫生室）

机构名称	机构个数	床位数	人员数（人）									
			合计	卫生技术人员	其中					其他技术人员	管理人员	工勤技能人员
					执业（助理）医师	执业医师	注册护士	药师（士）	技师（士）			
总　计	130	2 941	4 064	3 325	1 298	1 109	1 215	225	180	78	293	368
一、按经济类型分												
国　有	66	2 841	3 474	2 851	1 098	969	1 072	188	118	333	115	66
集　体	10		81	53	21	12	14	4	2		5	23
联　营	2		13	10	4	2	3	2	1		3	
私　营	48	100	489	404	170	125	126	31	17	12	32	41
其　他	4		7	7	5	1						
二、按设置主办单位分												
政府办	42	2 781	3 389	2 762	1 039	919	1 053	185	155	64	249	314
其中：卫生部门	32	1 878	3 207	2 704	1 017	906	1 043	181	150	61	209	233
社会办	41	60	208	176	97	72	41	12	9	2	15	15
个人办	47	100	467	387	162	118	121	28	16	12	29	39

花都区卫生机构、床位、人员情况（不含诊所、卫生所、医务室及村卫生室）

机构名称	机构个数	床位数	人员数（人）									
			合计	卫生技术人员	其中					其他技术人员	管理人员	工勤技能人员
					执业（助理）医师	执业医师	注册护士	药师（士）	技师（士）			
总　计	39	2 941	3 769	3 075	1 152	1 011	1 183	221	176	78	293	323
一、按经济类型分												
国　有	28	2 841	3 366	2 745	1 032	918	1 056	186	157	66	253	302
集　体	2		37	28	14	9	8	4	2		5	4
联　营	1		10	7	2	2	2	2	1		3	
私　营	8	100	356	295	104	82	117	29	16	12	32	17
其　他												
二、按设置主办单位分												
政府办	22	2 781	3 300	2 694	1 002	892	1 041	183	154	64	249	293
其中：卫生部门	20	1 878	3 144	2 662	993	884	1 033	180	150	61	209	212
社会办	10	60	135	103	54	44	30	12	7	2	15	15
个人办	7	100	334	278	96	75	112	26	15	12	29	15

花都区诊所、医务室、卫生所机构、人员情况

分　类	机构个数	人员数（人）							
		合计	卫生技术人员	其中					工勤技能人员
				执业（助理）医师	执业医师	注册护士	药师（士）	技师（士）	
总　计	91	295	250	146	98	32	4	4	45
一、按经济类型分									
国　有	38	108	106	66	51	16	2	3	2
集　体	8	44	25	7	3	6			19
联　营	1	3	3	2		1			
私　营	40	133	109	66	43	9	2	1	24
其　他	4	7	7	5	1				
二、按设置主办单位分									
政府办	20	89	68	37	27	12	2	1	21
其中：卫生部门	12	63	42	24	22	10	1		21
社会办	31	73	73	43	28	11		2	
个人办	40	133	109	66	43	9	2	1	24

花都区医疗机构分科床位、门急诊人次及出院人数（合计）

分科	实有床位（张）		门急诊人次（人次）		出院人数（人）	
	小计	构成（%）	小计	构成（%）	小计	构成（%）
总　计	2 941	100.00	3 803 424	100.00	96 631	100.00
预防保健科			100 677	2.65		
全科医疗科	86	2.92	175 492	4.61	2 120	2.19
内　科	437	14.86	714 224	18.78	18 635	19.28
外　科	578	19.65	303 836	7.99	17 841	18.46
儿　科	175	5.95	390 063	10.26	8 988	9.30
妇产科	410	13.94	497 425	13.08	23 247	24.06
眼　科	20	0.68	68 255	1.79	1 353	1.40
耳鼻咽喉科	23	0.78	84 055	2.21	1 081	1.12
口腔科	3	0.10	104 315	2.74	91	0.09
皮肤科			58 326	1.53		
医疗美容科	1	0.03	7 401	0.19	2	
精神科						
传染科	36	1.22	3 264	0.09	888	0.92
结核病科			14 004	0.37		
地方病科						
肿瘤科	67	2.28	6 833	0.18	2 680	2.77
急诊医学科			68 587	1.80		
康复医学科	30	1.02	27 588	0.73	319	0.33
运动医学科						
职业病科						
中医科	3	0.10	128 632	3.38	30	0.03
骨伤科	104	3.54	48 885	1.29	2 436	2.52
肛肠科	2	0.07	18 694	0.49		
针灸科	30	1.02	19 865	0.52	74	0.08
推拿科			26 201	0.69	1 175	1.22
民族医学科						
中西医结合	25	0.85	16 492	0.43	637	0.66
负压病房						
ICU 病房	8	0.27			166	0.17
其　他	903	30.70	920 310	24.20	14 868	15.39

花都区医疗机构分科床位、门急诊人次及出院人数（医院）

分　科	实有床位（张）		门急诊人次（人次）		出院人数（人）	
	小计	构成（%）	小计	构成（%）	小计	构成（%）
总　计	1 694	100.00	2 853 698	100.00	76 424	100.00
预防保健科			52 435	1.84		
全科医疗科	86	5.08	157 494	5.52	1 627	2.13
内　科	368	21.72	620 735	21.75	15 735	20.59
外　科	483	28.51	243 399	8.53	15 093	19.75
儿　科	112	6.61	256 961	9.00	5 167	6.76
妇产科	297	17.53	329 624	11.55	14 619	19.13
眼　科	19	1.12	56 506	1.98	1 344	1.76
耳鼻咽喉科	22	1.30	71 230	2.50	1 051	1.38
口腔科	2	0.12	38 601	1.35	77	0.10
皮肤科			54 118	1.90		
医疗美容科			1 717	0.06		
精神科						
传染科	36	2.13			888	1.16
结核病科						
地方病科						
肿瘤科	67	3.96	6 833	0.24	2 680	3.51
急诊医学科			42 572	1.49		
康复医学科			21 481	0.75		
运动医学科						
职业病科						
中医科	3	0.18	97 630	3.42	30	0.04
骨伤科	104	6.14	48 885	1.71	2 436	3.19
肛肠科	2	0.12	18 694	0.66		
针灸科	30	1.77	19 865	0.70	74	0.10
推拿科			26 201	0.92	1 175	1.54
民族医学科						
中西医结合	25	1.48	16 492	0.58	637	0.83
负压病房						
ICU 病房	8	0.47			166	0.22
其　他	30	1.77	672 225	23.56	13 625	17.83

花都区医疗机构分科床位、门急诊人次及出院人数（综合医院）

分　科	实有床位（张）		门急诊人次（人次）		出院人数（人）	
	小计	构成（%）	小计	构成（%）	小计	构成（%）
总　计	1 294	100. 00	2 231 539	100. 00	59 762	100. 00
预防保健科			33 294	1. 49		
全科医疗科	86	6. 65	157 494	7. 06	1 627	2. 72
内　科	298	23. 03	394 124	17. 66	12 250	20. 50
外　科	395	30. 53	164 072	7. 35	11 530	19. 29
儿　科	92	7. 11	175 274	7. 85	3 969	6. 64
妇产科	272	21. 02	257 870	11. 56	13 133	21. 98
眼　科	9	0. 70	35 327	1. 58	581	0. 97
耳鼻咽喉科	9	0. 70	51 248	2. 30	577	0. 97
口腔科	2	0. 15	28 844	1. 29	77	0. 13
皮肤科			43 795	1. 96		
医疗美容科			1 717	0. 08		
精神科						
传染科	36	2. 78			888	1. 49
结核病科						
地方病科						
肿瘤科	35	2. 70			1 473	2. 46
急诊医学科			42 572	1. 91		
康复医学科			4 797	0. 21		
运动医学科						
职业病科						
中医科	3	0. 23	97 630	4. 38	30	0. 05
骨伤科	24	1. 85	19 973	0. 90	423	0. 71
肛肠科			15 908	0. 71		
针灸科			2 500	0. 11		
推拿科			26 201	1. 17		
民族医学科						
中西医结合	25	1. 93	16 492	0. 74	637	1. 07
负压病房						
ICU 病房	8	0. 62			166	0. 28
其　他		662 407		29. 68	12 401	20. 75

花都区医疗机构分科床位、门急诊人次及出院人数
（乡镇卫生院）

分　科	实有床位（张）		门急诊人次（人次）		出院人数（人）	
	小计	构成（%）	小计	构成（%）	小计	构成（%）
总　计	164	100.00	217 633	100.00	5 487	100.00
预防保健科						
全科医疗科			17 998	8.27	493	8.98
内　科	49	29.88	53 968	24.80	1 278	23.29
外　科	69	42.07	28 230	12.97	1 532	27.92
儿　科	13	7.93	18 027	8.28	53	0.97
妇产科	33	20.12	35 562	16.34	2 046	37.29
眼　科			2 568	1.18		
耳鼻咽喉科			2 156	0.99		
口腔科			717	0.33		
皮肤科						
医疗美容科						
精神科						
传染科			3 264	1.50		
结核病科						
地方病科						
肿瘤科						
急诊医学科			26 015	11.95		
康复医学科						
运动医学科						
职业病科						
中医科			26 953	12.38		
骨伤科						
肛肠科						
针灸科						
推拿科						
民族医学科						
中西医结合科						
负压病房						
ICU 病房						
其　他			2 175	1.00	85	1.55

花都区医疗机构分科床位、门急诊人次及出院人数（妇幼保健院）

分科	实有床位（张）		门急诊人次（人次）		出院人数（人）	
	小计	构成（%）	小计	构成（%）	小计	构成（%）
总　计	180	100.00	524 199	100.00	13 243	100.00
预防保健科			48 242	9.20		
全科医疗科						
内　科	20	11.11	37 850	7.22	1 622	12.25
外　科	26	14.44	32 207	6.14	1 216	9.18
儿　科	50	27.78	115 075	21.95	3 768	28.45
妇产科	80	44.44	130 823	24.96	6 582	49.70
眼　科	1	0.56	9 181	1.75	9	0.07
耳鼻咽喉科	1	0.56	10 669	2.04	30	0.23
口腔科	1	0.56	64 997	12.40	14	0.11
皮肤科						
医疗美容科	1	0.56	5 684	1.08	2	0.02
精神科						
传染科						
结核病科						
地方病科						
肿瘤科						
急诊医学科						
康复医学科			6 107	1.17		
运动医学科						
职业病科						
中医科			4 049	0.77		
骨伤科						
肛肠科						
针灸科						
推拿科						
民族医学科						
中西医结合						
负压病房						
ICU 病房						
其　他			59 315	11.32		

花都区医疗机构分科床位、门急诊人次及出院人数（专科疾病防治院）

分科	实有床位（张）		门急诊人次（人次）		出院人数（人）	
	小计	构成（%）	小计	构成（%）	小计	构成（%）
总计	603	100.00	21 155	100.00	1 158	100.00
预防保健科						
全科医疗科			1 527	7.22		
内科						
外科						
儿科						
妇产科			1 416	6.69		
眼科						
耳鼻咽喉科						
口腔科						
皮肤科			4 208	19.89		
医疗美容科						
精神科						
传染科			14 004	66.20		
结核病科						
地方病科						
肿瘤科						
急诊医学科						
康复医学科						
运动医学科						
职业病科						
中医科						
骨伤科						
肛肠科						
针灸科						
推拿科						
民族医学科						
中西医结合						
负压病房						
ICU 病房						
其他	603	100.00			1 158	10.00

花都区卫生机构、床位、人员情况一览表

机构名称	机构个数	床位数	人员数（人）									
			合计	卫生技术人员	其中					其他技术人员	管理人员	工勤技能人员
					执业（助理）医师	执业医师	注册护士	药师（士）	技师（士）			
总　计	39	2 941	3 769	3 075	1 152	1 011	1 183	221	176	78	293	323
医　院	12	1 694	2 372	2 027	782	709	821	140	96	56	154	135
综合医院	11	1 294	2 065	1 748	654	585	729	113	83	46	146	125
广州市花都区人民医院	1	542	895	749	287	279	319	38	25	20	60	66
广州市花都区炭步医院	1	56	102	72	24	19	28	5	5		22	8
广州市花都区新华医院	1	170	253	223	76	66	99	19	7	1	17	12
广州市花都区花东医院	1	48	102	87	28	23	37	7	8	1	8	6
广州市花都区狮岭医院	1	131	180	163	76	70	54	13	15	10	4	3
广州市花都区花山医院	1	110	136	117	41	30	52	10	6	3	12	4
广州市花都区赤坭医院	1	77	139	117	40	30	49	8	8	2	3	17
广州花都人爱医院	1	100	192	169	52	42	76	10	6	7	16	
中铁大桥局集团第三工程有限公司职工医院	1	40	35	28	13	13	11	2	2	2	2	3
广州橡胶职工医院	1		1	1	1	1						
核工业华南地质局二九三大队职工医院	1	20	30	22	16	12	4	1	1		2	6
中医医院	1	400	307	279	128	124	92	27	13	10	8	10
广州市花都区中医院	1	400	307	279	128	124	92	27	13	10	8	10
疗养院	1	300	55	21	4	4	5	2	3	3	15	16
广州市第二工人疗养院	1	300	55	21	4	4	5	2	3	3	15	16
社区卫生服务中心（站）	3		11	11	5	2	4		1			
广州市花都区胡忠医院建设北路社区卫生服务站	1		11	11	5	2	4		1			
广州市花都区新华医院天贵路社区卫生服务站	1											
广州市花都区新华医院清布社区卫生服务站	1											
卫生院	5	164	276	221	74	55	75	22	18	2	24	29
乡镇卫生院	5	164	276	221	74	55	75	22	18	2	24	29
广州市花都区雅瑶医院	1	45	79	66	19	17	21	6	8	1	5	7
广州市花都区芙蓉卫生院	1	22	84	65	22	15	19	4	4		8	11
广州市花都区化侨医院	1	50	55	36	13	8	13	6	3	1	9	9
广州市花都区北兴卫生院	1	35	47	44	15	12	19	4	3		2	1
广州市花都区梯面卫生院	1	12	11	10	5	3	3	2				1

续表

机构名称	机构个数	床位数	人员数（人）									
			合计	卫生技术人员	其中					其他技术人员	管理人员	工勤技能人员
					执业（助理）医师	执业医师	注册护士	药师（士）	技师（士）			
门诊部	11		211	161	68	51	51	25	13	5	24	21
花都玉兰医疗门诊部	1		13	11	4	3	4	2				2
广州花都花城新华门诊部	1		22	17	8	7	5	3	1		3	2
花都区疗养中心门诊部	1		19	15	7	5	4	3			4	
广州花都花城狮岭门诊部	1		30	23	11	10	6	4	2		3	4
花都光健医疗门诊部	1		21	17	9	5	4	2	1	1	2	1
广州市花都区医学会中西医结合门诊部	1		18	13	7	4	4	1	1		1	4
花都怡康医疗门诊部	1		36	28	9	8	13	3	3	2	3	3
广州花都康复医疗门诊部	1		10	7	2	2	2	2	1		3	
花都仁德医疗门诊部	1		26	18	7	5	6	3	2		3	5
广州市花都区疾病预防控制中心预防医学门诊部	1											
广州花都健雄医疗门诊部	1		16	12	4	2	3	2	1	2	2	
采供血机构	1		20	13	3	3	4	1	3	2		5
广州市花都区血站	1		20	13	3	3	4	1	3	2		5
妇幼保健院（所、站）	1	180	533	477	165	143	197	24	22	8	32	16
广州市花都区妇幼保健院（胡忠医院）	1	180	533	477	165	143	197	24	22	8	32	16
专科疾病防治院（所、站）	2	603	133	37	16	14	12	3	3		29	67
专科疾病防治所（站、中心）	2	603	133	37	16	14	12	3	3		29	67
广州市公安局花都分局强制戒毒所	1	603	101	11	5	4	3	1	1		25	65
广州市花都区慢性病防治所	1		32	26	11	10	9	2	2		4	2
疾病预防控制中心	1		116	72	33	29	14	4	17	1	14	29
广州市花都区疾病预防控制中心	1		116	72	33	29	14	4	17	1	14	29
卫生监督所（中心）	1		37	30						1	1	5
广州市花都区卫生监督所	1		37	30						1	1	5
其他卫生机构	1		5	5	2	1						
广州市花都区康乐村	1		5	5	2	1						

花都区医疗机构运营情况一览表

1. 门诊服务

机构名称	机构个数	诊疗人次数					观察室留观病例数	健康检查人数	急诊病死率（%）
		总计	其中：门、急诊人次数						
			合计	门诊人次数	急诊人次数				
					小计	内：死亡人数			
总　计	30	3 892 972	3 803 424	2 871 075	932 349	157	390 285	704 849	0.02
医　院	11	2 922 991	2 853 698	2 130 029	723 669	138	338 853	288 791	0.02
综合医院	10	2 300 616	2 231 539	1 574 120	657 419	127	338 058	253 449	0.02
广州市花都区人民医院	1	861 753	861 486	581 366	280 120	36		80 249	0.01
广州市花都区炭步医院	1	114 475	102 682	81 223	21 459	8	35 408	16 433	0.04
广州市花都区新华医院	1	280 529	275 897	175 210	100 687	13	65 128	27 486	0.01
广州市花都区花东医院	1	68 065	65 747	49 606	16 141	13	28 016	48 393	0.08
广州市花都区狮岭医院	1	562 403	551 765	389 157	162 608	33	111 619	23 815	0.02
广州市花都区花山医院	1	181 625	143 491	121 004	22 487	4	59 193	32 109	0.02
广州市花都区赤坭医院	1	73 041	73 041	55 205	17 836	10	30 650	12 027	0.06
广州花都人爱医院	1	135 042	133 749	99 370	34 379	10	1 659	12 276	0.03
中铁大桥局集团第三工程有限公司职工医院	1	12 597	12 595	12 595			6 385	281	
核工业华南地质局二九三大队职工医院	1	11 086	11 086	9 384	1 702			380	
中医医院	1	622 375	622 159	555 909	66 250	11	795	35 342	0.02
广州市花都区中医院	1	622 375	622 159	555 909	66 250	11	795	35 342	0.02
疗养院	1	11 778	2 261	2 117	144			2 264	
广州市第二工人疗养院	1	11 778	2 261	2 117	144			2 264	
卫生院	5	226 143	217 633	161 605	56 028	18	51 432	18 261	0.03
广州市花都区雅瑶医院	1	49 229	40 969	33 996	6 973	4		6 513	0.06
广州市花都区芙蓉卫生院	1	72 802	72 802	50 717	22 085		24 062	6 710	
广州市花都区花侨医院	1	33 483	33 417	29 487	3 930	1	5 844	3 034	0.03
广州市花都区北兴卫生院	1	61 333	61 333	39 880	21 453	13	18 804	1 800	0.06

续表

机构名称	机构个数	诊疗人次数					观察室留观病例数	健康检查人数	急诊病死率（%）
		总计	其中：门、急诊人次数						
			合计	门诊人次数	急诊人次数				
					小计	内：死亡人数			
广州市花都区梯面卫生院	1	9 296	9 112	7 525	1 587		2 722	204	
门诊部	10	184 478	184 478	180 410	4 068			5 682	
花都玉兰医疗门诊部	1	39 600	39 600	39 600					
广州花都花城新华门诊部	1	14 965	14 965	14 900	65				
花都区疗养中心门诊部	1	8 640	8 640	8 640				3 960	
广州花都花城狮岭门诊部	1	29 800	29 800	29 800					
花都光健医疗门诊部	1	8 122	8 122	8 122					
广州市花都区医学会中西医结合门诊部	1	25 935	25 935	22 300	3 635			1 722	
花都怡康医疗门诊部	1	34 560	34 560	34 192	368				
广州花都康复医疗门诊部	1	2 706	2 706	2 706					
花都仁德医疗门诊部	1	2 150	2 150	2 150					
广州花都健雄医疗门诊部	1	18 000	18 000	18 000					
妇幼保健院（所、站）	1	526 427	524 199	375 759	148 440	1		389 851	
妇幼保健院	1	526 427	524 199	375 759	148 440	1		389 851	
广州市花都区妇幼保健院（胡忠医院）	1	526 427	524 199	375 759	148 440	1		389 851	
专科疾病防治院（所、站）	2	21 155	21 155	21 155					
广州市公安局花都分局强制戒毒所	1								
广州市花都区慢性病防治所	1	21 155	21 155	21 155					

2. 住院服务

机构名称	入院人数	出院人数	住院病人手术人次数	住院危重病人抢救人次	治愈率（%）	好转率（%）	死亡率（%）
总　计	96 548	96 631	32 121	6 031	62.60	33.71	0.53
医　院	76 468	76 424	25 759	4 329	61.63	34.09	0.63
综合医院	59 761	59 762	18 512	3 665	62.35	33.00	0.61
广州市花都区人民医院	24 514	24 500	11 366	2 683	55.83	38.80	1.12
广州市花都区炭步医院	2 084	2 078	502	50	40.62	47.11	0.24
广州市花都区新华医院	7 906	7 921	1 158	91	56.43	39.69	0.20
广州市花都区花东医院	3 781	3 784	447	121	68.45	28.75	0.26
广州市花都区狮岭医院	12 298	12 292	2 432	191	85.64	12.92	0.12
广州市花都区花山医院	4 114	4 123	912	421	45.99	43.97	0.70
广州市花都区赤坭医院	2 081	2 089	341	52	36.72	53.85	0.38
广州花都人爱医院	2 869	2 864	1 354	56	83.87	15.78	0.21
中铁大桥局集团第三工程有限公司职工医院	2	2			50.00	50.00	
核工业华南地质局二九三大队职工医院	112	109			77.06	22.94	
中医医院	16 707	16 662	7 247	664	59.08	38.01	0.70
广州市花都区中医院	16 707	16 662	7 247	664	59.08	38.01	0.70
疗养院	319	319			80.56	19.44	
广州市第二工人疗养院	319	319			80.56	19.44	
卫生院	5 316	5 487			71.90	25.75	0.20
广州市花都区雅瑶医院	1 226	1 228			50.24	44.38	
广州市花都区芙蓉卫生院	1 187	1 174			100.00		
广州市花都区花侨医院	984	983			38.96	59.10	0.41
广州市花都区北兴卫生院	1 837	2 017			85.28	12.79	0.30
广州市花都区梯面卫生院	82	85			60.00	34.12	1.18
妇幼保健院（所、站）	13 287	13 243	6 362	1 702	69.40	29.31	0.17
广州市花都区妇幼保健院（胡忠医院）	13 287	13 243	6 362	1 702	69.40	29.31	0.17
专科疾病防治院（所、站）	1 158	1 158				100.00	

3. 床位利用

机构名称	实有床位数（张）	实际开放总床日数	平均开放病床（张）	实际占用总床日数	出院者占用总床日数	病床周转次数	病床工作日	病床使用率（%）	出院者平均住院日
总　计	2 941	1 004 625	2 752	658 548	625 267	35	239	65.55	6.47
医　院	1 694	558 117	1 529	516 280	510 904	50	338	92.50	6.69
综合医院	1 294	433 837	1 189	379 806	375 081	50	320	87.55	6.28
广州市花都区人民医院	542	178 711	490	191 561	188 647	50	391	107.19	7.70

续表

机构名称	实有床位数（张）	实际开放总床日数	平均开放病床（张）	实际占用总床日数	出院者占用总床日数	病床周转次数	病床工作日	病床使用率（%）	出院者平均住院日
广州市花都区炭步医院	56	20 440	56	14 200	13 702	37	254	69.47	6.59
广州市花都区新华医院	170	62 050	170	49 954	49 249	47	294	80.51	6.22
广州市花都区花东医院	48	17 520	48	17 056	17 388	79	355	97.35	4.60
广州市花都区狮岭医院	131	47 815	131	54 051	53 491	94	413	113.04	4.35
广州市花都区花山医院	110	27 010	74	25 193	25 249	56	340	93.27	6.12
广州市花都区赤坭医院	77	28 028	77	11 216	10 715	27	146	40.02	5.13
广州花都人爱医院	100	36 500	100	16 040	16 137	29	160	43.95	5.63
中铁大桥局集团第三工程有限公司职工医院	40	8 463	23	19	10		1	0.22	5.00
核工业华南地质局二九三大队职工医院	20	7 300	20	516	493	5	26	7.07	4.52
中医医院	400	124 280	340	136 474	135 823	49	401	109.81	8.15
广州市花都区中医院	400	124 280	340	136 474	135 823	49	401	109.81	8.15
疗养院	300	109 500	300	39 216	8 503	1	131	35.81	26.66
广州市第二工人疗养院	300	109 500	300	39 216	8 503	1	131	35.81	26.66
卫生院	164	51 213	140	31 615	31 012	39	225	61.73	5.65
广州市花都区雅瑶医院	45	8 760	24	8 083	7 865	51	337	92.27	6.40
广州市花都区芙蓉卫生院	22	8 052	22	6 429	6 429	53	291	79.84	5.48
广州市花都区花侨医院	50	18 350	50	7 475	7 090	20	149	40.74	7.21
广州市花都区北兴卫生院	35	12 775	35	9 459	9 459	58	270	74.04	4.69
广州市花都区梯面卫生院	12	3 276	9	169	169	9	19	5.16	1.99
妇幼保健院（所、站）	180	65 700	180	63 331	66 742	74	352	96.39	5.04
广州市花都区妇幼保健院（胡忠医院）	180	65 700	180	63 331	66 742	74	352	96.39	5.04
专科疾病防治院（所、站）	603	220 095	603	8 106	8 106	2	13	3.68	7.00
广州市公安局花都分局强制戒毒所	603	220 095	603	8 106	8 106	2	13	3.68	7.00
广州市花都区慢性病防治所									

花都区医疗机构病人人均医疗费用与医生工作效率一览表

机构名称	平均每诊疗人次医疗费（元）					平均每出院者住院医疗费（元）						出院者平均每日住院医疗费（元）
	合计	其中				合计	其中					
		挂号费	药费	检查费	治疗费		床位费	药费	检查费	治疗费	手术费	
总　计	88	1	41	14	13	3 240	258	1 026	201	775	469	501
医　院	98	1	48	17	14	3 484	277	1 163	231	858	502	521
综合医院	96	1	45	17	14	3 288	256	1 059	230	802	470	524
广州市花都区人民医院	135	1	75	26	11	4 733	335	1 656	356	1 135	674	615
广州市花都区炭步医院	71	1	31	9	15	2 601	225	851	218	695	260	394
广州市花都区新华医院	75	1	37	11	13	2 659	218	982	162	687	237	428
广州市花都区花东医院	124	1	35	18	35	1 756	161	437	135	544	213	382
广州市花都区狮岭医院	54	1	15	13	8	1 745	173	415	117	257	345	401
广州市花都区花山医院	87	1	41	6	15	2 927	217	980	114	691	518	478
广州市花都区赤坭医院	80	1	33	11	20	2 060	221	451	142	641	219	402
广州花都人爱医院	93		25	13	38	3 108	241	428	192	1 258	530	552
中铁大桥局集团第三工程有限公司职工医院	75	1	34	12	14	10 000	5 000	5 000				2 000
核工业华南地质局二九三大队职工医院	73		18	4	32	6 248	1 138	1 807	294	1 908		1 381
中医医院	106	1	58	19	15	4 188	351	1 535	235	1 061	616	514
广州市花都区中医院	106	1	58	19	15	4 188	351	1 535	235	1 061	616	514
疗养院	8		2	2	1	1 204	263	166	210	147		45
广州市第二工人疗养院	8		2	2	1	1 204	263	166	210	147		45
卫生院	74		28			2 053		590				363
广州市花都区雅瑶医院	74		30			1 818		608				284
广州市花都区芙蓉卫生院	89		34			1 784		284				326
广州市花都区花侨医院	80		31			3 050		1 020				423
广州市花都区北兴卫生院	55		21			1 886		556				402
广州市花都区梯面卫生院	63		20			1 612		376				811
妇幼保健院（所、站）	125	1	50	19	26	2 654	278	530	126	700	528	527
广州市花都区妇幼保健院（胡忠医院）	125	1	50	19	26	2 654	278	530	126	700	528	527
专科疾病防治院（所、站）	123	1	79		43							
广州市公安局花都分局强制戒毒所												
广州市花都区慢性病防治所	123	1	79		43							

（九）南　沙　区

南沙区卫生机构、床位、人员情况（不含村卫生室）

分　类	机构个数	床位数	人员数（人）									
			合计	卫生技术人员	其中					其他技术人员	管理人员	工勤技能人员
					执业（助理）医师	执业医师	注册护士	药师（士）	技师（士）			
总　计	44	505	1 046	850	328	259	271	77	62	77	23	96
一、按经济类型分												
国　有	32	505	977	787	298	236	256	71	59	77	19	94
集　体	1		1	1	1							
联　营												
私　营	5		27	22	10	8	4	4	3		3	2
其　他	6		41	40	19	15	11	2			1	
二、按设置主办单位分												
政府办	25	505	974	784	295	233	256	71	59	77	19	94
其中：卫生部门	25	505	974	784	295	233	256	71	59	77	19	94
社会办	14		45	44	23	18	11	2			1	
个人办	5		27	22	10	8	4	4	3		3	2

南沙区卫生机构、床位、人员情况（不含诊所、卫生所、医务室及村卫生室）

分　类	机构个数	床位数	人员数（人）									
			合计	卫生技术人员	其中					其他技术人员	管理人员	工勤技能人员
					执业（助理）医师	执业医师	注册护士	药师（士）	技师（士）			
总　计	20	505	1 004	808	300	248	260	75	61	77	23	96
一、按经济类型分												
国　有	15	505	947	757	279	219	248	69	58	77	19	94
集　体												
联　营												
私　营	3		25	20	8	8	4	4	3		3	2
其　他	2		32	31	13	9	8	2			1	
二、按设置主办单位分												
政府办	11	505	947	757	279	219	248	69	58	77	19	94
其中：卫生部门	11	505	947	757	279	219	248	69	58	77	19	94
社会办	6		32	31	13	9	8	2			1	
个人办	3		25	20	8	8	4	4	3		3	2

南沙区诊所、医务室、卫生所机构、人员情况

分类	机构个数	人员数（人）							
		合计	卫生技术人员	其中					工勤技能人员
				执业（助理）医师	执业医师	注册护士	药师（士）	技师（士）	
总　计	24	42	42	28	23	11	2	1	
一、按经济类型分									
国　有	17	30	30	19	17	8	2	1	
集　体	1	1	1	1					
联　营									
私　营	2	2	2	2					
其　他	4	9	9	6	6	3			
二、按设置主办单位分									
政府办	14	27	27	16	14	8	2	1	
其中：卫生部门	14	27	27	16	14	8	2	1	
社会办	8	13	13	10	9	3			
个人办	2	2	2	2					

南沙区医疗机构分级情况

等级	医院					妇幼保健院	专科疾病防治院
	合计	其中					
		综合医院	中医医院	中西医结合医院	专科医院		
总　计	9	9					
三级							
三级甲等							
三级乙等							
三级丙等							
未评等次							
二级							
二级甲等							
二级乙等							
二级丙等							
未评等次							
一级	7	7					
一级甲等	7	7					
一级乙等							
一级丙等							
未评等次							
其　他	2	2					

南沙区医疗机构分科床位、门急诊人次及出院人数（合计）

分　科	实有床位（张）		门急诊人次（人次）		出院人数（人）	
	小计	构成（%）	小计	构成（%）	小计	构成（%）
总　计	505	100. 00	1 373 887	100. 00	15 066	100. 00
预防保健科			46 182	3. 36		
全科医疗科	70	13. 86	264 308	19. 24	1 797	11. 93
内　科	148	29. 31	403 698	29. 38	5 560	36. 90
外　科	131	25. 94	145 567	10. 60	3 655	24. 26
儿　科	14	2. 77	111 836	8. 14	339	2. 25
妇产科	132	26. 14	142 826	10. 40	3 504	23. 26
眼　科			12 935	0. 94		
耳鼻咽喉科	2	0. 40	40 059	2. 92	8	0. 05
口腔科			43 415	3. 16		
皮肤科	2	0. 40	9 869	0. 72	42	0. 28
医疗美容科						
精神科						
传染科						
结核病科						
地方病科						
肿瘤科						
急诊医学科			22 278	1. 62		
康复医学科			1 332	0. 10		
运动医学科						
职业病科						
中医科	6	1. 19	101 438	7. 38	161	1. 07
骨伤科			20 882	1. 52		
肛肠科			4 162	0. 30		
针灸科						
推拿科			3 100	0. 23		
民族医学科						
中西医结合						
负压病房						
ICU 病房						
其　他						

南沙区医疗机构分科床位、门急诊人次及出院人数（医院）

分　科	实有床位（张）		门急诊人次（人次）		出院人数（人）	
	小计	构成（%）	小计	构成（%）	小计	构成（%）
总　计	505	100.00	1 312 635	100.00	15 066	100.00
预防保健科			46 182	3.52		
全科医疗科	70	13.86	264 308	20.14	1 797	11.93
内　科	148	29.31	380 833	29.01	5 560	36.90
外　科	131	25.94	129 472	9.86	3 655	24.26
儿　科	14	2.77	99 106	7.55	339	2.25
妇产科	132	26.14	142 826	10.88	3 504	23.26
眼　科			12 935	0.99		
耳鼻咽喉科	2	0.40	39 129	2.98	8	0.05
口腔科			37 115	2.83		
皮肤科	2	0.40	9 869	0.75	42	0.28
医疗美容科						
精神科						
传染科						
结核病科						
地方病科						
肿瘤科						
急诊医学科			22 278	1.70		
康复医学科						
运动医学科						
职业病科						
中医科	6	1.19	100 438	7.65	161	1.07
骨伤科			20 882	1.59		
肛肠科			4 162	0.32		
针灸科						
推拿科			3 100	0.24		
民族医学科						
中西医结合						
负压病房						
ICU 病房						
其　他						

南沙区医疗机构分科床位、门急诊人次及出院人数（综合医院）

分　科	实有床位（张）		门急诊人次（人次）		出院人数（人）	
	小计	构成（%）	小计	构成（%）	小计	构成（%）
总　计	505	100. 00	1 312 635	100. 00	15 066	100. 00
预防保健科			46 182	3. 52		
全科医疗科	70	13. 86	264 308	20. 14	1 797	11. 93
内　科	148	29. 31	380 833	29. 01	5 560	36. 90
外　科	131	25. 94	129 472	9. 86	3 655	24. 26
儿　科	14	2. 77	99 106	7. 55	339	2. 25
妇产科	132	26. 14	142 826	10. 88	3 504	23. 26
眼　科			12 935	0. 99		
耳鼻咽喉科	2	0. 40	39 129	2. 98	8	0. 05
口腔科			37 115	2. 83		
皮肤科	2	0. 40	9 869	0. 75	42	0. 28
医疗美容科						
精神科						
传染科						
结核病科						
地方病科						
肿瘤科						
急诊医学科			22 278	1. 70		
康复医学科						
运动医学科						
职业病科						
中医科	6	1. 19	100 438	7. 65	161	1. 07
骨伤科			20 882	1. 59		
肛肠科			4 162	0. 32		
针灸科						
推拿科			3 100	0. 24		
民族医学科						
中西医结合						
负压病房						
ICU 病房						
其　他						

南沙区卫生机构、床位、人员情况一览表

机构名称	机构个数	床位数	人员数（人）									
			合计	卫生技术人员	其中					其他技术人员	管理人员	工勤技能人员
					执业（助理）医师	执业医师	注册护士	药师（士）	技师（士）			
总　计	20	505	1 004	808	300	248	260	75	61	77	23	96
医　院	9	505	904	728	263	203	248	69	54	74	15	87
综合医院	9	505	904	728	263	203	248	69	54	74	15	87
广州市南沙区万顷沙人民医院	1	146	225	195	67	50	65	12	13	11	3	16
广州市南沙区横沥医院	1	59	107	87	35	21	26	6	8	5	2	13
广州南沙经济技术开发区医院	1	100	188	166	58	45	50	15	15	4	5	13
广州市南沙区黄阁医院	1	80	175	113	39	37	35	20	12	48	2	12
广州市珠江管理区医院	1	120	209	167	64	50	72	16	6	6	3	33
广州市珠江管理区医院红岭分院	1											
广州市南沙经济技术开发区医院金洲分院	1											
广州市南沙区万顷沙人民医院新垦分院	1											
广州市南沙区横沥医院冯马三分院	1											
门诊部	9		57	51	21	17	12	6	3		4	2
广州市珠江管理区医院中心区门诊部	1											
大众中医门诊部	1		24	23	9	5	4	2			1	
健民中医门诊部	1		9	8	3	3	2	1	1		1	
广州市南沙区黄阁医院第二门诊部	1											
广州市南沙区黄阁医院留东分院	1											
广州市南沙区黄阁医院亭角分院	1											
惠民门诊部	1		9	8	2	2	2	2	2		1	
健业南沙口腔门诊部	1		8	8	4	4	4					
健强中医门诊部	1		7	4	3	3		1			1	2
疾病预防控制中心	1		31	22	16	16			4		2	7
广州市南沙区疾病预防控制中心	1		31	22	16	16			4		2	7
卫生监督所（中心）	1		12	7						3	2	
广州市南沙区卫生监督所	1		12	7						3	2	

南沙区医疗机构运营情况一览表

1. 门诊服务

机构名称	机构个数	诊疗人次数					观察室留观病例数	健康检查人数	急诊病死率（%）
		总计	其中：门、急诊人次数						
			合计	门诊人次数	急诊人次数				
					小计	内：死亡人数			
总　计	10	1 385 027	1 373 887	1 237 133	136 754	21	30 445	71 571	0.02
医　院	5	1 323 775	1 312 635	1 176 447	136 188	21	28 765	71 571	0.02
综合医院	5	1 323 775	1 312 635	1 176 447	136 188	21	28 765	71 571	0.02
广州市南沙区万顷沙人民医院	1	309 653	309 653	287 375	22 278	13	4	11 454	0.06
广州市南沙区横沥医院	1	119 312	118 161	108 476	9 685			20 525	
广州南沙经济技术开发区医院	1	303 063	303 063	249 258	53 805	8		20 067	0.01
广州市南沙区黄阁医院	1	295 352	285 363	277 683	7 680		28 761	8 903	
广州市珠江管理区医院	1	296 395	296 395	253 655	42 740			10 622	
门诊部	5	61 252	61 252	60 686	566		1 680		
大众中医门诊部	1	45 000	45 000	45 000					
健民中医门诊部	1	4 746	4 746	4 180	566				
惠民门诊部	1	5 040	5 040	5 040			1 680		
健业南沙口腔门诊部	1	4 500	4 500	4 500					
健强中医门诊部	1	1 966	1 966	1 966					

2. 住院服务

机构名称	入院人数	出院人数	住院病人手术人次数	住院危重病人抢救人次	治愈率（%）	好转率（%）	死亡率（%）
总　计	15 167	15 066	3 945	360	66.49	29.24	0.31
医　院	15 167	15 066	3 945	360	66.49	29.24	0.31
综合医院	15 167	15 066	3 945	360	66.49	29.24	0.31
广州市南沙区万顷沙人民医院	4 645	4 625	903	43	59.37	36.54	0.26
广州市南沙区横沥医院	1 319	1 319	84	10	82.03	17.36	
广州南沙经济技术开发区医院	2 151	2 127	547	80	44.90	51.06	0.89
广州市南沙区黄阁医院	3 653	3 612	1 160	90	82.83	12.46	0.22
广州市珠江管理区医院	3 399	3 383	1 251	137	66.30	28.08	0.21

3. 床位利用

机构名称	实有床位数（张）	实际开放总床日数	平均开放病床（张）	实际占用总床日数	出院者占用总床日数	病床周转次数	病床工作日	病床使用率（%）	出院者平均住院日
总　计	505	186 377	511	105 934	100 977	30	207	56.84	6.7
医　院	505	186 377	511	105 934	100 977	30	207	56.84	6.7
综合医院	505	186 377	511	105 934	100 977	30	207	56.84	6.7
广州市南沙区万顷沙人民医院	146	53 436	146	33 097	32 577	32	226	61.94	7.0
广州市南沙区横沥医院	59	21 240	58	10 281	9 747	23	177	48.40	7.4
广州南沙经济技术开发区医院	100	36 500	100	11 977	11 136	21	120	32.81	5.2
广州市南沙区黄阁医院	80	28 800	79	28 800	26 892	46	365	100.00	7.4
广州市珠江管理区医院	120	46 401	127	21 779	20 625	27	171	46.94	6.1

南沙区医疗机构病人人均医疗费用与医生工作效率一览表

机构名称	平均每诊疗人次医疗费（元）					平均每出院者住院医疗费（元）						出院者平均每日住院医疗费（元）
	合计	其中				合计	其中					
		挂号费	药费	检查费	治疗费		床位费	药费	检查费	治疗费	手术费	
总　计	50	1	25	6	9	2 284	239	772	174	437	309	341
医　院	51	1	25	6	10	2 284	239	772	174	437	309	341
综合医院	51	1	25	6	10	2 284	239	772	174	437	309	341
广州市南沙区万顷沙人民医院	60	1	24	10	15	2 736	272	828	253	560	380	388
广州市南沙区横沥医院	41	1	19	2	8	2 180	319	1 060	58	414	96	295
广州南沙经济技术开发区医院	55	1	28	8	9	1 811	203	592	65	381	306	346
广州市南沙区黄阁医院	44	2	24	4	6	1 986	201	762	172	277	359	267
广州市珠江管理区医院	49	1	26	4	10	2 323	224	706	181	482	246	381

（十）萝 岗 区

萝岗区卫生机构、床位、人员情况（不含村卫生室）

分类	机构个数	床位数	人员数（人）									
			合计	卫生技术人员	其中					其他技术人员	管理人员	工勤技能人员
					执业（助理）医师	执业医师	注册护士	药师（士）	技师（士）			
总　计	57	1 108	1 511	1 236	500	417	454	60	59	52	63	160
一、按经济类型分												
国　有	16	1 064	1 211	968	360	320	382	48	51	46	56	141
集　体	5		66	58	35	11	4	5	1	3	3	2
联　营	1		3	3	2	1	1					
私　营	19	44	197	175	78	61	63	7	7	3	4	15
其　他	16		34	32	25	24	4					2
二、按设置主办单位分												
政府办	8	1 064	1 152	912	335	301	360	46	49	46	54	140
其中：卫生部门	7	646	980	811	287	253	332	43	40	34	38	97
社会办	31	44	273	244	118	74	70	13	8	6	9	14
个人办	18		86	80	47	42	24	1	2			6

萝岗区卫生机构、床位、人员情况
（不含诊所、卫生所、医务室及村卫生室）

分类	机构个数	床位数	人员数（人）									
			合计	卫生技术人员	其中					其他技术人员	管理人员	工勤技能人员
					执业（助理）医师	执业医师	注册护士	药师（士）	技师（士）			
总　计	14	1 108	1 330	1 061	392	341	412	58	56	52	63	154
一、按经济类型分												
国　有	11	1 064	1 180	937	345	309	369	47	50	46	56	141
集　体	2		39	31	17	9	4	5	1	3	3	2
联　营												
私　营	1	44	111	93	30	23	39	6	5	3	4	11
其　他												
二、按设置主办单位分												
政府办	8	1 064	1 152	912	335	301	360	46	49	46	54	140
其中：卫生部门	7	646	980	811	287	253	332	43	40	34	38	97
社会办	6	44	178	149	57	40	52	12	7	6	9	14
个人办												

萝岗区诊所、医务室、卫生所机构、人员情况

分类	机构个数	人员数（人）								
		合计	卫生技术人员							工勤技能人员
			小计	执业（助理）医师	执业医师	注册护士	药师（士）	技师（士）	其他	
总　计	43	181	175	108	76	42	2	3	20	6
一、按经济类型分										
国　有	5	31	31	15	11	13	1	1	1	
集　体	3	27	27	18	2				9	
联　营	1	3	3	2	1	1				
私　营	18	86	82	48	38	24	1	2	7	4
其　他	16	34	32	25	24	4			3	2
二、按设置主办单位分										
政府办										
其中：卫生部门										
社会办	25	95	95	61	34	18	1	1	14	
个人办	18	86	80	47	42	24	1	2	6	6

萝岗区医疗机构分级情况

等级	医院						
	合计	其中				妇幼保健院	专科疾病防治院
		综合医院	中医医院	中西医结合医院	专科医院		
总　计	5	4			1	1	
三级							
三级甲等							
三级乙等							
三级丙等							
未评等次							
二级	1	1					
二级甲等	1	1					
二级乙等							
二级丙等							
未评等次							
一级	3	3					
一级甲等	1	1					
一级乙等							
一级丙等							
未评等次	2	2					
其　他	1				1	1	

萝岗区医疗机构分科床位、门急诊人次及出院人数（合计）

分　科	实有床位（张）		门急诊人次（人次）		出院人数（人）	
	小计	构成（%）	小计	构成（%）	小计	构成（%）
总　计	1 108	100.00	948 001	100.00	38 434	100.00
预防保健科			102 757	10.84		
全科医疗科			122 129	12.88		
内　科	546	49.28	182 075	19.21	27 268	70.95
外　科	146	13.18	59 119	6.24	3 477	9.05
儿　科	33	2.98	54 172	5.71	1 961	5.10
妇产科	125	11.28	92 927	9.80	4 879	12.69
眼　科	5	0.45	9 607	1.01	145	0.38
耳鼻咽喉科	10	0.90	11 672	1.23	154	0.40
口腔科	5	0.45	15 637	1.65	39	0.10
皮肤科			15 519	1.64		
医疗美容科						
精神科	230	20.76	7 602	0.80	355	0.92
传染科			8 999	0.95	16	0.04
结核病科						
地方病科						
肿瘤科						
急诊医学科			62 876	6.63		
康复医学科						
运动医学科						
职业病科						
中医科	8	0.72	31 498	3.32	107	0.28
骨伤科						
肛肠科						
针灸科			47			
推拿科			4 220	0.45		
民族医学科						
中西医结合						
负压病房						
ICU 病房					33	0.09
其　他			167 145	17.63		

萝岗区医疗机构分科床位、门急诊人次及出院人数（医院）

分　科	实有床位（张）		门急诊人次（人次）		出院人数（人）	
	小计	构成（%）	小计	构成（%）	小计	构成（%）
总　计	690	100.00	876 873	100.00	14 935	100.00
预防保健科			102 757	11.72		
全科医疗科			111 790	12.75		
内　科	128	15.55	134 523	15.34	37 69	25.24
外　科	146	21.16	59 119	6.74	3 477	23.28
儿　科	33	4.78	54 172	6.18	1 961	13.13
妇产科	125	18.12	90 046	10.27	4 879	32.67
眼　科	5	0.72	9 607	1.10	145	0.97
耳鼻咽喉科	10	1.45	11 672	1.33	154	1.03
口腔科	5	0.72	12 002	1.37	39	0.26
皮肤科			15 519	1.77		
医疗美容科						
精神科	230	33.33	7 602	0.87	355	2.38
传染科			8 999	1.03	16	0.11
结核病科						
地方病科						
肿瘤科						
急诊医学科			62 701	7.15		
康复医学科						
运动医学科						
职业病科						
中医科	8	1.16	25 012	2.85	107	0.72
骨伤科						
肛肠科						
针灸科			47	0.01		
推拿科			4 220	0.48		
民族医学科						
中西医结合						
负压病房						
ICU 病房					33	0.22
其　他			167 085	19.05		

萝岗区医疗机构分科床位、门急诊人次及出院人数（综合医院）

分　科	实有床位（张）		门急诊人次（人次）		出院人数（人）	
	小计	构成（%）	小计	构成（%）	小计	构成（%）
总　计	432	100.00	811 985	100.00	13 855	100.00
预防保健科			102 757	12.66		
全科医疗科			111 790	13.77		
内　科	108	25.00	84 797	10.44	3 318	23.95
外　科	146	33.80	59 119	7.28	3 477	25.10
儿　科	33	7.64	54 172	6.67	1 961	14.15
妇产科	117	27.08	83 686	10.31	4 605	33.24
眼　科	5	1.16	9 607	1.18	145	1.05
耳鼻咽喉科	10	2.31	11 672	1.44	154	1.11
口腔科	5	1.16	12 002	1.48	39	0.28
皮肤科			15 519	1.91		
医疗美容科						
精神科						
传染科			8 999	1.11	16	0.12
结核病科						
地方病科						
肿瘤科						
急诊医学科			62 701	7.72		
康复医学科						
运动医学科						
职业病科						
中医科	8	1.85	23 812	2.93	107	0.77
骨伤科						
肛肠科						
针灸科			47	0.01		
推拿科			4 220	0.52		
民族医学科						
中西医结合						
负压病房						
ICU 病房					33	0.24
其　他			167 085	20.58		

萝岗区卫生机构、床位、人员情况一览表

机构名称	机构个数	床位数	人员数（人）									
			合计	卫生技术人员	其中					其他技术人员	管理人员	工勤技能人员
					执业（助理）医师	执业医师	注册护士	药师（士）	技师（士）			
总　计	14	1 108	1 330	1 061	392	341	412	58	56	52	63	154
医　院	5	690	1 034	861	296	255	368	49	40	37	29	107
综合医院	4	432	853	716	256	233	303	36	32	32	25	80
广州经济技术开发区红十字会医院	1	80	199	167	63	58	59	12	9	10	5	17
广州市萝岗区九佛医院	1	45	124	100	32	22	40	4	4	5		19
广州经济技术开发区医院	1	263	419	356	131	130	165	14	14	14	16	33
广州黄陂医院	1	44	111	93	30	23	39	6	5	3	4	11
专科医院	1	258	181	145	40	22	65	13	8	5	4	27
广州市萝岗区康宁医院	1	258	181	145	40	22	65	13	8	5	4	27
疗养院	1	418	172	101	48	48	28	3	9	12	16	43
广州市干部疗养院	1	418	172	101	48	48	28	3	9	12	16	43
社区卫生服务中心（站）	5		67	56	27	17	13	6	2	3	5	3
社区卫生服务中心	3		28	25	10	8	9	1	1		2	1
萝岗区夏港街社区卫生服务中心	1		10	10	5	3	4					
萝岗区东区街社区卫生服务中心	1											
萝岗区永和街社区卫生服务中心	1		18	15	5	5	5	1	1		2	1
社区卫生服务站	2		39	31	17	9	4	5	1	3	3	2
夏港街普晖社区卫生服务站	1		20	16	8	5	2	4	1	3	1	
夏港街青年社区卫生服务站	1		19	15	9	4	2	1			2	2
妇幼保健院（所、站）	1		7	6	5	5	1					1
广州市萝岗区妇幼保健所	1		7	6	5	5	1					1
疾病预防控制中心	1		29	24	16	16	2		5		5	
广州市萝岗区疾病预防控制中心	1		29	24	16	16	2		5		5	
卫生监督所（中心）	1		21	13							8	
广州市萝岗区卫生监督所	1	21	13							8		

萝岗区医疗机构运营情况一览表

1. 门诊服务

机构名称	机构个数	诊疗人次数					观察室留观病例数	健康检查人数	急诊病死率（%）
		总计	其中：门、急诊人次数						
			合计	门诊人次数	急诊人次数				
					小计	内：死亡人数			
总　计	8	951 159	948 001	822 393	125 608	58	6 664	181 449	0. 05
医　院	5	879 981	876 873	753 367	123 506	58	6 664	169 026	0. 05
综合医院	4	815 093	811 985	703 551	108 434	44	3 660	163 527	0. 04
广州经济技术开发区红十字会医院	1	190 144	189 301	126 917	62 384	8		23 800	0. 01
广州市萝岗区九佛医院	1	76 764	76 764	69 645	7119	6	227	12 348	0. 08
广州经济技术开发区医院	1	474 244	472 296	433 682	38 614	30	3 433	126 952	0. 08
广州黄陂医院	1	73 941	73 624	73 307	317			427	
专科医院	1	64 888	64 888	49 816	15 072	14	3 004	5 499	0. 09
广州市萝岗区康宁医院	1	64 888	64 888	49 816	15 072	14	3 004	5 499	0. 09
疗养院	1	18 201	18 201	16 274	1 927			12 223	
广州市干部疗养院	1	18 201	18 201	16 274	1 927			12 223	
社区卫生服务中心（站）	2	52 977	52 927	52 752	175			200	
夏港街普晖社区卫生服务站	1	24 138	24 088	24 000	88			200	
夏港街青年社区卫生服务站	1	28 839	28 839	28 752	87				

2. 住院服务

机构名称	入院人数	出院人数	住院病人手术人次数	住院危重病人抢救人次	治愈率（%）	好转率（%）	死亡率（%）
总　计	38 488	38 434	6 946	552	89. 72	9. 33	0. 33
医　院	14 989	14 935	6 946	552	73. 69	23. 86	0. 85
综合医院	13 872	13 855	6 715	552	74. 43	23. 01	0. 86
广州经济技术开发区红十字会医院	2 747	2 660	760	108	83. 98	13. 12	2. 22
广州市萝岗区九佛医院	1 447	1 430	429	56	56. 22	38. 53	0. 42
广州经济技术开发区医院	8 183	8 281	4 572	366	73. 61	24. 60	0. 54
广州黄陂医院	1 495	1 484	954	22	79. 38	16. 91	0. 61
专科医院	1 117	1 080	231		64. 17	34. 81	0. 74
广州市萝岗区康宁医院	1 117	1 080	231		64. 17	34. 81	0. 74
疗养院	23 499	23 499			99. 91	0. 09	
广州市干部疗养院	23 499	23 499			99. 91	0. 09	

3. 床位利用

机构名称	实有床位数（张）	实际开放总床日数	平均开放病床（张）	实际占用总床日数	出院者占用总床日数	病床周转次数	病床工作日	病床使用率（%）	出院者平均住院日
总　计	1 108	398 472	1 092	254 997	195 530	35	234	63.99	5.09
医　院	690	245 902	674	183 216	123 749	22	272	74.51	8.29
综合医院	432	151 732	416	108 020	105 089	33	260	71.19	7.58
广州经济技术开发区红十字会医院	80	23 740	65	24 164	21 053	41	372	101.79	7.91
广州市萝岗区九佛医院	45	16 155	44	9 889	9 296	32	223	61.21	6.50
广州经济技术开发区医院	263	95 777	262	64 611	65 420	32	246	67.46	7.90
广州黄陂医院	44	16 060	44	9 356	9 320	34	213	58.26	6.28
专科医院	258	94 170	258	75 196	18 660	4	291	79.85	17.28
广州市萝岗区康宁医院	258	94 170	258	75 196	18 660	4	291	79.85	17.28
疗养院	418	152 570	418	71 781	71 781	56	172	47.05	3.05
广州市干部疗养院	418	152 570	418	71 781	71 781	56	172	47.05	3.05

萝岗区医疗机构病人人均医疗费用与医生工作效率一览表

机构名称	平均每诊疗人次医疗费（元）					平均每出院者住院医疗费（元）						出院者平均每日住院医疗费（元）
	合计	其中				合计	其中					
		挂号费	药费	检查费	治疗费		床位费	药费	检查费	治疗费	手术费	
总　计	61	1	28	9	9	2 140	320	418	416	314	181	421
医　院	89	2	40	14	14	3 419	375	1 068	193	764	467	413
综合医院	88	2	39	13	14	3 453	339	1 101	202	779	486	455
广州经济技术开发区红十字会医院	73	1	33	13	15	4 504	282	1 729	244	1 357	252	569
广州市萝岗区九佛医院	71	1	33	2	9	2 205	213	446	95	330	504	339
广州经济技术开发区医院	101	3	45	17	12	3 543	410	1 086	205	767	570	448
广州黄陂医院	66	1	19	7	31	2 267	163	685	214	245	422	361
专科医院	96	1	52	16	13	2 992	848	644	75	569	217	173
广州市萝岗区康宁医院	96	1	52	16	13	2 992	848	644	75	569	217	173
疗养院	124	1	77	16	19	1 326	285	5	558	28		434
广州市干部疗养院	124	1	77	16	19	1 326	285	5	558	28		434
社区卫生服务中心（站）	45		28									
夏港街普晖社区卫生服务站	73		55									
夏港街青年社区卫生服务站	21		5									

（十一）增　城　市

增城市卫生机构、床位、人员情况（不含村卫生室）

分类	机构个数	床位数	人员数（人）										
			合计	卫生技术人员							其他技术人员	管理人员	工勤技能人员
				小计	执业（助理）医师	执业医师	注册护士	药师（士）	技师（士）	其他			
总　计	107	1 696	3 907	3 238	1 299	1 005	1 184	283	190	282	147	201	321
一、按经济类型分													
国　有	34	1 616	3 587	2 958	1 142	908	1 112	252	184	268	138	196	295
集　体	9		55	50	19	14	19	5	3	4			5
联　营													
私　营	64	80	265	230	138	83	53	26	3	10	9	5	21
其　他													
二、按设置主办单位分													
政府办	28	1 396	3 147	2 589	1 005	794	979	230	164	211	134	175	249
其中：卫生部门	28	1 396	3 147	2 589	1 005	794	979	230	164	211	134	175	249
社会办	18	220	525	443	172	138	158	30	24	59	4	21	57
个人办	61	80	235	206	122	73	47	23	2	12	9	5	15

增城市卫生机构、床位、人员情况（不含诊所、卫生所、医务室及村卫生室）

分类	机构个数	床位数	人员数（人）										
			合计	卫生技术人员							其他技术人员	管理人员	工勤技能人员
				小计	执业（助理）医师	执业医师	注册护士	药师（士）	技师（士）	其他			
总　计	32	1 696	3 595	2 958	1 142	907	1 103	253	186	274	147	201	289
一、按经济类型分													
国　有	30	1 616	3 534	2 912	1 125	894	1 089	249	182	267	138	196	288
集　体	1		15	14	4	2	4	2	2	2			1
联　营													
私　营	1	80	46	32	13	11	10	2	2	5	9	5	
其　他													
二、按设置主办单位分													
政府办	28	1 396	3 147	2 589	1 005	794	979	230	164	211	134	175	249
其中：卫生部门	28	1 396	3 147	2 589	1 005	794	979	230	164	211	134	175	249
社会办	3	220	402	337	124	102	114	21	20	58	4	21	40
个人办	1	80	46	32	13	11	10	2	2	5	9	5	

增城市诊所、医务室、卫生所机构、人员情况

分　类	机构个数	人员数（人）								
		合计	卫生技术人员							工勤技能人员
			小计	执业（助理）医师	执业医师	注册护士	药师（士）	技师（士）	其他	
总　计	75	312	280	157	98	81	30	4	8	32
一、按经济类型分										
国　有	4	53	46	17	14	23	3	2	1	7
集　体	8	40	36	15	12	15	3	1	2	4
联　营										
私　营	63	219	198	125	72	43	24	1	5	21
其　他										
二、按设置主办单位分										
政府办										
其中：卫生部门										
社会办	15	123	106	48	36	44	9	4	1	17
个人办	60	189	174	109	62	37	21		7	15

增城市医疗机构分级情况

等　级	医　院						
	合计	其　中				妇幼保健院	专科疾病防治院
		综合医院	中医医院	中西医结合医院	专科医院		
总　计	5	3	1		1	1	1
三级							
三级甲等							
三级乙等							
三级丙等							
未评等次							
二级	2	1	1			1	
二级甲等	2	1	1			1	
二级乙等							
二级丙等							
未评等次							
一级	1	1					
一级甲等							
一级乙等							
一级丙等							
未评等次	1	1					
其　他	2	1			1		1

增城市医疗机构分科床位、门急诊人次及出院人数（合计）

分　科	实有床位（张）		门急诊人次（人次）		出院人数（人）	
	小计	构成（%）	小计	构成（%）	小计	构成（%）
总　计	1 696	100.00	2 841 810	100.00	68 036	100.00
预防保健科			118 350	4.16		
全科医疗科	85	5.01	259 363	9.13	4 736	6.96
内　科	358	21.11	648 691	22.83	14 188	20.85
外　科	485	28.60	264 976	9.32	15 144	22.26
儿　科	167	9.85	436 678	15.37	10 397	15.28
妇产科	383	22.58	320 692	11.28	20 346	29.90
眼　科	6	0.35	34 818	1.23	627	0.92
耳鼻咽喉科	26	1.53	63 550	2.24	650	0.96
口腔科			24 360	0.86		
皮肤科			30 839	1.09		
医疗美容科						
精神科			456	0.02		
传染科	47	2.77	7 060	0.25	630	0.93
结核病科			15 929	0.56		
地方病科						
肿瘤科			463	0.02		
急诊医学科			190 082	6.69		
康复医学科	80	4.72	38 626	1.36	102	0.15
运动医学科						
职业病科						
中医科	6	0.35	190 124	6.69	221	0.32
骨伤科	20	1.18	7 807	0.27	532	0.78
肛肠科						
针灸科			1 800	0.06		
推拿科			724	0.03		
民族医学科						
中西医结合			56 751	2.00		
负压病房						
ICU 病房	16	0.94			290	0.43
其　他	17	1.00	129 671	4.56	173	0.25

增城市医疗机构分科床位、门急诊人次及出院人数（医院）

分科	实有床位（张）		门急诊人次（人次）		出院人数（人）	
	小计	构成（%）	小计	构成（%）	小计	构成（%）
总　计	788	100.00	857 716	100.00	23 203	100.00
预防保健科			87 150	10.16		
全科医疗科	14	1.78	777	0.09		
内　科	174	22.08	232 798	27.14	5 958	25.68
外　科	228	28.93	89 705	10.46	6 414	27.64
儿　科	61	7.74	103 926	12.12	2 688	11.58
妇产科	110	13.96	66 178	7.72	5 766	24.85
眼　科			1 223	0.14		
耳鼻咽喉科	26	3.30	40 842	4.76	650	2.80
口腔科			13 336	1.55		
皮肤科			24 597	2.87		
医疗美容科						
精神科						
传染科	45	5.71	7 042	0.82	630	2.72
结核病科						
地方病科						
肿瘤科			463	0.05		
急诊医学科			57 809	6.74		
康复医学科	80	10.15	35 729	4.17	102	0.44
运动医学科						
职业病科						
中医科			29 059	3.39		
骨伤科	20	2.54	7 807	0.91	532	2.29
肛肠科						
针灸科			1 800	0.21		
推拿科			724	0.08		
民族医学科						
中西医结合			56 751	6.62		
负压病房						
ICU 病房	16	2.03			290	1.25
其　他	14	1.78			173	0.75

增城市医疗机构分科床位、门急诊人次及出院人数（综合医院）

分　科	实有床位（张）		门急诊人次（人次）		出院人数（人）	
	小计	构成（%）	小计	构成（%）	小计	构成（%）
总　计	584	100.00	640 905	100.00	19 375	100.00
预防保健科			87 150	13.60		
全科医疗科	14	2.40				
内　科	142	24.32	175 192	27.34	5 412	27.93
外　科	206	35.27	63 196	9.86	5 817	30.02
儿　科	51	8.73	77 657	12.12	2 300	11.87
妇产科	84	14.38	55 601	8.68	4 276	22.07
眼　科			210	0.03		
耳鼻咽喉科	26	4.45	37 840	5.90	650	3.35
口腔科			11 037	1.72		
皮肤科			22 023	3.44		
医疗美容科						
精神科						
传染科	45	7.71	7 042	1.10	630	3.25
结核病科						
地方病科						
肿瘤科						
急诊医学科			57 809	9.02		
康复医学科			17 089	2.67		
运动医学科						
职业病科						
中医科			29 059	4.53		
骨伤科						
肛肠科						
针灸科						
推拿科						
民族医学科						
中西医结合						
负压病房						
ICU 病房	16		2.74		290	1.50
其　他						

增城市医疗机构分科床位、门急诊人次及出院人数（乡镇卫生院）

分　科	实有床位（张）		门急诊人次（人次）		出院人数（人）	
	小计	构成（%）	小计	构成（%）	小计	构成（%）
总　计	650	100.00	1 434 614	100.00	29 825	100.00
预防保健科			2 796	0.19		
全科医疗科	71	10.92	243 739	16.99	4 736	15.88
内　科	147	22.62	329 490	22.97	6 739	22.60
外　科	212	32.62	122 279	8.52	7 138	23.93
儿　科	54	8.31	180 634	12.59	2 917	9.78
妇产科	149	22.92	176 587	12.31	7 447	24.97
眼　科	6	0.92	28 820	2.01	627	2.10
耳鼻咽喉科			2 745	0.19		
口腔科			5 059	0.35		
皮肤科						
医疗美容科						
精神科						
传染科	2	0.31	18			
结核病科						
地方病科						
肿瘤科						
急诊医学科			130 499	9.10		
康复医学科			2 500	0.17		
运动医学科						
职业病科						
中医科	6	0.92	89 431	6.23	221	0.74
骨伤科						
肛肠科						
针灸科						
推拿科						
民族医学科						
中西医结合科						
负压病房						
ICU 病房						
其　他	3	0.46	120 017	8.37		

增城市医疗机构分科床位、门急诊人次及出院人数（社区卫生服务中心）

分　科	实有床位（张）		门急诊人次（人次）		出院人数（人）	
	小计	构成（%）	小计	构成（%）	小计	构成（%）
总　计	70	100.00	227 648	100.00	3 021	100.00
预防保健科			684	0.30		
全科医疗科			14 847	6.52		
内　科	23	32.86	74 871	32.89	1 068	35.35
外　科	30	42.86	31 468	13.82	1 018	33.70
儿　科	3	4.29	18 425	8.09	130	4.30
妇产科	14	20.00	14 294	6.28	805	26.65
眼　科			1 420	0.62		
耳鼻咽喉科			17 005	7.47		
口腔科						
皮肤科						
医疗美容科						
精神科						
传染科						
结核病科						
地方病科						
肿瘤科						
急诊医学科						
康复医学科			397	0.17		
运动医学科						
职业病科						
中医科			54 237	23.82		
骨伤科						
肛肠科						
针灸科						
推拿科						
民族医学科						
中西医结合科						
负压病房						
ICU 病房						
其　他						

增城市医疗机构分科床位、门急诊人次及出院人数（妇幼保健院）

分科	实有床位（张）		门急诊人次（人次）		出院人数（人）	
	小计	构成（%）	小计	构成（%）	小计	构成（%）
总计	188	100.00	286 713	100.00	11 987	100.00
预防保健科			27 720	9.67		
全科医疗科						
内科	14	7.45	10 953	3.82	423	3.53
外科	15	7.98	12 015	4.19	574	4.79
儿科	49	26.06	133 669	46.62	4 662	38.89
妇产科	110	58.51	63 251	22.06	6 328	52.79
眼科			3 355	1.17		
耳鼻咽喉科			2 958	1.03		
口腔科			5 965	2.08		
皮肤科						
医疗美容科						
精神科						
传染科						
结核病科						
地方病科						
肿瘤科						
急诊医学科			1 774	0.62		
康复医学科						
运动医学科						
职业病科						
中医科			15 399	5.37		
骨伤科						
肛肠科						
针灸科						
推拿科						
民族医学科						
中西医结合						
负压病房						
ICU 病房						
其他			9 654	3.37		

增城市医疗机构分科床位、门急诊人次及出院人数
（专科疾病防治院）

分　科	实有床位（张）		门急诊人次（人次）		出院人数（人）	
	小计	构成（%）	小计	构成（%）	小计	构成（%）
总　计			24 625	100.00		
预防保健科						
全科医疗科						
内　科						
外　科						
儿　科						
妇产科						
眼　科						
耳鼻咽喉科						
口腔科						
皮肤科			6 242	25.35		
医疗美容科						
精神科			456	1.85		
传染科						
结核病科			15 929	64.69		
地方病科						
肿瘤科						
急诊医学科						
康复医学科						
运动医学科						
职业病科						
中医科			1 998	8.11		
骨伤科						
肛肠科						
针灸科						
推拿科						
民族医学科						
中西医结合						
负压病房						
ICU 病房						
其　他						

增城市卫生机构、床位、人员情况一览表

机构名称	机构个数	床位数	人员数（人）									
			合计	卫生技术人员	其中					其他技术人员	管理人员	工勤技能人员
					执业（助理）医师	执业医师	注册护士	药师（士）	技师（士）			
总　计	32	1 696	3 595	2 958	1 142	907	1 103	253	186	147	201	289
医　院	5	788	1 340	1 112	407		414	98	66	60	65	103
综合医院	3	584	978	812	309	285	309	69	51	50	44	72
增城市人民医院	1	364	591	489	189	185	199	50	33	46	23	33
广东省水电二局医院（广深创伤急救中心）	1	200	329	279	99	81	95	16	13	4	18	28
广东省源天工程公司健安医院（原安装公司医院）	1	20	58	44	21	19	15	3	5		3	11
中医医院	1	124	316	268	85	69	95	27	13	1	16	31
增城市中医医院	1	124	316	268	85	69	95	27	13	1	16	31
专科医院	1	80	46	32	13	11	10	2	2	9	5	
济慈康复医院	1	80	46	32	13	11	10	2	2	9	5	
社区卫生服务中心（站）	6	70	286	224	87	77	87	25	16	6	15	41
增城市社区卫生服务中心（荔城医院）	1	70	286	224	87	77	87	25	16	6	15	41
社区卫生服务站	5											
增城市荔城镇富鹏社区卫生服务站	1											
增城市荔城镇开元社区卫生服务站	1											
增城市荔城镇东山社区卫生服务站	1											
增城市荔城镇雁塔社区卫生服务站	1											
增城市荔城镇兴发社区卫生服务站	1											
卫生院	13	650	1 455	1 197	493	339	437	108	71	59	86	113
增城市永和医院	1	52	114	100	47	33	35	7	2	12	2	
增城市中新医院	1	75	153	114	48	31	51	10	5		12	27
增城市派潭医院	1	60	71	65	29	19	18	7	3		4	2
增城市福和卫生院	1	30	52	44	14	10	27	2	1		2	6
增城市朱村卫生院	1	30	69	62	28	16	27	4	1	3	2	2
增城市仙村医院	1	49	155	120	51	31	42	9	8	15	2	18
增城市宁西卫生院	1	12	42	32	12	6	10	5	4		5	5
增城市三江黄加乐夫人医院（镇卫生院）	1	32	97	89	28	15	33	7	3		5	3
增城市小楼卫生院	1	36	75	70	21	10	18	5	3	1	4	

续表

机构名称	机构个数	床位数	人员数（人）									
			合计	卫生技术人员	其中					其他技术人员	管理人员	工勤技能人员
					执业（助理）医师	执业医师	注册护士	药师（士）	技师（士）			
增城市沙埔卫生院	1	33	113	89	34	13	31	10	10	22	2	
增城市石滩医院	1	51	116	105	41	31	38	12	4	3	3	5
增城市正果卫生院	1	40	50	43	18	9	15	5	4		5	2
增城市新塘医院	1	150	348	264	122	115	92	25	23	3	38	43
门诊部	1		15	14	4	2	4	2	2			1
广东省水电二局医院太平洋门诊部	1		15	14	4	2	4	2	2			1
采供血机构	1		8	5	1	1	1		3	1	2	
增城市中心血站	1		8	5	1	1	1		3	1	2	
妇幼保健院（所、站）	1	188	332	290	105	92	141	17	15		21	21
增城市妇幼保健院	1	188	332	290	105	92	141	17	15		21	21
专科疾病防治院（所、站）	1		39	32	14	11	12	3	2	4	2	1
增城市慢性病防治站	1		39	32	14	11	12	3	2	4	2	1
疾病预防控制中心	1		67	51	22	15	5		11	6	3	7
增城市疾病预防控制中心	1		67	51	22	15	5		11	6	3	7
卫生监督所（中心）	1		34	22						8	3	1
增城市卫生监督所	1		34	22						8	3	1
健康教育所（站、中心）	1		10	6	6	5				3		1
增城市健康教育研究所	1		10	6	6	5				3		1
其他卫生机构	1		9	5	3		2				4	
增城市健娱医院（麻风村）	1		9	5	3		2				4	

增城市医疗机构运营情况一览表

1. 门诊服务

机构名称	诊疗人次数					观察室留观病例数	健康检查人数	急诊病死率（%）
	总计	其中：门、急诊人次数						
		合计	门诊人次数	急诊人次数				
				小计	内：死亡人数			
总　计	2 868 253	2 841 810	2 476 220	365 590	274	82 219	152 323	0.07
医　院	863 115	857 716	785 179	72 537	76	6 114	98 174	0.10
综合医院	645 301	640 905	583 096	57 809	72	6 024	95 161	0.12
增城市人民医院	429 466	426 233	402 414	23 819	57	5 802	87 116	0.24

续表

机构名称	诊疗人次数					观察室留观病例数	健康检查人数	急诊病死率（%）
	总计	其　中：门、急诊人次数						
		合计	门诊人次数	急诊人次数				
				小计	内：死亡人数			
广东省水电二局医院（广深创伤急救中心）	166 465	165 302	132 840	32 462	15	222	8 045	0. 05
广东省源天工程公司健安医院（原安装公司医院）	49 370	49 370	47 842	1 528				
中医医院	199 165	198 171	183 462	14 709	4	35	913	0. 03
增城市中医医院	199 165	198 171	183 462	14 709	4	35	913	0. 03
专科医院	18 649	18 640	18 621	19		55	2 100	
济慈康复医院	18 649	18 640	18 621	19		55	2 100	
社区卫生服务中心（站）	239 253	227 648	172 931	54 717	1	145	10 400	
增城市社区卫生服务中心（荔城医院）	239 253	227 648	172 931	54 717	1	145	10 400	
卫生院	1 443 300	1 434 614	1 198 076	236 538	194	75 780	41 467	0. 08
增城市永和医院	87 630	87 282	73 566	13 716		8 544	569	
增城市中新医院	72 740	71 371	70 353	1 018	25	26 892	1 600	2. 46
增城市派潭医院	93 616	93 616	84 084	9 532	16		244	0. 17
增城市福和卫生院	60 705	60 705	54 236	6 469	6	9 495	3 406	0. 09
增城市朱村卫生院	47 759	47 759	38 572	9 187	18	18 304	9 999	0. 20
增城市仙村医院	114 553	109 329	99 171	10 158	19	366	1 782	0. 19
增城市宁西卫生院	22 681	22 681	16 239	6 442	2	7 306	1 069	0. 03
增城市三江黄加乐夫人医院（镇卫生院）	85 368	85 368	75 097	10 271	16		2 483	0. 16
增城市小楼卫生院	39 157	39 157	32 929	6 228		2 138		
增城市沙埔卫生院	71 580	71 580	43 220	28 360	15	258	4 198	0. 05
增城市石滩医院	156 457	156 457	148 323	8 134			10 555	
增城市正果卫生院	50 748	50 748	43 473	7 275	4		3 553	0. 05
增城市新塘医院	540 306	538 561	418 813	119 748	73	2 477	2 009	0. 06
门诊部	10 236	10 236	10212	24			116	
广东省水电二局医院太平洋门诊部	10 236	10 236	10 212	24			116	
妇幼保健院（所、站）	287 466	286 713	284 939	1 774	3	180	2 166	0. 17
增城市妇幼保健院	287 466	286 713	284 939	1 774	3	180	2 166	0. 17
专科疾病防治院（所、站）	24 883	24 883	24 883					
增城市慢性病防治站	24 883	24 883	24 883					

2. 住院服务

机构名称	入院人数	出院人数	住院病人手术人次数	住院危重病人抢救人次	治愈率（%）	好转率（%）	死亡率（%）
总　计	68 280	68 036	14 419	2 791	60. 05	34. 51	1. 24
医　院	23 290	23 203	8 783	2 624	60. 76	32. 54	2. 26
综合医院	19 438	19 375	7 756	2 057	63. 49	30. 91	2. 36
增城市人民医院	11 948	11 932	4 258	1 744	69. 76	24. 35	3. 26
广东省水电二局医院（广深创伤急救中心）	7 348	7 301	3 465	311	52. 80	41. 97	0. 92
广东省源天工程公司健安医院（原安装公司医院）	142	142	33	2	85. 92	12. 68	1. 41
中医医院	3 750	3 726	982	563	45. 52	41. 95	1. 77
增城市中医医院	3 750	3 726	982	563	45. 52	41. 95	1. 77
专科医院	102	102	45	4	100. 00		
济慈康复医院	102	102	45	4	100. 00		
社区卫生服务中心（站）	3 086	3 021			46. 11	49. 62	1. 09
增城市社区卫生服务中心（荔城医院）	3 086	3 021			46. 11	49. 62	1. 09
卫生院	29 894	29 825			55. 99	38. 03	0. 87
增城市永和医院	1 204	1 197			61. 99	35. 09	1. 00
增城市中新医院	2 194	2 165			60. 32	32. 98	1. 15
增城市派潭医院	2 974	2 960			59. 46	33. 61	0. 84
增城市福和卫生院	1 792	1 777			34. 78	57. 51	1. 41
增城市朱村卫生院	885	887			76. 89	22. 21	0. 45
增城市仙村医院	1 757	1 744			31. 36	59. 12	0. 92
增城市宁西卫生院	298	295			33. 22	65. 42	0. 68
增城市三江黄加乐夫人医院（镇卫生院）	983	981			43. 12	36. 80	0. 92
增城市小楼卫生院	723	718			75. 63	24. 37	
增城市沙埔卫生院	1 123	1 120			69. 02	24. 29	0. 36
增城市石滩医院	2 848	2 846			50. 91	44. 17	0. 53
增城市正果卫生院	1 466	1 469			36. 08	61. 67	0. 95
增城市新塘医院	11 647	11 666			61. 95	32. 57	0. 92
妇幼保健院（所、站）	12 010	11 987	5 636	167	72. 29	25. 75	0. 26
增城市妇幼保健院	12 010	11 987	5 636	167	72. 29	25. 75	0. 26

3. 床位利用

机构名称	实有床位数（张）	实际开放总床日数	平均开放病床（张）	实际占用总床日数	出院者占用总床日数	病床周转次数	病床工作日	病床使用率（%）	出院者平均住院日
总　计	1 696	590 504	1 617. 82	463 510	444 105	42	287	78. 49	6. 53
医　院	788	279 589	766. 00	217 881	211 588	30	284	77. 93	9. 12
综合医院	584	205 129	562. 00	155 061	153 181	34	276	75. 59	7. 91
增城市人民医院	364	132 860	364. 00	104 297	103 084	33	287	78. 50	8. 64
广东省水电二局医院（广深创伤急救中心）	200	63 869	174. 98	48 081	47 414	42	275	75. 28	6. 49
广东省源天工程公司健安医院（原安装公司医院）	20	8 400	23. 01	2 683	2 683	6	117	31. 94	18. 89
中医医院	124	45 260	124. 00	34 110	32 807	30	275	75. 36	8. 80
增城市中医医院	124	45 260	124. 00	34 110	32 807	30	275	75. 36	8. 80
专科医院	80	29 200	80. 00	28 710	25 600	1	359	98. 32	250. 98
济慈康复医院	80	29 200	80. 00	28 710	25 600	1	359	98. 32	250. 98
社区卫生服务中心（站）	70	25 690	70. 38	18 047	17 852	43	256	70. 25	5. 91
增城市社区卫生服务中心（荔城医院）	70	25 690	70. 38	18 047	17 852	43	256	70. 25	5. 91
卫生院	650	224 585	615. 30	167 079	154 440	49	272	74. 39	5. 18
增城市永和医院	52	18 980	52. 00	8 733	6 935	23	168	46. 01	5. 79
增城市中新医院	75	25 467	69. 77	13 166	12 519	31	189	51. 70	5. 78
增城市派潭医院	60	20 820	57. 04	15 356	15 213	52	269	73. 76	5. 14
增城市福和卫生院	30	10 670	29. 23	10 530	10 530	61	360	98. 69	5. 93
增城市朱村卫生院	30	10 950	30. 00	5 528	5 270	30	184	50. 48	5. 94
增城市仙村医院	49	17 885	49. 00	8 728	7 780	36	178	48. 80	4. 46
增城市宁西卫生院	12	4 380	12. 00	2 378	1 967	25	198	54. 29	6. 67
增城市三江黄加乐夫人医院（镇卫生院）	32	10 470	28. 68	4 520	4 520	34	158	43. 17	4. 61
增城市小楼卫生院	36	6 800	18. 63	4 292	4 280	39	230	63. 12	5. 96
增城市沙埔卫生院	33	11 621	31. 84	5 621	5 621	35	177	48. 37	5. 02
增城市石滩医院	51	17 192	47. 10	15 945	12 968	60	339	92. 75	4. 56
增城市正果卫生院	40	14 600	40. 00	6 913	6 781	37	173	47. 35	4. 62
增城市新塘医院	150	54 750	150. 00	65 369	60 056	78	436	119. 40	5. 15
妇幼保健院（所、站）	188	60 640	166. 14	60 503	60 225	72	364	99. 77	5. 02
增城市妇幼保健院	188	60 640	166. 14	60 503	60 225	72	364	99. 77	5. 02

增城市医疗机构病人人均医疗费用与医生工作效率一览表

机构名称	平均每诊疗人次医疗费（元）					平均每出院者住院医疗费（元）						出院者平均每日住院医疗费（元）
	合计	其中				合计	其中					
		挂号费	药费	检查费	治疗费		床位费	药费	检查费	治疗费	手术费	
总　计	94		47	8	7	3 030	141	1 044	102	436	265	464
医　院	128	1	65	23	18	4 348	293	1 619	242	1 035	516	477
综合医院	141	1	70	27	18	4 301	272	1 545	254	979	560	544
增城市人民医院	119	1	65	22	10	5 035	271	1 987	354	1 002	553	583
广东省水电二局医院（广深创伤急救中心）	205	1	91	45	30	3 161	276	847	95	952	576	487
广东省源天工程公司健安医院（原安装公司医院）	117		37	7	47	1 296	85	366	14	451	254	69
中医医院	96	1	54	13	18	4 676	406	2 032	185	1 351	299	531
增城市中医医院	96	1	54	13	18	4 676	406	2 032	185	1 351	299	531
专科医院	43		19	7	5	1 196	235	480	49	49	137	5
济慈康复医院	43		19	7	5	1 196	235	480	49	49	137	5
社区卫生服务中心	73		37			2 620		1 014				443
增城市社区卫生服务中心（荔城医院）	73		37			2 620		1 014				443
卫生院	91		45			2 322		799				448
增城市永和医院	104		61			2 141		703				370
增城市中新医院	80		35			2 161		861				374
增城市派潭医院	43		21			1 669		581				325
增城市福和卫生院	67		35			2 004		868				338
增城市朱村卫生院	74		40			2 375		670				400
增城市仙村医院	78		39			1 789		499				401
增城市宁西卫生院	67		33			1 478		715				222
增城市三江黄加乐夫人医院（镇卫生院）	51		23			1 389		387				302
增城市小楼卫生院	48		27			1 806		858				303
增城市沙埔卫生院	96		54			2 080		638				415
增城市石滩医院	67		30			1 889		714				415
增城市正果卫生院	47		22			1 632		653				354
增城市新塘医院	126		62			3 006		983				584
妇幼保健院（所、站）	94	1	45	16	15	2 343	232	548	112	469	508	466
增城市妇幼保健院	94	1	45	16	15	2 343	232	548	112	469	508	466
专科疾病防治院（所、站）	99	1	59	10	8							
增城市慢性病防治站	99	1	59	10	8							

（十二）从　化　市

从化市卫生机构、床位、人员情况（不含村卫生室）

分　类	机构个数	床位数	人员数（人）										
			合计	卫生技术人员							其他技术人员	管理人员	工勤技能人员
				小计	执业（助理）医师	执业医师	注册护士	药师（士）	技师（士）	其他			
总　计	78	1 956	2 753	2 226	833	665	757	155	151	330	80	184	263
一、按经济类型分													
国　有	36	1 933	2 600	2 093	759	615	731	148	149	306	80	181	246
集　体	15		17	17	9	9	5	1	1	1			
联　营													
私　营	20		87	72	41	27	7	3	1	20			15
其　他	7	23	49	44	24	14	14	3		3		3	2
二、按设置主办单位分													
政府办	24	1 757	2 339	1 905	720	583	679	140	144	222	64	172	198
其中：卫生部门	21	1 157	2 140	1 807	688	559	636	136	138	209	50	154	129
社会办	34	199	327	249	72	55	71	12	6	88	16	12	50
个人办	20		87	72	41	27	7	3	1	20			15

从化市卫生机构、床位、人员情况（不含诊所、卫生所、医务室及村卫生室）

分　类	机构个数	床位数	人员数（人）										
			合计	卫生技术人员							其他技术人员	管理人员	工勤技能人员
				小计	执业（助理）医师	执业医师	注册护士	药师（士）	技师（士）	其他			
总　计	35	1 956	2 585	2 075	754	605	731	150	146	294	80	184	246
一、按经济类型分													
国　有	23	1 933	2 552	2 046	739	598	721	147	146	293	80	181	245
集　体	11												
联　营													
私　营													
其　他	1	23	33	29	15	7	10	3		1		3	1
二、按设置主办单位分													
政府办	20	1 757	2 315	1 882	711	575	677	140	141	213	64	172	197
其中：卫生部门	18	1 157	2 124	1 792	682	553	635	136	135	204	50	154	128
社会办	15	199	270	193	43	30	54	10	5	81	16	12	49
个人办													

从化市诊所、医务室、卫生所机构、人员情况

分类	机构个数	人员数（人）								
		合计	卫生技术人员							工勤技能人员
			小计	执业（助理）医师	执业医师	注册护士	药师（士）	技师（士）	其他	
总　计	43	168	151	79	60	26	5	5	36	17
一、按经济类型分										
国　有	13	48	47	20	17	10	1	3	13	1
集　体	4	17	17	9	9	5	1	1	1	
联　营										
私　营	20	87	72	41	27	7	3	1	20	15
其　他	6	16	15	9	7	4			2	1
二、按设置主办单位分										
政府办	4	24	23	9	8	2		3	9	1
其中：卫生部门	3	16	15	6	6	1		3	5	1
社会办	19	57	56	29	25	17	2	1	7	1
个人办	20	87	72	41	27	7	3	1	20	15

从化市医疗机构分级情况

等级	医院						
	合计	其中				妇幼保健院	专科疾病防治院
		综合医院	中医医院	中西医结合医院	专科医院		
总　计	4	1	1		2		2
三级							
三级甲等							
三级乙等							
三级丙等							
未评等次							
二级	2	1	1				
二级甲等	2	1	1				
二级乙等							
二级丙等							
未评等次							
一级							
一级甲等							
一级乙等							
一级丙等							
未评等次							
其　他	2				2		2

从化市医疗机构分科床位、门急诊人次及出院人数（合计）

分　科	实有床位（张）		门急诊人次（人次）		出院人数（人）	
	小计	构成（%）	小计	构成（%）	小计	构成（%）
总　计	1 956	100.00	1 466 642	100.00	72 842	100.00
预防保健科						
全科医疗科	294	15.03	417 748	28.48	10 071	13.83
内　科	246	12.58	285 974	19.50	8 875	12.18
外　科	222	11.35	47 259	3.22	6 652	9.13
儿　科	50	2.56	150 407	10.26	3 723	5.11
妇产科	216	11.04	145 585	9.93	11 112	15.25
眼　科	4	0.20	5 307	0.36	87	0.12
耳鼻咽喉科	28	1.43	40 020	2.73	1 441	1.98
口腔科			25 685	1.75	2	
皮肤科			30 915	2.11		
医疗美容科						
精神科			2 632	0.18		
传染科	48	2.45	15		716	0.98
结核病科			4 911	0.33		
地方病科						
肿瘤科	15	0.77	421	0.03	502	0.69
急诊医学科	2	0.10	75 310	5.13		
康复医学科	760	38.85	106 845	7.29	25 544	35.07
运动医学科						
职业病科						
中医科	1	0.05	61 963	4.22		
骨伤科	40	2.04	9 405	0.64	1 122	1.54
肛肠科						
针灸科						
推拿科						
民族医学科						
中西医结合	30	1.53			886	1.22
负压病房						
ICU 病房						
其　他			56 240	3.83	2 109	2.90

从化市医疗机构分科床位、门急诊人次及出院人数（医院）

分科	实有床位（张）		门急诊人次（人次）		出院人数（人）	
	小计	构成（%）	小计	构成（%）	小计	构成（%）
总　计	838	100.00	739 920	100.00	28 669	100.00
预防保健科						
全科医疗科	200	23.87	184 808	24.98	6 619	23.09
内　科	80	9.55	55 842	7.55	3 432	11.97
外　科	133	15.87	14 943	2.02	3 542	12.35
儿　科	45	5.37	109 037	14.74	3 635	12.68
妇产科	95	11.34	100 628	13.60	6 600	23.02
眼　科						
耳鼻咽喉科	20	2.39	39 405	5.33	1 191	4.15
口腔科			17 460	2.36		
皮肤科			8 210	1.11		
医疗美容科						
精神科						
传染科	22	2.63			716	2.50
结核病科						
地方病科						
肿瘤科	15	1.79	421	0.06	502	1.75
急诊医学科			55 700	7.53		
康复医学科	158	18.85	106 793	14.43	424	1.48
运动医学科						
职业病科						
中医科			29 172	3.94		
骨伤科	40	4.77	9 405	1.27	1 122	3.91
肛肠科						
针灸科						
推拿科						
民族医学科						
中西医结合	30	3.58			886	3.09
负压病房						
ICU 病房						
其　他			8 096	1.09		

从化市医疗机构分科床位、门急诊人次及出院人数（综合医院）

分　科	实有床位（张）		门急诊人次（人次）		出院人数（人）	
	小计	构成（%）	小计	构成（%）	小计	构成（%）
总　计	480	100.00	539 799	100.00	21 626	100.00
预防保健科						
全科医疗科						
内　科	80	16.67	51 342	9.51	3 432	15.87
外　科	133	27.71	14 693	2.72	3 542	16.38
儿　科	45	9.38	108 887	20.17	3 635	16.81
妇产科	95	19.79	100 628	18.64	6 600	30.52
眼　科						
耳鼻咽喉科	20	4.17	39 405	7.30	1 191	5.51
口腔科			17 460	3.23		
皮肤科			8 210	1.52		
医疗美容科						
精神科						
传染科	22	4.58			716	3.31
结核病科						
地方病科						
肿瘤科	15	3.13	421	0.08	502	2.32
急诊医学科			55 200	10.23		
康复医学科			97 530	18.07		
运动医学科						
职业病科						
中医科			28 522	5.28		
骨伤科	40	8.33	9 405	1.74	1 122	5.19
肛肠科						
针灸科						
推拿科						
民族医学科						
中西医结合	30	6.25			886	4.10
负压病房						
ICU 病房						
其　他					8 096	1.50

从化市医疗机构分科床位、门急诊人次及出院人数（乡镇卫生院）

分科	实有床位（张）		门急诊人次（人次）		出院人数（人）	
	小计	构成（%）	小计	构成（%）	小计	构成（%）
总　计	492	100.00	690 859	100.00	16 944	100.00
预防保健科						
全科医疗科	94	19.11	232 940	33.72	3 452	20.37
内　科	166	33.74	226 594	32.80	5 443	32.12
外　科	89	18.09	32 288	4.67	3 110	18.35
儿　科	5	1.02	41 363	5.99	88	0.52
妇产科	121	24.59	44 931	6.50	4 512	26.63
眼　科	4	0.81	5 307	0.77	87	0.51
耳鼻咽喉科	8	1.63	15		250	1.48
口腔科			7 941	1.15	2	0.01
皮肤科						
医疗美容科						
精神科						
传染科			15			
结核病科						
地方病科						
肿瘤科						
急诊医学科	2	0.41	19 267	2.79		
康复医学科	2	0.41	52	0.01		
运动医学科						
职业病科						
中医科	1	0.20	32 002	4.63		
骨伤科						
肛肠科						
针灸科						
推拿科						
民族医学科						
中西医结合科						
负压病房						
ICU 病房						
其　他			48 144	6.97		

从化市医疗机构分科床位、门急诊人次及出院人数（专科疾病防治院）

分　科	实有床位（张）		门急诊人次（人次）		出院人数（人）	
	小计	构成（%）	小计	构成（%）	小计	构成（%）
总　计	26	100.00	32 906	100.00		
预防保健科						
全科医疗科						
内　科			2 658	8.08		
外　科						
儿　科						
妇产科						
眼　科						
耳鼻咽喉科						
口腔科						
皮肤科			22 705	69.00		
医疗美容科						
精神科			2 632	8.00		
传染科	26	100.00				
结核病科			4 911	14.92		
地方病科						
肿瘤科						
急诊医学科						
康复医学科						
运动医学科						
职业病科						
中医科						
骨伤科						
肛肠科						
针灸科						
推拿科						
民族医学科						
中西医结合科						
负压病房						
ICU 病房						
其　他						

从化市卫生机构、床位、人员情况一览表

机构名称	机构个数	床位数	人员数（人）									
			合计	卫生技术人员	其中					其他技术人员	管理人员	工勤技能人员
					执业（助理）医师	执业医师	注册护士	药师（士）	技师（士）			
总　计	35	1 956	2 585	2 075	754	605	731	150	146	80	184	246
医院	4	838	1 143	930	337	319	358	65	59	25	92	96
综合医院	1	480	667	557	223	215	225	36	42	9	67	34
从化市中心医院	1	480	667	557	223	215	225	36	42	9	67	34
中医医院	1	200	269	233	93	85	95	26	13		20	16
从化市中医医院	1	200	269	233	93	85	95	26	13		20	16
专科医院	2	158	207	140	21	19	38	3	4	16	5	46
从化市残疾人康复中心	1	38	36	31	6	4	6	1	1		2	3
广州工伤康复医院	1	120	171	109	15	15	32	2	3	16	3	43
疗养院	2	600	191	90	29	22	42	4	6	14	18	69
广东省干部疗养院	1	350	126	76	23	16	36	2	6	6	14	30
水利部广东省水利厅从化疗养院	1	250	65	14	6	6	6	2		8	4	39
社区卫生服务中心（站）	11											
从化市鳌头镇医院高朗社区卫生服务站	1											
从化市鳌头镇医院岭南社区卫生服务站	1											
从化市江埔街医院凤院社区卫生服务站	1											
从化市太平镇神岗医院银林社区卫生服务站	1											
从化市太平镇神岗医院木棉社区卫生服务站	1											
从化市太平镇神岗医院元洲社区卫生服务站	1											
从化市温泉镇医院云星社区卫生服务站	1											
从化市温泉镇医院宣星社区卫生服务站	1											
从化市温泉镇医院平岗社区卫生服务站	1											
从化市城郊街医院镇北社区卫生服务站	1											
江埔街医院商贸城社区卫生服务站	1											
卫生院	13	492	1 090	932	346	227	312	74	58	25	62	71
从化市吕田镇医院	1	53	98	80	22	14	26	4	7		5	13

续表

机构名称	机构个数	床位数	人员数（人）									
			合计	卫生技术人员	其中					其他技术人员	管理人员	工勤技能人员
					执业（助理）医师	执业医师	注册护士	药师（士）	技师（士）			
从化明珠医院	1	23	33	29	15	7	10	3			3	1
从化市鳌头镇医院	1	58	146	119	47	29	38	9	9		8	19
从化市温泉镇医院	1	23	62	55	21	14	13	5	7	2	5	
从化市温泉镇灌村医院	1	23	47	38	12	4	12	3	3		2	7
从化市太平镇神岗医院	1	20	96	74	29	15	25	6	5	7	6	9
从化市街口街医院	1	55	154	133	38	23	43	12	3	7	5	9
从化市太平镇医院	1	40	111	98	42	32	38	7	6	2	4	7
从化市城郊街医院	1	30	90	87	36	29	33	5	8		3	
从化市江埔街医院	1	60	106	96	38	28	38	8	6	4	3	3
从化市良口镇医院	1	29	61	47	19	15	15	2	3	3	10	1
从化市鳌头镇龙潭医院	1	60	56	52	20	13	15	6	3		4	
广州市流溪河林场职工医院	1	18	30	24	7	4	6	4	1		4	2
采供血机构	1		11	9	1	1	5		2	1	1	
从化市血站	1		11	9	1	1	5		2	1	1	
专科疾病防治院（所、站）	2	26	47	34	13	10	7	6	6	5	6	2
从化市慢性病防治中心	1		43	34	13	10	7	6	6	2	5	2
从化市赤草医院	1	26	4							3	1	
疾病预防控制中心	1		71	55	28	26	7	1	15	6	2	8
从化市疾病预防控制中心	1		71	55	28	26	7	1	15	6	2	8
卫生监督所（中心）	1		32	25						4	3	
从化市卫生监督所	1		32	25						4	3	

从化市医疗机构运营情况一览表

1. 门诊服务

机构名称	诊疗人次数					观察室留观病例数	健康检查人数	急诊病死率（%）
	总计	其中：门、急诊人次数						
		合计	门诊人次数	急诊人次数				
				小计	内：死亡人数			
总　计	1 471 196	1 466 642	1 176 318	290 324	60	25 970	70 604	0. 020 7
医　院	739 920	739 920	522 915	217 005	45		44 365	0. 020 7
综合医院	539 799	539 799	360 960	178 839	43		39 187	0. 024
从化市中心医院	539 799	539 799	360 960	178 839	43		39 187	0. 024
中医医院	184 808	184 808	147 142	37 666	2		4 962	0. 005 3

续表

机构名称	诊疗人次数					观察室留观病例数	健康检查人数	急诊病死率（%）
	总计	其中：门、急诊人次数						
		合计	门诊人次数	急诊人次数				
				小计	内：死亡人数			
从化市中医医院	184 808	184 808	147 142	37 666	2		4 962	0.005 3
专科医院	15 313	15 313	14 813	500			216	
从化市残疾人康复中心	14 050	14 050	13 550	500				
广州工伤康复医院	1 263	1 263	1 263				216	
疗养院	4 515	2 957	2 614	343			1 182	
广东省干部疗养院	4 515	2 957	2 614	343			1 182	
水利部广东省水利厅从化疗养院								
卫生院	693 855	690 859	617 883	72 976	15	25 970	25 057	0.020 6
从化市吕田镇医院	49 021	49 021	46 747	2 274	5			0.219 9
从化明珠医院	18 356	18 356	13 373	4 983				
从化市鳌头镇医院	112 365	110 606	103 541	7 065		25 762	1 031	
从化市温泉镇医院	50 109	50 109	48 144	1 965		172		
从化市温泉镇灌村医院	18 207	18 199	17 082	1 117	3	14	360	0.268 6
从化市太平镇神岗医院	47 836	47 836	41 628	6 208				
从化市街口街医院	92 107	91 053	86 531	4 522			15 000	
从化市太平镇医院	108 597	108 597	81 176	27 421			5 699	
从化市城郊街医院	21 516	21 516	19 844	1 672				
从化市江埔街医院	86 631	86 631	78 346	8 285	4	22	1 450	0.048 3
从化市良口镇医院	48 591	48 591	48 102	489			395	
从化市鳌头镇龙潭医院	23 935	23 760	18 962	4 798	3		1 122	0.062 5
广州市流溪河林场职工医院	16 584	16 584	14 407	2 177				
专科疾病防治院（所、站）	32 906	32 906	32 906					
从化市慢性病防治中心	32 906	32 906	32 906					
水利部广东省水利厅从化疗养院								

2. 住院服务

机构名称	入院人数	出院人数	住院病人手术人次数	住院危重病人抢救人次	治愈率（%）	好转率（%）	死亡率（%）
总　计	72 999	72 842	11 067	1 689	70.71	26.46	0.48
医　院	28 694	28 669	11 067	1 678	58.61	37.27	1.04
综合医院	21 602	21 626	9 647	1 537	64.05	31.60	1.08
从化市中心医院	21 602	21 626	9 647	1 537	64.05	31.60	1.08

续表

机构名称	入院人数	出院人数	住院病人手术人次数	住院危重病人抢救人次	治愈率（%）	好转率（%）	死亡率（%）
中医医院	6 645	6 619	1 420	141	43.66	52.67	0.97
从化市中医医院	6 645	6 619	1 420	141	43.66	52.67	0.97
专科医院	447	424			14.15	85.85	
从化市残疾人康复中心	35	35			100.00		
广州工伤康复医院	412	389			6.43	93.57	
疗养院	27 227	27 229		11	92.29	7.69	
广东省干部疗养院	2 107	2 109		11	0.47	99.29	
水利部广东省水利厅从化疗养院	25 120	25 120			100.00		
卫生院	17 078	16 944			56.52	38.33	0.32
从化市吕田镇医院	1 014	1 007			54.42	40.42	0.50
从化明珠医院	383	369			67.48	29.00	1.08
从化市鳌头镇医院	3 154	3 159			47.96	41.50	0.22
从化市温泉镇医院	889	868			48.04	50.46	
从化市温泉镇灌村医院	453	451			72.28	25.06	0.22
从化市太平镇神岗医院	1 166	1 168			59.93	34.67	0.17
从化市街口街医院	974	878			38.95	56.04	0.91
从化市太平镇医院	2 874	2 880			52.05	45.49	0.45
从化市城郊街医院	1 754	1 760			64.26	31.02	0.06
从化市江埔街医院	1 605	1 605			83.24	12.21	
从化市良口镇医院	815	812			44.21	51.35	0.37
从化市鳌头镇龙潭医院	1 692	1 682			52.73	43.10	0.36
广州市流溪河林场职工医院	305	305			87.54	8.85	1.31

3. 床位利用

机构名称	实有床位数（张）	实际开放总床日数	平均开放病床（张）	实际占用总床日数	出院者占用总床日数	病床周转次数	病床工作日	病床使用率（%）	出院者平均住院日
总　计	1 930	650 394	1 782	468 028	463 861	41	263	71.96	6.37
医　院	838	275 160	754	287 499	280 381	38	381	104.48	9.78
综合医院	480	147 490	404	181 128	179 988	54	448	122.81	8.32
从化市中心医院	480	147 490	404	181 128	179 988	54	448	122.81	8.32
中医医院	200	70 000	192	72 503	73 766	35	378	103.58	11.14
从化市中医医院	200	70 000	192	72 503	73 766	35	378	103.58	11.14
专科医院	158	57 670	158	33 868	26 627	3	214	58.73	62.80
从化市残疾人康复中心	38	13 870	38	51	51	1	1	0.37	1.46
广州工伤康复医院	120	43 800	120	33 817	26 576	3	282	77.21	68.32

续表

机构名称	实有床位数（张）	实际开放总床日数	平均开放病床（张）	实际占用总床日数	出院者占用总床日数	病床周转次数	病床工作日	病床使用率（%）	出院者平均住院日
疗养院	600	219 000	600	78 456	78 456	45	131	35.82	2.88
广东省干部疗养院	350	127 750	350	15 656	15 656	6	45	12.26	7.42
水利部广东省水利厅从化疗养院	250	91 250	250	62 800	62 800	100	251	68.82	2.50
卫生院	492	156 234	428	102 073	105 024	40	238	65.33	6.20
从化市吕田镇医院	53	19 345	53	6 228	5 928	19	118	32.19	5.89
从化明珠医院	23	8 395	23	2 319	2 319	16	101	27.62	6.28
从化市鳌头镇医院	58	21 170	58	18 503	17 742	54	319	87.40	5.62
从化市温泉镇医院	23	8 395	23	4 813	4 288	38	209	57.33	4.94
从化市温泉镇灌村医院	23	8 395	23	2 632	2 575	20	114	31.35	5.71
从化市太平镇神岗医院	20	7 540	21	6 133	5 817	57	297	81.34	4.98
从化市街口街医院	55	15 480	42	8 305	7 971	21	196	53.65	9.08
从化市太平镇医院	40	14 600	40	17 749	17 437	72	444	121.57	6.05
从化市城郊街医院	30	10 950	30	7 315	13 317	59	244	66.80	7.57
从化市江埔街医院	60	14 600	40	9 772	9 772	40	244	66.93	6.09
从化市良口镇医院	29	10 414	29	6 408	7 402	28	225	61.53	9.12
从化市鳌头镇龙潭医院	60	10 380	28	5 326	3 886	59	187	51.31	2.31
广州市流溪河林场职工医院	18	6 570	18	6 570	6 570	17	365	100.00	21.54

从化市医疗机构病人人均医疗费用与医生工作效率一览表

机构名称	平均每诊疗人次医疗费（元）					平均每出院者住院医疗费（元）						出院者平均每日住院医疗费（元）
	合计	其中				合计	其中					
		挂号费	药费	检查费	治疗费		床位费	药费	检查费	治疗费	手术费	
总　计	69		31	7	9	2 482	182	793	125	610	207.7	389.7
医　院	84	1	36	14	17	4 978	414	1 591	314	1 534	527.6	509.0
综合医院	87	1	39	14	16	4 685	356	1 643	269	1 209	604.4	562.9
从化市中心医院	87	1	39	14	16	4 685	356	1 643	269	1 209	604.4	562.9
中医医院	73	1	31	16	15	3 764	332	1 278	378	910	310.5	337.7
从化市中医医院	73	1	31	16	15	3 764	332	1 278	378	910	310.5	337.7
专科医院	94	1	26		62	38 873	4 653	3 800	1 604	27 858		619.0
从化市残疾人康复中心	43	1	25		13	1 686	171	114	171	1 057		1156.9
广州工伤康复医院	663		44	6	606	42 219	5 057	4 131	1 733	30 270		618.0
疗养院	399		147	75	128	137	52	17	3	15		47.7

续表

机构名称	平均每诊疗人次医疗费（元）					平均每出院者住院医疗费（元）						出院者平均每日住院医疗费（元）
	合计	其中				合计	其中					
		挂号费	药费	检查费	治疗费		床位费	药费	检查费	治疗费	手术费	
广东省干部疗养院	399		147	75	128	1 179	670	220	42	199		158.9
水利部广东省水利厅从化疗养院						50						20.0
卫生院	57		27			2 025		693				326.8
从化市吕田镇医院	57		33			1 550		512				263.3
从化明珠医院	54		29			4 038		1 721				642.5
从化市鳌头镇医院	42		20			1 856		652				330.4
从化市温泉镇医院	36		18			1 629		696				329.8
化市温泉镇灌村医院	44		19			1 843		619				322.7
从化市太平镇神岗医院	51		20			2 257		901				453.2
从化市街口街医院	66		32			2 780		853				306.2
从化市太平镇医院	76		27			1 804		578				297.9
从化市城郊街医院	85		42			1 850		489				244.5
从化市江埔街医院	52		26			1 832		522				301.0
从化市良口镇医院	52		24			2 581		984				283.2
从化市鳌头镇龙潭医院	75		29			2 218		663				960.1
广州市流溪河林场职工医院	66		52			2 830		1 849				131.4
专科疾病防治院（所、站）	112	1	67	7	6							
从化市慢性病防治中心	112	1	67	7	6							
从化市赤草医院												

第五部分 2007年定期报表公布数据

广州地区 88 所医院 2007 年业务工作与 2006 年同期对比统计表

医院名称	总诊疗人次			出院人次		
	2007 年	2006 年	增减%	2007 年	2006 年	增减%
合　计	50 642 154	46 452 963	9. 02	938 621	831 663	12. 86
部属医院合计	8 446 962	7 695 841	9. 76	189 426	171 216	10. 64
省属医院合计	14 252 399	13 154 881	8. 34	256 337	228 481	12. 19
市属医院合计	9 870 997	9 197 018	7. 33	182 826	164 300	11. 28
区属医院合计	13 628 425	12 306 524	10. 74	224 956	191 965	17. 19
县级市属医院合计	1 640 704	1 430 396	14. 70	55 890	47 292	18. 18
集体所有制医院合计	1 587 662	1 481 252	7. 18	8 242	8 301	-0. 71
厂矿企业医院合计	1 215 005	1 187 051	2. 35	20 944	20 108	4. 16
部属医院合计	8 446 962	7 695 841	9. 76	189 426	171 216	10. 64
中山大学附属第一医院	3 500 298	3 211 864	8. 98	61 809	55 263	11. 85
中山大学附属第二医院	1 516 862	1 438 623	5. 44	35 363	30 883	14. 51
中山大学附属第三医院	1 438 505	1 250 663	15. 02	25 144	22 967	9. 48
暨南大学附属第一医院	696 880	602 184	15. 73	17 676	16 772	5. 39
中山大学附属肿瘤医院	316 212	300 082	5. 38	26 498	23 520	12. 66
中山大学中山眼科中心	467 343	454 895	2. 74	21 970	20 876	5. 24
中山大学附属口腔医院	510 862	437 530	16. 76	966	935	3. 32
省属医院合计	14 252 399	13 154 881	8. 34	256 337	228 481	12. 19
广东省人民医院	2 995 484	2 804 258	6. 82	59 281	51 591	14. 91
广东省第二人民医院	740 353	696 736	6. 26	23 074	20 329	13. 50
南方医科大学南方医院	1 681 455	1 360 662	23. 58	46 156	42 669	8. 17
南方医科大学珠江医院	517 016	546 070	-5. 32	25 709	22 895	12. 29
广东药学院附属第一医院	336 792	290 058	16. 11	8 758	6 914	26. 67
广东省中医院	3 770 294	3 582 262	5. 25	35 157	33 984	3. 45
广州中医药大学第一附属医院	1 975 090	1 926 870	2. 50	23 749	21 991	7. 99
广东省第二中医院	629 382	515 791	22. 02	8 149	6 085	33. 92
广东省妇幼保健院	903 212	723 364	24. 86	22 165	18 231	21. 58
广东省职业病防治院	86 658	104 116	-16. 77	294	438	-32. 88
广东省口腔医院	359 997	355 051	1. 39	748	765	-2. 22
广州中医药大学附属骨伤科医院	256 666	249 643	2. 81	3 097	2 589	19. 62
市属医院合计	9 870 997	9 197 018	7. 33	182 826	164 300	11. 28
广州市第一人民医院	1 717 231	1 602 548	7. 16	31 745	28 331	12. 05
广州市红十字会医院	1 019 209	981 055	3. 89	14 445	13 128	10. 03
广州市第六人民医院	277 167	231 867	19. 54	4 924	3 437	43. 26
广州市第八人民医院	256 304	242 760	5. 58	4 306	4 404	-2. 23

续表

医院名称	总诊疗人次			出院人次		
	2008 年	2007 年	增减%	2008 年	2007 年	增减%
广州市精神病医院	245 777	213 955	14.87	3 550	3 532	0.51
广州市胸科医院	186 364	190 108	-1.97	6 306	5 705	10.53
广州市妇婴医院	512 011	475 874	7.59	10 841	9 157	18.39
广州市儿童医院	1 517 131	1 398 224	8.50	23 832	22 729	4.85
广州市第十二人民医院	455 723	421 696	8.07	4 504	4 598	-2.04
广州市中医医院	455 982	441 067	3.38	7 367	6 630	11.12
广州医学院第一附属医院	925 283	878 233	5.36	23 028	20 982	9.75
广州医学院第二附属医院	1 398 598	1 277 804	9.45	24 308	21 881	11.09
广州医学院第三附属医院	869 186	811 733	7.08	17 202	14 396	19.49
广州医学院附属肿瘤医院	35 031	30 094	16.41	6 468	5 390	20.00
区属医院合计	13 628 425	12 306 524	10.74	224 956	191 965	17.19
广州医学院荔湾医院	613 401	587 003	4.50	9 915	8 778	12.95
广州市荔湾区人民医院	330 403	336 006	-1.67	3 046	2 974	2.42
广州市越秀区人民医院	375 190	367 591	2.07	4 626	3 022	53.08
广州市越秀区第一人民医院	238 847	224 610	6.34	3 464	2 661	30.18
广州市海珠区第一人民医院	194 436	200 488	-3.02	2 720	2 505	8.58
广州市海珠区第二人民医院	131 064	124 374	5.38	1 537	1 502	2.33
广州市海珠区新窖人民医院	196 483	172 191	14.11	1 214	882	37.64
广州市天河区红十字会医院	328 588	289 944	13.33	5 306	4 757	11.54
广州市天河区沙河人民医院	174 778	184 092	-5.06	1 480	1 407	5.19
广州市白云区人民医院	359 883	320 143	12.41	5 902	6 144	-3.94
广州市白云区第一人民医院	486 448	410 835	18.40	12 771	10 672	19.67
广州市白云区第二人民医院	265 373	276 470	-4.01	4 655	4 446	4.70
广州市黄埔区红十字会医院	454 451	355 158	27.96	3 132	3 844	-18.52
广州经济技术开发区医院	474 244	406 321	16.72	8 281	6 537	26.68
广州经济技术开发区红十字会医院	190 144	183 164	3.81	2 660	2 164	22.92
广州市花都区人民医院	861 753	765 468	12.58	24 500	22 436	9.20
广州市番禺区人民医院	1 660 874	1 594 022	4.19	30 080	26 622	12.99
广州市荔湾区妇幼保健院	150 590	140 680	7.04	2 061	1 791	15.08
广州市越秀区妇幼保健院	309 585	319 803	-3.20	2 515	2 114	18.97
广州市海珠区妇幼保健院	360 551	304 971	18.22	5 458	4 309	26.67
广州市天河区妇幼保健院	307 536	289 326	6.29	6 217	5 236	18.74
广州市白云区妇幼保健院	125 476	129 236	-2.91	4 782	4 998	-4.32
广州市花都区胡忠医院	526 427	437 682	20.28	13 243	9 289	42.57
广州市番禺区何贤纪念医院	960 900	927 535	3.60	18 357	17 445	5.23
广州市越秀区中医医院	206 259	141 005	46.28	1 799	761	136.40

续表

医院名称	总诊疗人次			出院人次		
	2008 年	2007 年	增减%	2008 年	2007 年	增减%
广州市越秀区第二中医医院	172 527	161 142	7.07	432	444	-2.70
广州市海珠区中医医院	137 605	141 058	-2.45	462	564	-18.09
广州市天河区中医医院	201 660	203 136	-0.73	2 100	1 948	7.80
广州市白云区中医医院	321 831			5 175		
广州市芳村区中医院	257 085	216 186	18.92	1 475	1 174	25.64
广州市黄埔区中医院	311 979	289 212	7.87	4 076	3 823	6.62
广州市花都区中医院	622 375	549 316	13.30	16 662	13 913	19.76
广州市番禺区中医院	682 318	621 199	9.84	7 822	6 580	18.88
广州市越秀区儿童医院	274 548	288 743	-4.92	1 242	1 147	8.28
广州市越秀区正骨医院	362 813	348 414	4.13	5 789	5 076	14.05
县级市属医院合计	1 640 704	1 430 396	14.70	55 890	47 292	18.18
从化市中心医院	539 799	452 629	19.26	21 626	18 785	15.12
增城市人民医院	429 466	403 136	6.53	11 932	9 805	21.69
增城市妇幼保健院	287 466	253 700	13.31	11 987	10 397	15.29
从化市中医医院	184 808	162 670	13.61	6 619	5 601	18.18
增城市中医医院	199 165	158 261	25.85	3 726	2 704	37.80
集体所有制医院合计	1 587 662	1 481 252	7.18	8 242	8 301	-0.71
广州市荔湾区第二人民医院	270 229	246 130	9.79	3 050	2 793	9.20
广州市越秀区第二人民医院	155 473	156 879	-0.90	831	825	0.73
广州市越秀区第三人民医院	160 513	147 827	8.58	576	437	31.81
广州市越秀区红十字会医院	172 176	164 846	4.45	834	925	-9.84
广州市海珠区红十字会医院	142 688	137 337	3.90	625	971	-35.63
广州市荔湾区中医医院	434 229	390 628	11.16	888	1 212	-26.73
广州市越秀区中医杂病医院	96 326	86 374	11.52	802	517	55.13
广州市海珠区石溪中医医院	156 028	151 231	3.17	636	621	2.42
厂矿企业医院合计	1 215 005	1 187 051	2.35	20 944	20 108	4.16
广东省交通医院	31 542	33 535	-5.94	1 006	716	40.50
广州新海医院	378 156	408 306	-7.38	4 995	5 364	-6.88
南方医科大学华瑞医院	231 663	196 167	18.09	3 728	3 626	2.81
广州钢铁企业集团医院	142 322	125 317	13.57	2 322	2 184	6.32
民航广州医院	81 476	77 117	5.65	1 058	1 033	2.42
广东省电力一局医院	126 370	136 310	-7.29	4 032	4 237	-4.84
广州医学院港湾医院	223 476	210 299	6.27	3 803	2 948	29.00

广州地区88所医院2007年平均每一诊疗人次费用与2006年同期对比统计表

医院名称	平均每一诊疗人次医疗费用（元）				平均每一诊疗人次费用增减（%）	药费比重增减（%）
	2007年	药费占%	2006年	药费占%		
合计	153	51.06	144	51.15	5.97	-0.09
部属医院合计	208	50.87	201	49.28	3.49	1.59
省属医院合计	168	50.47	153	52.11	9.59	-1.65
市属医院合计	154	54.38	150	53.92	2.82	0.45
区属医院合计	117	48.93	109	49.30	7.96	-0.37
县级市属医院合计	96	49.64	99	46.40	-3.08	3.24
集体所有制医院合计	105	52.92	102	53.05	2.68	-0.13
厂矿企业医院合计	125	51.57	113	51.27	10.59	0.30
部属医院合计	208	50.87	201	49.28	3.49	1.59
中山大学附属第一医院	160	56.78	160	57.20	0.15	-0.43
中山大学附属第二医院	194	52.56	183	44.54	5.94	8.02
中山大学附属第三医院	197	59.18	186	57.04	5.57	2.13
暨南大学附属第一医院	179	51.34	180	50.95	-0.29	0.39
中山大学附属肿瘤医院	934	49.15	857	46.60	9.02	2.55
中山大学中山眼科中心	215	41.46	207	43.52	3.66	-2.06
中山大学附属口腔医院	195	3.02	178	3.56	9.25	-0.54
省属医院合计	168	50.47	153	52.11	9.59	-1.65
广东省人民医院	201	64.58	183	64.14	9.63	0.44
广东省第二人民医院	143	47.43	127	48.86	12.51	-1.43
南方医科大学南方医院	199	41.39	196	43.86	1.57	-2.46
南方医科大学珠江医院	193	54.73	173	49.88	11.44	4.85
广东药学院附属第一医院	149	56.83	141	52.37	5.71	4.46
广东省中医院	148	53.36	134	55.14	10.35	-1.79
广州中医药大学第一附属医院	134	51.75	119	59.15	12.59	-7.39
广东省第二中医院	112	48.94	105	51.11	6.20	-2.16
广东省妇幼保健院	173	32.14	156	32.40	10.52	-0.26
广东省职业病防治院	176	29.27	136	34.44	29.81	-5.17
广东省口腔医院	258	1.83	233	2.40	10.93	-0.58
广州中医药大学附属骨伤科医院	177	49.84	155	54.15	14.23	-4.31
市属医院合计	154	54.38	150	53.92	2.82	0.45
广州市第一人民医院	146	58.93	152	53.97	-4.33	4.96

续表

医院名称	平均每一诊疗人次医疗费用（元）				平均每一诊疗人次费用增减（%）	药费比重增减（%）
	2007 年	药费占%	2006 年	药费占%		
广州市红十字会医院	121	64.09	117	62.40	2.87	1.69
广州市第六人民医院	132	51.93	120	54.44	10.09	-2.52
广州市第八人民医院	211	67.74	190	68.22	11.23	-0.49
广州市精神病医院	177	75.54	182	74.50	-2.91	1.04
广州市胸科医院	273	63.49	233	60.30	17.07	3.19
广州市妇婴医院	154	32.00	136	36.79	13.45	-4.80
广州市儿童医院	136	50.67	132	49.74	2.91	0.93
广州市第十二人民医院	128	24.92	141	31.46	-8.78	-6.54
广州市中医医院	114	62.08	106	63.05	7.68	-0.97
广州医学院第一附属医院	189	55.25	180	57.64	5.14	-2.39
广州医学院第二附属医院	154	54.81	152	53.43	1.64	1.39
广州医学院第三附属医院	187	50.60	176	51.30	6.32	-0.71
广州医学院附属肿瘤医院	373	44.49	372	47.30	0.21	-2.81
区属医院合计	117	48.93	109	49.30	7.96	-0.37
广州医学院荔湾医院	122	49.26	113	49.22	8.34	0.04
广州市荔湾区人民医院	97	49.59	78	61.04	24.71	-11.46
广州市越秀区人民医院	130	50.19	118	50.31	10.64	-0.13
广州市越秀区第一人民医院	145	50.73	144	48.53	0.61	2.19
广州市海珠区第一人民医院	135	47.99	127	46.77	5.82	1.22
广州市海珠区第二人民医院	113	48.75	115	47.98	-1.87	0.77
广州市海珠区新窖人民医院	102	36.48	102	35.62	-0.01	0.86
广州市天河区红十字会医院	121	41.19	111	40.16	8.62	1.02
广州市天河区沙河人民医院	129	52.47	115	53.46	12.48	-0.99
广州市白云区人民医院	122	50.75	120	50.04	1.94	0.71
广州市白云区第一人民医院	136	42.22	145	40.94	-5.78	1.29
广州市白云区第二人民医院	122	45.94	104	47.02	16.98	-1.08
广州市黄埔区红十字会医院	58	47.71	62	41.95	-5.66	5.76
广州经济技术开发区医院	101	44.87	82	46.80	22.67	-1.93
广州经济技术开发区红十字会医院	73	45.95	69	47.85	5.82	-1.91
广州市花都区人民医院	135	55.59	120	51.69	12.69	3.90
广州市番禺区人民医院	132	56.06	121	55.34	9.04	0.72
广州市荔湾区妇幼保健院	103	39.73	102	41.37	1.93	-1.63
广州市越秀区妇幼保健院	97	43.11	83	41.90	17.10	1.20
广州市海珠区妇幼保健院	114	41.91	107	47.21	6.73	-5.30
广州市天河区妇幼保健院	145	35.72	131	36.86	10.61	-1.14
广州市白云区妇幼保健院	145	31.88	136	35.08	6.61	-3.21

续表

医院名称	平均每一诊疗人次医疗费用（元）				平均每一诊疗人次费用增减（%）	药费比重增减（%）
	2007 年	药费占%	2006 年	药费占%		
广州市花都区胡忠医院	125	39. 87	118	40. 87	6. 64	-1. 00
广州市番禺区何贤纪念医院	101	52. 57	96	50. 49	4. 91	2. 08
广州市越秀区中医医院	137	58. 67	90	54. 17	53. 43	4. 51
广州市越秀区第二中医医院	84	45. 95	82	45. 49	3. 17	0. 47
广州市海珠区中医医院	82	60. 58	85	62. 54	-2. 80	-1. 96
广州市天河区中医医院	138	46. 72	136	48. 38	1. 39	-1. 65
广州市白云区中医医院	92	40. 90				
广州市芳村区中医院	118	50. 35	122	50. 95	-2. 89	-0. 60
广州市黄埔区中医院	113	57. 60	106	58. 50	6. 95	-0. 90
广州市花都区中医院	106	54. 39	91	53. 09	17. 08	1. 31
广州市番禺区中医院	101	45. 74	87	49. 69	16. 99	-3. 96
广州市越秀区儿童医院	83	54. 23	85	64. 58	-2. 42	-10. 35
广州市越秀区正骨医院	199	46. 04	173	49. 07	15. 04	-3. 03
县级市属医院合计	96	49. 64	99	46. 40	-3. 08	3. 24
从化市中心医院	87	44. 23	86	44. 04	1. 44	0. 19
增城市人民医院	119	55. 03	132	47. 48	-10. 17	7. 55
增城市妇幼保健院	94	47. 76	96	44. 71	-1. 75	3. 05
从化市中医医院	73	41. 91	66	40. 47	10. 78	1. 44
增城市中医医院	96	56. 72	93	55. 86	3. 50	0. 86
集体所有制医院合计	105	52. 92	102	53. 05	2. 68	-0. 13
广州市荔湾区第二人民医院	111	51. 57	102	51. 31	9. 13	0. 26
广州市越秀区第二人民医院	107	52. 42	104	53. 13	2. 75	-0. 71
广州市越秀区第三人民医院	124	52. 32	115	54. 05	7. 93	-1. 73
广州市越秀区红十字会医院	101	56. 30	106	56. 37	-4. 43	-0. 07
广州市海珠区红十字会医院	99	49. 10	98	48. 61	1. 84	0. 49
广州市荔湾区中医医院	83	49. 70	85	49. 15	-2. 95	0. 55
广州市越秀区中医杂病医院	137	69. 55	134	69. 93	2. 57	-0. 39
广州市海珠区石溪中医医院	119	50. 38	110	51	8. 18	-0. 46
厂矿企业医院合计	125	51. 57	113	51. 27	10. 59	0. 30
广东省交通医院	146	83. 26	172	59. 18	-14. 99	24. 08
广州新海医院	115	46. 86	98	49. 15	17. 57	-2. 30
南方医科大学华瑞医院	120	54. 82	123	48. 97	-2. 61	5. 86
广州钢铁企业集团医院	110	65. 25	107	64. 60	2. 76	0. 65
民航广州医院	166	45. 46	145	49. 73	14. 19	-4. 28
广东省电力一局医院	163	41. 06	118	45. 80	37. 71	-4. 74
广州医学院港湾医院	117	53. 66	111	52. 20	4. 79	1. 46

广州地区88所医院2007年平均每一出院人次医疗费用与2006年同期对比统计表

医院名称	平均每一出院人次医疗费用（元）				平均每一诊疗人次费用增减（%）	药费比重增减（%）
	2007年	药费占%	2006年	药费占%		
合计	10 420	38.74	10 135	38.43	2.81	0.31
部属医院合计	14 201	41.74	13 867	40.84	2.41	0.89
省属医院合计	13 800	37.69	13 333	37.84	3.50	-0.15
市属医院合计	11 101	40.23	10 554	39.35	5.19	0.88
区属医院合计	5 094	33.42	4 994	33.39	2.00	0.03
县级市属医院合计	4 148	35.30	3 775	36.40	9.88	-1.10
集体所有制医院合计	5 252	33.51	5 099	34.37	3.01	-0.86
厂矿企业医院合计	4 886	36.33	4 717	36.90	3.60	-0.57
部属医院合计	14 201	41.74	13 867	40.84	2.41	0.89
中山大学附属第一医院	14 624	38.31	14 372	36.30	1.75	2.01
中山大学附属第二医院	14 374	41.79	13 724	42.24	4.74	-0.45
中山大学附属第三医院	13 658	43.74	14 344	43.60	-4.78	0.14
暨南大学附属第一医院	10 659	40.21	10 087	38.38	5.67	1.83
中山大学附属肿瘤医院	21 671	55.38	21 733	53.79	-0.29	1.58
中山大学中山眼科中心	7 421	11.17	6 670	12.19	11.26	-1.02
中山大学附属口腔医院	8 978	21.40	7 611	27.18	17.97	-5.78
省属医院合计	13 800	37.69	13 333	37.84	3.50	-0.15
广东省人民医院	21 508	38.62	20 223	38.33	6.36	0.29
广东省第二人民医院	9 052	41.38	9 228	39.48	-1.91	1.90
南方医科大学南方医院	14 962	41.44	15 205	41.10	-1.60	0.34
南方医科大学珠江医院	13 134	44.32	13 368	42.20	-1.75	2.12
广东药学院附属第一医院	11 324	42.40	11 518	45.91	-1.69	-3.51
广东省中医院	12 756	28.33	11 430	30.71	11.60	-2.38
广州中医药大学第一附属医院	11 063	36.03	10 077	37.97	9.78	-1.94
广东省第二中医院	9 216	29.13	9 402	28.56	-1.98	0.57
广东省妇幼保健院	4 567	21.11	4 442	21.99	2.82	-0.88
广东省职业病防治院	22 762	42.08	11 655	35.48	95.29	6.61
广东省口腔医院	8 559	18.40	7 531	20.40	13.65	-2.00
广州中医药大学附属骨伤科医院	8 228	29.78	8 463	26.34	-2.78	3.44
市属医院合计	11 101	40.23	10 554	39.35	5.19	0.88
广州市第一人民医院	13 513	41.40	13 048	38.44	3.56	2.96

续表

医院名称	平均每一出院人次医疗费用（元）				平均每一诊疗人次费用增减（%）	药费比重增减（%）
	2007 年	药费占%	2006 年	药费占%		
广州市红十字会医院	10 901	35.49	10 384	32.34	4.98	3.15
广州市第六人民医院	7 735	44.53	5 275	38.17	46.64	6.36
广州市第八人民医院	12 227	55.29	10 403	55.98	17.52	-0.69
广州市精神病医院	23 430	16.10	21 824	15.04	7.36	1.06
广州市胸科医院	13 805	53.68	13 425	53.82	2.83	-0.14
广州市妇婴医院	5 042	25.29	5 250	20.07	-3.95	5.23
广州市儿童医院	5 145	24.49	4 734	26.14	8.68	-1.65
广州市第十二人民医院	6 453	39.76	5 927	43.96	8.88	-4.20
广州市中医医院	10 740	48.38	9 594	48.94	11.94	-0.56
广州医学院第一附属医院	12 697	41.65	11 762	41.97	7.95	-0.32
广州医学院第二附属医院	12 509	40.32	12 675	41.41	-1.31	-1.09
广州医学院第三附属医院	9 331	39.05	9 267	40.12	0.69	-1.07
广州医学院附属肿瘤医院	21 609	54.41	19 722	54.50	9.57	-0.09
区属医院合计	5 094	33.42	4 994	33.39	2.00	0.03
广州医学院荔湾医院	6 576	38.28	6 491	35.46	1.32	2.83
广州市荔湾区人民医院	4 199	41.72	3 522	41.10	19.20	0.63
广州市越秀区人民医院	7 415	38.38	6 814	28.95	8.83	9.43
广州市越秀区第一人民医院	6 598	41.34	6 009	46.84	9.81	-5.51
广州市海珠区第一人民医院	5 269	39.39	5 596	39.93	-5.84	-0.54
广州市海珠区第二人民医院	4 535	32.86	4 214	34.28	7.60	-1.43
广州市海珠区新窖人民医院	2 512	43.65	2 482	39.42	1.20	4.23
广州市天河区红十字会医院	3 643	37.77	3 506	34.77	3.90	2.99
广州市天河区沙河人民医院	2 995	21.16	3 404	26.72	-12.02	-5.56
广州市白云区人民医院	5 259	32.66	4 996	33.29	5.26	-0.63
广州市白云区第一人民医院	2 965	35.06	3 044	35.98	-2.61	-0.92
广州市白云区第二人民医院	3 983	40.84	4 225	39.81	-5.73	1.03
广州市黄埔区红十字会医院	2 858	39.44	3 503	45.71	-18.42	-6.27
广州经济技术开发区医院	3 543	30.67	3 552	28.47	-0.26	2.20
广州经济技术开发区红十字会医院	4 504	38.40	4 219	40.64	6.75	-2.24
广州市花都区人民医院	4 733	34.98	4 343	33.97	8.99	1.01
广州市番禺区人民医院	8 531	34.37	8 375	33.56	1.87	0.81
广州市荔湾区妇幼保健院	2 238	14.42	2 470	16.86	-9.39	-2.45
广州市越秀区妇幼保健院	3 268	13.06	2 998	12.23	9.01	0.83
广州市海珠区妇幼保健院	2 753	12.27	2 538	14.88	8.46	-2.61
广州市天河区妇幼保健院	1 945	27.13	2 666	18.19	-27.06	8.94
广州市白云区妇幼保健院	2 796	11.07	2 419	11.41	15.60	-0.35

续表

医院名称	平均每一出院人次医疗费用（元）				平均每一诊疗人次费用增减（%）	药费比重增减（%）
	2007 年	药费占%	2006 年	药费占%		
广州市花都区胡忠医院	2 654	19.95	2 727	20.31	-2.67	-0.36
广州市番禺区何贤纪念医院	5 342	33.71	5 100	35.78	4.76	-2.07
广州市越秀区中医医院	5 967	21.27	8 168	39.08	-26.95	-17.81
广州市越秀区第二中医医院	4 491	30.05	4 374	31.72	2.67	-1.67
广州市海珠区中医医院	4 675	34.26	3 777	37.56	23.80	-3.30
广州市天河区中医医院	4 274	34.36	3 989	32.30	7.15	2.06
广州市白云区中医医院	2 698	31.15				
广州市芳村区中医院	5 317	29.25	4 480	27.00	18.66	2.26
广州市黄埔区中医院	4 671	36.83	4 464	38.09	4.64	-1.26
广州市花都区中医院	4 188	36.65	3 703	33.31	13.11	3.33
广州市番禺区中医院	9 265	34.14	9 147	37.45	1.29	-3.31
广州市越秀区儿童医院	1 651	25.94	2 065	43.10	-20.05	-17.16
广州市越秀区正骨医院	9 839	28.32	9 064	29.71	8.55	-1.39
县级市属医院合计	4 148	35.30	3 775	36.40	9.88	-1.10
从化市中心医院	4 685	35.07	4 008	38.33	16.90	-3.26
增城市人民医院	5 035	39.46	4 976	40.36	1.19	-0.91
增城市妇幼保健院	2 343	23.40	2 495	23.90	-6.06	-0.50
从化市中医医院	3 764	33.96	3 305	35.17	13.89	-1.21
增城市中医医院	4 676	43.46	3 698	37.20	26.45	6.26
集体所有制医院合计	5 252	33.51	5 099	34.37	3.01	-0.86
广州市荔湾区第二人民医院	5 769	29.57	5 689	30.02	1.39	-0.45
广州市越秀区第二人民医院	7 048	45.28	7 067	40.48	-0.26	4.80
广州市越秀区第三人民医院	4 253	33.47	4 165	36.26	2.13	-2.79
广州市越秀区红十字会医院	4 013	25.78	3 795	29.06	5.76	-3.28
广州市海珠区红十字会医院	5 845	20.15	4 239	21.96	37.88	-1.82
广州市荔湾区中医医院	5 149	36.42	5 230	41.35	-1.56	-4.93
广州市越秀区中医杂病医院	3 429	39.27	3 327	40.12	3.07	-0.84
广州市海珠区石溪中医医院	4 821	48.60	4 992	49.10	-3.43	-0.50
厂矿企业医院合计	4 886	36.33	4 717	36.90	3.60	-0.57
广东省交通医院	5 134	40.72	5 522	39.33	-7.03	1.39
广州新海医院	6 034	33.73	6 081	34.98	-0.76	-1.25
南方医科大学华瑞医院	4 125	33.58	4 264	35.51	-3.26	-1.93
广州钢铁企业集团医院	5 311	40.86	4 879	39.27	8.85	1.59
民航广州医院	4 412	41.52	4 140	46.93	6.56	-5.41
广东省电力一局医院	3 579	37.29	3 418	37.33	4.74	-0.04
广州医学院港湾医院	5 318	36.52	4 544	36.88	17.01	-0.36

广州地区88所医院2007年出院者平均每天住院医疗费用与2006年同期对比统计表

医院名称	出院者平均每天住院医疗费（元）			出院者平均住院日（日）		
	2007年	2006年	增减%	2007年	2006年	增减%
合计	870	821	5.95	12.0	12.3	-0.3
部属医院合计	1 176	1 104	6.57	12.1	12.6	-0.5
省属医院合计	1 090	1 023	6.55	12.7	13.0	-0.3
市属医院合计	717	660	8.65	15.5	16.0	-0.5
区属医院合计	558	541	3.24	9.1	9.2	-0.1
县级市属医院合计	515	506	1.81	8.0	7.5	0.5
集体所有制医院合计	300	252	18.88	17.5	20.2	-2.7
厂矿企业医院合计	428	428	-0.02	11.4	11.0	0.4
部属医院合计	1 176	1 104	6.57	12.1	12.6	-0.5
中山大学附属第一医院	1 180	1 091	8.24	12.4	13.2	-0.8
中山大学附属第二医院	1 130	1 050	7.57	12.7	13.1	-0.4
中山大学附属第三医院	980	997	-1.74	13.9	14.4	-0.5
暨南大学附属第一医院	769	777	-1.00	13.9	13.0	0.9
中山大学附属肿瘤医院	1 617	1 450	11.58	13.4	15.0	-1.6
中山大学中山眼科中心	1 524	1 308	16.59	4.9	5.1	-0.2
中山大学附属口腔医院	634	604	4.98	14.2	12.6	1.6
省属医院合计	1 090	1 023	6.55	12.7	13.0	-0.3
广东省人民医院	1 807	1 611	12.20	11.9	12.6	-0.7
广东省第二人民医院	816	784	4.10	11.1	11.8	-0.7
南方医科大学南方医院	1 140	1 208	-5.57	13.1	12.6	0.5
南方医科大学珠江医院	919	913	0.68	14.3	14.6	-0.3
广东药学院附属第一医院	681	633	7.55	16.6	18.2	-1.6
广东省中医院	983	867	13.36	13.0	13.2	-0.2
广州中医药大学第一附属医院	802	709	13.02	13.8	14.2	-0.4
广东省第二中医院	495	454	9.07	18.6	20.7	-2.1
广东省妇幼保健院	668	615	8.60	6.8	7.2	-0.4
广东省职业病防治院	264	221	19.36	86.2	52.7	33.5
广东省口腔医院	639	575	11.13	13.4	13.1	0.3
广州中医药大学附属骨伤科医院	610	540	13.04	13.5	15.7	-2.2
市属医院合计	717	660	8.65	15.5	16.0	-0.5
广州市第一人民医院	888	826	7.50	15.2	15.8	-0.6
广州市红十字会医院	752	745	0.94	14.5	13.9	0.6

续表

医院名称	出院者平均每天住院医疗费（元）			出院者平均住院日（日）		
	2007 年	2006 年	增减%	2007 年	2006 年	增减%
广州市第六人民医院	665	417	59. 25	11. 6	12. 6	-1. 0
广州市第八人民医院	535	472	13. 53	22. 8	22. 1	0. 7
广州市精神病医院	209	188	11. 31	112. 0	116. 1	-4. 1
广州市胸科医院	603	554	8. 78	22. 9	24. 2	-1. 3
广州市妇婴医院	633	640	-1. 03	8. 0	8. 2	-0. 2
广州市儿童医院	620	604	2. 62	8. 3	7. 8	0. 5
广州市第十二人民医院	489	398	22. 69	13. 2	14. 9	-1. 7
广州市中医医院	553	496	11. 46	19. 4	19. 3	0. 1
广州医学院第一附属医院	1 051	951	10. 42	12. 1	12. 4	-0. 3
广州医学院第二附属医院	1 022	986	3. 57	12. 2	12. 8	-0. 6
广州医学院第三附属医院	757	741	2. 17	12. 3	12. 5	-0. 2
广州医学院附属肿瘤医院	844	774	9. 09	25. 6	25. 5	0. 1
区属医院合计	558	541	3. 24	9. 1	9. 2	-0. 1
广州医学院荔湾医院	620	602	2. 97	10. 6	10. 8	-0. 2
广州市荔湾区人民医院	410	359	14. 18	10. 2	9. 8	0. 4
广州市越秀区人民医院	537	432	24. 26	13. 8	15. 8	-2. 0
广州市越秀区第一人民医院	331	322	2. 92	19. 9	18. 7	1. 2
广州市海珠区第一人民医院	404	397	1. 90	13. 0	14. 1	-1. 1
广州市海珠区第二人民医院	166	160	3. 59	27. 3	26. 3	1. 0
广州市海珠区新窖人民医院	288	315	-8. 39	8. 7	7. 9	0. 8
广州市天河区红十字会医院	564	525	7. 41	6. 5	6. 7	-0. 2
广州市天河区沙河人民医院	449	470	-4. 40	6. 7	7. 2	-0. 5
广州市白云区人民医院	421	413	1. 89	12. 5	12. 1	0. 4
广州市白云区第一人民医院	523	536	-2. 53	5. 7	5. 7	0. 0
广州市白云区第二人民医院	548	552	-0. 61	7. 3	7. 7	-0. 4
广州市黄埔区红十字会医院	443	489	-9. 48	6. 5	7. 2	-0. 7
广州经济技术开发区医院	448	443	1. 16	7. 9	8. 0	-0. 1
广州经济技术开发区红十字会医院	569	501	13. 50	7. 9	8. 4	-0. 5
广州市花都区人民医院	615	590	4. 18	7. 7	7. 4	0. 3
广州市番禺区人民医院	879	859	2. 27	9. 7	9. 7	0. 0
广州市荔湾区妇幼保健院	407	430	-5. 42	5. 5	5. 7	-0. 2
广州市越秀区妇幼保健院	592	534	10. 87	5. 5	5. 6	-0. 1
广州市海珠区妇幼保健院	417	377	10. 64	6. 6	6. 7	-0. 1
广州市天河区妇幼保健院	357	467	-23. 64	5. 4	5. 7	-0. 3
广州市白云区妇幼保健院	546	507	7. 82	5. 1	4. 8	0. 3
广州市花都区胡忠医院	527	505	4. 26	5. 0	5. 4	-0. 4

续表

医院名称	出院者平均每天住院医疗费（元）			出院者平均住院日（日）		
	2007 年	2006 年	增减%	2007 年	2006 年	增减%
广州市番禺区何贤纪念医院	600	597	0.55	8.9	8.5	0.4
广州市越秀区中医医院	244	248	-1.76	24.4	32.9	-8.4
广州市越秀区第二中医医院	229	241	-5.15	19.6	18.1	1.5
广州市海珠区中医医院	197	191	3.23	23.8	19.8	4.0
广州市天河区中医医院	402	403	-0.29	10.6	9.9	0.7
广州市白云区中医医院	417			6.5		
广州市芳村区中医院	403	361	11.77	13.2	12.4	0.8
广州市黄埔区中医院	397	344	15.42	11.8	13.0	-1.2
广州市花都区中医院	514	449	14.49	8.2	8.3	-0.1
广州市番禺区中医院	604	586	3.08	15.3	15.6	-0.3
广州市越秀区儿童医院	311	343	-9.31	5.3	6.0	-0.7
广州市越秀区正骨医院	668	573	16.50	14.7	15.8	-1.1
县级市属医院合计	515	506	1.81	8.0	7.5	0.5
从化市中心医院	563	500	12.53	8.3	8.0	0.3
增城市人民医院	583	776	-24.88	8.6	6.4	2.2
增城市妇幼保健院	466	502	-7.04	5.0	5.0	0.0
从化市中医医院	338	281	20.32	11.1	11.8	-0.7
增城市中医医院	531	461	15.18	8.8	8.0	0.8
集体所有制医院合计	300	252	18.88	17.5	20.2	-2.7
广州市荔湾区第二人民医院	458	421	8.97	12.6	13.5	-0.9
广州市越秀区第二人民医院	257	170	51.10	27.5	41.6	-14.1
广州市越秀区第三人民医院	320	305	5.00	13.3	13.7	-0.4
广州市越秀区红十字会医院	208	237	-12.29	19.3	16.0	3.3
广州市海珠区红十字会医院	183	118	55.53	31.9	35.9	-4.0
广州市荔湾区中医医院	291	298	-2.35	17.7	17.5	0.2
广州市越秀区中医杂病医院	275	240	14.48	12.5	13.8	-1.3
广州市海珠区石溪中医医院	224	270	-17.02	21.5	18.5	3.0
厂矿企业医院合计	428	428	-0.02	11.4	11.0	0.4
广东省交通医院	183	216	-15.58	28.1	25.5	2.6
广州新海医院	498	501	-0.64	12.1	12.1	
南方医科大学华瑞医院	426	442	-3.68	9.7	9.6	0.1
广州钢铁企业集团医院	397	375	5.96	13.4	13.0	0.4
民航广州医院	394	351	12.27	11.2	11.8	-0.6
广东省电力一局医院	455	457	-0.40	7.9	7.5	0.4
广州医学院港湾医院	508	431	18.02	10.5	10.6	-0.1

广州地区 88 所医院 2007 年病床利用情况与 2006 年同期对比统计表

医院名称	期末实有床位数（张）			病床使用率（%）		
	2007 年	2006 年	增减%	2007 年	2006 年	增减%
合计	35 456	33 220	6.73	91.9	86.9	5.0
部属医院合计	6 509	6 232	4.44	100.3	95.8	4.5
省属医院合计	10 312	9 399	9.71	93.7	88.6	5.1
市属医院合计	8 714	8 584	1.51	93.3	86.6	6.7
区属医院合计	6 762	6 118	10.53	85.9	82.3	3.6
县级市属医院合计	1 356	1 208	12.25	99.2	87.4	11.8
集体所有制医院合计	595	599	-0.67	71.0	70.9	0.1
厂矿企业医院合计	1 208	1 080	11.85	58.2	57.9	0.3
部属医院合计	6 509	6 232	4.44	100.3	95.8	4.5
中山大学附属第一医院	2 133	2 094	1.86	100.1	96.3	3.8
中山大学附属第二医院	1 203	1 217	-1.15	102.4	91.9	10.5
中山大学附属第三医院	1 169	916	27.62	102.7	103.8	-1.1
暨南大学附属第一医院	621	621		105.1	95.0	10.1
中山大学附属肿瘤医院	1 011	1 007	0.40	97.6	95.7	1.9
中山大学中山眼科中心	317	317		91.6	94.3	-2.7
中山大学附属口腔医院	55	60	-8.33	68.1	53.8	14.3
省属医院合计	10 312	9 399	9.71	93.7	88.6	5.1
广东省人民医院	2 047	2 041	0.29	97.4	93.6	3.8
广东省第二人民医院	668	650	2.77	105.5	99.2	6.3
南方医科大学南方医院	1 806	1 737	3.97	92.1	85.4	6.7
南方医科大学珠江医院	1 692	1 128	50.00	88.0	81.8	6.2
广东药学院附属第一医院	624	556	12.23	66.7	61.7	5.0
广东省中医院	1 400	1 300	7.69	96.8	94.9	1.9
广州中医药大学第一附属医院	940	940		96.0	91.1	4.9
广东省第二中医院	473	385	22.86	98.9	89.7	9.2
广东省妇幼保健院	366	366		122.8	109.2	13.6
广东省职业病防治院	106	106		53.1	49.8	3.3
广东省口腔医院	50	50		57.7	57.7	
广州中医药大学附属骨伤科医院	140	140		78.9	82.3	-3.4
市属医院合计	8 714	8 584	1.51	93.3	86.6	6.7
广州市第一人民医院	1 378	1 371	0.51	96.9	90.0	6.9
广州市红十字会医院	812	695	16.83	81.5	74.2	7.3

续表

医院名称	期末实有床位数（张）			病床使用率（%）		
	2007 年	2006 年	增减%	2007 年	2006 年	增减%
广州市第六人民医院	250	250		63.1	47.9	15.2
广州市第八人民医院	350	350		78.8	73.9	4.9
广州市精神病医院	1 258	1 258		108.6	109.5	-0.9
广州市胸科医院	482	484	-0.41	83.4	76.3	7.1
广州市妇婴医院	258	258		92.9	80.4	12.5
广州市儿童医院	400	400		130.7	120.7	10.0
广州市第十二人民医院	334	348	-4.02	55.0	54.7	0.3
广州市中医医院	436	346	26.01	88.4	80.6	7.8
广州医学院第一附属医院	778	778		98.1	91.1	7.0
广州医学院第二附属医院	889	886	0.34	89.2	85.9	3.3
广州医学院第三附属医院	637	708	-10.03	88.9	76.5	12.4
广州医学院附属肿瘤医院	452	452		101.5	85.4	16.1
区属医院合计	6 762	6 118	10.53	85.9	82.3	3.6
广州医学院荔湾医院	356	356		82.8	80.9	1.9
广州市荔湾区人民医院	154	154		53.4	50.4	3.0
广州市越秀区人民医院	223	221	0.90	76.7	63.4	13.3
广州市越秀区第一人民医院	225	175	28.57	92.5	89.0	3.5
广州市海珠区第一人民医院	101	101		96.0	91.1	4.9
广州市海珠区第二人民医院	103	103		101.1	108.9	-7.8
广州市海珠区新窖人民医院	55	55		51.9	35.6	16.3
广州市天河区红十字会医院	116	116		86.4	69.9	16.5
广州市天河区沙河人民医院	80	80		34.9	35.6	-0.7
广州市白云区人民医院	300	300		67.1	67.2	-0.1
广州市白云区第一人民医院	200	200		98.8	99.4	-0.6
广州市白云区第二人民医院	180	180		51.4	51.5	-0.1
广州市黄埔区红十字会医院	100	80	25.00	55.8	77.2	-21.4
广州经济技术开发区医院	263	267	-1.50	67.5	67.0	0.5
广州经济技术开发区红十字会医院	80	60	33.33	101.8	86.4	15.4
广州市花都区人民医院	542	416	30.29	107.2	110.5	-3.3
广州市番禺区人民医院	825	836	-1.32	97.7	90.8	6.9
广州市荔湾区妇幼保健院	50	50		62.7	55.8	6.9
广州市越秀区妇幼保健院	71	70	1.43	50.4	44.0	6.4
广州市海珠区妇幼保健院	100	80	25.00	113.8	100.0	13.8
广州市天河区妇幼保健院	77	77		120.6	105.0	15.6
广州市白云区妇幼保健院	80	80		85.5	107.2	-21.7
广州市花都区胡忠医院	180	180		96.4	71.9	24.5

续表

医院名称	期末实有床位数（张）			病床使用率（%）		
	2007 年	2006 年	增减%	2007 年	2006 年	增减%
广州市番禺区何贤纪念医院	553	510	8.43	81.0	80.1	0.9
广州市越秀区中医医院	98	76	28.95	102.7	86.9	15.8
广州市越秀区第二中医医院	32	32		75.3	78.7	-3.4
广州市海珠区中医医院	45	45		71.3	71.3	0.0
广州市天河区中医医院	143	143		43.4	36.9	6.5
广州市白云区中医医院	100			91.5		
广州市芳村区中医医院	82	82		76.2	59.7	16.5
广州市黄埔区中医院	200	165	21.21	66.7	79.1	-12.4
广州市花都区中医院	400	280	42.86	109.8	114.8	-5.0
广州市番禺区中医院	380	280	35.71	96.5	102.3	-5.8
广州市越秀区儿童医院	33	33		78.7	57.1	21.6
广州市越秀区正骨医院	235	235		100.4	93.1	7.3
县级市属医院合计	1 356	1 208	12.25	99.2	87.4	11.8
从化市中心医院	480	390	23.08	122.8	107.4	15.4
增城市人民医院	364	364		78.5	62.5	16.0
增城市妇幼保健院	188	160	17.50	99.8	88.3	11.5
从化市中医医院	200	170	17.65	103.6	107.1	-3.5
增城市中医医院	124	124		75.4	51.9	23.5
集体所有制医院合计	595	599	-0.67	71.0	70.9	0.1
广州市荔湾区第二人民医院	134	134		78.2	76.6	1.6
广州市越秀区第二人民医院	120	120		57.8	54.1	3.7
广州市越秀区第三人民医院	32	32		65.6	58.4	7.2
广州市越秀区红十字会医院	57	57		80.3	70.4	9.9
广州市海珠区红十字会医院	85	85		79.9	101.6	-21.7
广州市荔湾区中医医院	79	87	-9.20	59.2	68.7	-9.5
广州市越秀区中医杂病医院	42	38	10.53	69.3	51.2	18.1
广州市海珠区石溪中医医院	46	46		80.8	70.2	10.6
厂矿企业医院合计	1 208	1 080	11.85	58.2	57.9	0.3
广东省交通医院	150	90	66.67	65.7	73.3	-7.6
广州新海医院	310	310		52.8	56.5	-3.7
南方医科大学华瑞医院	187	149	25.50	66.8	67.6	-0.8
广州钢铁企业集团医院	158	158		53.8	49.8	4.0
民航广州医院	100	90	11.11	32.3	37.5	-5.2
广东省电力一局医院	138	137	0.73	63.5	63.9	-0.4
广州医学院港湾医院	165	146	13.01	69.9	57.6	12.3

广州地区88所医院2007年手术情况与2006年同期对比统计表

医院名称	门、急诊手术次数	住院手术次数
合计	613 753	492 451
部属医院合计	120 093	121 805
省属医院合计	83 214	136 500
市属医院合计	129 167	88 915
区属医院合计	233 650	119 004
县级市属医院合计	20 646	16 589
集体所有制医院合计	6 387	1 158
厂矿企业医院合计	20 596	8 480
部属医院合计	120 093	121 805
中山大学附属第一医院	46 261	41 833
中山大学附属第二医院	39 380	22 245
中山大学附属第三医院	15 713	15 380
暨南大学附属第一医院	13 762	8 457
中山大学附属肿瘤医院	1 753	8 926
中山大学中山眼科中心	3 224	24 170
中山大学附属口腔医院		794
省属医院合计	83 214	136 500
广东省人民医院	11 419	37 900
广东省第二人民医院	10 245	10 526
南方医科大学南方医院	3 915	31 184
南方医科大学珠江医院	5 688	12 319
广东药学院附属第一医院	6 271	4 345
广东省中医院	12 329	14 608
广州中医药大学第一附属医院	6 816	8 843
广东省第二中医院	5 247	2 066
广东省妇幼保健院	21 284	12 728
广东省职业病防治院		36
广东省口腔医院		625
广州中医药大学附属骨伤科医院		1 320
市属医院合计	129 167	88 915
广州市第一人民医院	28 689	14 851
广州市红十字会医院	9 904	8 300
广州市第六人民医院	3 974	2 826

续表

医院名称	门、急诊手术次数	住院手术次数
广州市第八人民医院		1 545
广州市精神病医院		268
广州市胸科医院	591	2 588
广州市妇婴医院	12 733	7 584
广州市儿童医院	36 514	8 383
广州市第十二人民医院	1 799	1 177
广州市中医医院	1 731	1 587
广州医学院第一附属医院	5 539	10 578
广州医学院第二附属医院	16 055	15 687
广州医学院第三附属医院	11 268	12 196
广州医学院附属肿瘤医院	370	1 345
区属医院合计	233 650	119 004
广州医学院荔湾医院	12 744	4 199
广州市荔湾区人民医院	5 393	1 114
广州市越秀区人民医院	5 587	2 590
广州市越秀区第一人民医院	1 330	282
广州市海珠区第一人民医院	1 481	849
广州市海珠区第二人民医院	1 663	346
广州市海珠区新窖人民医院	2 457	875
广州市天河区红十字会医院	9 034	1 132
广州市天河区沙河人民医院	494	918
广州市白云区人民医院	8 927	2 056
广州市白云区第一人民医院	15 735	10 134
广州市白云区第二人民医院	4 815	2 452
广州市黄埔区红十字会医院	5 236	1 981
广州经济技术开发区医院	10 947	4 572
广州经济技术开发区红十字会医院	1 968	760
广州市花都区人民医院	22 471	11 366
广州市番禺区人民医院	42 199	18 672
广州市荔湾区妇幼保健院	2 434	1 630
广州市越秀区妇幼保健院	8 480	2 299
广州市海珠区妇幼保健院	8 863	3 724
广州市天河区妇幼保健院	5 707	2 846
广州市白云区妇幼保健院	3 537	3 057
广州市花都区胡忠医院	10 748	6 362
广州市番禺区何贤纪念医院	16 937	14 543
广州市越秀区中医医院	227	
广州市越秀区第二中医医院	20	1

续表

医院名称	门、急诊手术次数	住院手术次数
广州市海珠区中医医院	291	
广州市天河区中医医院	3 124	884
广州市白云区中医医院	7 438	2 413
广州市芳村区中医院	2 061	309
广州市黄埔区中医院	2 620	1 485
广州市花都区中医院	2 798	7 247
广州市番禺区中医院	5 374	4 975
广州市越秀区儿童医院	6	
广州市越秀区正骨医院	504	2 931
县级市属医院合计	20 646	16 589
从化市中心医院	15 309	9 647
增城市人民医院	3 510	2 395
增城市妇幼保健院	121	2 619
从化市中医医院	806	1 420
增城市中医医院	900	508
集体所有制医院合计	6 387	1 158
广州市荔湾区第二人民医院	3 960	1 021
广州市越秀区第二人民医院	14	14
广州市越秀区第三人民医院	658	1
广州市越秀区红十字会医院		
广州市海珠区红十字会医院	155	
广州市荔湾区中医医院	507	120
广州市越秀区中医杂病医院	311	2
广州市海珠区石溪中医医院	782	
厂矿企业医院合计	20 596	8 480
广东省交通医院	539	70
广州新海医院	5 000	1 958
南方医科大学华瑞医院	5 874	2 024
广州钢铁企业集团医院	1 167	550
民航广州医院	339	289
广东省电力一局医院	5 774	1 875
广州医学院港湾医院	1 903	1 714

附录　公布数据单位通讯录

单位名称	地　址	邮　编
广州医学院荔湾医院	广州市荔湾路35号	510170
广州市荔湾区中医医院	广州市荔湾区长寿西路5号	510140
广州医学院第三附属医院	广州市多宝路63号	510150
广州市中医医院	广州市荔湾区珠玑路16号	510130
广州市荔湾区第二人民医院	广州市西湾路42号	510160
广州市精神病医院	广州市荔湾区明心路36号	510370
广州市荔湾区人民医院	荔湾区明心路3号	510370
广州市荔湾区妇幼保健院	广州市荔湾区汾水金兰路1号	510375
广州市荔湾区芳村中医医院	荔湾区芳信路131号	510360
广州钢铁企业集团医院	芳村区白鹤洞路145号	510380
广州市越秀区人民医院	广州市中山二路1号	510080
广州市越秀区第三人民医院	广州市万福路203号	510110
广州市越秀区第二中医医院	广州市越秀南路124号	510100
中山大学附属第一医院	广州中山二路58号	510080
中山大学附属肿瘤医院	广州市东风东路651号	510060
中山大学中山眼科中心	广州市先烈南路54号	510060
中山大学附属口腔医院	广州市陵园西56号	510055
广东省交通医院	广州市先烈南路青菜岗21号大院	510060
广东省人民医院	广州市中山二路106号	510080
广东省妇幼保健院	广州市广园西路13号	510010
广州医学院第一附属医院	广州市沿江路151号	510120
广州市第一人民医院	广州市盘福路1号	510180
广州市第八人民医院	广州市东风东路627号	510060
广州市儿童医院	广州市人民中路318号	510120
广州市妇婴医院	广州市人民中路402号	510180
广州市胸科医院	广州市横枝岗路62号	510095
广州市越秀区第一人民医院	广州市正南路6号	510030
广州市越秀区儿童医院	广州市大南路130号	510115
广州市越秀区妇幼保健院	广州市越华路50号	510030
广州市越秀区正骨医院	广州市东风中路449号	510045
广州市肿瘤医院	广州市麓湖路横枝岗78号	510095
广州市越秀区中医医院	广州市海珠中路83号之一	510120
中山大学附属第二医院	广州市沿江西路107号	510120
广东省中医院	广州市大德路111号	510120
广东药学院附属第一医院	广州市农林下路19号	510080
广州市越秀区第二人民医院	广州市解放北路679号	510180
广州市越秀区中医杂病正骨分院	广州市大新路142号	510120
广州市越秀区红十字会医院	广州市朝天路64号	510020

续表

单位名称	地　址	邮　编
广州市红十字会医院	同福中路396号	510220
广州医学院第二附属医院	昌岗东路250号	510260
广州市海珠区第一人民医院	前进路南园大街1号之一	510220
滨江街社区卫生服务中心（海珠区中医医院）	南华东路636号	510220
沙园街社区卫生服务中心（海珠区第二人民医院）	沙园缘觉路7号	510250
江海街社区卫生服务中心（海珠区新窖人民医院）	新窖镇敦和路217号	510300
龙凤街社区卫生服务中心（海珠区红十字会医院）	工业大道北77号	510250
海幢街社区卫生服务中心（海珠区石溪中医院）	南华中路263号	510220
广州市海珠区妇幼保健院	江南西路杏园大街15号	510240
广州新海医院	新港西路167号	510300
广东省口腔医院	江南大道南366号	510280
广东省职业病防治院	新港西路海康街165号	510310
广州中医药大学附属骨伤科医院	江南西路青竹大街17号	510240
广东省第二人民医院	海珠区石榴岗路1号	510317
南方医科大学珠江医院	海珠区工业大道中253号	510282
中山医科大学附属第六医院	广州市天河区员村新街19号	510655
广州市第十二人民医院	广州市黄埔大道西天强路1号	510620
广州市天河区妇幼保健院	广州市天河北路367号	510620
广州市天河区沙河人民医院	广州市天河区沙河天平架范屋村	510500
广州市天河区红十字会医院	广州市天河区东圃大马路13号	510660
广州市天河区中医医院	广州市天河区黄埔大道中棠石路	510655
暨南大学附属第一医院	广州市天河区石牌	510630
中山大学附属第三医院	石牌岗顶天河路600号	510630
广东省第二中医院	广州市恒福路60号	510095
南方医科大学华瑞医院	广州市中山大道西183号	510630
广州市白云区人民医院	广州大道北505号	510500
广州市白云区第一人民医院	机场路1128号	510410
广州市白云区第二人民医院	白云区江高镇北胜街14号	510450
广州市白云区妇幼保健院	三元里瑶台广源西路344号	510400
广州市白云区中医医院（原广州市白云区人和华侨医院）	白云区人和镇大马路1号	510470
广州中医药大学第一附属医院	三元里机场路	510405
南方医科大学南方医院	广州市广州大道北1838号	510515
民航广州医院	白云机场路290号	510405
广州经济技术开发区红十字会医院	广州经济技术开发区萝岗公路街212号	510530
广州市黄埔区中医院	广州市黄埔区蟹山路3号	510700
广州经济技术开发区医院	广州经济技术开发区友谊路196号	510730
广州市黄埔区红十字会医院	广州市黄埔东路3762号	510760
广东省电力一局医院	广州市黄埔区黄埔东路3375号	510735
广州医学院港湾医院	广州市黄埔区港湾路621号	510700

续表

单位名称	地　址	邮　编
番禺区中医院	广州市番禺区市桥桥东路 65 号	511400
广州市番禺区人民医院	番禺区市桥桥东路 68 号	511400
广州市番禺区何贤纪念医院	番禺区市桥清河东路 2 号	511400
广州市花都区人民医院	广州市花都区新华镇新华路 48 号	510800
广州市花都区妇幼保健院（胡忠医院）	广州市花都区新华镇建设路 51 号	510800
广州市花都区中医院	广州市花都区新华镇新都大道 67 号	510800
增城市人民医院	增城市荔城镇光明东路 1 号	511300
增城市妇幼保健院	增城市荔城镇健生路 1 号	511300
增城市中医医院	增城市荔城镇和平路 31 号	510300
从化市中心医院	从化市街口镇新城西路 64 号	510900
从化市中医医院	从化市街口街镇北路 21 号	510900